Os ARTIGOS FEDERALISTAS

Os ARTIGOS FEDERALISTAS

☆ ☆ ☆

ALEXANDER HAMILTON

JOHN JAY · JAMES MADISON

Tradução

MARIA LUIZA X. DE A. BORGES

Avis Rara é um selo da Faro Editorial.

Diretor editorial: **PEDRO ALMEIDA**

Coordenação editorial: **CARLA SACRATO**

Preparação: **TUCA FARIA**

Revisão: **BÁRBARA PARENTE**

Capa: **RAFAEL BRUM**

Diagramação: **CRISTIANE | SAAVEDRA EDIÇÕES**

Dados Internacionais de Catalogação na Publicação (CIP)
Angélica Ilacqua CRB-8/7057

Hamilton, Alexander

Os artigos federalistas / Alexander Hamilton, John Jay, James Madison ; tradução de Maria Luiza X. De A. Borges. – São Paulo: Faro Editorial, 2021.
464 p.

ISBN: 978-65-5957-057-7
Título original: The Federalist Papers

1. Estados Unidos, História 2. Estados Unidos – Leis constitucionais I. Título II. Borges, Maria Luiza X de A.

21-2878 CDD 973

Índice para catálogo sistemático:
1. Estados Unidos, História

1ª edição brasileira: 2021
Direitos de edição em língua portuguesa, para o Brasil, adquiridos por **FARO EDITORIAL**

Avenida Andrômeda, 885 – Sala 310
Alphaville – Barueri – SP – Brasil
CEP: 06473-000
WWW.FAROEDITORIAL.COM.BR

INTRODUÇÃO DO EDITOR BRASILEIRO

Suponha o leitor que fosse possível criar um país e um sistema de governo praticamente do zero. Suponha ainda que, para fazê-lo, se aliassem os homens mais inteligentes, mais cultos, mais honestos e mais preparados que fosse possível conceber. Foi exatamente assim que nasceram os Estados Unidos da América. Por expor os princípios que guiaram esses homens e as discussões que travaram, os Artigos Federalistas são mais que mero documento histórico; são uma obra de formação absolutamente indispensável para quem quer que deseje ser um cidadão livre e responsável de uma democracia.

Que o resultado desse processo foi o melhor possível está acima de qualquer discussão. Atesta-o não somente o fato de que o país assim criado se tornaria a única superpotência da história da humanidade, mas também o de que o sistema resultante permanece o mesmo há 234 anos—sendo provavelmente o regime de governo contínuo mais antigo do mundo. Atesta-o ainda o fato de que o país teve uma única constituição, com meros sete artigos e 27 emendas. Atesta-o, por fim, o fato de que esse regime foi exportado para o mundo inteiro.

Para medida de comparação, no mesmo período de tempo o Brasil foi colônia, império e república. Passou pela República Velha, pelo Estado Novo, pela República Populista, pelo Regime Militar, pela Nova República. Teve as constituições de 1824, de 1891, de 1934, de 1937, de 1946, de 1967 e de 1988. A atual constituição, embora tenha apenas 32 anos, tem 250 artigos e 80 emendas. Há algo de errado na nossa história. Quem será capaz de negar que todo brasileiro tem muito a aprender com os norte-americanos em geral e com os Artigos Federalistas em particular?

Contexto histórico

Embora houvesse entre elas óbvia identidade cultural, em meados do século XVIII as Treze Colônias Britânicas na América eram entidades basicamente autônomas. Quando o governo britânico decidiu exercer um controle mais firme sobre os domínios, impondo uma série de restrições ao comércio e pesados impostos, as colônias reagiram unindo-se numa frente única contra o inimigo comum. Em 5 de setembro de 1774, em resposta às chamadas Leis Intoleráveis, reuniu-se na Filadélfia o Primeiro Congresso Continental, com delegados enviados por 12 das 13 colônias (a Geórgia se recusou a participar). O objetivo não era a separação da metrópole, mas a luta pelo reconhecimento do que os colonos entendiam como seus direitos legítimos enquanto súditos da Coroa britânica. Como Londres permaneceu inflexível, as hostilidades entre as partes, que até então tinham sido esporádicas, tornaram-se permanentes. Os colonos já não desejavam o estatuto de súditos britânicos, mas a independência.

No dia 10 de maio de 1775, já em plena Guerra da Independência, teve início, também na Filadélfia, o Segundo Congresso Continental, que passou a agir, de fato embora ainda não de direito, como o corpo governante da união entre as 13 colônias, sobretudo na direção dos esforços de guerra. No dia 4 de julho de 1774, o Congresso aprovou a Declaração de Independência, tornando-se a partir de então o governo provisório dos "Estados Unidos da América", que eram exatamente isto: uma união de estados americanos autônomos com fins militares e diplomáticos comuns.

Dentre as tarefas do Congresso, estava a de criar uma constituição para perpetuar a união. O resultado foram os Artigos da Confederação, aprovados em 17 de novembro de 1777 e enviados aos estados para ratificação. Em 1 de março de 1781, depois de ratificados pelos 13 estados, os Artigos da Confederação entraram em vigor, transformando o Segundo Congresso Continental em Congresso da Confederação. O objetivo fundamental dos Artigos era preservar a independência e a soberania dos estados. O governo central tinha autoridade para declarar guerra, assinar tratados e resolver disputas entre os estados, mas era tão fraco, que não tinha sequer o poder de criar ou coletar impostos.

Para financiar a guerra, que tinha terminado em 1783, o governo central contraíra empréstimos com países europeus e bancos privados norte-americanos. Agora, no entanto, não tinha meios de obter fundos para pagá-los.

A inabilidade de criar impostos e honrar compromissos significava ainda incapacidade de reagir militarmente a ameaças externas e internas à frágil soberania da recém-criada união. Estouraram em toda a parte sedições, motins, conspirações e revoltas, com as quais o Congresso era absolutamente impotente para lidar.

Assim, alguns veteranos da Guerra pela Independência encaminharam a criação, em 1787, da Convenção da Filadélfia. Embora o objetivo declarado da convenção fosse reformar e corrigir os Artigos da Confederação, desde o início alguns de seus membros, como James Madison e Alexander Hamilton, tinham outros planos: criar um novo governo e redigir para ele uma constituição. Concluída em setembro de 1787, a Constituição dos Estados Unidos da América foi encaminhada ao Congresso da Confederação, que determinou seu envio aos estados para que fosse ratificada pelos governos locais. Para que a carta entrasse em vigor, era necessário que pelo menos nove dos 13 estados a ratificassem.

Artigo por artigo, a constituição foi ferozmente debatida em cada um dos estados. Logo se formaram dois partidos: os federalistas, favoráveis à aprovação da carta, e os antifederalistas, contrários a ela. Um dos estados onde a aprovação do documento enfrentava maior oposição era também um dos mais importantes: Nova York. Foi para explicar aos nova-iorquinos os fundamentos do texto e a conveniência de aprová-lo que Alexander Hamilton, James Madison e John Jay escreveram uma série de comentários detalhados a ele publicados em vários jornais do estado entre outubro de 1787 e abril de 1788. É o conjunto desses comentários que conhecemos hoje como os Artigos Federalistas.

Os Artigos Federalistas

Por meio de uma guerra sangrenta e custosa, os estados norte-americanos tinham acabado de libertar-se da tirania de um governo estrangeiro. Por que, perguntavam aqueles que se opunham à Constituição (e portanto à União), deveriam eles submeter-se a um novo governo exercido desde fora da esfera local que tinha tudo para degenerar numa tirania em nada diferente da do rei da Inglaterra? Assim, uma preocupação central tanto da constituição quanto dos Artigos Federalistas é equilibrar a defesa da necessidade de um governo central com a preservação da autonomia dos estados, da liberdade e dos direitos individuais.

Hamilton abre a discussão nos termos mais amplos possíveis. O que está em disputa, argumenta ele (Número I), não é apenas o destino das pessoas do novo país, mas o de toda a humanidade: "Observou-se frequentemente que parece ter sido reservado ao povo deste país, pela sua conduta e exemplo, decidir a importante questão: se as sociedades dos homens são ou não de fato capazes de estabelecer um bom governo com base na reflexão e na escolha, ou se estão para sempre destinadas a depender, para suas constituições políticas, da força e dos acidentes. [...] E uma eleição errada do papel que desempenharemos mereceria, neste sentido, ser considerada um infortúnio geral da espécie humana".

Talvez pela primeira vez na história, os homens podiam decidir pela reflexão qual é o melhor governo possível e escolher implantá-lo livremente: é isso o que está verdadeiramente em jogo, não a aprovação de um documento. É essa discussão, que está no coração mesmo dos Artigos Federalistas, que os torna tão relevantes não só para a época em que foram escritos, mas para todas as épocas.

Em geral, os tratados teóricos de ciência política são escritos por pessoas que não têm nenhuma obrigação nem perspectiva de sofrer as consequências do que escrevem. O caso destes artigos é o exato oposto: seus autores teriam (e tiveram) de viver as consequências do que propunham. Talvez seja por isso que a característica mais marcante dos Artigos é o realismo brutal. O princípio de que partem pode ser formulado assim: sendo os homens como são, tendo os defeitos que têm, as paixões que têm, as ambições que têm; considerando que não é possível alterá-los fundamentalmente e que eles serão sempre o que são, pois essa é a sua natureza; considerando tudo isso, que forma de governo é mais apropriada para frear esses defeitos, paixões e ambições, de modo a preservar a liberdade e os direitos individuais, impedindo que esse governo degenere numa tirania?

A resposta de Madison não poderia ser mais clara: "É preciso que a ambição contrarie a ambição" (Número LI). Os governos tradicionais concentravam poderes imensos numa única pessoa ou corpo legislativo. Sendo os seres humanos como são, o resultado quase invariável era a tirania dos interesses e paixões de uma única pessoa ou grupo. Ora, argumenta Madison, não é possível acabar com esses interesses e paixões. Não é possível fazer com que os homens deixem de ser o que são. E, no entanto, o governo é necessário. Qual é a solução? Jogar ambição contra ambição, paixão contra paixão, interesse contra interesse. Assim, nenhuma das partes poderá, por si, causar grande mal, pois terá sempre na outra um obstáculo. Em outras palavras, a solução é aprofundar e ampliar a divisão de poderes proposta por Montesquieu, criando um sistema de restrições e contrapesos:

"A que expediente, então, devemos finalmente recorrer para manter na prática a necessária divisão do poder entre os vários braços do governo, como estabelecido na Constituição? A única resposta que pode ser dada é que, uma vez que todas essas medidas externas se mostram inadequadas, deve-se sanar a falha arquitetando de tal modo a estrutura interna do governo que suas várias partes constituintes possam ser, por suas relações mútuas, instrumentos para a manutenção umas das outras em seus devidos lugares. [...] A grande garantia contra uma concentração gradual dos vários poderes no mesmo braço, porém, consiste em dar aos que administram cada poder os meios constitucionais necessários e os motivos pessoais para resistir aos abusos dos outros. As medidas de defesa devem, neste caso como em todos os outros, ser proporcionais ao perigo de ataque. É preciso que a ambição contrarie a ambição. O interesse do homem deve estar vinculado aos direitos constitucionais do cargo."

Assim nasce a divisão do poder central nas repúblicas federativas modernas: um poder Legislativo composto de duas casas, uma com representatividade proporcional ao tamanho dos estados e relação mais direta com o eleitorado (Câmara), outra com representatividade idêntica para todos os estados e maior distanciamento do eleitorado (Senado); um poder Executivo que, embora esteja concentrado nas mãos de uma única pessoa, pode muito pouco sem os outros poderes; um poder Judiciário independente cujos membros são indicados pelo poder Executivo e devem ser aprovados pelo poder Legislativo.

Uma das críticas mais frequentes ao governo norte-americano, da criação do país aos dias de hoje, é que é disfuncional e ineficiente. A essa crítica, Madison, Hamilton e Jay poderiam responder: "Bingo!". Esse governo não foi concebido para funcionar nem para ser eficiente, mas para preservar a liberdade. Em outras palavras, sua função não é exatamente ajudar, é antes não atrapalhar. As expectativas com relação a ele devem ser mínimas: quando funciona tão mal que nenhum de seus braços consegue fazer grande coisa, é que está funcionando perfeitamente bem. É um banho de água fria nas ilusões e pretensões de muitos que se acreditam democratas. É a eles que Madison responde de antemão:

"Pode ser uma crítica à natureza humana que tais mecanismos sejam necessários para controlar os abusos do governo. Mas o que é o próprio governo, senão a maior das críticas à natureza humana? Se os homens fossem anjos, não seria necessário governo algum. Se os homens fossem governados por anjos, o governo não precisaria de controles externos nem internos. Ao moldar um governo que deve ser exercido por homens sobre homens, a grande dificuldade reside nisto: é preciso primeiro capacitar o governo a controlar os governados; e em seguida obrigá-lo a se controlar a si próprio." (Número LI).

Os federalistas e nós

O leitor atento não terá deixado de reparar que as questões dos federalistas são também as nossas. Voltar às questões da política contemporânea depois de ler estes Artigos será como acender a luz na selva escura. Dois exemplos simples. Primeiro: os últimos presidentes brasileiros encontraram no Congresso grandes obstáculos para aprovar suas pautas, tendo de submeter-se a dolorosas concessões aos deputados. Eles reclamaram. Reclamaram seus militantes. Reclamou a imprensa. Trata-se de um problema real: para eles. Mas será um problema para nós? Será desejável ter um presidente cuja ambição não seja contrariada pela ambição dos deputados?

Segundo: com o passar dos anos, o Supremo Tribunal Federal brasileiro foi usurpando cada vez mais as funções dos poderes Legislativo e Executivo. Um dos membros da corte chegou a declarar que ela deve resolver questões que deveriam ser resolvidas pelo Parlamento, porque os parlamentares não querem "pagar o preço social de resolvê-las", ao passo que os ministros da Corte podem fazê-lo porque têm um grau de independência maior, já que não devem satisfação a "absolutamente ninguém".[1] Quais serão as consequências, para o sistema de restrições e contrapesos, de ter um braço que usurpa as funções dos outros e cujos membros acreditam não dever satisfações a absolutamente ninguém?

Dos federalistas até nós, muita água rolou. O tamanho, a complexidade e as funções do governo cresceram tão formidavelmente, que talvez seja só por uma coincidência de nome que, ao usar a palavra "governo", acreditamos nos

---

1. https://epocanegocios.globo.com/Brasil/noticia/2016/12/epoca-negocios-judiciario-decide-porque-ha-omissao-do-parlamento-afirma-luiz-fux.html

referir à mesma entidade a que os federalistas se referiam quando empregavam a mesma palavra. Cresceram na mesma medida as expectativas do povo com relação ao governo: nós esperamos que o governo resolva todos os nossos problemas, ao passo que os federalistas esperavam no máximo que o governo não lhes atrapalhasse de resolver os seus.

Ora, é esta discrepância mesma que torna a leitura dos Artigos Federalistas mais urgente do que nunca para todo cidadão consciente. Pois a natureza humana permanece fundamentalmente a mesma; as ameaças à liberdade permanecem fundamentalmente as mesmas; e os homens nunca estiveram tão distantes dos anjos.

Se todos têm muito a aprender com os Artigos Federalistas, mais ainda temos os brasileiros. O que quer que se diga a respeito dos Artigos e da constituição norte-americana, é certo que resultaram num país livre, próspero e estável. Nós, por outro lado, quantas constituições tivemos? Quantos regimes de governo? Quantas tiranias?

Estes Artigos são uma ferramenta absolutamente indispensável para quem quer que deseje ser um cidadão livre e responsável, compreender as discussões públicas, ser capaz de acrescentar algo a elas e tomar decisões políticas sabendo o que faz.

OS EDITORES

THE

FEDERALIST:

A COLLECTION OF

ESSAYS,

WRITTEN IN FAVOUR OF THE

NEW CONSTITUTION,

AS AGREED UPON BY THE

FEDERAL CONVENTION,

SEPTEMBER 17, 1787.

IN TWO VOLUMES.
VOL. I.

NEW-YORK:
PRINTED AND SOLD BY JOHN TIEBOUT,
No. 358 PEARL-STREET.
1799.

SUMÁRIO

APRESENTAÇÃO

A série de ensaios *Os Artigos Federalistas* — escrita entre outubro de 1787 e maio de 1788 por Alexander Hamilton, John Jay e James Madison, sob o pseudônimo coletivo "Publius" — tinha por intenção exortar os nova-iorquinos a ratificar a proposta de Constituição dos Estados Unidos, que havia sido redigida na Filadélfia no verão de 1787. Ao influenciar a adoção da Constituição sobre os Artigos da Confederação existentes, os ensaios explicam disposições específicas da Constituição em detalhes. Por essa razão, e porque Hamilton e Madison eram membros da Convenção Constitucional, *Os Artigos Federalistas* são frequentemente usados hoje para ajudar a interpretar as intenções daqueles que redigiram a Constituição.

Os Artigos Federalistas foram publicados principalmente em dois jornais do Estado de Nova York — *The New York Packet* e *The Independent Journal*. Uma edição encadernada, com revisões e correções realizadas por Hamilton, foi publicada em 1788 por J. e A. McLean. Uma edição publicada por Jacob Gideon em 1818, com revisões e correções de Madison, foi a primeira a identificar cada artigo pelo nome de seu autor. Devido a seu histórico de publicação, a atribuição de autoria, numeração e redação exata podem variar com as diferentes edições de *Os Artigos Federalistas*.

INTRODUÇÃO

ARTIGO 1

Ao povo de Nova York

Após a inequívoca constatação da ineficiência do governo federal, vocês são chamados a deliberar a respeito de uma nova Constituição para os Estados Unidos da América. É óbvia a importância do assunto, pois ele traz como consequências nada menos do que a existência da União, a segurança e o bem-estar das partes que a compõem, o destino de uma nação que em muitos sentidos é a mais interessante do mundo. Tem-se notado com frequência que parece caber ao povo deste país, por sua conduta e exemplo, decidir acerca de uma importante questão — se as sociedades dos homens são realmente capazes de instaurar um bom governo, por meio de reflexão ou de escolha, ou estão eternamente fadadas a depender de sua estrutura política constituída por acaso ou por imposição. Se houver alguma verdade nessa observação, a crise à qual chegamos pode, com propriedade, ser vista como a ocasião para que essa decisão seja tomada; e por essa linha de raciocínio, uma escolha equivocada do papel que devemos desempenhar merece ser considerada o grande infortúnio da humanidade.

Essa ideia acrescentará incentivo filantrópico à motivação patriótica, para intensificar o anseio que todos os homens bons e justos devem sentir em virtude das circunstâncias. Será ótimo se pudermos guiar nossa escolha por uma avaliação ponderada dos nossos reais interesses, uma avaliação livre de dúvida e isenta de considerações que não estejam vinculadas ao bem público. Mas isso é algo que desejamos ardentemente, porém não podemos esperar seriamente. O plano submetido a nossa deliberação afeta muitos interesses particulares, impõe mudanças a um grande número de instituições locais — portanto, sua discussão envolve necessariamente diversos assuntos alheios a sua importância, bem como diversas opiniões, paixões e preconceitos que pouco favorecem a descoberta da verdade.

Entre os mais duros obstáculos com os quais a nova Constituição terá de deparar, podemos distinguir prontamente o óbvio interesse de uma certa classe de homens em todos os Estados em resistir a todas as mudanças que possam significar uma diminuição de poder, remuneração e importância dos cargos que detêm nas instituições do Estado; e também a ambição depravada de outra classe de homens que desejarão se locupletar à custa da confusão instalada em seu país, ou se iludirão com possibilidades mais sedutoras de ascensão num cenário de subdivisão da nação em diversas confederações parciais do que num cenário de sua união sob um único governo.

Eu não tenho, contudo, o propósito de discorrer a respeito de considerações dessa natureza. Estou bem consciente de que seria desonesto reduzir indiscriminadamente a oposição de qualquer grupo de homens (apenas porque sua situação pode despertar suspeitas) a opiniões tendenciosas ou ambiciosas. A lealdade nos obriga a admitir que até mesmo esses homens podem ser movidos por intenções justas; e não resta dúvida de que grande parte da oposição que foi externada, ou ainda poderá ser externada, surgirá de fontes no mínimo inocentes, se não respeitáveis — os erros honestos de mentes que se deixaram desencaminhar por ciúme e receios preconcebidos. Com efeito, são tão numerosas e tão poderosas as razões que contribuem para distorcer o julgamento que em muitas ocasiões vemos homens sábios e bons se posicionarem do lado correto tanto quanto do lado errado no que toca a questões de primordial importância para a sociedade. Essa circunstância, se devidamente levada em conta, forneceria uma lição de moderação às pessoas que se convenceram de que estão sempre certas em qualquer controvérsia. E um motivo adicional de cautela a respeito disso pode advir da reflexão de que nós nem sempre sabemos com certeza se aqueles que falam em nome da verdade são influenciados por princípios mais puros que os de seus antagonistas. Ambição, avareza, animosidade pessoal, oposição partidária e vários outros motivos não mais louváveis que os primeiros podem influenciar tanto aqueles que apoiam quanto aqueles que se opõem ao lado certo de uma questão. Mesmo que tais incentivos para a moderação não existissem, nada poderia ser mais inconsequente do que o espírito intolerante que sempre caracterizou os partidos políticos. Porque no campo da política, bem como no da religião, é igualmente absurdo querer conquistar adeptos a qualquer custo. Em ambos os casos, raramente a perseguição é a melhor maneira para se lidar com heresias.

Contudo, por mais que sejam justos esses sentimentos, já existem indicações suficientes de que as coisas ocorrerão dessa vez do mesmo modo que ocorreram em todos os casos anteriores de grande repercussão nacional. Uma torrente de paixões raivosas e malignas será desencadeada. A julgar pela conduta dos partidos adversários, somos levados a concluir que eles buscarão, de um só golpe, expor a precisão de suas opiniões e aumentar o número de seus adeptos por meio da intensidade de seus discursos e pela ferocidade de suas acusações. Um empenho consciente por um governo dotado de autoridade e eficiência será estigmatizado como produto de uma mente simpática ao poder despótico e hostil aos princípios de liberdade. Um temor excessivo de que os direitos das pessoas estejam em risco, que costuma ser uma falha mais ligada à mente do que ao coração, terá lugar como mero pretexto e artifício; um conhecido engodo para se obter popularidade à custa do bem público. Por um lado, não se levará em conta que o ciúme está associado ao amor, e que o nobre entusiasmo por liberdade está sujeito a ser infectado por um espírito de desconfiança tacanho e intolerante. Por outro lado, também não se levará em conta que a autoridade do governo é essencial para a segurança da liberdade; que numa avaliação judiciosa e bem fundamentada, os interesses de ambos jamais devem ser separados; e que uma ambição perigosa se esconde por trás da máscara enganosa do zelo pelos direitos do povo mais frequentemente do que sob a forma estigmatizada de firmeza e eficiência do governo. A história nos ensina que a primeira se mostrou um caminho muito mais garantido para a introdução do despotismo do que a última, e nos ensina também que, dos homens que destruíram as liberdades de repúblicas, a maioria iniciou suas carreiras cortejando de maneira servil o povo: eles começaram como demagogos e terminaram como tiranos.

No curso das observações anteriores eu busquei alertá-los, meus compatriotas, para que se resguardem contra todas as tentativas — venham elas de onde vierem — de influenciar, por meio de qualquer ideia que não resulte da evidência da verdade, sua decisão em uma matéria de extrema importância para o próprio bem-estar. Ao mesmo tempo, vocês sem dúvida perceberam, a partir do escopo geral dessas observações, que elas provêm de uma fonte que não é hostil à nova Constituição. Sim, meus compatriotas, eu reconheço que depois de dedicar a ela uma cuidadosa atenção, cheguei à conclusão de que é do interesse de vocês adotá-la. Estou convencido de que este é o caminho mais seguro para sua liberdade, sua dignidade e sua felicidade. Eu não simulo restrições que não sinto ter. Não vou desperdiçar o tempo de vocês fingindo ter dúvidas e deliberando acerca de algo que já decidi. Admito-lhes francamente minhas convicções, e lhes exporei voluntariamente as razões que as fundamentam. A consciência das boas intenções despreza a ambiguidade. Contudo, não devo estender-me em declarações nesta introdução. Meus motivos devem permanecer guardados comigo. Meus argumentos estarão abertos a todos, e todos poderão julgá-los. Eles devem pelo menos ser oferecidos com um propósito que não desonre a causa da verdade.

Proponho, numa série de artigos, os importantes temas que se seguem:

- A utilidade da União para a prosperidade política;
- A ineficiência da Confederação atual para preservar essa União;
- A necessidade de um governo pelo menos tão enérgico quanto o proposto, para que esse objetivo seja alcançado;
- A concordância da Constituição proposta com os verdadeiros princípios do governo republicano;
- Sua afinidade com as constituições estaduais;
- A segurança adicional que sua adoção representará para a preservação desse tipo de governo, para a liberdade e para a propriedade.

No decorrer desse debate, buscarei responder de maneira satisfatória a todas as objeções que possam surgir e que tenham de algum modo chamado a atenção de vocês.

Pode parecer supérfluo apresentar argumentos para provar a utilidade da União, um tema que decerto está profundamente gravado nos corações das pessoas em cada um dos Estados — um tema que em tese não tem adversários. Mas o fato é que já ouvimos sussurrarem, nos círculos privados daqueles que se opõem à nova Constituição, que os 13 Estados são extensos demais para qualquer sistema geral, e que será necessário recorrer a confederações separadas de porções distintas do todo. Muito provavelmente essa doutrina se propagará gradualmente, até conquistar simpatizantes em número suficiente para que seja abertamente ratificada. Porque para aqueles que são capazes de enxergar a situação de modo mais abrangente é bastante evidente que se a nova Constituição não for adotada ocorrerá o desmembramento da União. Portanto, será útil começar examinando as vantagens dessa União, os males inegáveis e os prováveis perigos aos quais cada Estado será exposto caso ocorra sua dissolução. Dessa maneira, esse será o assunto que abordarei em meu próximo artigo.

PUBLIUS [HAMILTON]

ARTIGO 2

Sobre os perigos da força e influência estrangeiras

Quando o povo da América refletir que está sendo chamado agora a decidir uma questão que poderá se revelar, em suas consequências, uma das mais importantes que jamais lhe prendeu a atenção, ficará evidente a conveniência de examiná-la de modo tão abrangente quanto sério.

Nada é mais certo que a necessidade indispensável de governo; é igualmente inegável que, não importa quando e como seja ele instituído, o povo deve lhe ceder alguns de seus direitos naturais, a fim de dotá-lo dos poderes indispensáveis. Vale a pena considerar, portanto, se o interesse do povo da América será mais bem atendido se ele formar, para todos os propósitos gerais, uma única nação, sob um único governo federal, do que se ele se dividir em confederações e der ao chefe de cada uma delas o mesmo tipo de poderes que lhe aconselham atribuir a um governo nacional.

Até recentemente, foi opinião aceita e inconteste que a prosperidade do povo da América dependia da continuidade de sua firme união. Os desejos, preces e esforços de nossos melhores e mais sábios cidadãos estiveram constantemente dirigidos para esse fim. Agora, porém, aparecem políticos que insistem em que essa opinião é errônea e que, em vez de buscar segurança e felicidade na União, deveríamos buscá-la numa separação dos Estados em distintas confederações ou soberanias. Por extraordinária que possa parecer, essa nova doutrina tem entre seus defensores certas personalidades que outrora lhe eram contrárias. Sejam quais forem os argumentos ou motivos que operaram tal mudança nas opiniões e declarações desses senhores, certamente não seria prudente que o povo em geral adotasse estas novas crenças sem estar plenamente convencido de que se fundam na verdade e na política judiciosa.

Muitas vezes deu-me prazer observar que a América independente não se compõe de territórios separados e distantes, mas que o quinhão que coube a nós, herdeiros ocidentais da liberdade, foi um país unido, fértil e extenso. A Providência o abençoou de maneira particular com uma variedade de solos e produtos, e irrigou-o com incontáveis regatos, para o prazer e o serviço de seus habitantes. Uma sucessão de águas navegáveis forma uma espécie de corrente em torno de seus limites, como que para mantê-lo unido; os mais nobres rios do mundo, correndo a distâncias convenientes, proporcionam a esses habitantes vias régias para a fácil comunicação de ajudas amistosas e o mútuo transporte e troca de suas várias mercadorias.

Com igual prazer, tenho notado com a mesma frequência que aprouve à Providência conceder este país integrado a um povo unido, um povo que descende dos mesmos ancestrais, que fala a mesma língua, professa a mesma religião, adere aos mesmos princípios de governo, muito similar em suas maneiras e seus costumes, e que, através de suas deliberações, suas armas e seus esforços conjugados, lutando durante toda uma guerra longa e sangrenta, instituiu nobremente sua liberdade e independência geral.

Este país e este povo parecem ter sido feitos um para o outro, e talvez tenha sido desígnio da Providência que uma herança tão própria e conveniente para um grupo de irmãos, unidos entre si pelos mais fortes laços, jamais devesse se dividir em várias soberanias insociáveis, invejosas e alheias.

Até hoje prevaleceram sentimentos similares entre homens de todas as ordens e seitas. Para nossos propósitos gerais, temos sido uniformemente um só povo, cada cidadão individual gozando em toda parte dos mesmos direitos, privilégios e proteção nacionais. Como uma nação, fizemos paz e guerra; como uma nação, vencemos nossos inimigos; como uma nação, formamos alianças, firmamos tratados e participamos de vários pactos e convenções com Estados estrangeiros.

Um forte senso do valor e dos benefícios da união induziu o povo, desde muito cedo, a instituir um governo federal para preservá-la e perpetuá-la. Ele o formou praticamente desde o momento em que teve existência política; mais ainda, numa época em que as casas dos cidadãos estavam em chamas, muitos deles sangravam e o avanço da hostilidade e da desolação deixava pouco espaço para aquelas indagações e reflexões que sempre devem preceder a formação de um governo sábio e bem equilibrado para um povo livre. Não é de se admirar que um governo instituído em tempos tão pouco auspiciosos viesse a se revelar, na experiência, tão gravemente deficiente e inadequado para o propósito a que devia responder.

Esse povo inteligente percebeu e lamentou tais defeitos. No entanto, permanecendo não menos apegado à união que enamorado da liberdade, deu-se conta do perigo que ameaçava imediatamente a primeira e mais remotamente a segunda. Convencido de que a ampla segurança de ambas só poderia ser encontrada num governo nacional mais sabiamente estruturado, convocou, como que numa só voz, a recente Convenção de Filadélfia[1] para considerar essa importante questão.

A convenção — composta de homens que possuíam a confiança do povo, muitos dos quais se haviam distinguido enormemente por seu patriotismo, virtude e sabedoria em tempos que puseram à prova as mentes e os corações de todos — empreendeu a árdua tarefa. Na estação amena da paz, com as mentes livres de outras preocupações, esses homens passaram muitos meses em consultas tranquilas, ininterruptas e diárias; finalmente, sem se deixar amedrontar pelo poder ou influenciar por qualquer paixão, exceto o amor por seu país, eles apresentaram e recomendaram ao povo o plano produzido por suas assembleias conjuntas e muito unânimes.

Há que se admitir, pois esta é a verdade, que este plano está sendo apenas recomendado, não imposto. É preciso lembrar, contudo, que não está sendo recomendado nem à aprovação cega, nem à reprovação cega, mas àquela consideração serena e honesta que a magnitude e a importância do assunto exigem e que ele certamente deve receber. Mas, como já se observou, é mais de se desejar que de se esperar que ele possa ser assim considerado e examinado. Uma experiência anterior nos ensina a não sermos demasiado otimistas. Ainda não esquecemos que temores bem fundados de perigo iminente induziram o povo da América a formar o memorável Congresso de 1774.[2] Essa assembleia recomendou a seus eleitores certas medidas cuja sabedoria os acontecimentos provaram; no entanto, ainda está fresca em nossas memórias a pressa com que a imprensa começou a se encher de panfletos e artigos semanais contra essas mesmas medidas. Não só muitas das autoridades do governo, movidas pelos ditames do interesse pessoal, mas outros, a partir de uma avaliação equivocada das consequências, da influência indevida de antigos vínculos, ou por terem ambições cujos fins não correspondiam ao bem público, foram incansáveis em seus esforços para persuadir o povo a rejeitar o conselho daquele patriótico Congresso. De fato, muitos se deixaram lograr e iludir; a grande maioria do

1. Assembleia reunida em 1787, composta por 55 delegados representando 12 dos 13 Estados que formaram os Estados Unidos. Sob a presidência de George Washington, elaborou a Constituição desse país. (N. do E.)
2. Primeiro Congresso continental, que reuniu representantes das colônias, redigindo uma "declaração de direitos" e tomando outras decisões, como o boicote à importação, consumo e difusão de produtos taxados pela Coroa inglesa. A partir dele, criaram-se comitês em cada colônia, germes da futura administração dos 13 Estados, que, depois da Independência, seriam os primeiros a formar os Estados Unidos. (N. do E.)

povo, porém, ponderou e decidiu judiciosamente; e sente-se feliz ao refletir que assim fez.

Consideraram essas pessoas que o Congresso se compunha de muitos homens sábios e experientes. Que, tendo sido convocados de diferentes partes do país, traziam consigo e transmitiam uns aos outros uma variedade de informações úteis. Que, durante o tempo que passaram juntos investigando e discutindo os verdadeiros interesses do país, deviam ter adquirido um conhecimento muito preciso a esse respeito. Que estavam individualmente interessados na liberdade e prosperidade públicas, sendo sua inclinação e seu dever recomendar apenas medidas tais que, após muita deliberação madura, realmente lhes parecessem prudentes e aconselháveis.

Essas considerações e outras similares induziram o povo a depositar grande confiança no julgamento e na integridade do Congresso; e ele seguiu o conselho deste, a despeito das várias artimanhas e tentativas feitas para detê-lo e dissuadi-lo. Mas se o povo em geral teve razão em confiar nos homens daquele Congresso, poucos dos quais tinham sido plenamente postos à prova ou eram conhecidos por todos, mais razão tem agora para respeitar o julgamento e o conselho da convenção; pois é sabido que alguns dos membros mais destacados daquele Congresso, que desde então foram experimentados e justamente aprovados por seu patriotismo e suas capacidades, e que amadureceram adquirindo informação política, são também membros desta convenção e para ela levaram seu conhecimento e experiência acumulados.

Vale a pena notar que não só o primeiro Congresso, mas todos os que se seguiram, bem como a recente convenção, estiveram invariavelmente de acordo com o povo, pensando que a prosperidade da América depende de sua União. Preservá-la e perpetuá-la foi a grande meta do povo ao formar essa convenção, e é também a grande meta do plano que a convenção o aconselha a adotar. Portanto, a que título, ou com que propósitos, alguns homens, neste período particular, tentam depreciar a importância da União? Por que se sugere que seria melhor ter três ou quatro confederações que uma? Estou convencido, em minha própria mente, de que o povo sempre teve razão a esse respeito e que seu apego universal e uniforme à causa da União se funda em razões elevadas e de peso, razões que tentarei expor e elucidar em alguns dos próximos artigos. Os que defendem a ideia de substituir o plano da convenção por várias convenções distintas parecem antever claramente que a rejeição desse plano poria a continuidade da União em extremo perigo. Isso por certo ocorreria, e desejo sinceramente que todo bom cidadão perceba com igual clareza que, em qualquer momento em que ocorrer a dissolução da União, a América terá razão para exclamar, nas palavras do poeta: "Adeus! Um longo adeus a toda minha grandeza".[1]

PUBLIUS [JAY]

ARTIGO 3

Desenvolvimento do tema

Não é nova a observação de que o povo de qualquer país raras vezes adota uma opinião errônea com relação a seus interesses e nela persevera firmemente por muitos anos. Essa consideração tende naturalmente a criar grande respeito pela elevada opinião que o povo da América alimentou por tanto tempo e com tanta uniformidade acerca da importância de continuar firmemente unido sob um único governo federal, investido de poderes suficientes para todos os propósitos gerais e nacionais.

Quanto mais atentamente considero e investigo as razões que parecem ter dado origem a essa opinião, mais me convenço de que elas são irrefutáveis e definitivas.

Entre os muitos objetos a que um povo sábio e livre julga necessário dirigir sua atenção, o de garantir sua *segurança* parece ser o primeiro. A *segurança* do povo está sem dúvida relacionada a uma grande variedade de circunstâncias e considerações e, em consequência, dá grande margem aos que querem defini-la com precisão e abrangência.

No momento, quero considerá-la apenas em sua ligação com a preservação da paz e da tranquilidade, tanto contra perigos das *armas e da influência externas* como contra perigos *semelhantes* oriundos de causas domésticas. Como o perigo externo vem em primeiro lugar, convém discuti-lo antes. Passemos,

---

1. O poeta é Shakespeare, *Rei Henrique VII, III, II*. (N. do E.)

portanto, a examinar se o povo está ou não certo em sua opinião de que uma União cordial, sob um governo nacional eficiente, lhe fornece a melhor segurança que pode ser arquitetada contra *hostilidades* do exterior.

Sempre se poderá verificar que o número de guerras que aconteceram ou vão acontecer no mundo é proporcional ao número e ao peso das causas, *reais* ou *falsas*, que as *provocaram* ou *estimularam*. Se esta observação for justa, torna-se útil investigar se uma América *unida* tem probabilidade de se ver diante de tantas causas *justas* quanto uma América *desunida*; pois, se verificarmos que uma América unida irá provavelmente enfrentar menos causas, disto se seguirá que, sob este aspecto, a União é mais propensa a preservar o povo num estado de paz com outras nações.

As causas *justas* de guerra, em sua maior parte, surgem de violações de tratados ou da violência direta. A América já firmou tratados com nada menos que seis nações estrangeiras, sendo todas elas, exceto a Prússia, marítimas, e, portanto, capazes de nos molestar ou causar danos. Tem também extenso comércio com Portugal, Espanha e Grã-Bretanha. Com relação a estas duas últimas nações, é preciso considerar a circunstância adicional da vizinhança.[1]

É de grande importância para a paz da América que ela observe as leis das nações em relação a todas essas potências, e a mim me parece evidente que isso será feito de modo mais perfeito e pontual por um governo nacional do que por 13 Estados separados ou por três ou quatro confederações distintas. Várias razões podem apoiar essa opinião.

Uma vez estabelecido um governo nacional, os melhores homens do país não só aceitarão servi-lo como serão em geral designados para administrá-lo; pois, embora uma cidade ou região, ou outra influência estreita, possam introduzir homens em assembleias, senados, tribunais de justiça ou secretarias executivas estaduais, será necessária uma reputação mais geral e ampla, fundada em talentos ou outras qualificações, para recomendar homens para cargos num governo nacional — em especial porque este terá o mais amplo campo de escolha e nunca experimentará aquela escassez de pessoas adequadas, que não é incomum em alguns dos Estados. Assim sendo, disso resultará que a administração, os conselhos políticos e as decisões judiciais do governo nacional serão mais sábios, sistemáticos e judiciosos que os dos Estados individuais. Consequentemente, serão mais satisfatórios para outras nações e mais *seguros* para nós.

---

1. Jay se refere, evidentemente, à vizinhança de seu país com *colônias* da Espanha e da Grã-Bretanha. (N. do E.)

Sob o governo nacional, tratados e cláusulas de tratados, bem como as leis das nações, serão sempre interpretados num único sentido e executados da mesma maneira — ao passo que adjudicações sobre os mesmos pontos e questões em 13 Estados, ou em três ou quatro confederações, nem sempre estarão de acordo ou serão coerentes; e isso em razão tanto da variedade dos tribunais e juízes independentes, designados por governos diferentes e independentes, quanto das diferentes leis e interesses locais que podem inspirá-los e influenciá-los. Nunca será demais exaltar a sabedoria da convenção ao confiar tais questões à jurisdição e ao julgamento de tribunais nomeados pelo governo nacional, e só a ele devendo responder.

A perspectiva de um prejuízo ou uma vantagem momentânea pode muitas vezes tentar o partido governante de um ou dois Estados a se desviar da boa-fé e da justiça; mas se não atingir os outros Estados e, consequentemente, tiver pouca ou nenhuma influência sobre o governo nacional, essa tentação será infrutífera, e a boa-fé e a justiça serão preservadas. O caso do tratado de paz com a Grã-Bretanha acrescenta grande peso a tal raciocínio.

Mesmo que o partido governante de um Estado esteja disposto a resistir a tais tentações, uma vez que elas podem resultar de circunstâncias peculiares ao Estado, e afetar grande número de seus habitantes, como frequentemente acontece, esse partido governante pode nem sempre ser capaz, mesmo que queira, de evitar a injustiça pretendida ou punir os agressores. O governo nacional, porém, não estando afetado por essas circunstâncias locais, não será induzido a praticar ele próprio o erro, nem carecerá de poder ou disposição para evitá-lo ou para punir sua prática por outros.

Em vista disso, nessa medida, uma vez que violações, deliberadas ou acidentais, de tratados e das leis das nações fornecem causas justas para a guerra, há menos razões para temê-las sob um governo geral uno do que sob vários governos menores e, sob este aspecto, o primeiro é de todo propício à *segurança* do povo.

Quanto àquelas causas justas da guerra que procedem da violência direta e ilegal, parece-me igualmente claro que um bom governo nacional proporciona, contra perigos desse tipo, uma segurança imensamente maior do que a que se poderia derivar de qualquer outra fonte.

Tais violências são mais frequentemente ocasionadas pelas paixões e pelos interesses de uma parte que pelo todo, por um ou dois Estados que pela União. Até agora nenhuma guerra, nem sequer com os índios, foi produzida por agressões ao atual governo federal, por fraco que seja; há vários exemplos, porém, em que a hostilidade dos índios foi provocada pela conduta imprópria de Estados individuais que, não podendo ou não querendo coibir ou punir infrações, ocasionaram a matança de muitos habitantes inocentes.

A vizinhança de territórios espanhóis e britânicos, contíguos a alguns Estados e não a outros, restringe naturalmente as causas mais imediatas de disputa aos habitantes das fronteiras. São os Estados fronteiriços que, sob o impulso de uma súbita irritação, ou da percepção instantânea de uma aparente vantagem ou dano, irão mais provavelmente provocar guerra com essas nações por meio de violência direta; e nada pode prevenir mais eficazmente esse perigo que um governo nacional, cuja sabedoria e prudência não serão diminuídas pelas paixões que movem as partes imediatamente interessadas.

O governo nacional, porém, não apenas gerará menos causas justas de guerra como terá também mais poder para apaziguá-las e solucioná-las. Será mais moderado e sereno e, tanto nesse aspecto como em outros, terá mais condições de agir com circunspecção que o Estado agressor. O orgulho dos Estados, bem como o dos homens, os dispõe naturalmente a justificar todas as suas ações, e os impede de reconhecer, corrigir ou reparar seus erros e crimes. O governo nacional, em tais casos, não será afetado por esse orgulho, mas tratará de considerar e escolher com moderação e boa-fé os meios mais adequados para livrá-los da dificuldade que os ameaça.

Ademais, é bem sabido que confissões, explicações e compensações, com frequência consideradas satisfatórias quando vindas de uma nação forte e unida, são rejeitadas como insatisfatórias se oferecidas por um Estado ou confederação de pouca importância ou poder.

No ano de 1685, o Estado de Gênova, tendo afrontado Luís XIV, tentou apaziguá-lo. O rei pediu que os genoveses enviassem à França seu doge, ou magistrado supremo, acompanhado por quatro senadores, para pedir seu perdão e receber suas condições. Eles foram obrigados a se sujeitar a isso em prol da paz. Teria Luís XIV, em qualquer circunstância, exigido ou obtido humilhação semelhante da Espanha, da Grã-Bretanha ou de qualquer outra nação *poderosa*?

PUBLIUS [JAY]

ARTIGO 4

Desenvolvimento do tema

Meu último artigo apontou diversas razões por que a segurança do povo será mais bem assegurada pela união contra o perigo a que ele pode ser exposto por causas *justas* de guerra fornecidas por outras nações; e essas razões mostram que tais causas não apenas se produziriam mais raramente como seriam mais facilmente solucionadas por um governo nacional do que por governos estaduais ou as pequenas confederações propostas.

Mas a segurança do povo da América contra perigos provenientes da força *estrangeira* exige não só que se evite fornecer a outras nações causas *justas* de guerra, mas também que ele se ponha e se mantenha numa situação tal que não *estimule* a hostilidade ou a afronta, pois é desnecessário observar que há *falsas* causas de guerra, tanto quanto causas justas.

É a pura verdade, por mais vergonhoso que seja para a natureza humana, que as nações em geral farão guerra sempre que houver a perspectiva de ganhar algo com ela; mais ainda, que os monarcas absolutos muitas vezes farão guerra mesmo que suas nações nada tenham a ganhar com ela, por propósitos e fins meramente pessoais, como sede de glória militar, vingança por afrontas pessoais, ambição ou pactos pessoais para engrandecer ou apoiar as próprias famílias ou seus adeptos. Esses e uma variedade de outros motivos, que movem a mente do soberano, com frequência o levam a travar guerras não santificadas pela justiça ou pela voz dos interesses de seu povo. Independentemente desses estímulos à guerra que predominam nas monarquias absolutas, mas que merecem toda nossa atenção, há outros que afetam tanto as nações como os reis. Examinando-os, veremos que alguns deles surgem de nossa situação e circunstâncias relativas.

Rivalizamos com a França e a Grã-Bretanha na pesca, e podemos abastecer seus mercados a menor custo que elas próprias, a despeito de todos os seus esforços para evitá-lo por meio de subvenções ou da imposição de tarifas ao pescado estrangeiro.

Com elas e com a maioria das outras nações europeias rivalizamos na navegação e no transporte marítimo, e será enganoso supor que alguma delas se regozija por ver este último florescer. Como nosso transporte marítimo não pode crescer sem diminuir o delas em alguma medida, estarão mais interessadas em restringi-lo que em promovê-lo, e esse será seu programa.

No transporte para a China e a Índia, interferimos com mais de uma nação, uma vez que ele nos permite partilhar de vantagens que elas tinham de certo modo monopolizado. Com isso, nos abastecemos de mercadorias que no passado comprávamos delas.

A ampliação de nosso próprio comércio em nossos próprios navios não pode agradar a nenhuma nação que possua territórios neste continente ou próximo dele. O baixo custo e a excelência de nossos produtos, somados à circunstância da vizinhança, o espírito empreendedor e a habilidade de nossos mercadores e navegadores, nos darão uma participação maior nas vantagens que esses territórios oferecem que a pretendida ou planejada por seus respectivos soberanos.

A Espanha julga conveniente bloquear o São Francisco para nós, de um lado, e, do outro, a Grã-Bretanha nos exclui do São Lourenço; nem uma nem outra permitirá tampouco que as águas que as separam de nós se tornem meios de mútuo intercurso e tráfego.

A partir destas considerações e de outras análogas, que poderiam, se a prudência o permitisse, ser mais ampliadas e detalhadas, é fácil ver que rivalidades e constrangimentos podem se introduzir gradualmente nas mentes e nos gabinetes de outras nações, e que não devemos esperar que contemplem com indiferença e serenidade nosso avanço em união, poder e importância em terra e no mar.

O povo da América sabe que motivos para a guerra podem surgir de circunstâncias diferentes destas — assim como de outras, não tão óbvias atualmente — e que, quando esses motivos puderem encontrar hora e ocasião próprias para atuar, não faltarão desculpas para disfarçá-los e justificá-los. Sensatamente, o povo considera a união e um bom governo nacional igualmente necessários para pô-lo numa *situação tal* que, em vez de *estimular* a guerra, tenda a sufocá-la e a desencorajá-la. Essa situação, que consiste no melhor estado de defesa possível, depende necessariamente do governo, das armas e dos recursos do país.

Uma vez que a segurança do todo é do interesse do todo e não pode ser assegurada sem governo, seja um só ou muitos, investiguemos se um bom governo uno não é mais competente, no tocante ao assunto em questão, que qualquer outro número de governos.

Um governo uno pode reunir, para deles se valer, o talento e a experiência dos homens mais capazes, em qualquer parte da União em que possam ser encontrados. Pode pautar-se por princípios políticos uniformes. Pode harmonizar, incorporar e proteger suas várias partes e membros e estender a todos o benefício de sua previdência e de suas precauções. Na elaboração de tratados, verá os interesses do todo e os interesses particulares das partes como ligados ao do todo. Pode aplicar os recursos e a força do todo à defesa de qualquer parte particular, e isso com uma facilidade e uma diligência que governos estaduais ou confederações separadas não poderiam ter, por falta de ajuste mútuo e unidade de sistema. Pode submeter a milícia a um único plano de disciplina, e ao pôr seus oficiais numa ordem adequada de subordinação ao magistrado supremo irá de certo modo consolidá-los num único corpo, tornando-os com isso mais eficientes do que se divididos em 13, três ou quatro diferentes corpos independentes.

Que seria a milícia da Grã-Bretanha se a milícia inglesa obedecesse ao governo da Inglaterra, a escocesa, ao governo da Escócia e a galesa, ao governo de Gales! Suponhamos uma invasão: seriam esses três governos (se chegassem a algum acordo) capazes de agir com suas respectivas forças contra o inimigo com a mesma eficácia do governo único da Grã-Bretanha?

Muito já ouvimos falar das frotas da Grã-Bretanha, e se formos sensatos, poderá chegar o tempo em que as frotas da América também venham a ser dignas de atenção. Mas se um governo nacional uno não tivesse regulamentado a navegação da Grã-Bretanha de modo a torná-la um viveiro de homens do mar, se um governo nacional uno não tivesse requisitado todos os recursos e materiais nacionais para construir frotas, suas proezas e ameaças nunca teriam sido celebradas. Deixemos que a Inglaterra tenha sua navegação e frota, que a Escócia tenha sua navegação e frota, que Gales tenha sua navegação e frota, que a Irlanda tenha sua navegação e frota — deixemos que essas quatro partes constituintes do Império Britânico estejam submetidas a quatro governos independentes, e será fácil perceber que bem depressa todas se reduzirão a uma insignificância relativa.

Apliquemos esses fatos a nosso próprio caso. Dividamos a América em 13, ou, se preferirmos, em três ou quatro governos independentes; que exércitos poderiam eles formar e pagar, que frotas poderiam jamais esperar ter? Se um deles fosse atacado, correriam os outros em seu socorro, gastariam sangue e dinheiro em sua defesa? Não haveria o perigo de serem induzidos à neutralidade por promessas falsas, ou seduzidos, por um excessivo amor à paz, a não pôr em risco sua tranquilidade e segurança presentes em benefício de vizinhos que talvez já tenham invejado, e cuja importância estão satisfeitos por ver diminuída? Essa conduta seria, se não sábia, natural. A história dos Estados da Grécia, como a de outros países, está repleta desses casos, e não é improvável que o que já aconteceu tantas vezes volte a acontecer, em circunstâncias similares.

Admitamos, porém, que eles se disponham a ajudar o Estado ou a confederação invadida. Como, quando e em que medida deverão ser fornecidos os auxílios em homens e em dinheiro? Quem comandará os exércitos aliados, e de qual deles o comandante receberá ordens? Quem estabelecerá os termos de paz e, em caso de disputas, que árbitro decidirá entre eles e imporá a aquiescência? Várias dificuldades e inconvenientes seriam inseparáveis de uma situação como essa; em contrapartida, um governo voltado para os interesses gerais e comuns estaria livre de todos esses embaraços e seria muito mais conducente à segurança do povo.

Porém, seja qual for nossa situação, quer estejamos firmemente unidos sob um governo nacional ou divididos em diversas confederações, o certo é que as nações estrangeiras a entenderão e verão exatamente como é, e agirão de acordo em relação a nós. Se virem que nosso governo nacional é eficiente e bem administrado; nosso comércio, prudentemente regulado; nossa milícia, adequadamente organizada e treinada; nossos recursos e finanças, parcimoniosamente administrados; nosso crédito, restabelecido; nosso povo, livre, satisfeito e unido, ficarão muito mais dispostos a cultivar nossa amizade que a provocar nossa indignação. Se, por outro lado, nos virem privados de um governo eficiente (cada Estado fazendo o que lhe apraz, segundo o que parece conveniente a seus dirigentes) ou divididos em três ou quatro repúblicas ou confederações independentes e provavelmente discordantes, uma inclinada para a Grã-Bretanha, outra para a França, uma terceira para a Espanha, e talvez jogadas umas contra as outras por essas três potências, que triste, que deplorável figura fará a América aos olhos delas! Como se tornaria vulnerável não somente a seu desprezo, mas a seu ultraje; e em quão pouco tempo uma custosa experiência proclamaria que quando um povo — ou uma família — se divide assim, os resultados se voltam infalivelmente contra ele mesmo.

PUBLIUS [JAY]

ARTIGO 5

Desenvolvimento do tema

Em sua carta de 1º de julho de 1706 ao Parlamento escocês, a rainha Ana fez algumas observações que merecem nossa atenção sobre a importância da União que então se formava entre a Inglaterra e a Escócia. Apresentarei ao público extratos dela:

> Uma união total e perfeita será a base sólida da paz duradoura: protegerá vossa religião, liberdade e riqueza; eliminará as animosidades entre vós, e os ciúmes e as divergências entre nossos dois reinos. Deve aumentar vossa força, vossos bens e comércio; e por esta união a ilha toda, ficando unida na afeição e liberta de todos os temores de interesses discordantes, tornar-se-á *capaz de resistir a todos os seus inimigos*. (...) Sinceramente vos recomendamos serenidade e unanimidade nesta importante e grave questão, que a união possa ser levada a uma conclusão feliz, sendo o único meio *eficaz* de assegurar nossa felicidade presente e futura e de frustrar os desígnios de nossos e vossos inimigos, que irão sem dúvida, nesta ocasião, *lançar mão de seus maiores esforços para impedir ou retardar essa união*.

Observamos no artigo anterior que a fraqueza e as divisões internas estimulariam ameaças do exterior; e que nada tenderia a nos proteger deles melhor que a presença entre nós de união, força e um bom governo. Este é um assunto amplo, que não pode ser facilmente esgotado.

A história da Grã-Bretanha, aquela de que temos em geral melhor conhecimento, nos dá muitas lições úteis. Podemos nos valer da experiência dela, sem ter de pagar seu custo. Embora pareça óbvio ao senso comum que o povo daquela ilha deve formar uma única nação, verificamos que, durante séculos, estiveram divididos em três, e que esses três se mantiveram quase constantemente envolvidos em disputas e guerras entre si. Embora seu verdadeiro interesse em relação às nações continentais fosse realmente o mesmo, os ardis, as políticas e as práticas dessas nações mantinham suas rivalidades mútuas perpetuamente acesas, e por longos anos elas se incomodaram e importunaram muito mais do que serviram e ajudaram umas às outras.

Se o povo da América se dividisse em três ou quatro nações não aconteceria o mesmo? Rivalidades semelhantes não surgiriam e seriam cultivadas de maneira parecida? Em vez de ficar "unido na afeição e liberto de todas as apreensões de interesses discordantes", a inveja e o ciúme logo destruiriam a confiança e a afeição, e os únicos fins de suas políticas e atividades seriam os interesses parciais de cada confederação, em vez dos interesses gerais de toda a América. Em consequência, como a maioria das outras nações *fronteiriças*, estariam sempre envolvidas em disputas e em guerra, ou viveriam no constante temor delas.

Os mais ardorosos defensores de três ou quatro confederações não podem supor sensatamente que elas permaneceriam por muito tempo em pé de igualdade em termos de força, ainda que se pudesse constituí-las assim de início; mesmo admitindo que isso fosse viável, que expediente humano seria capaz de assegurar a continuidade de tal igualdade? Afora aquelas circunstâncias locais que tendem a gerar e aumentar o poder numa parte e impedir seu progresso em outra, devemos atentar para os efeitos da política superior e da boa administração, que iriam provavelmente destacar o governo de uma em relação ao das outras, efeitos que destruiriam sua igualdade relativa em força e importância. Pois não se pode presumir que o mesmo grau de política judiciosa, prudência e previdência seria uniformemente observado por todas essas confederações por uma longa sucessão de anos.

A qualquer momento, e por qualquer causa, poderia acontecer, e por certo aconteceria, que alguma dessas nações ou confederações se elevasse na escala da importância política muito acima das vizinhas e, nesse momento, estas a olhariam com inveja e medo. Tais paixões as levariam a apoiar, se não a promover, não importa o que pudesse prometer diminuir sua importância; e as impediria também de tomar medidas destinadas a favorecê-la ou mesmo a assegurar sua prosperidade. Essa nação não precisaria de muito tempo para perceber essas disposições inamistosas. Logo começaria não só a perder a confiança nas vizinhas como também a se indispor igualmente com elas. Desconfiança gera naturalmente desconfiança, e nada corrompe mais rapidamente a boa vontade e a conduta delicada que ciúmes invejosos e imputações desonestas, quer sejam expressos ou implícitos.

O Norte é geralmente a região da força, e muitas circunstâncias locais tornam provável que aquela das confederações propostas que estiver mais ao norte será inquestionavelmente, em futuro não muito distante, mais portentosa que qualquer das outras. No mesmo instante em que isso ficar evidente, a *Colmeia do Norte* passará a excitar, nas partes mais ao sul da América, os mesmos sentimentos e ideias que outrora gerou nas partes sul da Europa. Tampouco parece temerário conjecturar que seus jovens enxames poderão muitas vezes ser tentados a colher mel nos campos mais floridos e no ar mais tépido de seus vizinhos exuberantes e mais frágeis.

Aqueles que bem analisarem a história de divisões e confederações similares encontrarão razão abundante para compreender que estas que estamos considerando não serão vizinhas em nada, exceto por compartilharem fronteiras; que entre elas não haveria amor nem confiança, e que seriam sim, ao contrário, presas da discórdia, do ciúme e de injúrias mútuas; em suma, que nos levariam exatamente às situações em que algumas nações por certo nos desejam ver, a saber, *temíveis apenas umas para as outras*.

Dessas considerações resulta que está enormemente equivocado quem supõe que entre essas confederações podem se formar alianças ofensivas e defensivas, de modo a produzir aquela combinação de união de vontades, armas e recursos que seria necessária para pô-las e mantê-las num estado de defesa respeitável contra inimigos estrangeiros.

Quando foi que os Estados independentes em que a Grã-Bretanha e a Espanha se dividiam outrora se combinaram numa união assim? Ou uniram suas forças contra um inimigo estrangeiro? As confederações propostas serão *nações distintas*. Cada uma terá seu comércio com estrangeiros a regular por diferentes tratados e, assim como seus produtos e mercadorias serão diferentes e próprios para diferentes mercados, também esses tratados serão essencialmente diferentes. Diferentes relações comerciais criarão forçosamente diferentes interesses e, é claro, diferentes graus de lealdade política a diferentes nações estrangeiras e de vinculação com elas. Em consequência, poderia acontecer, e provavelmente aconteceria, que uma nação estrangeira com que a confederação *sulista* poderia estar em guerra fosse aquela com que a confederação *nortista* estivesse mais desejosa de cultivar a paz e a amizade. Uma aliança tão contrária ao interesse imediato das confederações não seria, portanto, fácil de formar, e, se formada, não seria observada e cumprida em perfeita boa-fé.

Mais do que isso, é de longe mais provável que na América, como na Europa, nações vizinhas, agindo sob o impulso de interesses diferentes e paixões inamistosas, se vissem frequentemente tomando lados opostos. Considerando a distância que nos separa da Europa, seria natural que essas confederações viessem a temer mais as ameaças umas das outras que as de nações distantes, e que, assim, cada uma se mostrasse mais desejosa de se proteger contra as demais com a ajuda de alianças estrangeiras do que de se proteger contra ameaças estrangeiras por alianças entre si. Neste ponto, é preciso não esquecer quanto é mais fácil acolher frotas estrangeiras em nossos portos, e exércitos estrangeiros em nosso país, do que convencê-los ou obrigá-los a partir. Quantas conquistas desse tipo fizeram os romanos e outros, lidando com seus aliados, e quantas mudanças conseguiram introduzir no governo daqueles que fingiam proteger!

Que os homens imparciais julguem se a divisão da América em não importa que número de soberanias independentes tenderia a nos proteger contra as hostilidades e as interferências indevidas de nações estrangeiras.

PUBLIUS [JAY]

ARTIGO 6

Sobre os perigos de guerra entre os Estados

Os três últimos números deste artigo foram dedicados a uma enumeração dos perigos que representariam para nós, num estado de desunião, as armas e artes de nações estrangeiras. Passarei agora a delinear perigos de um tipo diferente e talvez mais alarmante — aqueles que com toda a probabilidade brotariam de dissensões entre os próprios Estados e de dissidências e convulsões domésticas. Embora já tenham sido superficialmente mencionadas em alguns casos, elas merecem uma investigação mais especial e completa.

É preciso ter ido muito longe em especulações utópicas para duvidar seriamente de que, caso estes Estados venham a se tornar inteiramente desunidos, ou unidos apenas em confederações parciais, as subdivisões em que poderiam ser lançados teriam disputas frequentes e violentas entre si. Alegar que faltariam motivos para essas contendas seria esquecer que os homens são ambiciosos, vingativos e gananciosos. Esperar que perdure a harmonia entre várias soberanias independentes e desunidas nas mesmas vizinhanças seria desconsiderar o curso uniforme dos eventos humanos e desafiar a experiência acumulada de séculos.

As causas de hostilidade entre nações são inúmeras. Algumas têm ação geral e quase constante sobre os corpos coletivos da sociedade. Desta classe são o amor pelo poder ou o desejo de preeminência e de domínio — o desejo de poder ou a ambição de igualdade e segurança. Outras têm uma influência mais circunscrita, embora igualmente ativa, em suas esferas. Entre elas estão as rivalidades e competições de comércio entre nações comerciais. Há outras ainda, não menos numerosas que as anteriores, que se originam inteiramente em paixões pessoais; nos afetos, inimizades, interesses, esperanças e temores de indivíduos preeminentes em suas comunidades. Homens deste tipo, quer sejam os favoritos de um rei ou de um povo, muitas vezes abusaram da confiança de que desfrutavam; e, tomando por pretexto alguma razão pública, não tiveram escrúpulos em sacrificar a tranquilidade nacional por benefícios ou recompensas pessoais.

O celebrado Péricles, solidarizando-se com o ressentimento de uma prostituta,[1] venceu e destruiu, à custa de muito sangue e muitas riquezas de seus compatriotas, a cidade dos *samnitas*. O mesmo homem, movido por animosidade pessoal contra os *megarenses*,[2] outra nação da Grécia, ou para evitar o processo de que se via ameaçado como cúmplice de um suposto roubo de estátuas de Fídias,[3] ou para se livrar das acusações de dissipação dos fundos do Estado na compra de popularidade,[4] que se preparavam contra ele, foi o primeiro artífice dessa guerra famosa e fatal, que os anais gregos distinguem com o nome de *Guerra do Peloponeso* e que, após várias vicissitudes, interrupções e retomadas, culminou na ruína da comunidade ateniense.

O ambicioso cardeal, primeiro-ministro de Henrique VIII, ao permitir a sua vaidade aspirar à tríplice coroa,[5] alimentou esperanças de ter êxito na conquista desse esplêndido prêmio mediante a influência do imperador Carlos V. Para assegurar o favor e o interesse desse empreendedor e poderoso monarca,

---

1. Aspásia. Ver "Péricles" em *Vidas Paralelas: Péricles e Fábio Máximo,* de Plutarco.
2. Ibid.
3. Ibid. Fídias era acusado de ter roubado ouro público, com a conivência de Péricles, para ornamentar a estátua de Minerva.
4. Ibid.
5. Usada pelos papas.

precipitou a Inglaterra numa guerra com a França, contrariando os mais rudimentares ditames da política, pondo em risco a segurança e a independência tanto do reino que presidia com seus conselhos como da Europa em geral. Pois se jamais um soberano teve possibilidades de realizar o projeto de uma monarquia universal, foi o imperador Carlos V, de cujas intrigas Wolsey foi ao mesmo tempo instrumento e vítima.

A influência que o fanatismo de uma mulher,[1] a petulância de outra[2] e as intrigas de uma terceira[3] tiveram na política contemporânea, nas convulsões e na pacificação de parte considerável da Europa, são tópicos já demasiado glosados para não serem de conhecimento geral.

Multiplicar exemplos da intervenção de considerações pessoais na produção de importantes eventos nacionais, sejam estrangeiros ou domésticos, segundo a direção que tomem, seria desnecessária perda de tempo. Mesmo os pouco familiarizados com as fontes de que eles devem ser extraídos haverão de se lembrar de vários casos, e os que possuem um conhecimento razoável da natureza humana não precisarão dessas luzes para formar sua opinião tanto sobre a realidade como sobre a extensão dessa influência. Talvez, no entanto, caiba mencionar, para ilustrar o princípio geral, um caso acontecido recentemente entre nós. Se Shays[4] não estivesse *desesperadamente endividado*, é muito duvidoso que Massachusetts tivesse mergulhado numa guerra civil.

Todavia, a despeito do testemunho convergente da experiência neste particular, ainda é possível encontrar homens, visionários ou ardilosos, prontos a defender o paradoxo da paz perpétua entre os Estados, mesmo que desmembrados e alienados um do outro. O gênio da república (dizem eles) é pacífico; o espírito do comércio tende a abrandar as maneiras dos homens e a extinguir aqueles humores inflamáveis que tantas vezes despertaram guerras. Repúblicas comerciais, como as nossas, nunca se disporão a se desgastar em contendas mútuas. Serão governadas pelo interesse comum e cultivarão um espírito de amizade e concórdia mútuas.

Mas (podemos perguntar a esses arquitetos da política) cultivar esse espírito benevolente e filosófico não é o verdadeiro interesse de todas as nações? E se é este seu verdadeiro interesse, será verdade que elas o têm perseguido? Não se verifica, ao contrário, que paixões fugazes e interesses imediatos têm sobre a conduta

---

1. Madame de Maintenon.
2. Duquesa de Marlborough.
3. Madame de Pompadour.
4. Trata-se de Daniel Shays, líder da chamada Rebelião Shays (1786-87). (N. do E.)

humana um domínio mais ativo e imperioso que considerações gerais ou remotas de política, utilidade ou justiça? Têm as repúblicas sido na prática menos propensas à guerra que as monarquias? Não são as primeiras administradas por homens, *tanto quanto as segundas?* Aversões, predileções, rivalidades e desejos de aquisições injustas não afetam as nações tanto quanto os reis? Não estão as assembleias populares frequentemente sujeitas aos impulsos da raiva, do ressentimento, do ciúme, da avareza e de outras propensões irregulares e violentas? Não é bem sabido que as determinações dessas assembleias são muitas vezes ditadas por uns poucos indivíduos em que elas depositam confiança, ficando obviamente sujeitas a ser afetadas pelas paixões e opiniões deles? Que fez o comércio até agora a não ser mudar as finalidades das guerras? O amor à riqueza não é uma paixão tão dominadora e empreendedora quanto o amor ao poder ou à glória? Desde que o comércio passou a ser o sistema prevalente entre as nações, não houve tantas guerras fundadas em motivos comerciais quantas houve antes, movidas pela cupidez de território ou de domínio? O espírito comercial não forneceu, em muitos casos, novos incentivos ao apetite tanto de uma como de outra? Que se convoque a experiência, o guia menos falível das opiniões humanas, para responder a essas indagações.

Esparta, Atenas, Roma e Cartago foram repúblicas; duas delas, Atenas e Cartago, de tipo comercial. No entanto, elas se envolveram em guerras, ofensivas e defensivas, tanto quanto as monarquias vizinhas da mesma época. Esparta pouco mais era que um exército bem treinado; e Roma nunca se fartou de carnificina e conquista.

Cartago, embora sendo uma república comercial, foi o agressor na própria guerra que resultou em sua destruição. Aníbal levou suas forças até o coração da Itália e as portas de Roma, antes que Cipião, em contrapartida, lhe infligisse uma derrocada nos territórios de Cartago e conquistasse a comunidade.

Veneza, em época posterior, figurou mais de uma vez em guerras de conquista, até que, tornando-se ela alvo da cobiça de outros Estados italianos, o papa Júlio II conseguiu realizar aquela poderosa liga[5] que desferiu o golpe de misericórdia no poder e no orgulho dessa arrogante república.

As províncias da Holanda, até naufragarem em dívidas e tributos, tiveram um papel destacado e notório nas guerras da Europa. Elas travaram furiosas

---

5. A Liga de Cambray, que reuniu o imperador, o rei da França, o rei de Aragão e a maioria dos príncipes e Estados italianos.

disputas com a Inglaterra pelo domínio do mar e estiveram entre os opositores mais perseverantes e implacáveis de Luís XIV.

No governo da Grã-Bretanha, os representantes do povo compõem uma câmara do legislativo nacional. Durante séculos, o comércio foi a atividade predominante desse país. Poucas nações, no entanto, envolveram-se mais frequentemente em guerras; e as guerras que esse reino empreendeu foram, em numerosos casos, iniciadas pelo povo.

As guerras populares, se posso me exprimir assim, foram tão numerosas quanto as promovidas pelos reis. Em várias ocasiões, os clamores da nação e as importunações de seus representantes empurraram seus monarcas para a guerra, ou os mantiveram nelas, contrariamente a suas inclinações, e por vezes contrariamente aos reais interesses do Estado. Naquela memorável luta pela supremacia entre as casas rivais da *Áustria* e de *Bourbon*, que por tanto tempo manteve a Europa em chamas, é bem sabido que a aversão dos ingleses pelos franceses, reforçando a ambição, ou antes, a avareza de um capitão favorito,[1] fez prolongar a guerra além dos limites impostos por uma política sensata, e por muito tempo em oposição às ideias da Corte.

As guerras dessas duas nações recém-mencionadas surgiram em grande medida de considerações comerciais — o desejo de suplantar e o medo de ser suplantado, seja em ramos particulares de tráfego, seja nas vantagens gerais dos negócios e da navegação, e por vezes até o desejo mais condenável de partilhar o comércio de outras nações sem seu consentimento.

A antepenúltima guerra entre a Grã-Bretanha e a Espanha resultou das tentativas dos mercadores ingleses de comerciar ilicitamente com o sul das Caraíbas. A essas práticas injustificáveis os espanhóis responderam com uma violência não mais justificável contra os súditos da Grã-Bretanha, pois excederam os limites de uma justa retaliação e fizeram jus à acusação de desumanidade e crueldade. Muitos dos ingleses capturados na costa espanhola foram enviados para fazer escavações nas minas de Potosi; e com a fermentação natural do ressentimento, após algum tempo inocentes foram confundidos com culpados em punições indiscriminadas. As queixas dos mercadores acenderam uma chama por toda a nação que logo irrompeu na Câmara dos Comuns e desta se transmitiu ao ministério. Cartas de represália foram enviadas, e seguiu-se uma guerra que, em suas consequências, destruiu todas as alianças que, apenas vinte anos antes, tinham sido formadas com esperançosas expectativas dos mais benéficos frutos.

1. O duque de Marlborough.

A partir desta síntese do ocorrido em outros países, cujas situações apresentavam a maior semelhança com a nossa, que razão podemos ter para confiar naqueles devaneios que nos induziriam a uma expectativa de paz e cordialidade entre os membros da atual confederação, em estado de separação? Já não vimos o bastante da falácia e extravagância dessas teorias vãs que nos divertem com promessas de uma isenção das imperfeições, das fraquezas e dos males inerentes a toda forma de sociedade? Não será hora de despertar do sonho enganoso de uma idade do ouro e de aceitar, como máxima prática para a orientação de nossa conduta política, que nós, como todos os demais habitantes do globo, ainda estamos distantes do feliz império da perfeita sabedoria e da perfeita virtude?

Que o atestem o grau de extrema depressão em que mergulharam nossa dignidade e crédito nacionais, os inconvenientes de uma administração frouxa e má do governo, sentidos por toda parte, a revolta de parte do Estado da Carolina do Norte, os recentes e perigosos distúrbios na Pensilvânia e as atuais insurreições e rebeliões em Massachusetts!

A consciência geral da humanidade está tão longe de corresponder aos dogmas daqueles que tentam apaziguar nossos temores de discórdia e hostilidade entre os Estados, caso se separem, que de há muito a observação do progresso da sociedade originou uma espécie de axioma político segundo o qual a vizinhança, ou a semelhança de situação, torna as nações inimigas naturais. Um inteligente escritor[2] diz a este respeito:

> Nações vizinhas são naturalmente inimigas umas das outras, a menos que suas debilidades comuns as force a se coligar numa república confederada e que suas estruturas impeçam as divergências que a vizinhança ocasiona, extinguindo aquela rivalidade secreta que dispõe todos os Estados a se enaltecerem a expensas de seus vizinhos.[3]

Essa passagem, ao mesmo tempo que aponta o mal, sugere o *remédio*.

PUBLIUS [HAMILTON]

---

2. Gabriel Bonnot de Mably (1709-85), historiador e escritor francês dedicado ao direito internacional. (N. do E.)

3. Ver *Principes des Négotiations*, do abade de Mably.

ARTIGO 7

Desenvolvimento do tema e enumeração de causas particulares

Por vezes se pergunta, com ar de aparente triunfo: que motivos poderiam ter os Estados, se desunidos, para fazer guerra uns contra os outros? Uma resposta cabal seria dizer: precisamente os mesmos motivos que, em diferentes épocas, inundaram de sangue todas as nações do mundo. Infelizmente, porém, a questão admite uma resposta mais específica. Há causas de discórdia que podemos observar diretamente, causas cuja tendência, mesmo sob as restrições impostas por uma organização federal, já pudemos experimentar o suficiente para formar um juízo do que se poderia esperar se essas restrições fossem removidas.

As disputas territoriais mostraram-se em todos os tempos uma das mais férteis fontes de hostilidade entre as nações. Talvez a maior parte das guerras que devastaram a Terra tenham brotado dessa origem. Esta causa iria existir entre nós com plena força. Temos um vasto trato de território não ocupado dentro das fronteiras dos Estados Unidos. Ainda existem reivindicações discordantes e irresolvidas entre vários Estados, e a dissolução da União daria bases para reivindicações similares a todos eles. É bem sabido que até agora os Estados tiveram sérias e inflamadas discussões sobre o direito às terras que ainda não estavam cedidas na época da Revolução, e que recebiam a designação geral de terras da Coroa. Os Estados situados nos limites dos governos coloniais em que elas estavam compreendidas reivindicaram essas terras como propriedade sua, mas os outros objetaram que os direitos da Coroa deveriam ser revertidos para a União; especialmente no tocante a toda aquela parte do território Oeste, que, seja por posse efetiva, seja pela subjugação dos proprietários índios, estava sujeita à jurisdição do rei da Grã-Bretanha até ser liberada pelo tratado de paz. Esse território, afirmava-se, era, para todos os efeitos, uma aquisição da Confederação por pacto com um poder estrangeiro. O Congresso adotou a prudente política de aplacar essa controvérsia convencendo os Estados a fazer cessões para os Estados Unidos em benefício do todo. Até agora isso foi feito de tal modo que, permanecendo a União, há clara perspectiva de uma resolução amigável da disputa. Um desmembramento da Confederação, contudo, reacenderia essa disputa e geraria outras sobre a mesma questão. No momento, grande parte do território desocupado do Oeste é, pelo menos por cessão, quando não por direito anterior, propriedade comum da União. Se esta terminasse, os Estados que fizeram cessões com base num princípio de conciliação federal poderiam, desaparecido o motivo da cessão, exigir a reversão das terras. Os outros Estados iriam sem dúvida insistir numa proporção, por direito de representação. Seu argumento seria o de que uma cessão, uma vez feita, não pode ser revogada; e que seu direito a uma participação em território adquirido ou assegurado pelos esforços conjugados da Confederação não teria diminuído. Mesmo que todos os Estados, contrariando a probabilidade, admitissem que todos têm direito a igual parcela dessa posse comum, ainda haveria uma dificuldade a suplantar no tocante à regra adequada para o rateio. Diferentes Estados proporiam diferentes princípios para esse fim; e como estes influiriam nos interesses opostos das partes, poderiam não dar lugar facilmente a um ajuste pacífico.

No amplo campo do território Oeste, portanto, percebemos um vasto teatro para pretensões hostis, sem nenhum árbitro ou juiz comum para se interpor entre as partes litigantes. Raciocinando do passado para o futuro, teremos boas razões para temer que se vá por vezes recorrer à espada como árbitro das divergências. As circunstâncias da disputa entre Connecticut e a Pensilvânia pelas terras de Wyoming nos advertem a não contar demais com uma fácil acomodação desses conflitos. Os Artigos da Confederação obrigavam as partes a submeter a controvérsia à decisão de um tribunal federal. Isso foi feito, e o tribunal decidiu em favor da Pensilvânia. O Estado de Connecticut, porém, deu fortes sinais de insatisfação com essa determinação, não se mostrando inteiramente resignado a ela até que, por meio de negociações e expedientes, conseguiu uma espécie de compensação para a perda que julgava ter sofrido. Nada do que é dito aqui pretende significar a mais leve censura à conduta desse Estado. Ele sem dúvida acreditou sinceramente ter sido injustiçado pela decisão; e os Estados, como os indivíduos, resistem muito a aceitar determinações que os prejudicam.

Os que tiveram conhecimento das transações que acompanharam o desenrolar da controvérsia entre o Estado de Nova York e o distrito de Vermont podem confirmar a oposição que experimentamos, tanto dos Estados não interessados como dos interessados na reivindicação, e atestar o perigo que a paz da Confederação teria corrido caso Nova York tivesse tentado afirmar seus direitos pela força. Dois motivos preponderam nessa oposição: um ciúme cultivado de nosso futuro poder e o interesse de certos indivíduos influentes dos Estados vizinhos, que tinham obtido cessões de terra desse distrito sob o atual governo. Mesmo os Estados que apresentaram reivindicações opostas às nossas pareceram mais desejosos de desmembrar o Estado de Nova York do que fazer valer as próprias pretensões. Foram eles: New Hampshire, Massachusetts e Connecticut. Nova Jersey e Rhode Island revelaram, em todas as ocasiões, um zelo ardoroso pela independência de Vermont; e o Estado de Maryland, até se alarmar com a revelação de uma conexão sua com o Canadá, esposou firmemente as mesmas ideias. Esses Estados, sendo pequenos, viram com pouca simpatia a perspectiva da crescente grandeza do Estado de Nova York. Recapitulando essas transações, podemos detectar algumas das causas que tenderiam a indispor os Estados entre si, se lhes coubesse a má sorte de se separarem.

As competições comerciais seriam outra fonte fecunda de contendas. Os Estados menos favorecidos estariam ansiosos por escapar das desvantagens de sua situação local e de partilhar das vantagens dos vizinhos mais afortunados. Cada Estado, ou confederação independente, buscaria um sistema próprio de política comercial. Isso geraria distinções, preferências e exclusões que produziriam descontentamentos. Os hábitos de intercâmbio fundados na igualdade de privilégios, a que estamos habituados desde o início da colonização do país, tornariam essas causas de insatisfação mais críticas do que seriam naturalmente, na ausência dessa circunstância. *Estaríamos prontos a qualificar de afrontas gestos que, de fato, seriam atos justificáveis de soberanias independentes em nome de um interesse definido.* O espírito de empreendimento que caracteriza a face comercial da América não perdeu nenhuma oportunidade de se manifestar. É muito pouco provável que esse espírito incontido vá demonstrar grande respeito por aquelas normas de comércio com que Estados particulares poderiam tentar assegurar benefícios exclusivos para seus próprios cidadãos. As infrações dessas normas, por um lado, e o esforço para impedi-las e repeli-las, por outro, conduziriam naturalmente a violações, e estas a represálias e guerras.

Por meio de normas comerciais, alguns Estados teriam oportunidade de tornar outros Estados tributários seus, e estes dificilmente aceitariam isso. A situação relativa de Nova York, Connecticut e Nova Jersey ofereceria um exemplo desse tipo. Nova York, por necessidade de receita, teria de tributar suas importações. Grande parte dessas tarifas teria de ser paga pelos habitantes dos dois outros Estados, na qualidade de consumidores do que importamos. Nova York não teria disposição nem condições de abrir mão dessa vantagem. Seus cidadãos não aceitariam que uma tarifa paga por eles fosse suspensa em favor dos cidadãos dos Estados vizinhos; tampouco seria possível, se não houvesse esse empecilho, identificar os compradores em nossos próprios mercados. Iriam Connecticut e Nova Jersey se submeter por muito tempo a ser tributados pelo Estado de Nova York em exclusivo benefício deste? Poderíamos nós continuar por muito tempo a desfrutar calmamente, sem ser molestados, de uma metrópole de cuja posse derivamos uma vantagem tão odiosa para nossos vizinhos, e tão opressiva a seus olhos? Seríamos capazes de protegê-la contra o peso de Connecticut, por um lado, e a pressão suplementar de Nova Jersey por outro? Estas são indagações a que só a temeridade dará uma resposta positiva.

A dívida pública da União seria uma causa adicional de conflito entre os Estados ou confederações independentes. O rateio, de início, e posteriormente a progressiva extinção seriam igualmente geradores de descontentamento e animosidade. Como poderia haver acordo quanto a uma regra de rateio satisfatória para todos? É difícil encontrar alguma que não seja passível de objeções fundamentadas. Estas, como de hábito, seriam exageradas pelos interesses das partes. Os Estados têm ideias díspares até com relação ao princípio geral do resgate da dívida pública. Alguns deles — por estarem menos impressionados com o volume do crédito nacional ou porque seus cidadãos têm pouco ou nenhum interesse imediato na questão — encaram com indiferença, senão com repugnância, qualquer forma de pagamento da dívida se interna. Estes tenderiam a ampliar as dificuldades de uma distribuição. Outros, cujos cidadãos são em grande parte credores da União, numa proporção maior que a participação do Estado no montante total da dívida nacional, se esforçariam por um ajuste equitativo e suficiente. As protelações dos primeiros excitariam os ressentimentos daqueles últimos. Nesse meio-tempo, o estabelecimento de uma regra seria procrastinado por diferenças reais de opinião e atrasos forjados. Os cidadãos dos Estados interessados iriam protestar; poderes estrangeiros pressionariam pelo atendimento de suas justas demandas, e a paz dos Estados ficaria exposta à dupla contingência da invasão externa em meio ao conflito interno.

Suponhamos que as dificuldades em se concordar com uma regra sejam superadas e se faça o rateio. Mesmo assim, há boas razões para supor que a regra aceita, uma vez experimentada, se mostraria mais pesada para alguns Estados que para outros. Os que fossem prejudicados buscariam naturalmente mitigar sua carga. Os outros, por razões igualmente naturais, resistiriam a uma revisão que tenderia a ocasionar um aumento de seus próprios ônus. Essa recusa seria pressurosamente usada pelos Estados queixosos como pretexto mais do que plausível para sustar as próprias contribuições; e o não cumprimento de seus compromissos por parte de Estados daria lugar a dissensões e disputas mais acerbas. Mesmo que a regra adotada provasse na prática a equanimidade de seus princípios, haveria sonegação por parte de alguns dos Estados, por uma diversidade de outras causas: carência real de recursos, má administração financeira, desordens acidentais na gestão do governo e, somando-se ao resto, a relutância com que os homens em geral lançam mão de dinheiro para fins que sobrevivem às exigências que os produziram e que interferem na satisfação de necessidades imediatas. A sonegação, seja qual for sua causa, produziria queixas, recriminações e conflitos. Nada é mais capaz de perturbar a tranquilidade das nações que estarem elas obrigadas a fazer contribuições mútuas para qualquer objetivo comum que não proporcione um benefício igual e coincidente. Pois é uma observação tão verdadeira quanto banal que nada gera mais divergências entre os homens que a necessidade de pagar.

Leis que violam contratos privados, quando significarem agressões aos direitos daqueles Estados cujos cidadãos são prejudicados por elas, podem ser consideradas outra fonte provável de hostilidade. Nada nos autoriza a esperar que, no futuro, as legislações dos Estados individuais serão presididas por um espírito mais liberal ou mais equitativo que aquele que muitas vezes já vimos arruinar seus vários códigos, caso não sejam limitadas por algum controle adicional. Observamos a disposição à retaliação despertada em Connecticut em consequência dos absurdos perpetrados pelo legislativo de Rhode Island; e somos levados a inferir que, em casos similares sob outras circunstâncias, uma guerra — não de *pergaminho*, mas de espada — viria castigar essas violações atrozes do dever moral e da justiça social.

A probabilidade de alianças incompatíveis entre, de um lado, os diferentes Estados ou confederações e, de outro, diferentes nações estrangeiras, e os efeitos disso sobre a paz do conjunto, foi suficientemente esclarecida em alguns artigos precedentes. Da análise desse aspecto do assunto cabe extrair a conclusão de que a América, se não for unida por nenhum vínculo, ou apenas pelo frágil laço de uma simples liga ofensiva e defensiva, se enredaria gradualmente, pela ação dessas alianças discordantes, em todos os perniciosos labirintos da política e das guerras europeias; e, pelos conflitos destrutivos das partes em que estaria dividida, tenderia a se tornar uma presa dos artifícios e maquinações de poderes igualmente inimigos de todas elas. *Divide et impera*[1] deve ser o lema de toda nação que nos odeia ou teme.

PUBLIUS [HAMILTON]

ARTIGO 8

Os efeitos da guerra interna na criação de exércitos permanentes e outras instituições adversas à liberdade

Após termos afirmado como verdade estabelecida que os vários Estados, caso venham a se desunir — ou as combinações deles que possam vir a se constituir a partir da ruína da Confederação geral —, estariam sujeitos entre si às mesmas vicissitudes de paz e guerra, ou de amizade e inimizade, que são a sina de todas as nações vizinhas não unidas sob um governo único, entremos agora numa breve análise de algumas das consequências de tal situação.

A guerra entre Estados, no primeiro período de sua existência independente, seria acompanhada por desgraças muito maiores do que em geral ocorre nos países há muito dotados de corporações militares regulares. Os exércitos regulares sempre mantidos de prontidão no continente europeu, embora negativos para a liberdade e a economia, têm, contudo, a extraordinária vantagem de inviabilizar as conquistas repentinas e de impedir aquela rápida devastação que, antes de seu aparecimento, caracterizava o avanço da guerra. A arte da fortificação contribuiu para os mesmos fins. As nações da Europa estão cercadas por correntes de praças fortificadas, que obstruem mutuamente a invasão. Perdem-se campanhas inteiras na tentativa de reduzir duas ou três guarnições de

1. Dividir para conquistar.

fronteira para penetrar num país inimigo. Obstáculos similares são encontrados a cada passo, para exaurir a força e retardar o avanço de um invasor. Outrora um exército invasor penetrava no coração de um país vizinho quase com a mesma rapidez com que a notícia de sua aproximação podia ser recebida; agora, porém, uma força relativamente pequena de tropas treinadas, atuando na defensiva, com a ajuda de estafetas, é capaz de impedir e finalmente frustrar os ataques de uma força muito mais considerável. A história da guerra naquela região do globo não é mais uma história de nações subjugadas e de impérios derrubados, mas de cidades tomadas e retomadas, de batalhas que nada decidem, de retiradas mais vantajosas que vitórias, de muito esforço e pouco ganho.

Neste país, o cenário seria inteiramente oposto. O temor das corporações militares adiaria sua criação ao máximo. A falta de fortificações, deixando as fronteiras de um Estado abertas para outro, facilitaria invasões. Os Estados populosos teriam pouca dificuldade em derrotar seus vizinhos menos populosos. As conquistas seriam tão fáceis de fazer quanto difíceis de conservar. A guerra, portanto, seria desordenada e predatória. A *pilhagem* e a devastação sempre vêm na esteira das tropas irregulares. As calamidades praticadas por indivíduos seriam o traço mais destacado nos eventos que caracterizariam nossos feitos militares.

Esse quadro não é muito exagerado, embora eu admita que não permaneceria fiel por muito tempo. A segurança em face do perigo externo é o mais poderoso guia da conduta nacional. Mesmo o ardente amor à liberdade dará lugar, após algum tempo, a seus ditames. A violenta destruição da vida e da propriedade, inerente à guerra, o contínuo esforço e o alarme que acompanham um estado de perigo constante compelem as nações mais apegadas à liberdade a buscar repouso e segurança em instituições que tendem a destruir seus direitos civis e políticos. Para ter maior segurança, elas acabam se dispondo a correr o risco de ser menos livres.

As instituições a que aludimos são sobretudo *exércitos permanentes* e organizações militares complementares. Exércitos permanentes, ao que se diz, não são proibidos pela nova Constituição; infere-se, portanto, que podem existir sob sua vigência. Essa inferência, a partir da própria forma da proposição, é na melhor das hipóteses problemática e duvidosa.[1] Podemos responder, porém, que exércitos permanentes serão um resultado inevitável de uma dissolução

1. Esta objeção será exaustivamente examinada no devido lugar, onde se mostrará que a única precaução racional possível a esse respeito foi tomada, sendo ela muito melhor que as presentes em qualquer das constituições já formuladas na América, as quais, em sua maioria, não contêm nenhuma salvaguarda a esse respeito.

da Confederação. A guerra e a conquista frequentes, que requerem um estado de prontidão igualmente constante, haverão de produzi-los infalivelmente. Os Estados ou confederações mais fracos seriam os primeiros a lançar mão deles para se porem em pé de igualdade com seus vizinhos mais poderosos. Tentariam compensar a inferioridade de população e de recursos com um sistema de defesa mais regular e competente, com tropas treinadas e fortificações. Ao mesmo tempo, teriam necessidade de fortalecer o braço executivo do governo, o que daria a suas constituições uma orientação crescente para a monarquia. É da natureza da guerra aumentar a autoridade do Executivo em detrimento da do Legislativo.

Os expedientes mencionados logo dariam aos Estados ou confederações que deles se utilizassem uma superioridade sobre os vizinhos. Estados pequenos, ou de menor poder natural, sob governos fortes, e com o auxílio de exércitos regulares, triunfaram muitas vezes sobre Estados grandes, ou de maior força natural, que carecem dessas vantagens. Nem o orgulho nem a segurança dos mais importantes Estados ou confederações permitiriam que se submetessem por muito tempo a essa superioridade humilhante e fortuita. Logo lançariam mão de meios similares aos que a teriam produzido, para se reinstalarem na preeminência perdida. Assim, em pouco tempo, veríamos implantadas em toda parte deste país as mesmas engrenagens do despotismo que foram o flagelo do Velho Mundo. Este seria, pelo menos, o curso natural das coisas; e nosso raciocínio terá tanto mais probabilidade de estar correto quanto mais se acomodar a esse padrão.

Essas não são inferências vagas, extraídas de falhas supostas ou conjecturais da Constituição, cujo poder está todo depositado nas mãos de um povo ou de seus representantes ou delegados. São conclusões coerentes, extraídas da marcha natural e necessária das atividades humanas.

Talvez se possa perguntar, em objeção a isso: por que não surgiram exércitos permanentes dos conflitos que tão frequentemente perturbaram as antigas repúblicas da Grécia? Diferentes respostas, igualmente satisfatórias, podem ser dadas a essa pergunta. Os hábitos industriosos da população de hoje em dia, absorvida na busca do ganho e dedicada ao melhoramento da agricultura e do comércio, são incompatíveis com a condição de uma nação de soldados, que foi a verdadeira condição dos povos dessas repúblicas. As fontes de ganho, que foram tão multiplicadas com aumento do ouro e da prata e das artes da indústria, bem como a ciência das finanças, que é fruto dos tempos modernos, somando-se aos hábitos das nações, produziram uma revolução total no sistema da guerra, tornando os exércitos regulares, distintos do corpo dos cidadãos, o companheiro inseparável da hostilidade frequente.

Há uma grande diferença, também, entre corporações militares num país raramente exposto a invasões, por sua situação, e num que está frequentemente exposto a elas e sempre as temendo. Os governantes do primeiro, ainda que o desejem, podem não ter nenhum bom pretexto para manter de prontidão exércitos tão numerosos quanto os últimos seriam obrigados a manter. Sendo esses exércitos, no primeiro caso, raramente ou nunca convocados para atuar na defesa interna, o povo não corre o risco de um controle militar. Não haverá o hábito de relaxar as leis para atender a exigências militares; a condição civil permanece em pleno vigor, não corrompida nem desorganizada pelos princípios ou tendências da outra condição. Dado seu tamanho reduzido, o exército é sobrepujado pela força natural da comunidade. Não habituados a recorrer à proteção da força militar, ou a se submeter a sua opressão, os cidadãos não amam nem temem a força militar; encaram-na com um espírito de vigilante aquiescência a um mal necessário, permanecendo prontos para resistir a um poder que supõem que possa ser exercido em detrimento de seus direitos.

Sob tais circunstâncias, o exército pode dar um valioso auxílio ao magistrado para suprimir uma pequena dissensão, ou um motim ocasional, ou uma insurreição; mas será incapaz de praticar abusos contra os esforços conjugados da grande maioria do povo.

Num país do segundo tipo, ocorre o contrário. As perpétuas ameaças de perigo obrigam o governo a estar sempre preparado para repeli-las; seus exércitos têm de ser suficientemente numerosos para a defesa instantânea. A contínua necessidade de seus serviços amplia a importância do soldado, degradando na mesma medida a situação do cidadão. A condição militar eleva-se acima da civil. Os habitantes dos territórios, muitas vezes o próprio teatro da guerra, são inevitavelmente sujeitos a frequentes violações de seus direitos, que servem para enfraquecer deles sua consciência; gradualmente, o povo é levado a considerar os soldados não só como seus protetores, mas como seus superiores. Daí a considerá-los seus chefes, o caminho não é longo nem difícil; muito difícil, porém, é convencer um povo imbuído dessas ideias a opor uma resistência destemida ou eficaz a usurpações empreendidas pelo poder militar.

O reino da Grã-Bretanha recai na primeira categoria. Uma situação insular e uma marinha poderosa, que o poupam em grande medida da possibilidade de uma invasão estrangeira, tornam desnecessária a existência de um exército numeroso dentro do reino. Uma força suficiente para fazer frente a um ataque repentino, até que a milícia tenha tempo de se mobilizar e se incorporar, é tudo que tem sido considerado necessário. Nenhuma razão de política nacional exigiu, nem a opinião pública teria tolerado, maior número de tropas em seu interior. Há muito tempo tem havido pouco espaço para a ação das outras causas, enumeradas como consequências da guerra interna. Tal situação especialmente feliz contribuiu em grau considerável para preservar a liberdade de que esse país goza até hoje, a despeito da venalidade e da corrupção reinantes. Se, ao contrário, a Grã-Bretanha se situasse no continente, e tivesse sido compelida por essa situação, como certamente teria sido, a tornar suas corporações militares domésticas equiparáveis às das outras grandes potências da Europa, seria hoje com toda a probabilidade, como as outras, vítima do poder absoluto de um único homem. É possível, embora difícil, que o povo dessa ilha venha a ser escravizado por outras causas; mas certamente isso não se deverá às façanhas de um exército tão diminuto como o que tem sido mantido no reino.

Se formos sensatos o suficiente para preservar a União, poderemos gozar durante séculos da vantagem de uma situação similar a essa da insularidade. A Europa está a grande distância de nós. Suas colônias em nossas vizinhanças continuarão provavelmente muito desiguais em força para ser capazes de nos infligir algum dano considerável. Nessa situação, nossa segurança não pode requerer amplas corporações militares. Mas se nos desunirmos, e se as partes que nos integram permanecerem isoladas, o que é o mais provável, ou reunidas em duas ou três confederações, dentro de pouco tempo estaremos no mesmo impasse em que se veem as potências continentais da Europa: nossa liberdade, nesse caso, seria sacrificada aos meios de nos defendermos contra a ambição e a rivalidade mútuas.

Longe de ser superficial ou vã, esta é uma ideia sólida e grave. Merece a mais séria e madura consideração de todo homem prudente e honesto, qualquer que seja seu partido. Se tais homens fizerem uma pausa solene e meditarem sem paixão sobre a importância desta interessante ideia; se a contemplarem em todos os seus aspectos e considerarem todas as suas consequências, não hesitarão em abandonar objeções triviais a uma Constituição cuja rejeição, com toda a probabilidade, poria fim à União. Os fantasmas sem substância que esvoaçam ante as imaginações perturbadas de alguns de seus adversários logo dariam lugar a uma perspectiva mais substancial de perigos reais, certos e tremendos.

PUBLIUS [HAMILTON]

ARTIGO 9

A utilidade da União como salvaguarda contra o facciosismo e a insurreição doméstica

Uma firme União será a oportunidade máxima para a paz e a liberdade dos Estados como barreira contra o facciosismo e a insurreição doméstica. É impossível ler a história das pequenas repúblicas da Grécia e da Itália sem experimentar horror e repugnância diante dos distúrbios que continuamente as agitavam e da rápida sucessão de revoluções que as mantinham em estado de perpétua oscilação entre os extremos da tirania e da anarquia. Se exibem calmarias ocasionais, estas servem apenas como fugazes contrastes para as furiosas tempestades que se seguem. Se, aqui e ali, se abrem intervalos de felicidade, nós os contemplamos com um misto de angústia, surgida da reflexão de que as cenas agradáveis a que assistimos logo serão tragadas pelas ondas da sedição e da fúria partidária. Se raios momentâneos de glória penetram a escuridão, se por um lado nos ofuscam com um brilho passageiro e efêmero, ao mesmo tempo nos exortam a lamentar que os vícios do governo devam perverter os rumos e empanar o brilho daqueles talentos luminosos e dons tão decantados pelos quais os solos privilegiados que os produziram foram tão justamente celebrados.

Das desordens que desfiguram os anais dessas repúblicas os defensores do despotismo extraíram argumentos contrários não às formas de governo republicano, mas aos próprios princípios da liberdade civil. Condenaram todo governo livre como incompatível com a ordem da sociedade e tripudiaram sobre seus defensores e adeptos. Felizmente para a humanidade, estruturas estupendas erigidas nos alicerces da liberdade, que floresceram durante séculos, destruíram por uns poucos momentos de glória seus tristes sofismas. E a América, acredito, será o alicerce amplo e sólido de outros edifícios, não menos magníficos, que serão também monumentos permanentes a seus erros.

É inegável, porém, que os retratos que eles esboçaram do governo republicano eram cópias fidelíssimas dos originais. Se tivesse se mostrado impraticável conceber modelos de uma estrutura mais perfeita, os esclarecidos amigos da liberdade teriam sido obrigados a abandonar a causa dessa espécie de governo como indefensável. A ciência da política, contudo, como a maioria das demais ciências, foi muito aperfeiçoada. Compreende-se bem, agora, a eficácia de vários princípios que os antigos não conheciam em absoluto, ou conheciam imperfeitamente. A distribuição regular do poder em distintos setores; a introdução de equilíbrios e controles legislativos; a instituição de tribunais compostos de juízes que só perdem seus cargos por má conduta; a representação do povo no legislativo por deputados eleitos por ele próprio: essas descobertas são inteiramente novas, ou tiveram seu principal aperfeiçoamento nos tempos modernos. São meios, e meios poderosos, pelos quais as excelências do governo republicano podem ser conservadas, e suas imperfeições, diminuídas ou evitadas. A este catálogo de circunstâncias que propiciam a melhoria dos sistemas de governo civil arrisco-me a acrescentar mais, por mais nova que ela possa me parecer, a partir de um princípio que foi utilizado como base de uma objeção à nova Constituição; refiro-me à *ampliação* da *órbita* em que tais sistemas devem girar, seja no tocante às dimensões de um único Estado ou à consolidação de vários Estados menores numa grande Confederação. Embora seja este último caso que está imediatamente ligado ao assunto em exame, será útil também examinar o princípio em sua aplicação a um único Estado, o que será feito em outro lugar.

A utilidade de uma Confederação, tanto para suprimir o facciosismo e resguardar a tranquilidade interna dos Estados como para aumentar sua força e segurança externas, não é realmente uma ideia nova. Foi praticada em diferentes países e épocas, e recebeu a aprovação dos mais aplaudidos autores dedicados a assuntos políticos. Frequentemente, os opositores do *plano* proposto têm citado e apregoado as observações de Montesquieu sobre a necessidade de um território reduzido para um governo republicano. Parecem, contudo, não ter avaliado as crenças que esse grande homem expressou em outra parte de sua obra, nem ter atentado para as consequências dos princípios que subscrevem com tão pronta aquiescência.

Quando Montesquieu recomenda uma pequena extensão para as repúblicas, os padrões que tinha em mente eram de dimensões muito menores que as de quase todos os nossos Estados. Virgínia, Massachusetts, Pensilvânia, Nova York, Carolina do Norte ou Geórgia — nenhum deles poderia de forma alguma ser comparado ao modelo que lhe servia de base e a que se aplicam os termos de sua descrição. Portanto, se tomarmos como critério de verdade a ideia de Montesquieu neste aspecto, teremos de optar entre nos refugiarmos de uma vez nos braços da monarquia ou nos dividirmos numa infinidade de minúsculas comunidades ciumentas, conflitantes, tumultuadas, infelizes viveiros de incessante discórdia e objetos desgraçados da piedade ou do desprezo universais. Alguns dos autores que se destacaram do outro lado da questão parecem ter percebido o dilema e chegaram à ousadia de sugerir que seria desejável a divisão dos maiores Estados. Um plano tão desvairado, um expediente tão desesperado, poderia, pela multiplicação de unidades insignificantes, favorecer as aspirações de homens sem capacidade de estender sua influência além dos círculos estreitos da intriga pessoal. Jamais poderia, porém, promover a grandeza ou a felicidade do povo da América.

Deixando o exame do próprio princípio para outro lugar, como já se mencionou, será suficiente observar aqui que, na visão do autor mais enfaticamente citado sempre que a ocasião se apresenta, ele exigiria apenas uma redução do *tamanho* dos *membros* mais consideráveis da União, não se opondo à inclusão de todos num governo confederado. Esta é a verdadeira questão em cuja discussão estamos interessados no momento.

As sugestões de Montesquieu estão tão longe de se opor a uma união geral dos Estados que ele trata da *república confederada* como um recurso para ampliar a esfera do governo popular e conciliar as vantagens da monarquia com as do republicanismo. Diz ele:[1]

> Muito provavelmente a humanidade teria acabado por se ver obrigada a viver constantemente sob o governo de uma única pessoa, não tivesse ela concebido um tipo de estrutura que tem todas as vantagens internas de uma república, juntamente com a força externa de um governo monárquico. Falo de uma república confederada.
>
> Essa forma de governo é uma convenção pela qual vários *Estados* menores concordam em se tornar membros de *um* maior, que pretendem formar. Trata-se de um tipo de união de sociedades que constituem uma nova, passível de crescer através de novas associações, até chegarem a um grau de poder tal que lhes permita garantir a segurança do corpo unido.
>
> Uma república desse tipo, capaz de resistir a uma força externa, pode se sustentar sem quaisquer corrupções internas. A forma dessa sociedade impede todos os tipos de transtorno.

1. *O Espírito das Leis*, v. 1, livro IX, cap I.

> Se um membro isolado tentasse usurpar a autoridade suprema, não seria plausível que lhe atribuíssem igual autoridade e crédito em todos os Estados confederados. Se quisesse exercer uma influência excessiva sobre um deles, isso alarmaria os demais. Se subjugasse uma parte, as que ainda permanecessem livres poderiam se contrapor a ele com forças independentes dos que tivessem sido usurpados, e dominá-lo antes que sua usurpação se consumasse.
>
> Caso ocorra uma insurreição popular num dos Estados confederados, os outros têm condições de reprimi-la. Se medrarem abusos numa parte, serão corrigidos pelas que permanecem incólumes. O Estado pode ser destruído de um lado e não de outro; a confederação pode ser dissolvida, e os confederados preservam sua soberania.
>
> Sendo composto de pequenas repúblicas, esse governo desfruta da felicidade interna de cada uma; e no tocante a sua situação externa, esta possui, graças à associação, todas as vantagens das grandes monarquias.

Pareceu-me adequado citar por inteiro essas interessantes passagens, porque elas contêm uma brilhante síntese dos principais argumentos em favor da União e removem da maneira mais efetiva as falsas impressões que se busca produzir com a má aplicação de outras partes da obra. Ao mesmo tempo, elas têm uma íntima vinculação com o objetivo mais imediato deste artigo, o de ilustrar a propensão da União a reprimir o facciosismo e as insurreições internas.

Uma distinção mais sutil tem sido estabelecida entre uma *confederação* e uma consolidação dos Estados. Afirma-se que a característica essencial da primeira é a limitação de sua autoridade aos membros no caráter de coletividades, sem afetar os indivíduos de que estas se compõem. Sustenta-se que o conselho nacional não deveria tratar de nenhum assunto de administração interna. Uma perfeita igualdade de sufrágio entre os membros também tem sido ressaltada como traço destacado de um governo confederado. Essas posições são, no essencial, arbitrárias; não se apoiam em princípios nem em precedentes. De fato, já aconteceu que governos desse tipo tenham operado da forma que a distinção mencionada supõe ser inerente à natureza deles; na maior parte deles, porém, houve amplas exceções a essa prática, o que prova, na medida em que exemplos podem ter valor, que não há norma absoluta nessa questão. Será claramente demonstrado no curso desta investigação que, na medida em que o princípio assim defendido prevaleceu, ele foi causa de irremediável desordem e idiotice do governo.

A definição de *república confederada* parece ser simplesmente "união de sociedades", ou associação de dois ou mais Estados num só. A extensão, as qualificações e os objetos da autoridade federal são meras questões de escolha. Desde que a organização independente dos membros não seja abolida; desde que ela exista, por necessidade estrutural, para fins locais; mesmo que estivesse inteiramente subordinada à autoridade geral da União, ainda seria, de fato e na teoria, uma associação de Estados, ou confederação. A Constituição proposta, longe de implicar uma abolição dos governos estaduais, torna-os partes integrantes da soberania nacional ao lhes conceder uma representação direta no Senado, e deixa em suas mãos certas porções exclusivas e muito importantes do poder soberano. Isso corresponde plenamente, em todos os sentidos sensatos dos termos, à ideia de um governo federal.

Na confederação lícia, que envolveu 23 cidades, ou repúblicas, as maiores tinham direito a *três* votos no *conselho comum*, as médias, a *dois*, e as menores, a *um*. O *conselho comum* nomeava todos os juízes e magistrados das respectivas *cidades*. Isso consistia por certo numa interferência das mais delicadas em sua administração interna, pois se há algo que parece exclusivamente apropriado à jurisdição local é a designação de suas próprias autoridades. No entanto, falando dessa associação, Montesquieu diz: "Se tivesse de citar um modelo de excelente República Confederada, seria o da Lícia". Percebemos assim que as distinções em que tanto se insiste não estavam nas cogitações desse sábio civilista; e seremos levados a concluir que são sutilezas insólitas de uma teoria errônea.

PUBLIUS [HAMILTON]

ARTIGO 10

Desenvolvimento do tema

Entre as numerosas vantagens prometidas por uma União bem construída, nenhuma merece ser mais cuidadosamente elucidada que sua tendência a deter e controlar a violência e o facciosismo. São esses perigosos vícios os que mais assustam o simpatizante dos governos populares. Ele não deixará, portanto, de dar justo valor a todo plano que, sem violar os princípios que acata, forneça um remédio apropriado para o mal. Instabilidade, injustiça e confusão introduzidas nos conselhos públicos foram doenças mortais, que fizeram perecer governos populares por toda parte, e continuam sendo os tópicos favoritos e frutíferos a inspirar as mais capciosas arengas dos adversários da liberdade. Certamente nunca poderão ser admirados em demasia os valiosos aperfeiçoamentos que as constituições americanas fizeram nos modelos populares, tanto antigos como modernos; seria uma parcialidade injustificável, porém, afirmar que eliminaram efetivamente o perigo por esse lado, como desejávamos e esperávamos. De toda parte se ouvem queixas de nossos cidadãos mais conscienciosos e virtuosos, partidários ao mesmo tempo da fé pública e privada e da liberdade pública e pessoal, de que nossos governos são demasiado instáveis, o bem público é desconsiderado nos conflitos entre partidos rivais, e que, com muita frequência, adotam-se medidas não segundo as normas da justiça e os direitos do partido minoritário, mas pela força superior de uma maioria interessada e despótica. Por mais que pudéssemos desejar que essas queixas não tivessem fundamento, a evidência de fatos conhecidos não nos permite negar que elas são até certo ponto verdadeiras. De fato, num exame imparcial de nossa situação, verifica-se que algumas das aflições sob as quais padecemos foram erroneamente atribuídas à ação de nossos governos; ao mesmo tempo, verifica-se também que outras causas não são as únicas responsáveis por muitos de nossos mais pesados infortúnios; em particular, essa desconfiança dominante e crescente nas promessas públicas e o temor pelos direitos privados, que ecoam de um extremo ao outro do continente. Esses são efeitos, sobretudo, senão inteiramente, da instabilidade e da injustiça com que um espírito faccioso contaminou nossa administração pública.

Por facção entendo certo número de cidadãos, quer correspondam a uma maioria ou a uma minoria, unidos e movidos por algum impulso comum, de paixão ou de interesse, adverso aos direitos dos demais cidadãos ou aos interesses permanentes e coletivos da comunidade.

Há dois métodos de curar os males do facciosismo: um, pela remoção de suas causas; o outro, pelo controle de seus efeitos.

Mais uma vez, há dois métodos de remover as causas do facciosismo: um, pela destruição da liberdade, essencial a sua existência; o outro, fazendo com que todos os cidadãos tenham as mesmas opiniões, as mesmas paixões e os mesmos interesses.

Quanto ao primeiro remédio, dele se pode dizer, com mais verdade que nunca, que o remédio é pior que a doença. A liberdade é para o facciosismo o que o ar é para o fogo, um alimento sem o qual ele expira instantaneamente. Contudo, abolir a liberdade, que é essencial à vida política, porque ela nutre o facciosismo, seria tão insensato quanto desejar a eliminação do ar, que é essencial à vida animal, porque ele confere ao fogo sua ação destrutiva.

O segundo expediente é tão impraticável quanto o primeiro seria imprudente. Enquanto a razão do homem for falível, e ele for livre para exercê-la, diferentes opiniões se formarão. Enquanto subsistir o vínculo entre sua razão e seu amor-próprio, suas opiniões e paixões influirão umas sobre as outras; e as primeiras serão objetos a que as últimas se apegarão. A diversidade das aptidões humanas, que está na origem dos direitos de propriedade, não é um obstáculo menos insuperável a uma uniformidade de interesses. A proteção dessas aptidões é a primeira finalidade do governo. Da proteção de aptidões diferentes e desiguais para adquirir propriedade resulta imediatamente a posse de diferentes graus e tipos de propriedade; e da influência disso nas atitudes e ideias dos respectivos proprietários emerge uma divisão da sociedade em diferentes interesses e partidos.

As causas latentes do facciosismo se enraízam, portanto, na natureza do homem; e nós as vemos por toda parte, em diferentes graus de atividade, segundo as diferentes circunstâncias da sociedade civil. O entusiasmo por diferentes concepções ligadas à religião, ao governo e a muitos outros pontos, tanto especulativos como práticos; a adesão a diferentes líderes que lutam ambiciosamente pela preeminência e o poder; ou a outros tipos de pessoas cujos destinos excitaram as paixões humanas, tudo isso dividiu sucessivamente os homens em partidos, inflamou-os com mútua animosidade e tornou-os ainda mais dispostos a se molestar e se oprimir mutuamente em vez de cooperar pelo bem comum. É tão forte essa propensão da humanidade a descambar em animosidades mútuas que, ali onde nenhuma oportunidade real se apresentava, as mais frívolas e fantasiosas distinções foram suficientes para atiçar suas paixões hostis e fomentar os mais violentos conflitos. A fonte mais comum e duradoura de facções, porém, tem sido a distribuição diversa e desigual da propriedade. Os que têm bens e os que carecem deles sempre formaram interesses distintos na sociedade. Credores e devedores recaem numa distinção semelhante. Um interesse fundiário, um interesse mercantil, um interesse pecuniário, ao lado de muitos interesses menores, surgem necessariamente nas nações civilizadas e as dividem em diferentes classes, movidas por diferentes atitudes e concepções. A regulação desses interesses diversos e concorrentes constitui a principal tarefa da legislação moderna e introduz o espírito partidário nas operações necessárias e ordinárias do governo.

Nenhum homem pode ser juiz de sua própria causa, porque seu interesse certamente distorceria o julgamento e, provavelmente, corromperia sua integridade. Com igual ou mesmo com maior razão, não convém que um conjunto de homens seja ao mesmo tempo o juiz e as partes; no entanto, o que são muitos dos mais importantes atos de legislação senão decisões judiciais, certamente não relacionadas aos direitos de uma única pessoa, mas aos direitos de grandes conjuntos de cidadãos? E o que são as diferentes categorias de legisladores senão advogados e partes nas causas que decidem? É proposta uma lei referente às dívidas privadas? Esta é uma questão em que credores e devedores são partes em disputa. Caberia à justiça manter o equilíbrio entre elas. No entanto, necessariamente, as partes são elas mesmas os juízes: e deve-se esperar que prevaleça a parte mais numerosa, ou, em outras palavras, a facção mais poderosa. Devem os manufatores domésticos ser incentivados, e em que grau, por meio de restrições a manufatores estrangeiros? Questões como essa seriam diferentemente decididas pelas classes fundiárias e manufatureiras, e provavelmente nenhuma das duas o faria considerando exclusivamente a justiça e o bem público. A distribuição dos impostos pelos vários tipos de propriedade é um ato que parece exigir a mais perfeita imparcialidade; contudo, talvez nenhum ato legislativo ofereça a uma parte predominante maior oportunidade e tentação de atropelar as normas da justiça. Cada tostão com que sobretaxam a parte minoritária é um tostão que economizam em seus próprios bolsos.

É inútil dizer que estadistas esclarecidos serão capazes de ajustar esses interesses conflitantes e submetê-los todos ao bem público. Nem sempre haverá estadistas esclarecidos no poder. Em muitos casos, tampouco será possível realizar esse ajuste sem fazer considerações indiretas e remotas, que raramente prevalecerão sobre o interesse imediato que uma parte pode encontrar na desconsideração dos direitos de outra ou do bem do todo.

A inferência a que somos levados é que as *causas* do facciosismo não podem ser eliminadas e que o remédio só pode ser buscado nos meios de controlar seus *efeitos*.

Quando uma facção não consegue ser majoritária, o princípio republicano torna a maioria capaz de destruir, pelo voto regular, suas ameaçadoras pretensões. Aquela facção pode embaraçar a administração, convulsionar a sociedade; será incapaz, contudo, de pôr em prática sua violência e mascará-la sob a Constituição. Por outro lado, quando uma facção inclui uma maioria, a forma do governo popular lhe permite sacrificar à sua paixão ou ao seu interesse dominante tanto o bem público como os direitos dos demais cidadãos. Garantir o bem público e os direitos privados contra o perigo de uma facção assim, preservando ao mesmo tempo o espírito e a forma do governo popular, é, pois, a grande meta a que visam nossas investigações. Permitam-me acrescentar que é por esse elevado desiderato, e somente por ele, que essa forma de governo pode ser salva do opróbrio a que esteve por tanto tempo sujeita e ser recomendada à estima e à adoção da humanidade.

Por que meios esse objetivo pode ser atingido? Evidentemente só existem dois. Ou evitar que uma mesma paixão ou um mesmo interesse exista ao mesmo tempo numa maioria, ou, tendo a maioria essa paixão ou esse interesse simultaneamente, torná-la, por seu número e situação local, incapaz de pactuar e executar esquemas de opressão. Se for tolerado que o impulso e a oportunidade coexistam, sabemos bem que não se pode confiar em razões morais nem religiosas como forma adequada de controle. Elas não exercem esse papel quando estão em jogo a injustiça e a violência de indivíduos, e sua eficácia diminui na proporção do número que se agrega, isto é, na proporção em que se torna necessária.

Desse ponto de vista, pode-se concluir que uma democracia pura, ou seja, uma sociedade formada por um pequeno número de cidadãos que se unem e administram pessoalmente o governo, não dispõe de nenhum remédio contra os malefícios da facção. Uma paixão ou um interesse comum contamina, em quase todos os casos, a maioria do todo; a própria forma de governo propicia a comunicação e o ajuste; e nada controla as tendências a sacrificar a parte mais fraca ou um indivíduo inofensivo. Assim é que tais democracias sempre ofereceram espetáculos de turbulência e luta; sempre se mostraram incompatíveis com a segurança pessoal ou com os direitos de propriedade; e tiveram, em geral, vidas tão breves quanto violentamente interrompidas. Políticos teóricos que defenderam essa espécie de governo supunham erroneamente que se a humanidade fosse reduzida a uma perfeita igualdade em seus direitos políticos, ela ficaria ao mesmo tempo perfeitamente nivelada e assemelhada em suas posses, opiniões e paixões.

Uma república, que defino como um governo em que está presente o esquema de representação, abre uma perspectiva diferente e promete o remédio que estamos buscando. Examinemos os pontos em que ela diverge da democracia pura e compreenderemos tanto a natureza do remédio como a eficácia que ele deve extrair da União.

Os dois grandes pontos de diferença entre uma democracia e uma república são: primeiro, a delegação do governo, nesta última, a um pequeno número de cidadãos eleitos pelos demais; segundo, o maior número de cidadãos e a maior extensão do país que a última pode abranger.

O efeito da primeira diferença é, por um lado, depurar e ampliar as opiniões do povo, que são filtradas por uma assembleia escolhida de cidadãos, cuja sabedoria pode melhor discernir o verdadeiro interesse de seu país e cujo patriotismo e amor à justiça serão menos propensos a sacrificá-lo a considerações temporárias ou parciais. Sob tal regulação, é bem provável que a voz pública, manifestada pelos representantes do povo, seja mais consoante com o bem público que se manifesta pelo próprio povo, convocado para esse fim. Por outro lado, o efeito pode ser invertido. Homens de temperamento faccioso, imbuídos de preconceitos locais ou de propósitos sinistros, podem, por intriga, corrupção ou outros meios, primeiro obter os sufrágios e depois trair os interesses do povo. A questão resultante — que repúblicas são mais favoráveis à escolha dos guardiães adequados do bem-estar público, as pequenas ou as grandes? — pode ser claramente respondida em favor das últimas, com base em duas considerações óbvias.

Em primeiro lugar, cabe observar que, por menor que seja a república, os representantes devem ser em número suficiente para se protegerem contra as conspirações de uns poucos; e que, por maior que ela seja, o número de representantes deve respeitar certo limite, para se evitar a confusão de uma multidão. Uma vez que nos dois casos o número de representantes não é proporcional ao de seus eleitores, sendo proporcionalmente maior na república pequena, disto se segue que, não sendo a proporção das personalidades aptas menor na república grande do que na pequena, a primeira apresentará opção mais ampla e, consequentemente, maior probabilidade de escolha adequada.

Em segundo lugar, como na república grande cada representante será escolhido por um maior número de cidadãos, será mais difícil para candidatos indignos praticar com sucesso as artes viciosas com que as eleições são tantas vezes realizadas; e os sufrágios do povo, sendo mais livres, terão maior probabilidade de concentrar-se em homens que possuam o mérito mais atraente e as personalidades mais insinuantes e firmes.

É preciso confessar que nisso, como na maioria dos outros casos, há um meio-termo cujos dois extremos apresentam inconvenientes. Ao se aumentar em demasia o número de eleitores, torna-se o representante muito pouco familiarizado com as circunstâncias locais e os interesses menores deles; ao reduzi-lo em excesso, torna-se o representante excessivamente ligado aos eleitores e muito pouco apto a compreender e perseguir objetivos importantes e nacionais. Nesse sentido, a Constituição federal promove uma feliz combinação, atribuindo os interesses amplos e agregados ao legislativo nacional e os interesses locais e particulares aos legislativos estaduais.

O outro ponto de diferença é que um governo republicano pode se exercer sobre um maior número de cidadãos e um território mais extenso que um governo democrático; e é principalmente essa circunstância que torna as combinações facciosas menos temíveis no primeiro que no segundo. Quanto menor for a sociedade, menor tenderá a ser o número de partidos e interesses distintos que a compõem; quanto menor for o número de partidos e interesses distintos, mais frequentemente uma maioria se concentrará no mesmo partido; e quanto menor for a esfera em que estão situados, mais facilmente orquestrarão e executarão seus planos de opressão. Amplie-se a esfera e se obterá maior variedade de partidos e interesses; torna-se menos provável que uma maioria do todo vá ter um motivo comum para violar os direitos de outros cidadãos; e se esse motivo existir, será mais difícil para todos que o partilham descobrir sua própria força e agir em sincronia. Além de outros impedimentos, pode-se observar que, ali onde há uma consciência de propósitos injustos ou desonrosos, a comunicação é sempre controlada pelo descrédito, de modo proporcional ao número cuja concordância é necessária.

A mesma vantagem que uma república tem sobre uma democracia no controle dos efeitos do facciosismo é desfrutada também por uma república grande sobre uma pequena — é desfrutada pela União sobre os Estados que a compõem. Consistirá essa vantagem na escolha de representantes cujas ideias esclarecidas e cujos sentimentos virtuosos os tornam superiores a preconceitos locais e a maquinações de injustiça? Não se pode negar que a representação da União terá maior probabilidade de possuir esses predicados indispensáveis. Consistirá ela na maior segurança proporcionada por uma maior variedade de partidos contra a eventualidade de um único partido ser capaz de sobrepujar numericamente os demais e oprimi-los? A maior variedade de partidos compreendidos na União aumentará essa segurança no mesmo grau? Por fim, consistirá essa vantagem nos maiores obstáculos opostos à conjugação e realização dos desejos secretos de uma maioria injusta e interesseira? Aqui, mais uma vez, a extensão da União lhe confere vantagem palpável.

A influência dos líderes facciosos pode atiçar uma chama em seus Estados particulares, mas será incapaz de disseminar uma conflagração pelos outros Estados. Uma seita religiosa pode degenerar em facção política numa parte da Confederação; mas a variedade de seitas dispersas em toda a sua face protegerá os conselhos nacionais contra qualquer perigo dessa fonte. Um furor por papel-moeda, por uma anulação de dívidas, por uma divisão igual da propriedade, ou por algum outro projeto impróprio ou perverso, terá menos condições de impregnar todo o corpo da União que um de seus membros, na mesma medida em que um mal semelhante tem mais chances de atingir um condado ou distrito particular que um Estado inteiro.

Vemos, portanto, na extensão e estrutura apropriada da União, um remédio republicano para as doenças que mais afligem o governo republicano. E o grau de prazer e orgulho que sentimos em ser republicanos deve dar a medida de nosso zelo em acalentar o espírito dos federalistas e apoiar-lhes a têmpera.

PUBLIUS [MADISON]

ARTIGO 11

A utilidade da União no tocante ao comércio e à marinha

A importância da União do ponto de vista do comércio é um dos pontos que menos dão lugar a diferenças de opinião e que, de fato, inspiraram o mais geral acordo entre homens que têm algum conhecimento do assunto. Isso se aplica tanto a nosso intercurso com países estrangeiros como entre Estados.

Sinais autorizam a suposição de que o espírito intrépido que distingue o caráter comercial da América já despertou sentimentos de desconforto em várias das potências marítimas da Europa. Elas parecem temer nossa interferência excessiva naquele negócio de transportes, que é a base de sua navegação e o fundamento de sua força naval. As que possuem colônias da América observam com aflita atenção o que este país é capaz de se tornar. Antecipam os perigos que podem ameaçar seus domínios americanos em razão da vizinhança de Estados que se mostram todos dispostos a criar uma marinha poderosa e teriam os meios para fazê-lo. Impressões desse tipo conduzem naturalmente à política de estimular divisões entre nós e de nos privar, tanto quanto possível, de um *comércio ativo* com nossos próprios barcos. Isso satisfaria o tríplice objetivo de impedir nossa interferência na navegação deles, monopolizar os lucros de nosso comércio e cortar as asas que nos permitiriam voar a alturas perigosas. Se a prudência não o impedisse, seria fácil seguir o rastro dessa política, por meio de fatos, até os gabinetes dos ministros.

Se continuarmos unidos, poderemos nos opor de diversas maneiras a uma política tão hostil a nossa prosperidade. Por meio de normas proibitórias que se estendam ao mesmo tempo pelos Estados, poderemos obrigar países estrangeiros a disputar entre si os privilégios de nossos mercados. Essa afirmação não parecerá quimérica aos que são capazes de avaliar a importância, para qualquer nação manufatora, de mercados de três milhões de pessoas — população que cresce em rápida progressão, dedicada em sua maior parte à agricultura e que tende a permanecer nessa disposição, por força de circunstâncias locais — e a imensa diferença que haveria para o comércio e a navegação dessa nação entre uma comunicação direta com seus próprios navios e um transporte indireto de seus produtos e aquisições, entre ela e a América, nos navios de outro país. Suponhamos, por exemplo, que tivéssemos na América um governo capaz de excluir a Grã-Bretanha (com a qual não temos atualmente nenhum tratado comercial) de nossos portos; qual seria o impacto provável desse gesto sobre a política britânica? Não nos permitiria isso negociar, com as melhores perspectivas de sucesso, os mais valiosos e amplos privilégios comerciais nos domínios desse reino? Em outras ocasiões em que foram formuladas, tais questões receberam uma resposta plausível, mas não firme ou satisfatória. Foi dito que proibições de nossa parte não produziriam mudança alguma no sistema da Grã-Bretanha porque ela poderia levar adiante seu comércio conosco por intermédio dos alemães, que seriam seus compradores e pagadores diretos para aqueles artigos necessários ao suprimento de nossos mercados. Mas não ficaria a navegação britânica materialmente prejudicada pela perda da importante vantagem de ser seu próprio transportador nesse comércio? Não seria a parcela principal de seus lucros interceptada pelos alemães para compensar sua intermediação e risco? A mera circunstância do frete já não acarretaria considerável dedução? Um intercurso tão indireto não facilitaria a competição de outras nações, elevando o preço das mercadorias britânicas em nossos mercados e transferindo para outras mãos a gerência desse interessante ramo do comércio britânico?

Uma consideração madura dos pontos sugeridos por estas questões justificará a crença de que as reais desvantagens que tal estado de coisas criaria para a Grã-Bretanha, conspirando com as simpatias de grande parte da nação pelo comércio americano e com os inconvenientes das ilhas das Índias Ocidentais, produziriam um relaxamento em seu sistema atual e nos permitiriam desfrutar de privilégios nos mercados daquelas ilhas e em outros, o que daria a nosso comércio os mais substanciais benefícios. Uma vez obtida essa vitória sobre o governo britânico, a qual não poderia deixar de ter equivalentes em exceções e imunidades em nossos mercados, ela tenderia a ter um efeito correspondente sobre a conduta de outras nações, que não estariam dispostas a se ver completamente suplantadas por nosso comércio.

Outro recurso para influenciar a conduta de nações europeias em relação a nós, nesse âmbito, seria a criação de uma marinha federal. É indubitável que a permanência da União sob um governo eficiente nos poria, em prazo não muito longo, em condições de criar uma marinha que, se não pudesse competir com as das grandes potências marítimas, teria pelo menos um peso respeitável na escala de uma ou outra parte em disputa. Isso ocorreria em particular no caso de operações nas Índias Ocidentais. Uns poucos navios regulares, oportunamente enviados para reforçar um ou outro lado, seriam muitas vezes suficientes para decidir uma campanha de cujo desfecho dependeriam interesses de grande magnitude. Nossa posição a este respeito é extremamente propícia. E se acrescentarmos a essa consideração a da utilidade de suprimentos deste país para o prosseguimento de operações militares nas Índias Ocidentais, ficará imediatamente claro que uma situação tão favorável nos permitiria negociar privilégios comerciais com grande vantagem. Não só nossa amizade teria um preço, mas também nossa neutralidade. Por uma adesão estável à União podemos ter a esperança de nos tornar, em pouco tempo, o árbitro da Europa na América, e ser capazes de fazer pender a balança das disputas europeias nesta parte do mundo segundo os ditames de nosso interesse.

No reverso dessa situação vantajosa, porém, descobriremos que as rivalidades das partes as levariam a se prejudicar umas às outras e frustrariam todas as tentadoras vantagens que a natureza pôs generosamente a nosso alcance. Em situação tão insignificante, nosso comércio seria presa das caprichosas interferências de todas as nações em guerra entre si, que, nada tendo a temer de nós, teriam pouco escrúpulo ou remorso em suprir suas necessidades pela depredação de nossa propriedade, sempre que lhes conviesse. Os direitos de neutralidade só são respeitados quando defendidos por um poder adequado. Uma nação desprezível por sua fraqueza perde até o privilégio de ser neutra.

Sob um governo nacional vigoroso, a força e os recursos naturais do país, dirigidos para um interesse comum, frustrariam todas as combinações do ciúme europeu para limitar nosso crescimento. Essa situação eliminaria até a razão dessas combinações, convencendo da inviabilidade de seu sucesso. Um comércio ativo, uma navegação extensa, uma marinha florescente seriam então o resultado inevitável; por necessidade moral e física. Poderíamos desafiar as artes mesquinhas de políticos mesquinhos a tentar controlar ou alterar o curso irresistível e imutável da natureza.

Em estado de desunião, porém, essas combinações poderiam existir, e poderiam ter êxito. Estaria no poder das nações marítimas, valendo-se de nossa impotência universal, impor as condições de nossa existência política; e como elas têm o interesse comum de ser nossas transportadoras, e mais ainda de impedir que sejamos as delas, iriam com toda probabilidade se consorciar para atrapalhar nossa navegação de modo a destruí-la de fato e nos reduzir a um *comércio passivo*. Seríamos assim obrigados a nos contentar com o primeiro preço oferecido por nossas mercadorias e ver os lucros de nosso comércio subtraídos de nós para enriquecer nossos inimigos e perseguidores. Esse inigualável espírito empreendedor, que sinaliza o gênio dos mercadores e navegadores americanos e é em si mesmo uma mina inesgotável de riqueza nacional, seria sufocado e perdido, e a pobreza e a desgraça cobririam um país que, com sabedoria, poderia se tornar a admiração e a inveja do mundo.

O comércio da América envolve importantes direitos pertencentes à União — aludo aos direitos de pesca, à navegação nos lagos e no Mississípi. A dissolução da Confederação daria lugar a delicadas questões referentes à existência futura desses direitos, questões que o interesse dos parceiros mais poderosos dificilmente deixaria de resolver em nosso prejuízo. A disposição da Espanha com relação ao Mississípi não requer comentários. Além de nós, a França e a Grã-Bretanha estão interessadas nos direitos de pesca, e veem neles a oportunidade máxima para sua navegação. É claro que dificilmente permaneceriam por muito tempo indiferentes à inequívoca mestria que a experiência demonstrou possuirmos nesse valioso ramo do comércio e que nos permite vender a preços mais baixos que os dessas nações em seus próprios mercados. Não é mais do que natural que se disponham a excluir da disputa competidores tão perigosos?

Esse ramo do comércio não precisa ser considerado um benefício parcial. Todos os Estados em que há navegação podem participar vantajosamente dele, em diferentes graus, e provavelmente o fariam, caso houvesse uma maior expansão do capital mercantil. Como viveiro de homens do mar, ele é atualmente, ou virá a ser, quando o tempo tiver propiciado uma maior assimilação dos princípios da navegação nos vários Estados, um recurso universal. E será indispensável para o estabelecimento de uma marinha.

Para esse grande objetivo nacional, uma *marinha*, a União contribuirá de várias maneiras. Cada instituição crescerá e florescerá na medida da quantidade e extensão dos meios concentrados em sua formação e apoio. Uma marinha dos Estados Unidos, como abarcaria os recursos de todos, é um objetivo muito menos remoto que a marinha de um único Estado ou de uma confederação parcial, que só abarcaria os recursos de uma parte. De fato, cada uma das diferentes porções da América confederada possui alguma vantagem peculiar para essa implantação essencial. Os Estados mais ao sul fornecem em maior abundância certos tipos de provisão naval — alcatrão, piche e terebintina. Sua madeira para a construção de navios é também de constituição mais sólida e duradoura. A diferença na duração dos navios que poderiam compor a marinha, se construídos sobretudo com madeira do sul, seria de extraordinária importância, tanto do ponto de vista da força naval como da economia nacional. Alguns dos Estados do sul e do centro fornecem maior fartura de ferro, e de melhor qualidade. Os marinheiros devem provir sobretudo da Colmeia do Norte. A necessidade de proteção naval ao comércio externo ou marítimo e quanto essa espécie de comércio propicia a prosperidade de uma marinha são pontos óbvios demais para exigir uma elucidação particular. Por uma espécie de reação reciprocamente benéfica, eles se promovem mutuamente.

Um intercurso irrestrito entre os próprios Estados promoverá o comércio de cada um pelo intercâmbio de suas respectivas produções, não só para o atendimento das necessidades recíprocas como para a exportação para mercados externos. As veias do comércio estão plenas em toda parte e haverão de adquirir maior impulso e vigor a partir de uma livre circulação das mercadorias de toda parte. O empreendimento comercial terá dimensões muito maiores graças à diversidade das produções dos diferentes Estados. Quando falta o produto principal de um, por causa de uma má colheita ou de uma safra improdutiva, pode-se recorrer ao produto principal de outro. A variedade, não menos que o valor, dos produtos para exportação contribui para a atividade do comércio exterior. Este pode ser conduzido em muito melhores termos com um grande número de materiais de dado valor do que com um pequeno número de materiais do mesmo valor dependente das disputas comerciais e das flutuações dos mercados. Determinados artigos podem ter grande demanda em certos períodos e ser invendáveis em outros; se houver uma variedade de artigos, porém, será difícil que venham a estar todos ao mesmo tempo nessa última situação, ficando as operações do comerciante menos sujeitas a qualquer obstrução ou estagnação considerável. O comerciante especulador perceberá de imediato a força dessas observações e reconhecerá que o equilíbrio agregado do comércio dos Estados Unidos seria muito mais promissor que o dos 13 Estados sem união ou com uniões parciais.

Talvez se possa contestar afirmando que, estejam os Estados unidos ou desunidos, haveria ainda entre eles um íntimo intercurso que atenderia aos mesmos fins; esse intercurso, porém, seria restrito, interrompido e limitado por uma multiplicidade de causas que serão mais amplamente detalhadas no desenrolar destes artigos. A unidade de interesses comerciais, assim como de interesses políticos, só pode resultar da unidade de governo.

Este assunto pode ainda ser encarado de outros pontos de vista, notáveis e animadores. Eles nos levariam, porém, a regiões muito remotas do futuro e envolveriam tópicos não adequados a uma discussão em jornal. Observarei brevemente que nossa situação nos estimula e nossos interesses nos impelem a visar a uma ascendência no sistema dos negócios americanos. Politicamente, tanto quanto geograficamente, o mundo pode ser dividido em quatro partes, tendo cada uma delas um conjunto distinto de interesses. Infelizmente para as outras três, a Europa, por suas armas e maquinações, pela força e pela fraude, ampliou seu domínio, em diferentes graus, sobre todas elas. A África, a Ásia e a América sentiram sucessivamente sua dominação. A superioridade que a Europa manteve por tanto tempo a induziu a se dar ares de senhora do mundo e a considerar que o resto da humanidade foi criado para seu benefício. Homens admirados como filósofos profundos atribuíram em termos diretos a seus habitantes uma superioridade física e afirmaram gravemente que, na América, todos os animais degeneram, entre eles a espécie humana — que até os cães deixam de latir após respirar por algum tempo em nossa atmosfera.[1] Os fatos já confirmaram por tempo demais essas arrogantes pretensões dos

1. *Recherches Philosophiques sur les Américains*, Cornélius de Pauw.

europeus. Cabe a nós vingar a honra da raça humana e ensinar moderação a esse presunçoso irmão. A União nos permitirá isso. A desunião acrescentará mais uma vítima a seus triunfos. Que os americanos desdenhem ser os instrumentos da grandeza europeia! Que os 13 Estados, congregados numa união firme e indissolúvel, concorram para a construção de um grande sistema americano, acima do controle de toda força ou influência transatlântica e capaz de ditar os termos da relação entre o Velho Mundo e o Novo!

PUBLIUS [HAMILTON]

ARTIGO 12

A utilidade da União no tocante à receita pública

As consequências da União para a prosperidade comercial dos Estados foram suficientemente delineadas. Sua tendência a promover os interesses da receita serão o tema de nossa presente investigação.

A prosperidade do comércio é hoje percebida e reconhecida por todos os estadistas esclarecidos como a mais útil e mais produtiva fonte de riqueza nacional, tendo por isso se tornado um objeto essencial de suas preocupações políticas. Multiplicando os meios de satisfação, promovendo a introdução e circulação dos metais preciosos, esses amados objetos da cobiça e da iniciativa humana, servem para animar e intensificar todos os canais da indústria e fazê-los fluir com maior atividade e abundância. O comerciante diligente, o agricultor laborioso, o artífice ativo e o manufator industrioso — todas as categorias de homens aguardam com ansiosa expectativa e crescente entusiasmo essa agradável recompensa de seus esforços. A experiência irrefutável deu à tão debatida questão entre agricultura e comércio uma resposta que silenciou a rivalidade que outrora subsistia entre elas e provou, para a plena satisfação de seus defensores, que seus interesses estão intimamente misturados e entrelaçados. Verificou-se em vários países que a terra aumentou de valor na mesma medida em que o comércio floresceu. Como teria podido ser diferente? Poderia aquilo que permite uma mais livre circulação dos produtos da terra, que fornece novos estímulos aos agricultores, que é o mais poderoso instrumento para elevar a quantidade de dinheiro num Estado — poderia isso, em suma, que é o servo fiel da labuta e da diligência sob todas as suas formas, deixar de aumentar o valor desse artigo que é a prolífica mãe da maior parte dos objetos sobre os quais ele se exerce? É espantoso que uma verdade tão simples tenha algum dia tido um opositor; e é uma entre inúmeras provas do quanto um espírito deformado pela rivalidade, ou pela abstração e o refinamento excessivos, pode desviar os homens dos mais óbvios caminhos da razão e da convicção.

A capacidade de pagar impostos de um país estará sempre em estreita correspondência com a quantidade de dinheiro em circulação e a celeridade com que ele circula. O comércio, ao contribuir para ambas as coisas, tornará necessariamente mais fácil o pagamento de impostos e proporcionará ao Tesouro os suprimentos necessários. Os domínios hereditários do imperador da Alemanha contêm grande extensão de terra fértil cultivada e um território populoso, grande parte do qual situa-se em climas amenos e luxuriantes. Em algumas partes desse território podem ser encontradas as melhores minas de ouro e prata da Europa. No entanto, por falta da influência estimulante do comércio, esse monarca só pode exibir uma parca receita. Várias vezes ele foi forçado a recorrer ao auxílio pecuniário de outras nações para preservar seus interesses essenciais, e seus próprios recursos não lhe permitem sustentar uma guerra longa ou contínua.

Mas não é apenas sob esse aspecto que a União se revelará favorável no tocante à receita. Há outros aspectos em que sua influência parecerá mais imediata e decisiva. A condição do país, os hábitos do povo, a experiência que tivemos disso evidenciam ser impraticável arrecadar quaisquer somas verdadeiramente consideráveis por tributação direta. As leis fiscais foram multiplicadas em vão; novos métodos de cobrança foram tentados em vão; a expectativa pública foi constantemente frustrada, e os tesouros dos Estados permaneceram vazios. O sistema usual de administração inerente à natureza do governo atual, coincidindo com a escassez real de dinheiro própria de uma situação comercial deformada, desafiou até o momento todas as experiências de arrecadação ampla e acabou por convencer os diferentes legislativos da insensatez de tentá-las.

Nenhuma pessoa a par do que acontece em outros países se surpreenderá com essa circunstância. Numa nação tão opulenta como a Grã-Bretanha, onde os tributos diretos sobre grandes fortunas deveriam ser muito mais toleráveis e, tendo em vista o vigor do governo, muito mais exequíveis que na América, a maior parte da receita nacional provém de tributos de tipo indireto, de impostos e tarifas sobre o consumo. Tarifas sobre artigos importados têm grande peso neste último item.

Na América é evidente que, por muito tempo ainda, teremos de depender desse tipo de tarifa como fonte de receita. Na maior parte dela, as tarifas devem ficar restritas a uma esfera limitada. O gênio do povo tolerará mal o espírito inquisitivo e peremptório das leis de tributação do consumo. Os bolsos dos agricultores, por outro lado, relutarão em fornecer mais que uma pequena contribuição na indesejável forma de impostos sobre suas casas e terras; e os bens pessoais constituem um fundo demasiado precário e invisível para ser tributado de qualquer outro modo que não pelo meio imperceptível de tarifas sobre o consumo.

Se essas observações têm algum fundamento, o estado de coisas que melhor nos permitir aperfeiçoar e ampliar tão valioso recurso deve ser o que mais convém a nossa prosperidade política. E não é possível duvidar seriamente de que tal estado de coisas deve estar na base de uma União geral. Na medida em que isso favoreceria os interesses do comércio, tenderia a ampliar a receita auferida dessa fonte. Na medida em que contribuiria para tornar mais simples e eficazes as normas de arrecadação das tarifas, atenderia aos propósitos de tornar mais produtivas as mesmas taxas de tarifas e permitiria ao governo aumentar essas taxas sem prejudicar o comércio.

A situação relativa desses Estados; o número de rios que os cortam e de baías que lhes banham as costas; a facilidade de comunicação em todas as direções; a afinidade de linguagem e maneiras; os hábitos conhecidos de intercurso — todas essas circunstâncias conspirariam para tornar razoavelmente fácil um comércio ilícito entre eles, permitindo-lhes escapar com frequência às normas comerciais uns dos outros. Os Estados separados, ou confederações, seriam movidos pela mútua rivalidade a buscar evitar as tentações desse tipo de comércio mantendo baixo o valor de suas tarifas. Por um longo tempo, a índole de nossos governos não permitirá aquelas rigorosas precauções com que as nações europeias protegem as vias de entrada em seus respectivos países, seja por terra ou por água; precauções estas que, mesmo lá, se mostram obstáculos insuficientes para os audaciosos estratagemas da cobiça.

Na França, um exército de patrulhas (como são chamadas) é constantemente empregado na salvaguarda das normas fiscais contra os que comercializam contrabando. Necker[1] avalia o número dessas patrulhas em mais de vinte mil. Isso prova a imensa dificuldade de impedir essa espécie de tráfego onde há fronteiras comuns e lança forte luz sobre as desvantagens que pesariam sobre a arrecadação de tributos neste país se, em virtude da desunião, os Estados fossem postos uns em relação aos outros numa situação semelhante à da França em face de seus vizinhos. Os poderes arbitrários e vexatórios de que as patrulhas são necessariamente investidas seriam intoleráveis num país livre.

Se, ao contrário, um governo único se espalhar por todos os Estados haverá, no que diz respeito à parte principal de nosso comércio, *um único lado* a vigiar — a *costa atlântica*. Navios que chegam diretamente de países estrangeiros, trazendo cargas valiosas, dificilmente optariam por correr os complicados e críticos perigos associados a tentativas de descarregar antes de chegar ao porto. Teriam de temer tanto os perigos da costa como o de serem descobertos, fosse antes ou depois de chegarem a seus destinos finais. Um grau normal de vigilância seria suficiente para evitar quaisquer infrações consideráveis dos direitos da receita. Alguns navios armados, criteriosamente estacionados na entrada de nossos portos, poderiam exercer sem muito dispêndio o papel de úteis sentinelas das leis. E estando o governo igualmente interessado em impedir violações em toda parte, a conjugação de suas medidas nos vários Estados teria forte tendência a torná-las efetivas. Nesse aspecto, deveríamos preservar também, por intermédio da União, uma vantagem que a natureza nos assegura e que seria perdida com a separação. Os Estados Unidos estão a imensa distância da Europa e a considerável distância de todos os outros lugares com que teriam amplas relações de comércio exterior. Passar de seus territórios ao nosso em poucas horas ou numa única noite, como se faz entre as costas da França e da Grã-Bretanha, seria impraticável. Isso representa uma prodigiosa segurança contra o contrabando direto com países estrangeiros; mas o contrabando indireto para um Estado através de outro seria ao mesmo tempo fácil e seguro. A diferença entre uma importação direta do exterior e uma importação indireta pelo canal de um Estado vizinho, em pequenos lotes, segundo o tempo e a oportunidade, com as facilidades adicionais das fronteiras comuns, deve ser palpável a todo homem de discernimento.

É evidente, portanto, que um governo nacional seria capaz de ampliar as tarifas sobre os artigos importados incomparavelmente mais do que o poderiam fazer os Estados separadamente, ou qualquer confederação parcial, e a

---

1. Jacques Necker (1732-1804), diretor-geral das Finanças na França entre 1776 e 1790. (N. do E.)

custo muito menor. Creio ser possível afirmar com segurança que, até agora, essas tarifas não excederam em média 3% em nenhum Estado. Na França elas são estimadas em cerca de 15%, e na Grã-Bretanha a proporção é ainda maior. Parece não haver nada que impeça sua elevação neste país a pelo menos o triplo de seu valor atual. Por si só, o item das bebidas alcoólicas, sob regulação federal, poderia ser levado a fornecer considerável receita. Tomando por base o que é importado pelo Estado de Nova York, a quantidade total importada pelos Estados Unidos pode ser estimada em no mínimo quatro milhões de galões, que, a um xelim por galão, produziriam duzentas mil libras. Esse item toleraria bem tal índice de taxação; e se isso tendesse a provocar uma redução do consumo, tal efeito seria igualmente favorável para a agricultura, a economia, a moral e a saúde da sociedade. Não há, talvez, maior objeto da extravagância nacional que esse artigo.

Qual será a consequência se não formos capazes de tirar pleno proveito do recurso em questão? Uma nação não pode existir por muito tempo sem receita. Privada de seu esteio essencial, ela tem de abrir mão de sua independência e mergulhar da condição degradada de província. Esse é um extremo a que nenhum governo chegará por escolha própria. A receita, portanto, não pode deixar de ser obtida. Neste país, se a principal parte não for extraída do comércio, terá de recair com peso opressivo sobre a terra. Já foi sugerido que os impostos sobre o consumo propriamente ditos estão muito pouco de acordo com os sentimentos do povo para que se possa fazer grande uso desse modo de tributação; além disso, nos Estados onde a agricultura é quase a única atividade, os itens adequados a esse tipo de imposto não seriam suficientes para permitir grande arrecadação por essa via. Os bens pessoais (como foi antes observado), dada a grande dificuldade de investigá-los, não podem ser sujeitos a grandes contribuições, senão pelos impostos sobre o consumo. Nas cidades populosas, seria possível avaliá-los de modo a gerar a opressão de indivíduos sem grande benefício para o Estado; além desses círculos, porém, eles escaparão em grande medida aos olhos e às mãos do coletor de impostos. No entanto, como as necessidades do Estado têm de ser satisfeitas de uma maneira ou de outra, a falta de outros recursos fatalmente lançará os maiores ônus públicos sobre os proprietários de terra. E como, por outro lado, as necessidades do governo nunca podem ser adequadamente supridas a menos que todas as fontes de receita estejam abertas a suas demandas, as finanças da comunidade, sob esses embaraços, não podem alcançar uma situação compatível com sua respeitabilidade ou segurança. Assim, para compensar a opressão dessa valiosa classe de cidadãos ocupada no cultivo do solo, não nos restará sequer o consolo de um Tesouro abastecido. O sofrimento público e o privado caminharão lado a lado em triste harmonia, deplorando juntos a insensatez dos conselhos que levaram à desunião.

PUBLIUS [HAMILTON]

ARTIGO 13

Desenvolvimento do tema no interesse da economia

É pertinente considerar que a questão da receita está relacionada à da economia. O dinheiro que se deixa de gastar com uma finalidade pode ser utilmente aplicado a outra, e haverá tanto menos a ser arrancado dos bolsos do povo. Se os Estados estiverem unidos sob um só governo, haverá um único conjunto de funcionários nacionais a sustentar; se estiverem divididos em várias confederações, haverá igual número de diferentes conjuntos de funcionários — cada um deles, no caso dos principais setores, das mesmas dimensões que seriam necessárias para um governo geral. A separação total dos Estados em 13 soberanias desvinculadas é um projeto demasiado extravagante e repleto de perigos para ter muitos defensores. As ideias dos que especulam sobre o desmembramento do império parecem tender em geral para três confederações — uma composta dos quatro Estados do norte, outra dos quatro do centro e uma terceira dos cinco do sul. É pouco provável que haja um número maior. Segundo essa distribuição, cada confederação teria um território maior que o do reino da Grã-Bretanha. Nenhum homem bem informado supõe que os problemas de uma confederação como esta poderiam ser adequadamente administrados por um governo menos abrangente em suas origens ou instituições que o proposto pela convenção. Quando as dimensões de um Estado atingem certa magnitude, são necessárias a mesma força de governo e as mesmas formas de administração exigidas em um muito mais vasto. Esta ideia não admite demonstração precisa porque não há critério para se medir a quantidade de poder civil necessária ao governo de determinado número de indivíduos; quando consideramos, porém, que a ilha da Grã-Bretanha, de tamanho equivalente ao de cada uma das supostas confederações, contém cerca de oito milhões de pessoas, e quando refletimos sobre o grau de autoridade requerido para conduzir para o bem público as paixões de uma sociedade tão grande, não vemos razão para duvidar de que igual quantidade de poder seria suficiente para desempenhar a mesma tarefa numa sociedade muito mais numerosa. O poder civil, adequadamente organizado e exercido, é capaz de difundir sua força por uma grande extensão, e pode de certo modo se reproduzir em todas as partes de um grande domínio por uma distribuição judiciosa de instituições subordinadas.

A suposição de que cada confederação em que se dividiriam os Estados Unidos provavelmente exigiria um governo não menos abrangente que aquele proposto é fortalecida por outra suposição, mais provável que a que aponta três confederações como a alternativa à União geral. Se nos detivermos em considerações geográficas e comerciais, bem como nos hábitos e preconceitos dos diferentes Estados, seremos levados a concluir que, em caso de desunião, a tendência mais natural destes será a de se unir sob dois governos. Podemos por certo esperar uma união dos quatro Estados do leste, por todas as causas que geram vínculos de simpatia e associação nacional. Nova York, situado como está, nunca seria insensato a ponto de opor, ao peso dessa confederação, um flanco fraco e desprotegido. Outras razões óbvias facilitariam sua adesão a ela. Nova Jersey é um Estado pequeno demais para pensar em formar uma fronteira em oposição a essa combinação ainda mais poderosa; tampouco parece haver qualquer obstáculo a seu ingresso nela. Até a Pensilvânia teria fortes motivos para aderir à liga do Norte. Um comércio exterior ativo, com base em sua própria navegação, é seu verdadeiro programa, coincidindo com as opiniões e inclinações de seus cidadãos. Os Estados mais ao sul, por várias circunstâncias, podem não se ver tão interessados no fomento da navegação. Talvez prefiram um sistema que daria margem ilimitada a todas as nações para transportar e comprar suas mercadorias. A Pensilvânia talvez não queira frustrar seus interesses numa associação tão adversa a seus planos. Como, de todo modo, terá de ser uma fronteira, talvez julgue mais compatível com sua segurança voltar seu lado exposto para o poder mais fraco da confederação do Sul, e não para o maior, da confederação do Norte. Isso lhe daria boas possibilidades de evitar ser a Flandres da América. Seja qual for a decisão da

Pensilvânia, se a confederação do norte incluir Nova Jersey, é improvável que se forme mais de uma confederação ao sul deste Estado.

É mais do que evidente que os 13 Estados terão melhores condições de manter um governo do que metade, um terço, ou qualquer outra fração do todo. Esta reflexão deve ter grande peso na refutação da objeção ao plano proposto fundada no princípio do custo, e que, quando examinada mais de perto, se mostra equivocada sob todos os aspectos.

Se, além da pluralidade de corpos de funcionários a sustentar, considerarmos o número de pessoas que terão de ser necessariamente empregadas na vigilância das fronteiras entre as várias confederações contra o comércio ilícito, e que infalivelmente se multiplicará, por força das necessidades de receita — e se considerarmos também as corporações militares que, como se mostrou, resultariam inevitavelmente das rivalidades e dos conflitos das várias nações em que os Estados Unidos se dividiriam —, constataremos claramente que a separação não seria menos danosa para a economia que para a tranquilidade, o comércio, a receita e a liberdade de todas as partes.

PUBLIUS [HAMILTON]

ARTIGO 14

Resposta à objeção fundada na extensão do país

Vimos a necessidade da União como baluarte contra o perigo estrangeiro, a mantenedora da paz entre nós, a guardiã de nosso comércio e de outros interesses comuns, o único substituto para aquelas corporações militares que subverteram as liberdades no Velho Mundo e o antídoto adequado contra a doença do facciosismo, que se mostrou fatal a outros governos populares e cujos sintomas alarmantes foram descobertos por nosso próprio governo. Nesta área de nossas investigações, resta apenas considerar a objeção fundada na grande extensão do país que a União abarca. Algumas observações sobre esse assunto serão mais pertinentes se percebermos que os adversários da nova Constituição estão se valendo de um preconceito em voga em relação à esfera viável da administração republicana, para suprir com dificuldades imaginárias a falta das objeções sólidas que em vão procuram encontrar.

O erro que limita o governo republicano a um distrito exíguo foi exposto e refutado em artigo anterior. Limito-me a observar aqui que ele parece dever seu surgimento e prevalência sobretudo à confusão entre república e democracia, e à aplicação, à primeira, de raciocínios extraídos da natureza da segunda. A verdadeira distinção entre essas formas foi também aludida antes. É que, numa democracia, o povo se junta e exerce o governo pessoalmente; numa república, ele se reúne e o administra por meio de seus representantes e agentes. Consequentemente, uma democracia deve ser limitada a uma pequena área. Uma república pode se estender a uma grande região.

A esta fonte ocasional de erro pode ser acrescentado o artifício de alguns autores celebrados, cujos escritos tiveram grande responsabilidade na formação do padrão moderno das opiniões políticas. Por serem súditos de uma monarquia absoluta ou limitada, eles tentaram exagerar as vantagens ou mitigar os males dessas formas, contrapondo-as aos vícios e defeitos das formas republicanas e citando como modelos das últimas as turbulentas democracias da Grécia antiga e da Itália moderna. Sob a confusão de nomes, foi tarefa fácil transferir para uma república observações aplicáveis somente a uma democracia; entre outras, a de que ela jamais pode ser estabelecida senão entre um pequeno número de pessoas, vivendo numa pequena extensão territorial.

Tal falácia pode ter sido menos notada na medida em que a maioria dos governos populares da Antiguidade era do tipo democrático; mesmo na Europa moderna, a que devemos o notável princípio da representação, não se vê exemplo de governo inteiramente popular e, ao mesmo tempo, inteiramente fundado nesse princípio. Se a Europa tem o mérito de ter descoberto no governo essa grande força mecânica, por cuja simples mediação a vontade do corpo político maior pode ser concentrada e dirigida a qualquer finalidade que o bem público exija, a América pode reivindicar o mérito da descoberta dos fundamentos da república pura e extensiva. Cabe apenas lamentar que haja entre seus cidadãos quem queira privá-la do mérito adicional de exibir sua plena eficácia na implantação do sistema abrangente que ora está sob sua consideração.

Assim como o limite natural de uma democracia é aquela distância exata do ponto central que permita aos mais afastados cidadãos se reunirem com a frequência exigida por suas funções públicas, e não incluirá um número maior que o capaz de se congregar nessas funções, o limite natural de uma república é aquela exata distância do centro que permita aos representantes do povo encontrarem-se com a frequência necessária à administração dos negócios públicos. Pode-se afirmar que os limites dos Estados Unidos excedem essa distância? Não concordará com isso quem se lembrar que o lado mais longo da União é a costa atlântica, que durante 13 anos os representantes dos Estados estiveram em assembleia quase permanente, e que os membros dos Estados mais distantes não incorreram em períodos de ausência mais longos que os dos Estados vizinhos ao Congresso.

Para poder avaliar de modo mais justo esta interessante questão, lancemos mão das dimensões reais da União. Os limites, tal como fixados pelo tratado de paz, são: a leste, o Atlântico; a sul, a latitude de 31 graus; a oeste, o Mississípi; a norte, uma linha irregular que corre em alguns casos a mais de 45 graus e em outros cai até 42 graus. A margem sul do lago Erie está abaixo dessa latitude. Computando a distância entre os graus 31 e 45, chega-se a 973 milhas comuns; computando-a entre os graus 31 e 42, a 764,50 milhas. Tomando a média como a distância, o total será de 868,75 milhas. A distância média do Atlântico ao Mississípi provavelmente não excede 750 milhas. Comparando esta extensão com a de vários países da Europa, pode-se demonstrar a viabilidade de tornar nosso sistema comensurável a ela. Não é muito maior que a da Alemanha, onde uma assembleia que representa todo o império está continuamente reunida; ou que a da Polônia, antes do recente desmembramento, onde outra assembleia nacional era a depositária do poder supremo. Passando pela França e a Espanha, verificamos que na Grã-Bretanha, por inferior que possa ser em tamanho, os representantes do extremo norte da ilha têm de fazer até o conselho nacional uma viagem tão longa como a que seria exigida daqueles das partes mais remotas da União.

Por mais favorável que já seja esta visão do problema, algumas outras observações lançarão sobre ele uma luz ainda mais favorável.

Em primeiro lugar, cabe lembrar que o governo geral não deverá ser imbuído de todo o poder de fazer e aplicar leis. Sua jurisdição limita-se a certos números de itens, que dizem respeito a todos os membros da república, mas não podem ser atendidos pelas medidas isoladas de nenhum deles. Os governos subordinados, que podem estender seus cuidados a todos os demais assuntos passíveis de ser separadamente atendidos, conservarão sua devida autoridade e atividade. Se o plano da convenção propusesse a abolição dos governos dos Estados particulares, seus adversários teriam alguma base para sua objeção; ainda que não fosse difícil demonstrar que se eles fossem abolidos o governo geral seria compelido a reinstaurá-los em suas jurisdições próprias, por força do princípio da autopreservação.

Uma segunda observação a fazer é que a finalidade imediata da Constituição federal é assegurar a união dos 13 Estados primitivos, que sabemos ser viável; e acrescentar a eles aqueles Estados que possam surgir em seus próprios seios ou em suas vizinhanças, o que sem dúvida é igualmente viável. Os arranjos que podem ser necessários com relação àqueles ângulos ou frações de nosso território situados na fronteira noroeste podem ser deixados para aqueles cujas novas descobertas e experiência os tornarão mais aptos para a tarefa.

Permitam-me observar, em terceiro lugar, que o intercurso através da União será facilitado por novas benfeitorias. Por toda a parte, estradas serão encurtadas e mantidas em melhores condições; acomodações para viajantes serão multiplicadas e melhoradas; uma navegação interna se estenderá pela totalidade, ou quase, de nosso lado leste, ao longo de toda a extensão dos 13 Estados. A comunicação entre os distritos do oeste e os do Atlântico, e entre as diferentes partes de cada um, será tornada mais fácil por esses numerosos canais com que a generosidade da natureza cortou nosso país e que o engenho humano encontra tão pouca dificuldade em conectar e completar.

Uma quarta consideração, ainda mais importante, é que, como quase todos os Estados serão de fronteira, de um lado ou de outro, eles terão motivos, em prol de sua segurança, para fazer alguns sacrifícios em prol da segurança geral; assim, os Estados que estão a maior distância do coração da União, e que, obviamente, menos podem partilhar da circulação normal de seus benefícios, serão ao mesmo tempo imediatamente contíguos a nações estrangeiras e, por consequência, terão em determinadas ocasiões maior necessidade da força e dos recursos dela. Pode ser inconveniente para a Geórgia, ou para os Estados que formam nossas fronteiras oeste ou nordeste, enviar seus representantes à sede do governo; julgariam, porém, ainda mais inconveniente lutar sozinhos contra um inimigo invasor, ou mesmo arcar sozinhos com todas as despesas das precauções que podem ser impostas pela vizinhança de um perigo constante. Portanto, se deverão sob alguns aspectos auferir menos benefícios da União que Estados menos distantes, derivarão maior benefício dela sob outros aspectos, e assim o devido equilíbrio se manterá por toda parte.

Submeto estas considerações a meus concidadãos, na plena confiança de que o bom senso que tantas vezes marcou suas decisões conferirá a elas o devido peso e consequência; e de que nunca se deixariam levar pelas dificuldades à perspectiva melancólica e perigosa a que os conduziriam os defensores da desunião, por mais que o erro em que se fundam pareça impressionante ou esteja em moda. Que fechem seus ouvidos às vozes aberrantes que afirmam que os habitantes da América, unidos como são por tantos laços de afeição, já não podem viver juntos como membros de uma só família; já não podem continuar sendo os mútuos guardiães de sua mútua felicidade; já não podem ser concidadãos de um vasto, respeitável e florescente império. Que fechem os ouvidos à voz que petulantemente afirma que a forma de governo recomendada a sua adoção é uma invenção recente no mundo político; que nunca teve lugar nas teorias dos mais arrojados planejadores; que é uma tentativa temerária de realizar o impossível. Não, peço a meus compatriotas que fechem os ouvidos a essa linguagem ímpia, que fechem seus corações contra o veneno que ela carrega. O sangue afim que corre nas veias dos cidadãos americanos, o sangue mesclado que derramaram em defesa de seus direitos sagrados consagra sua União e excita seu horror à ideia de se tornarem estranhos, rivais, inimigos. E se devemos fugir de inovações, acreditem-me, a mais alarmante de todas as inovações, o mais insensato de todos os projetos, a mais intempestiva de todas as tentativas é a de nos despedaçar a pretexto de preservar nossa liberdade e promover nossa felicidade. Por que a experiência de uma república ampla deve ser rejeitada meramente por poder envolver uma novidade? A glória do povo da América não está justamente em não ter tolerado, ainda que manifestando o devido respeito por tempos pregressos e por outras nações, que uma veneração cega pela antiguidade, pelo costume ou por nomes sobrepujasse as sugestões de seu próprio bom senso, o conhecimento de sua própria situação, e as lições de sua própria experiência? A este espírito viril a humanidade deverá a posse — e o mundo, o exemplo — das numerosas inovações exibidas no teatro americano em favor dos direitos individuais e da felicidade pública. Se os líderes da Revolução não houvessem dado nenhum passo importante que não tivesse precedente, não houvessem estabelecido nenhum governo de que não contassem com um modelo exato, o povo dos Estados Unidos poderia estar incluído neste momento entre as tristes vítimas de conselhos mal orientados, estaria na melhor das hipóteses labutando sob o peso de alguma dessas formas que esmagaram as liberdades do resto da humanidade. Felizmente para a América — felizmente, acreditamos, para toda a raça humana —, eles buscaram um curso novo e mais nobre. Realizaram uma revolução sem nenhum paralelo nos anais da sociedade humana. Erigiram o edifício de governos que não têm modelo algum na face do globo. Formaram o projeto de uma grande Confederação, que é dever de seus sucessores aperfeiçoar e perpetuar. Se suas obras trazem imperfeições, o pequeno número destas nos surpreende. Se erraram, sobretudo na estrutura da União, este era o trabalho mais difícil a executar; este é o trabalho que agora foi remodelado pelo ato da convenção, e é sobre esse ato que meus concidadãos devem agora deliberar e decidir.

PUBLIUS [MADISON]

ARTIGO 15

Sobre os defeitos da atual Confederação no tocante ao princípio da legislação para os Estados como coletividades

No curso dos artigos anteriores, tentei expor a meus concidadãos sob uma luz clara e convincente, a importância da União para a segurança e felicidade política de todos. Expliquei um emaranhado de perigos a que todos estaríamos expostos se permitíssemos que o laço sagrado que une o povo da América fosse rompido ou dissolvido por ambição ou cobiça, rivalidade ou deturpação. Na sequência da investigação pela qual me proponho a acompanhá-los, as verdades que se pretende inculcar receberão maior confirmação de fatos e argumentos até aqui despercebidos. Se a estrada que ainda nos resta percorrer parecer em alguns locais tediosa ou cansativa, cabe lembrar que estamos em busca de informação sobre o mais relevante assunto que pode merecer a atenção de um povo livre, que o campo pelo qual temos que viajar é em si mesmo vasto, e que as dificuldades da jornada foram desnecessariamente aumentadas pelas confusões que a sofística semeou pelo caminho.

Meu objetivo é remover os obstáculos a nosso avanço de maneira tão sucinta quanto possível, sem sacrificar a correção à pressa.

Seguindo o plano que tracei para a discussão do assunto, o próximo ponto a ser examinado é a "insuficiência da atual Confederação para a preservação da União". Talvez se possa perguntar que necessidade há de raciocínio ou prova para ilustrar uma posição que não é controvertida nem posta em dúvida, com que concordam os entendimentos de sentimentos de todas as classes de homens, e que é em essência admitida tanto pelos oponentes como pelos defensores da nova Constituição. De fato, é preciso reconhecer que, embora estes possam divergir em outros aspectos, parecem em geral coincidir pelo menos nesta convicção: há imperfeições consideráveis em nosso sistema nacional, e algo precisa ser feito para nos livrar de uma anarquia iminente. Os fatos que apoiam esta opinião já não são objeto de especulação. Eles se impuseram à sensibilidade do povo em geral e, por fim, arrancaram daqueles cuja política equivocada foi a principal causa de nossa queda no transe a que chegamos uma confissão relutante da existência real, no esquema de nosso governo federal, desses defeitos de há muito apontados e deplorados pelos defensores inteligentes da União.

De fato, pode-se dizer com propriedade que chegamos quase ao limite máximo da humilhação nacional. Dificilmente haverá algo capaz de ferir o orgulho ou degradar o caráter de uma nação independente que ainda não tenhamos experimentado. Os vínculos respeitáveis entre os homens obrigam a compromissos de condutas? Estes são objeto de constante e desavergonhada violação. Temos dívidas para com estrangeiros e para com nossos próprios cidadãos, contraídas num momento de perigo iminente para a preservação de nossa existência política? Essas permanecem sem nenhuma medida adequada ou satisfatória para sua quitação. Temos valiosos territórios e postos importantes nas mãos de um poder estrangeiro que, por cláusulas expressas, deveria há muito ter sido rendido? Eles continuam retidos, em detrimento de nossos interesses, não menos que de nossos direitos. Estamos em condições de nos ofender com a agressão ou de repeli-la? Não temos tropas, nem Tesouro, nem governo.[1] Estamos pelo menos em condições de protestar com dignidade? Antes de mais nada, seria preciso eliminar as justas acusações contra nossa própria lealdade em relação ao mesmo tratado. Temos direito, por natureza e pacto, a uma livre participação na navegação do Mississípi?

1. Quero dizer para a União.

A Espanha nos exclui dela. O crédito público é um recurso indispensável em tempo de perigo público? Parecemos ter abandonado sua defesa de modo tão desesperado como irrecuperável. O comércio é importante para a riqueza nacional? O nosso está no ponto mais baixo de declínio. A respeitabilidade aos olhos de potências estrangeiras é uma salvaguarda contra invasões externas? A estupidez de nosso governo chega a proibi-las de negociar conosco. Nossos embaixadores no exterior meramente representam a pantomima da soberania. Uma baixa violenta e anormal do valor da terra é sintoma de dificuldade nacional? O preço da terra cultivada na maior parte do país está muito mais baixo que o justificável pela quantidade de terra inculta no mercado, e isso só pode ser plenamente explicado pela falta de confiança privada e pública, que prevalece tão alarmantemente em todas as classes e tem uma tendência direta a depreciar todo tipo de propriedade. O crédito individual é o amigo e patrono da indústria? O tipo mais útil, que envolve pedir emprestado e emprestar, está reduzido aos mais estreitos limites, e também isto se deve mais a um sentimento de insegurança que à escassez de dinheiro. Para abreviar a enumeração de detalhes que não podem proporcionar prazer nem instrução, podemos fazer uma pergunta geral: falta, no sombrio catálogo de nossos infortúnios públicos, algum indício de desordem, pobreza e insignificância nacional capaz de afligir uma comunidade tão peculiarmente abençoada com vantagens naturais?

Esta é a melancólica situação a que fomos levados por aqueles mesmos conselhos e máximas que agora desejariam nos impedir de adotar a Constituição proposta; e que, não contentes em nos ter conduzido à beira de um precipício, parecem decididos a nos mergulhar no abismo que nos aguarda embaixo. Aqui, meus compatriotas, impelidos por todos os motivos que devem influenciar um povo esclarecido, que nos seja permitido tomar uma atitude firme em defesa de nossa segurança, nossa tranquilidade, nossa reputação. Que possamos finalmente romper o encanto fatal que nos desviou por tempo demais dos caminhos da felicidade e da prosperidade.

É verdade, e já foi observado antes, que fatos renitentes demais para serem negados produziram uma espécie de aceitação geral da proposição abstrata de que existem falhas consideráveis em nosso sistema nacional; mas a utilidade desse reconhecimento por parte dos antigos adversários de medidas federais é anulada por uma enérgica oposição a uma cura com base nos únicos princípios que podem lhe dar uma oportunidade de êxito. Ao mesmo tempo que admitem que o governo dos Estados Unidos carece de energia, eles se opõem a que lhe sejam proporcionados os poderes necessários para conferir essa energia. Parecem também visar a coisas contrárias e incompatíveis: aumento da autoridade federal sem redução da autoridade dos Estados; soberania da União e completa independência dos membros. Parecem ainda, em suma, acalentar com cega devoção a quimera política de um *imperium in imperio*. Diante disso, torna-se necessária uma completa exposição das principais falhas da Confederação, de modo a mostrar que os males que experimentamos não provêm de imperfeições pequenas ou parciais, mas de erros fundamentais na estrutura da edificação, que não podem ser corrigidos senão por uma alteração nos princípios básicos e nos pilares fundamentais da construção.

O vício enorme e radical na construção da Confederação atual está no princípio da *legislação* para *Estados* ou *governos* em seu caráter de *corporações* ou *coletividades*, em contraposição à legislação para os *indivíduos* que os compõem. Embora não se estenda a todos os poderes conferidos à União, esse princípio invade e governa aqueles de que depende a eficácia dos demais. Exceto no tocante à norma de rateio, os Estados Unidos têm direito ilimitado a requisitar homens e dinheiro; mas não têm autoridade para mobilizá-los por meio de normas que se estendam aos cidadãos individuais da América. A consequência é que, embora em teoria as resoluções da União referentes a essas questões sejam leis que se aplicam constitucionalmente a seus membros, na prática elas são meras recomendações que os Estados podem escolher observar ou desconsiderar.

É um exemplo singular do capricho da mente humana que, após todas as advertências que a experiência nos fez a este respeito, ainda existam homens que se opõem à nova Constituição por ela se desviar de um princípio que se revelou a perdição da antiga e que é, em si mesmo, evidentemente incompatível com a ideia de *governo*; um princípio que, em suma, se de algum modo tiver de ser praticado, terá de substituir a influência moderada da magistratura pela ação violenta e sanguinária da espada.

Não há nada de absurdo ou impraticável na ideia de uma liga ou aliança entre nações independentes para certos fins definidos, precisamente expressos num tratado que regule todos os detalhes de tempo, lugar, circunstância e quantidade, sem nada deixar à deliberação futura, e dependendo da boa-fé das partes para sua execução. Pactos desse gênero existem entre todas as nações civilizadas, sujeitos às vicissitudes usuais da paz e da guerra, da observância e da não observância, segundo determinem os interesses ou paixões dos poderes contratantes. Na primeira parte deste século, grassou na Europa uma epidemia dessa espécie de pacto, de que os políticos da época esperavam credulamente benefícios que jamais se produziram. Na busca de estabelecer o equilíbrio de poder e paz naquela parte do mundo, esgotaram-se todos os recursos da negociação, e alianças tríplices e quádruplas foram formadas; mas estas mal se formavam e já estavam rompidas, o que deu à humanidade uma lição instrutiva mas angustiante sobre quão pouco se pode confiar em tratados que só têm por garantia as obrigações da boa-fé e que opõem considerações gerais de paz e de justiça ao impulso de qualquer interesse ou paixão imediatos.

Se os vários Estados deste país estão dispostos a manter entre si uma relação semelhante a essa, e abandonar o projeto de uma *superintendência discricionária* geral, o esquema seria de fato pernicioso e nos imporia todos os danos enumerados sob o primeiro tópico; mas teria o mérito de ser, pelo menos, coerente e praticável. Com o abandono de todas as pretensões a um governo confederado, isso nos reduziria a uma simples aliança ofensiva e defensiva e nos poria em condições de sermos ciclicamente amigos e inimigos uns dos outros, ao sabor de nossas mútuas cobiças e rivalidades, alimentadas pelas intrigas de nações estrangeiras.

Mas se não queremos ser postos nessa perigosa situação, se ainda nos mantemos fiéis ao projeto de um governo nacional ou, o que é a mesma coisa, de um poder superintendente sob a direção de um conselho comum, devemos decidir incorporar em nosso plano aqueles ingredientes que podem ser considerados responsáveis pela diferença característica entre uma liga e um governo; devemos ampliar a autoridade da União às pessoas dos cidadãos — os únicos objetos próprios de governo.

Governo implica o poder de fazer leis. É essencial à ideia de uma lei que ela seja acompanhada por uma sanção; ou, em outras palavras, uma penalidade ou punição por desobediência. Se não houver punição alguma associada à desobediência, as resoluções ou ordens que pretendem ser leis não passarão, de fato, de mero conselho ou recomendação. Essa punição, seja ela qual for, só pode ser executada de dois modos: por meio dos tribunais e agentes da justiça ou por força militar; pela *coerção* da magistratura ou pela coerção das armas. O primeiro tipo, evidentemente, só pode ser aplicado a homens; o segundo deve necessariamente ser empregado contra corpos políticos, ou comunidades, ou Estados. É evidente que nenhum procedimento de um tribunal é capaz de assegurar em última instância a observância das leis. Sentenças podem ser pronunciadas contra eles por violações de seus deveres; estas, porém, só podem ser executadas pela espada. Numa associação onde a autoridade geral está limitada aos corpos coletivos das comunidades que a compõem, cada infração das leis envolve necessariamente um estado de guerra; e a execução militar torna-se inevitavelmente o único instrumento de obediência civil. Tal estado de coisas certamente não pode merecer o nome de governo, e nenhum homem prudente optaria por confiar a ele sua felicidade.

Houve um tempo em que nos afirmavam que violações das normas da autoridade federal pelos Estados eram improváveis; que um senso de interesse comum presidiria a conduta dos respectivos membros, gerando uma plena aceitação de todos os requisitos constitucionais da União. Hoje, quando devemos ter aprendido outras lições da experiência, o melhor oráculo da sabedoria, tal linguagem pareceria tão absurda quanto grande parte do que ouvimos agora da mesma fonte. Em todos os tempos, ela traiu uma ignorância das verdadeiras fontes que movem a conduta humana e desvirtuou as motivações originais para o estabelecimento de um poder civil. Afinal, por que se instituiu um governo? Porque as paixões dos homens não se conformam aos ditames da razão e da justiça sem coação. Está provado que corporações de homens atuam com maior retidão ou desinteresse que indivíduos? Todos os observadores precisos da conduta humana concluíram o contrário, e seus motivos são óbvios. O cuidado com a reputação tem menor influência quando a infâmia de uma má ação deve ser distribuída entre muitos do que quando deve incidir sobre um só homem. O espírito faccioso, que é capaz de instilar seu veneno nas deliberações de todas as corporações humanas, muitas vezes precipitará as pessoas que as compõem a impropriedades e excessos de que elas se envergonhariam individualmente.

Além de tudo isso, faz parte da natureza do poder soberano uma avidez de controle que dispõe os que estão investidos de seu exercício a ver com maus olhos todas as tentativas externas de limitar ou dirigir suas ações. Em decorrência desse espírito, em toda associação política fundada no princípio de unir em torno de um interesse comum certo número de soberanias menores, estará presente nas esferas subordinadas ou inferiores uma tendência centrífuga, por força da qual cada uma delas se esforçará por escapar ao centro comum. Não é difícil explicar essa tendência. Sua origem é o amor ao poder. O poder controlado ou restrito é quase sempre rival e inimigo do poder responsável por esse controle ou restrição. Esta simples proposição nos ensina como se tem pouca razão para esperar que as pessoas incumbidas da administração dos negócios dos membros particulares de uma confederação estejam sempre dispostas, com perfeito bom humor e imperturbada consideração pelo bem público, a pôr em prática as resoluções ou os decretos da autoridade geral. É o inverso disso que resulta da natureza humana.

Portanto, se as medidas da Confederação só puderem ser executadas com a intervenção das diversas administrações, elas terão pouca possibilidade de vir a sê-lo. Os governantes dos respectivos membros, tenham eles ou não direito constitucional para tanto, tratarão de julgar a adequação das medidas em si mesmas. Avaliarão a conformidade do que foi proposto ou solicitado a seus interesses ou fins imediatos; as conveniências ou inconveniências momentâneas que acompanharão sua adoção. Tudo isso será feito, num espírito de exame interessado e desconfiado, sem aquele conhecimento das circunstâncias nacionais e das razões de Estado, essencial a um julgamento correto e com aquela forte preferência por causas locais que dificilmente pode deixar de corromper a decisão. O mesmo processo deverá se repetir em cada membro constitutivo do corpo; e a execução dos planos, traçados pelos conselhos do conjunto, irão sempre flutuar ao sabor da opinião mal informada e preconcebida das várias partes. Os que conhecem os procedimentos das assembleias populares, que sabem como frequentemente é difícil, na ausência da pressão de circunstâncias externas, levá-las a resoluções harmoniosas sobre pontos importantes, logo perceberão quanto deve ser impossível induzir várias dessas assembleias, deliberando longe umas das outras, em diferentes momentos e sob diferentes influências, a partilhar por muito tempo das mesmas ideias e dos mesmos objetivos.

Em nosso caso, sob a Confederação, exige-se a concorrência de 13 vontades soberanas para a completa execução de toda medida importante que procede da União. Aconteceu o que era de esperar. As medidas da União não foram executadas; e as infrações dos Estados foram crescendo passo a passo até um extremo em que, por fim, travaram todas as rodas do governo nacional, o que o levou a uma terrível paralisia. Neste momento, o Congresso mal tem meios para manter as formas de administração até que os Estados tenham tempo de chegar a um acordo quanto a um substituto mais sólido para a atual sombra de governo federal. As coisas não chegaram de repente a este extremo desesperado. As causas citadas produziram de início apenas graus diferentes e desproporcionais de acatamento às exigências da União. As maiores faltas de alguns Estados forneceram o pretexto do exemplo e a tentação do interesse aos Estados obedientes, ou menos faltosos. Por que deveríamos fazer mais que aqueles com quem dividimos o barco na mesma viagem política? Por que deveríamos consentir em arcar com mais do que a parte que nos cabe da carga comum? Estas eram sugestões a que o egoísmo humano não pôde resistir e que nem mesmo homens reflexivos, voltados para consequências remotas, podiam combater sem hesitação. Cada Estado, rendendo-se à voz persuasiva do interesse ou da conveniência imediata, foi sucessivamente retirando seu apoio, até que, por fim, o frágil e oscilante edifício parece prestes a desabar sobre nossa cabeça e nos esmagar sob seus destroços.

PUBLIUS [HAMILTON]

ARTIGO 16

Desenvolvimento do tema no tocante ao mesmo princípio

A tendência do princípio da legislação exercida sobre os Estados, ou comunidades, como entidades políticas, tal como exemplificada pela experiência que fizemos dele, foi igualmente atestada pelos eventos que marcaram todos os outros governos de tipo confederado de que temos alguma informação, na medida exata em que prevaleceu nesses sistemas. A confirmação do fato é merecedora de um exame distinto e particular. Poderei me dar por satisfeito com a mera observação de que, de todas as confederações da Antiguidade que a história nos transmitiu, as ligas lícia e aqueia, na medida em que ainda restam vestígios delas, parecem ter sido as mais livres dos grilhões desse princípio errôneo, tendo sido em consequência as que mais mereceram e mais generosamente receberam os aplausos dos escritores políticos.

Esse discutível princípio pode ser chamado com justiça e ênfase de pai da anarquia: viu-se que seu produto natural e necessário são transgressões dos membros da União; e que, sempre que estas acontecem, o único remédio constitucional é a força, cujo uso tem por efeito imediato a guerra civil.

Resta investigar até que ponto um mecanismo de governo tão odioso seria mesmo capaz, em sua aplicação a nós, de atender a sua finalidade. Se não houvesse um grande exército constantemente à disposição do governo nacional, este não teria nenhuma capacidade de empregar a força; ou, quando isso fosse possível, o resultado seria uma guerra entre diferentes partes da Confederação, ligada a violações de uma liga em que a combinação mais forte teria maior possibilidade de triunfar, quer fosse composta pelos defensores da autoridade geral, quer pelos que a ela resistissem. Raramente a transgressão a ser reparada ficaria limitada a um único membro, e se dois ou mais tivessem negligenciado seu dever, a similaridade de situação os induziria a se unir numa defesa comum. Afora essa razão de solidariedade, se acaso o membro transgressor fosse um Estado grande e influente, ele teria, em geral, influência suficiente sobre seus vizinhos para conquistar alguns deles como associados para sua causa. Argumentos falaciosos de ameaça para a liberdade geral poderiam ser facilmente urdidos; desculpas plausíveis para as deficiências da parte poderiam ser inventadas sem dificuldade para despertar as apreensões, inflamar as paixões e granjear a boa vontade até daqueles Estados não culpáveis de nenhuma violação ou falta ao dever. Esta seria a ocorrência mais provável, pois seria de esperar que as transgressões dos membros maiores resultassem de uma premeditação ambiciosa de seus governantes com o objetivo de escapar a todo controle externo sobre seus projetos de engrandecimento pessoal; para melhor consumá-los, é presumível que se consorciassem de antemão com indivíduos destacados dos Estados adjacentes. Na impossibilidade de encontrar associados em casa, seria preciso recorrer à ajuda de poderes estrangeiros, que raramente deixariam de estar dispostos a incentivar as dissensões de uma Confederação de cuja firme união tanto teriam a temer. Uma vez sacada a espada, as paixões dos homens não respeitam limites de moderação. Sugestões de orgulho ferido, instigações de melindre ofendido seriam suficientes para conduzir os Estados contra os quais se voltassem as armas da União a qualquer extremo necessário para desforrar a afronta ou evitar a desonra da rendição. A primeira guerra desse tipo terminaria provavelmente numa dissolução da União.

Isso pode ser considerado como a morte violenta da Confederação. Uma morte mais natural é a que parecemos estar prestes a experimentar agora, se o sistema federal não for rapidamente renovado de forma mais substancial. Não é provável, considerando a índole deste país, que os Estados obedientes se inclinem com frequência a apoiar a autoridade da União, engajando-se numa guerra contra os Estados recalcitrantes. Estariam sempre mais dispostos a seguir a via intermediária de se pôr em pé de igualdade com os membros transgressores, imitando-lhes o exemplo. Assim, a culpa de todos se converteria na segurança de todos. Nossa experiência passada lançou plena luz sobre a ação desse espírito. Haveria, de fato, uma dificuldade insuperável em determinar quando a força poderia ser apropriadamente empregada. No item da contribuição pecuniária, que seria a fonte mais comum de transgressão, muitas vezes seria impossível discernir entre relutância e incapacidade. A simulação desta última estaria sempre à mão. E o caso precisa ser muito flagrante para que sua falácia possa ser detectada com suficiente certeza, de modo a justificar o severo expediente da compulsão. É fácil ver que este problema, por si só, sempre que ocorresse, abriria vasto campo para o uso de concepções facciosas, de parcialidade e de opressão pela maioria que eventualmente dominasse o conselho nacional.

Aparentemente não se precisaria de esforço algum para provar que os Estados não devem preferir uma Constituição nacional que só pode ser instrumentalizada por um grande exército permanentemente mobilizado para fazer cumprir as exigências ou decretos comuns do governo. No entanto, é este o plano alternativo implícito dos que desejam negar à Constituição o poder de estender sua ação a indivíduos. Tal esquema, se fosse minimamente exequível, iria degenerar instantaneamente num despotismo militar; mas ele se mostrará impraticável sob todos os pontos de vista. Os recursos da União não seriam suficientes para manter um exército poderoso o bastante para confinar os maiores Estados aos limites de sua competência; tampouco jamais lhe seriam fornecidos os meios para a formação inicial de tal exército. Quem quer que considere o tamanho da população e a força de vários desses Estados isoladamente na atual conjuntura e pense no que eles haverão de se tornar, mesmo no prazo de meio século, descartará de imediato como inútil e visionário qualquer esquema que vise regular seus movimentos por leis que os deverão afetar na qualidade de coletividades e ser impostas por uma coerção que lhes seria aplicável nos mesmos termos. Um projeto deste tipo apenas é pouco menos romântico que o fluido domador de monstros, atribuído aos heróis fabulosos e semideuses da Antiguidade.

Mesmo naquelas confederações que eram compostas por membros menores que muitos de nossos condados, o princípio da legislação para Estados soberanos apoiada na coerção militar nunca se provou eficaz. Seu emprego raramente foi tentado, senão contra os membros mais fracos, e, na maioria dos casos, tentativas de coagir os refratários e desobedientes foram estopins de guerras sangrentas, em que uma metade da confederação desfraldou suas bandeiras contra a outra.

Para uma mente inteligente, tais observações demonstram claramente que, se de algum modo é possível construir um governo federal capaz de regular as questões comuns e preservar a tranquilidade geral, ele deve ser fundado, no tocante aos objetos confiados a seus cuidados, no contrário do que apregoam os oponentes da Constituição proposta. Sua ação deve ser dirigida aos cidadãos. Não deve precisar recorrer a quaisquer legislações intermediárias, devendo ele mesmo ter o poder de empregar o braço da magistratura comum para fazer cumprir as próprias resoluções. A majestade da autoridade nacional deve ser manifestada por meio dos tribunais de justiça. O governo da União, como o de cada Estado, deve ser capaz de se reportar imediatamente às esperanças e aos medos dos indivíduos e de conquistar em seu apoio aquelas paixões que mais influenciam o coração humano. Em suma, para exercer os poderes de que está investido, o governo federal deve possuir todos os meios e ter o direito de recorrer a todos aqueles métodos que os governos dos Estados individuais possuem e praticam.

Pode-se talvez objetar a esse raciocínio que se algum Estado desafiasse a autoridade da União, poderia a qualquer momento obstruir a execução de suas leis, dando lugar à mesma questão, de uso da força, que o esquema oposto é condenado por exigir.

A plausibilidade desta objeção desaparecerá tão logo percebamos a diferença essencial entre uma mera *insubmissão* e *uma resistência direta e ativa*. Se a efetivação de uma medida da União exigir a interposição dos legislativos estaduais, basta-lhes apenas *não agir*, ou *agir de forma evasiva*, e a medida será derrotada. Essa negligência do dever pode ser disfarçada sob medidas aparentes mas inoperantes, de modo a não se revelar e, evidentemente, não despertar no povo nenhum alarme pela segurança da Constituição. Os chefes dos Estados podem até transformar em mérito os abusos sub-reptícios que dela fazem por alguma conveniência, isenção ou vantagem temporária.

Mas se as leis do governo nacional não exigissem a intervenção dos legislativos estaduais para serem executadas, se viessem a ser exercidas imediatamente sobre os próprios cidadãos, os diversos governos não poderiam bloquear sua ação sem exercer, de maneira declarada e violenta, um poder inconstitucional. Nenhuma omissão ou evasão atenderia a esse fim. Eles seriam obrigados a agir, e de tal modo que não restaria dúvida de que estariam violando direitos nacionais. Uma experiência desta natureza seria sempre arriscada em face de uma constituição com algum grau de competência para se defender e de um povo suficientemente esclarecido para distinguir entre um exercício legal e uma usurpação ilegal da autoridade. Seu êxito exigiria não apenas uma maioria facciosa no legislativo, mas a concordância dos tribunais de justiça e da maioria do povo. Se os juízes não fossem envolvidos numa conspiração com o legislativo, declarariam as resoluções de tal maioria contrárias à lei suprema do país, inconstitucionais e nulas. Se o povo não fosse contaminado pelo espírito de seus representantes estaduais, iria, como guardião natural da Constituição, lançar seu peso sobre o prato nacional da balança e dar-lhe clara preponderância na disputa. Tentativas desse gênero não seriam feitas com frequência de modo leviano ou precipitado, porque raramente deixariam de representar perigo para seus autores, exceto em casos de um exercício tirânico da autoridade federal.

Se surgisse oposição ao governo nacional a partir da conduta desordeira de indivíduos rebeldes ou sediciosos, ela poderia ser superada pelos mesmos meios que são diariamente empregados contra o mesmo mal pelos governos estaduais. Os magistrados, sendo igualmente ministros das leis do país seja qual for sua fonte, estariam sem dúvida tão prontos a proteger as normas nacionais quanto as locais contra as transgressões da licenciosidade privada. Com relação àquelas comoções e insurreições parciais que por vezes inquietam a sociedade, oriundas das intrigas de uma facção exígua ou de disposições hostis que não contaminam a grande maioria da comunidade, o governo geral poderia ter sob seu controle recursos mais amplos para a supressão de distúrbios desse tipo do que qualquer membro singular. E com relação àquelas rixas mortais que em certas conjunturas disseminam uma conflagração por toda uma nação, ou por grande parte dela, resultantes de causas ponderáveis de descontentamento dadas pelo governo ou do contágio de algum paroxismo popular violento, elas não podem ser previstas por nenhuma norma usual. Quando ocorrem, geralmente importam em revoluções e desmembramentos do país. Nenhuma forma de governo é sempre capaz de evitá-las ou controlá-las. É inútil esperar proteger-se contra eventos que estão acima da previsão ou precaução humanas, e seria fútil desaprovar um governo por não ser capaz de fazer o impossível.

PUBLIUS [HAMILTON]

ARTIGO 17

Desenvolvimento do tema e ilustração com exemplos para mostrar que os governos federais tendem mais à anarquia entre os membros que à tirania na cúpula

Uma objeção de natureza diferente desta que foi expressa e respondida em minha última comunicação talvez possa ser igualmente contraposta ao princípio da legislação para os cidadãos individuais da América. Pode-se dizer que ela tenderia a tornar o governo da União excessivamente poderoso, permitindo-lhe absorver aqueles poderes residuais que se pode considerar adequado deixar com os Estados para fins locais. Concedendo ao apego ao poder o maior espaço que um homem sensato pode admitir, confesso que me é difícil descobrir que tentação as pessoas encarregadas da administração do governo geral poderiam vir a ter de privar os Estados de poderes desse tipo. A regulação da simples polícia doméstica de um Estado parece-me oferecer escassos atrativos à ambição. O comércio, as finanças, as negociações e a guerra parecem constituir todos os elementos dotados de encantos para mentes governadas por essa paixão; e todos os poderes necessários para exercê-los devem ser conferidos, em primeira instância, ao repositório nacional. A administração da justiça privada entre cidadãos do mesmo Estado, a supervisão da agricultura e de outros empreendimentos de natureza similar, todas essas coisas, em suma, próprias para serem regidas por legislação local, jamais podem ser responsabilidades ambicionadas por uma jurisdição geral. É improvável, portanto, que viesse a existir nos conselhos federais uma disposição a usurpar os poderes a que estão relacionados; porque a tentativa de exercer esses poderes seria tão incômoda quanto ineficaz; e sua posse, por essa razão, em nada contribuiria para a dignidade, a importância ou o esplendor do governo nacional.

Admitamos, porém, no interesse do raciocínio, que simples capricho e ânsia de domínio fossem suficientes para gerar essa disposição; ainda assim, pode-se afirmar com segurança que a percepção do eleitorado dos representantes nacionais, ou, em outras palavras, do povo dos vários Estados, iria controlar a satisfação de um apetite tão extravagante. Será sempre muito mais fácil que governos estaduais abusem dos poderes nacionais do que o governo nacional abuse dos poderes estaduais. A prova desta proposição apoia-se no maior grau de influência que os governos estaduais possuirão em geral sobre o povo, desde que administrem seus negócios com probidade e prudência. Essa circunstância nos ensina ao mesmo tempo que todas as estruturas federais têm uma fraqueza inerente e intrínseca e que nunca serão excessivos os esforços despendidos em sua organização no intuito de lhes conferir toda a força compatível com os princípios da liberdade.

A maior influência dos governos estaduais resultaria, em parte, da construção difusa do governo nacional, mas sobretudo da natureza dos objetos a que a atenção das administrações estaduais estaria dirigida.

É um fato conhecido da natureza humana que suas afeições são em geral tanto mais fracas quanto mais seu objeto é distante ou difuso. Pelo mesmo princípio segundo o qual o homem é mais apegado à família que à vizinhança, e à vizinhança que à sua comunidade em geral, o povo de cada Estado tenderia a preferir seus governos locais ao governo da União; a menos que a força desse princípio seja destruída por uma administração muito melhor deste último.

Esta forte propensão do coração humano encontraria poderosos auxiliares nos objetos sujeitos à regulação estadual.

A diversidade de interesses mais diminutos que ficarão necessariamente sob a superintendência das administrações locais e formarão um igual número de filetes de influência, correndo por todas as partes da sociedade, não pode ser especificada sem envolver um detalhamento tedioso e desinteressante demais para compensar o aprendizado que poderia fornecer.

Uma grande vantagem, que pertence ao domínio dos governos estaduais, lança por si só uma luz satisfatória sobre a questão — refiro-me à administração ordinária da justiça criminal e civil. Esta é, entre todas, a mais poderosa, mais universal e mais atraente fonte de obediência e lealdade popular. É ela que, sendo o guardião imediato e visível da vida e da propriedade, tendo seus benefícios e ameaças em constante atividade perante o olhar público, regulando todos aqueles interesses pessoais e preocupações familiares a que a sensibilidade dos indivíduos está mais imediatamente atenta, contribui, mais que qualquer outra circunstância, para infundir na mente do povo afeição, estima e reverência pelo governo. Este notável cimento da sociedade, que se difundirá pela quase totalidade dos canais dos governos individuais, independentemente de todas as demais causas de influência, lhes asseguraria um império tão definido sobre seus respectivos cidadãos que faria deles em todos os momentos um completo contrapeso do poder da União e, não raro, seus perigosos adversários.

Por outro lado, sendo as ações do governo nacional menos imediatamente observáveis pela maioria dos cidadãos, os benefícios delas derivados serão percebidos e acompanhados sobretudo por homens reflexivos. Voltadas para interesses mais gerais, essas ações serão menos aptas a afetar os sentimentos do povo; e, nessa medida, terão menos possibilidade de inspirar um senso habitual de dever e um sentimento ativo de lealdade.

A reflexão sobre este tópico foi abundantemente exemplificada pela experiência de todas as constituições federais de que temos notícia e das que apresentavam alguma analogia com elas.

Embora não fossem, estritamente falando, confederações, os antigos sistemas feudais partilhavam da natureza dessa espécie de associação. Havia um chefe, líder ou soberano comum, cuja autoridade se estendia por toda a nação; diversos vassalos subordinados, ou feudatários, tinham grandes tratos de terra distribuídos entre si; e numerosos vassalos *inferiores*, ou servos, ocupavam e cultivavam essas terras sob a condição de manter fidelidade ou obediência àqueles de quem as tinham recebido. Cada vassalo principal era um rei ou soberano em seu próprio domínio. A consequência dessa situação era uma contínua oposição à autoridade do soberano e frequentes guerras entre os próprios grandes barões ou principais feudatários. O poder do chefe da nação era em geral fraco demais, tanto para preservar a paz pública como para proteger o povo contra a opressão de seus senhores imediatos. Esse período da vida europeia é enfaticamente chamado pelos historiadores de tempo da anarquia feudal.

Quando acontecia de o soberano ser um homem de temperamento vigoroso e belicoso, e com qualidades superiores, ele adquiria um peso e influência pessoais, que por algum tempo atendiam aos objetivos de uma autoridade mais regular. Em geral, porém, o poder dos barões triunfava sobre o dos príncipes; em muitos casos, seu domínio era inteiramente banido, e os grandes feudos eram erigidos em principados ou Estados independentes. Naquelas situações em que o monarca finalmente prevalecia sobre seus vassalos, seu sucesso se devia sobretudo à tirania destes sobre seus dependentes. Os barões, ou nobres, simultaneamente inimigos do soberano e opressores das pessoas comuns eram temidos e detestados por ambos; até que o mútuo perigo e o mútuo interesse promoviam entre eles uma união fatal ao poder da aristocracia. Se os nobres tivessem preservado, por uma conduta de clemência ou justiça, a fidelidade e a devoção de seus servos e seguidores, as disputas entre eles e o príncipe teria quase sempre terminado em seu favor, com restrição ou subversão da autoridade real.

Esta não é uma afirmação fundada meramente na especulação ou na conjectura. Entre outras ilustrações de sua veracidade, que podem ser citadas, a Escócia fornecerá um exemplo irrefutável. O espírito de clã que desde muito cedo se introduziu nesse reino, unindo os nobres e seus dependentes por laços equivalentes aos do parentesco, tornaram a aristocracia um forte obstáculo ao poder do monarca, até que a incorporação à Inglaterra reprimiu seu espírito impetuoso e ingovernável e enquadrou-o naquelas normas de subordinação que um sistema mais racional e mais enérgico de polícia civil estabelecera previamente neste último reino.

Os vários governos de uma confederação podem ser adequadamente comparados a baronatos feudais; com a seguinte vantagem a seu favor: por razões já explicadas, possuirão em geral a confiança e a boa vontade do povo, e com tão importante apoio serão efetivamente capazes de se opor a todos os abusos do governo nacional. Será bom que não sejam capazes de se opor também à autoridade legítima e necessária deste último. Os pontos de semelhança consistem na rivalidade de poder presente em ambos e na *concentração* de amplas parcelas da força da comunidade em determinados *depositários*, num caso à disposição de indivíduos, no outro à disposição de corporações políticas.

Uma breve recapitulação dos eventos que acompanharam os governos confederados ilustrará melhor esta importante doutrina, cuja negligência foi a grande fonte de nossos erros políticos e fez nossa desconfiança se mover na direção errada.

PUBLIUS [HAMILTON]

ARTIGO 18

Desenvolvimento do tema com mais exemplos

Entre as confederações da Antiguidade, a mais notável foi a das repúblicas gregas, associadas sob o conselho anfictiônico. Dos melhores relatos que nos chegaram dessa celebrada instituição surge uma analogia muito instrutiva para a presente Confederação dos Estados americanos.

Os membros conservavam o caráter de Estados independentes e soberanos e tinham votos iguais no conselho federal. Esse conselho tinha uma autoridade geral para propor e resolver tudo que julgasse necessário para o bem-estar geral da Grécia; para declarar e conduzir a guerra; para decidir em última instância todas as controvérsias entre os membros; para multar a parte agressora; para empregar toda a força da Confederação contra o desobediente; para admitir novos membros. Os anfictiões eram os guardiães da religião e das imensas riquezas pertencentes ao templo de Delfos, onde tinham o direito de jurisdição em controvérsias entre os habitantes e os que iam consultar o oráculo. Como dispositivo adicional para a eficácia dos poderes federais, eles juravam mutuamente defender e proteger as cidades unidas, penalizar os que violassem esse juramento e infligir punição aos espoliadores sacrílegos do templo.

Na teoria e no papel, esse aparato de poderes parece amplamente suficiente para todos os propósitos gerais. Em vários casos importantes, excediam os poderes enumerados nos Artigos da Confederação. Os anfictiões controlavam as superstições da época, então um dos principais instrumentos da manutenção do governo; tinham poder expresso para usar de coerção contra cidades recalcitrantes e estavam obrigados por juramento a exercê-lo quando necessário.

Entre a teoria e a prática, no entanto, a diferença era grande. Os poderes, como os do atual Congresso, eram administrados por deputados inteiramente escolhidos pelas cidades como entidades políticas; e exercidos sobre elas nessa mesma qualidade. Daí a fraqueza, as desordens e finalmente a destruição da confederação. Os membros mais poderosos, em vez de se manterem no temor e na subordinação, tiranizaram sucessivamente os demais. Atenas, como nos ensina Demóstenes, foi o árbitro da Grécia por 73 anos. Em seguida os lacedemônios a governaram por 29 anos; num período subsequente, após a batalha de Leuctras, foi a vez dos tebanos dominarem.

Com muita frequência, segundo Plutarco, deputados das cidades mais fortes intimidavam e corrompiam os das mais fracas; e o julgamento favorecia a parte mais forte.

Até em meio a guerras defensivas e perigosas com a Pérsia e a Macedônia, os membros nunca agiam de comum acordo, e, em número maior ou menor, eram vítimas eternas do inimigo comum ou se vendiam a ele. Os intervalos da guerra externa eram preenchidos com vicissitudes, convulsões e massacres domésticos.

Após o término da guerra com Xerxes, parece que os lacedemônios exigiram que algumas cidades fossem excluídas da confederação por terem agido com deslealdade. Os atenienses, julgando que com essa medida os lacedemônios perderiam menos adeptos que eles próprios e assumiriam o controle das deliberações públicas, opuseram-se vigorosamente a essa tentativa e a derrotaram. Esse episódio histórico prova ao mesmo tempo a ineficiência da união, a ambição e a rivalidade de seus membros mais poderosos e a condição dependente e degradada dos demais. Os membros menores, embora autorizados pela teoria do sistema a girar com igual orgulho e majestade em torno do centro comum, tornaram-se, de fato, satélites dos orbes de primeira magnitude.

Se os gregos, diz o padre Millot,[1] tivessem sido tão sábios quanto eram corajosos, teriam aprendido com a experiência a necessidade de uma união mais estreita e teriam aproveitado a paz que seus triunfos alcançaram contra as forças persas para estabelecer tal reforma. Em vez dessa política óbvia, Atenas e Esparta, infladas com as vitórias e a glória conquistadas, tornaram-se primeiro rivais e depois inimigas, e causaram uma à outra danos infinitamente maiores do que os que haviam sofrido de Xerxes. Seus mútuos ciúmes, temores, ódios e ultrajes terminaram na celebrada Guerra do Peloponeso, que, por sua vez, culminou na ruína e na escravização dos atenienses, que a haviam iniciado.

Como um governo fraco, quando não está em guerra, é sempre agitado por dissensões internas, estas nunca deixam de trazer novas calamidades de fora. Tendo os foceus lavrado certo campo sagrado pertencente ao templo

1. Trata-se de Charles François Xavier Millot (1726-85), historiador francês bastante conhecido, que escreveu seguidamente sobre história antiga. (N. do E.)

de Apolo, o conselho anfictiônico, segundo as superstições da época, impôs uma multa aos transgressores sacrílegos. Apoiados por Atenas e Esparta, os foceus se recusaram a se submeter à sentença. Os tebanos, com outras cidades, dispuseram-se a defender a autoridade dos anfictiões e vingar o deus ofendido. Sendo a parte mais fraca, pediram ajuda a Filipe da Macedônia, que fomentara secretamente a luta. Filipe aproveitou-se com satisfação da oportunidade de executar projetos que havia muito traçara contra as liberdades da Grécia. Com intrigas e subornos, conquistou para seus interesses os líderes populares de várias cidades; a influência e os votos destes lhe valeram o ingresso no conselho anfictiônico; foi assim que, com suas artimanhas e armas, ele se fez o chefe da confederação.

Estas foram as consequências do falacioso princípio em que essa interessante instituição se fundava. Se a Grécia se tivesse unido numa confederação mais estreita e perseverado em sua união, diz um judicioso observador de seu destino, jamais teria carregado os grilhões da Macedônia; e poderia ter se provado uma barreira aos vastos projetos de Roma.

A liga chamada aqueia foi outra sociedade de repúblicas gregas que nos proporciona valiosa instrução.

Neste caso o universo era muito mais estreito, e sua organização, muito mais sábia que no exemplo anterior. Assim, veremos que, embora vítima de uma catástrofe similar, nem de longe a mereceu, igualmente.

As cidades que compunham a liga conservavam sua jurisdição municipal, designavam seus próprios dignitários e gozavam de perfeita igualdade. O Senado, em que eram representadas, tinha o direito único e exclusivo da paz e da guerra; de enviar e receber embaixadores; de firmar tratados e alianças; de designar um magistrado supremo ou pretor, como era chamado, o qual comandava seus exércitos e que, com o conselho e a aprovação de dez dos senadores, não só administrava o governo no recesso do Senado, mas tinha grande participação nas deliberações deste, quando reunido. Na organização original, dois pretores se associavam na administração; com a experiência, porém, passou-se a preferir um só.

Consta que todas as cidades tinham as mesmas leis e os mesmos costumes, os mesmos pesos e medidas e o mesmo dinheiro. Não se sabe ao certo, porém, até que ponto isso era uma decorrência da autoridade do conselho federal. Afirma-se apenas que as cidades eram de certo modo compelidas a adotar as mesmas leis e usos. A introdução da Lacedemônia na liga, por Filopêmen, foi acompanhada da abolição das instituições e leis de Licurgo e da adoção das dos aqueus. A confederação anfictiônica, da qual ela tinha sido membro, a deixara no pleno exercício de seu governo e de sua legislação. Essa circunstância evidencia uma diferença bastante considerável na índole dos dois sistemas.

É extremamente deplorável que só restem dessa curiosa construção política esses monumentos imperfeitos. Se sua estrutura interior e funcionamento regular pudessem ser verificados, provavelmente isso projetaria mais luz sobre a ciência do governo federal que qualquer experiência semelhante de que temos notícia.

Um fato importante parece ser atestado por todos os historiadores que mencionam a questão aqueia. É que, tanto depois da renovação da liga por Arato como antes de sua dissolução pelas artes da Macedônia, houve infinitamente mais moderação e justiça na administração de seu governo, e menos violência e sedição no povo, do que se podia encontrar em qualquer das cidades que exerciam isoladamente todas as prerrogativas da soberania. O abade de Mably, em suas observações sobre a Grécia, diz que o governo popular, que foi tão tempestuoso alhures não causou desordem alguma entre os membros da república aqueia, *porque ali era temperado pela autoridade geral e as leis da confederação.*

Não devemos concluir com demasiada rapidez, contudo, que o facciosismo não agitava, em certo grau, as diversas cidades; menos ainda que uma verdadeira subordinação e harmonia reinavam no sistema geral. O contrário é suficientemente demonstrado pelas vicissitudes e o destino da república.

Enquanto a confederação anfictiônica subsistiu, a dos aqueus, que compreendia apenas as cidades menos importantes, teve pouco destaque no teatro da Grécia. Quando a primeira se tornou vítima da Macedônia, a segunda foi poupada pela política de Filipe e Alexandre. Sob os sucessores desses príncipes, contudo, prevaleceu uma política diferente. As artes da divisão foram praticadas entre os aqueus; cada cidade foi seduzida por um interesse diferente; a união foi dissolvida. Algumas cidades caíram sob a tirania de guarnições macedônias, outras sob a de usurpadores que brotavam de suas próprias confusões. A vergonha e a opressão não tardaram a despertar seu amor à liberdade. Umas poucas cidades voltaram a se unir. Seu exemplo foi seguido por outras quando surgiam oportunidades de eliminar seus tiranos. Sem demora, a liga chegou a abarcar quase todo o Peloponeso. A Macedônia viu seu avanço, mas estava impedida de detê-lo por dissensões internas. Toda a Grécia se entregou ao entusiasmo e parecia pronta a se unir numa confederação, quando o ciúme e a inveja de Esparta e Atenas ante a glória ascendente dos aqueus lançou sobre a iniciativa um desalento fatal. O temor do poder macedônio induziu a liga a cortejar a aliança dos reis do Egito e da Síria, que, como sucessores de Alexandre, eram rivais do rei da Macedônia. Essa política foi derrotada por Cleómenes, rei de Esparta, movido por sua ambição a fazer um ataque imotivado a seus vizinhos, os aqueus. Inimigo da Macedônia, ele tinha suficiente influência sobre os príncipes egípcio e sírio para levá-los a romper seus compromissos com a liga. Os aqueus viram-se então reduzidos ao dilema de se submeter a Cleómenes ou suplicar a ajuda da Macedônia, seu antigo opressor. Adotaram o último expediente. As lutas entre os gregos sempre forneceram a esse poderoso vizinho uma compensadora oportunidade de se intrometer em seus assuntos. Um exército macedônio apareceu rapidamente. Cleómenes foi derrotado. Como tantas vezes acontece, logo os aqueus constataram que um aliado vitorioso e poderoso nada mais é que um dominador. Tudo que suas mais abjetas concessões puderam obter dele foi uma tolerância ao exercício de suas leis. Filipe, agora no trono da Macedônia, logo provocou com suas tiranias novas associações entre os gregos. Os aqueus, embora enfraquecidos por dissensões internas e pela revolta de um de seus membros, Messênia, contando com a adesão dos etolianos e dos atenienses, ergueram a bandeira da oposição. Julgando não estar à altura do empreendimento, apesar desse apoio, recorreram mais uma vez ao perigoso expediente de pedir a intervenção de armas estrangeiras. Os romanos, a quem o convite foi feito, aceitaram-no avidamente. Filipe foi conquistado; a Macedônia, dominada. Seguiu-se nova crise na liga. Dissensões eclodiram entre seus membros. Os romanos as estimularam. Calícrates e outros líderes populares prestaram-se a enganar seus compatriotas, como mercenários. Para melhor alimentar a discórdia e a desordem, os romanos já tinham proclamado a liberdade universal[1] em toda a Grécia, para espanto dos que confiavam em sua sinceridade. Com as mesmas ideias insidiosas, seduziram agora os membros da liga, transformando em motivo de orgulho a violação de sua soberania. Com tais estratagemas, essa união, a última esperança da Grécia, a última esperança da antiga liberdade, foi despedaçada; e introduzidas tamanhas idiotices e insanidade que as armas de Roma tiveram pouca dificuldade para completar a destruição que suas artimanhas tinham iniciado. Os aqueus foram destroçados, e Acaia, oprimida com grilhões sob os quais geme até agora.

---

1. Isto não passava de uma designação mais enganosa para a independência dos membros em relação à chefia federal.

Pensei não ser supérfluo dar as linhas gerais desse importante fragmento da história, tanto porque ele ensina mais do que uma lição como porque, complementando o esquema da organização aqueia, ele ilustra enfaticamente a tendência dos corpos federais mais à anarquia entre os membros que à tirania na cúpula.

PUBLIUS [MADISON]

ARTIGO 19

Desenvolvimento do tema com mais exemplos

Os exemplos de confederações antigas citados em meu último artigo não esgotaram o ensinamento que a experiência fornece sobre o assunto. Subsistem instituições fundadas num princípio similar que merecem particular consideração. A primeira que se apresenta é a corporação germânica.

Nos primeiros séculos do cristianismo, a Germânia era ocupada por sete nações distintas, sem um chefe comum. Uma delas, a dos francos, tendo conquistado os gauleses, estabeleceu o reino que tomou seu nome. No século IX, Carlos Magno, seu belicoso monarca, espalhou suas forças vitoriosas em todas as direções, e a Germânia tornou-se parte de seus vastos domínios. Com o desmembramento que ocorreu sob seu filho, essa parte foi erigida num império separado e independente. Carlos Magno e seus descendentes imediatos detinham de fato o poder imperial, tanto quanto as insígnias e dignidade deste poder. Mas os principais vassalos, cujos feudos tinham se tornado hereditários, e que integravam as assembleias nacionais que Carlos Magno não abolira, foram gradualmente sacudindo o jugo e avançando para a jurisdição soberana e a independência. A força da soberania imperial foi insuficiente para coibir esses poderosos membros, ou para preservar a unidade e a tranquilidade do império. As mais encarniçadas guerras privadas, acompanhadas por toda espécie de calamidade, desenrolaram-se entre os diferentes príncipes e Estados. A autoridade imperial, incapaz de manter a ordem pública, declinou de forma gradual, até praticamente se extinguir na anarquia que agitou o longo intervalo entre a morte do último imperador da Suábia e a ascensão do primeiro imperador da estirpe da Áustria. No século XI, os imperadores gozavam de plena soberania; no XV, tinham pouco mais que os símbolos e adornos do poder.

Desse sistema feudal, que tem ele próprio muitas das características importantes de uma confederação, surgiu o sistema federal que constitui o Império Germânico. Seus poderes estão confiados a uma assembleia, que representa os membros integrantes da confederação; ao imperador, que é o magistrado executivo, com poder de veto sobre os decretos da assembleia; e à câmara imperial e ao conselho áulico, dois tribunais judiciários que têm jurisdição suprema em controvérsias referentes ao império ou que possam surgir entre os membros.

A assembleia possui o poder geral de legislar para o império, fazer a guerra e a paz, contratar alianças, estipular cotas de tropas e dinheiro, construir fortalezas, regular a moeda, admitir novos membros e condenar membros desobedientes, privando-os de seus direitos soberanos e confiscando suas posses. Os membros da confederação são expressamente proibidos de participar de pactos prejudiciais ao império; de impor tributos e tarifas a seu mútuo intercurso sem o consentimento do imperador e da assembleia; de alterar o valor do dinheiro; de fazer injustiça um contra outro; e de fornecer auxílio ou asilo aos que perturbam a paz pública. Os que violam qualquer dessas restrições são proscritos. Os membros da assembleia, como tais, estão sujeitos em todos os casos a ser julgados pelo imperador e pela assembleia, enquanto seus cidadãos, individualmente, são julgados pelo conselho áulico e a câmara imperial.

As prerrogativas do imperador são muitas. As mais importantes: o direito exclusivo de fazer proposições à assembleia e vetar suas resoluções, nomear embaixadores, conferir honrarias e títulos, preencher eleitorados vacantes, fundar universidades, conceder privilégios não injuriosos aos Estados do império, receber e aplicar as receitas públicas e zelar em geral pela segurança pública. Em certos casos, os eleitores formam um conselho junto a ele. Na qualidade de imperador ele não possui nenhum território no império, nem recebe nenhuma receita para seu sustento. Mas sua receita e seus domínios em outras propriedades fazem dele um dos mais poderosos príncipes da Europa.

Diante da atribuição de tantos poderes constitucionais aos representantes e ao chefe dessa Confederação, a suposição natural seria que constitui uma exceção ao caráter geral dos sistemas afins. Nada poderia estar mais longe da realidade. O princípio fundamental em que se funda, segundo o qual o império é uma comunidade de soberanos — a assembleia é uma representação de soberanos e as leis se exercem sobre soberanos —, faz do império um corpo sem nervos, incapaz de regular seus próprios membros, inseguro em face dos perigos externos e agitado por incessantes fermentações internas.

A história do Império Germânico é uma história de guerras entre o imperador, os príncipes e os próprios Estados; da licenciosidade dos fortes e da opressão dos fracos; de intrusões e intrigas estrangeiras; de requisições de homens e dinheiro ignoradas ou parcialmente atendidas; de tentativas de impô-las, inteiramente frustradas ou acompanhadas de massacres e desolação, envolvendo tanto inocentes quanto culpados; de estupidez, confusão e miséria gerais.

No século XVI, o imperador, tendo ao seu lado parte do império, voltou-se contra os outros príncipes e Estados. Em um dos conflitos, o próprio imperador foi obrigado a fugir, após quase ter sido feito prisioneiro pelo eleitor da Saxônia. O antigo rei da Prússia foi mais de uma vez lançado contra seu soberano imperial e frequentemente o suplantou. Controvérsias e guerras entre os próprios membros foram tão comuns que os anais germânicos estão repletos das páginas sangrentas que as descrevem. Antes da paz de Vestefália, a Germânia foi assolada por uma guerra de trinta anos, em que se opuseram, de um lado, o imperador e metade do império, e de outro, a Suécia e a outra metade. Finalmente a paz foi negociada, ditada por potências estrangeiras; e suas cláusulas, em que essas potências colaboraram, são parte fundamental da constituição germânica.

Mesmo que a nação, numa emergência qualquer, fique mais unida pela necessidade de autodefesa, sua situação continua deplorável. Os preparativos militares devem ser precedidos por tantas discussões enfadonhas, resultantes dos ciúmes, do orgulho, das divergências de concepção e pretensões conflitantes de Estados soberanos que, antes que a assembleia possa decidir as providências, os inimigos estarão em campo; e antes que as tropas federais estejam prontas, terão se retirado para seus alojamentos de inverno.

O pequeno corpo das tropas nacionais que foi julgado necessário em tempo de paz é precariamente mantido, mal pago, infectado com preconceitos locais e mantido por contribuições irregulares e desproporcionais ao Tesouro.

A impossibilidade de manter a ordem e ministrar a justiça entre esses súditos soberanos levou à tentativa de dividir o império em nove ou dez círculos ou distritos; de dar-lhes uma organização interna e de encarregá-los da execução militar das leis contra membros delinquentes e contumazes. A experiência só serviu para demonstrar mais cabalmente o vício radical da constituição. Cada círculo é o retrato em miniatura das deformidades desse monstro político. Ou são incapazes de executar suas obrigações, ou o fazem com toda a devastação e a carnificina das guerras civis. Por vezes, círculos inteiros são infratores; e nesse caso eles aumentam o dano que foram instituídos para sanar.

Podemos formar um juízo sobre esse esquema de coerção militar por um exemplo dado por Thuanus.[1] Em Donawerth, uma cidade livre e imperial do círculo da Suábia, o padre de St. Croix gozava de certas imunidades que lhe haviam sido reservadas. Certa vez em que as exercia numa solenidade pública, o povo da cidade cometeu ultrajes contra ele. A consequência foi que a cidade foi proscrita do império, e o duque da Bavária, embora diretor de outro círculo, obteve autorização para executar a sentença. Seu filho compareceu perante a cidade com uma unidade de dez mil soldados e, considerando a ocasião propícia para renovar uma antiga reivindicação, sob o pretexto de que o lugar fora desmembrado do território de seus ancestrais,[2] como pretendera secretamente desde o início, tomou posse dele em seu próprio nome, desarmou e puniu os habitantes e reanexou a cidade a seus domínios.

Talvez se possa perguntar o que impediu por tanto tempo que essa máquina desconjuntada se fragmentasse por completo. A resposta é óbvia: a fraqueza da maioria dos membros, que relutam em se pôr à mercê de potências estrangeiras; a fraqueza da maioria dos principais membros, comparada com os formidáveis poderes que os cercam por toda parte; o vasto peso e influência que os imperadores derivam de seus domínios independentes e hereditários; e o interesse que sentem em preservar um sistema a que o orgulho da família está ligado e que faz deles os primeiros príncipes da Europa. Estas causas sustentam uma frágil e precária União, enquanto a qualidade rechaçadora associada à natureza da soberania, e que o tempo reforça continuamente, impede qualquer reforma fundada numa consolidação correta. Tampouco se deve imaginar que, caso esse obstáculo pudesse ser superado, as nações vizinhas tolerariam uma revolução que daria ao império a força e a preeminência a que tem direito. Nações estrangeiras de há muito se consideram parte interessada

1. Thuanus era o historiador francês Jacques Auguste de Thou (1553-1617). (N. do E.)
2. Christian-Frédéric Pfeffel, em *Nouvel Abrégé Chronologique de l'Histoire et du Droit Public d'Allemagne*, diz que o pretexto foi ressarcir-se das despesas com a expedição.

nas mudanças que as circunstâncias produziram nessa organização, e em várias ocasiões traíram sua intenção de perpetuar sua anarquia e debilidade.

Caso se desejem exemplos mais diretos, não seria inadequado evocar a Polônia como um governo que se exerce sobre soberanias locais. Nem se poderia dar prova mais notável das calamidades resultantes dessas instituições. Inapta para o autogoverno e a autodefesa, ela esteve à mercê de seus poderosos vizinhos, que recentemente tiveram a clemência de aliviá-la de um terço de seu povo e de seus territórios.

A associação dos cantões suíços não chega a corresponder a uma confederação, embora seja por vezes citada como exemplo da estabilidade de tais instituições.

Os cantões não têm Tesouro comum; não têm tropas comuns, nem na guerra; não têm moeda comum; nem judiciário comum; nem qualquer outro símbolo comum de soberania.

Eles se mantêm unidos graças à peculiaridade de sua posição topográfica; a sua fraqueza e insignificância individuais; ao medo de vizinhos poderosos, de um dos quais foram súditos outrora; às poucas razões de conflito entre um povo de maneiras tão simples e homogêneas; ao interesse conjunto em possessões dependentes; à ajuda mútua de que precisam para suprimir insurreições e rebeliões, ajuda expressamente estipulada e frequentemente requerida e fornecida; e à necessidade de um dispositivo permanente para acomodar disputas entre os cantões. O dispositivo consiste em que cada uma das partes em conflito deve escolher quatro juízes nos cantões neutros, os quais, em caso de discordância, elegem um árbitro. O tribunal, sob juramento de imparcialidade, pronuncia a sentença definitiva, que todos os cantões são obrigados a executar. A adequação desse regulamento pode ser avaliada por uma cláusula do tratado que firmaram em 1683 com Vítor Amadeu da Savoia, em que este se obriga a se interpor como mediador em disputas entre cantões e, se necessário, a empregar força contra a parte insubordinada.

Na medida em que sua peculiaridade admite comparação com os Estados Unidos, este exemplo serve para confirmar o princípio que se pretende estabelecer. A despeito da eficácia da união em casos comuns, verifica-se que ela falhou quando surgiu uma causa de discórdia capaz de desafiar sua força. De fato, pode-se dizer que as controvérsias sobre a questão religiosa, que em três situações desencadearam disputas violentas e sanguinárias, romperam a liga. Desde então, os cantões protestantes e católicos mantêm assembleias separadas, onde resolvem as questões mais importantes, restando à assembleia geral pouco mais que cuidar das comanditas comuns.

Essa separação teve outra consequência digna de atenção. Produziu alianças opostas com governos estrangeiros: de Berna, como líder da associação protestante, com as Províncias Unidas, e de Lucerna, como líder da associação católica, com a França.

PUBLIUS [MADISON]

ARTIGO 20

Desenvolvimento do tema com mais exemplos

Os Países Baixos Unidos, embora sejam uma confederação de repúblicas, ou melhor, de aristocracias, de estrutura excepcional, confirmam todas as lições extraídas das que já examinamos.

A união é composta de sete Estados iguais entre si e soberanos, sendo cada Estado ou província composto de cidades iguais e independentes. Em todas as questões importantes, não só as províncias como as cidades devem ser unânimes.

A soberania da união é representada pelos Estados Gerais, que consistem de cerca de cinquenta deputados designados pelas províncias. Alguns têm mandato vitalício, outros, de alguns anos: seis, três e um; os de duas províncias permanecem no cargo pelo tempo que desejam.

Os Estados Gerais têm autoridade para firmar tratados e alianças, fazer a guerra e a paz, recrutar exércitos e equipar frotas, definir cotas e exigir contribuições. Em todos estes casos, no entanto, são necessárias a unanimidade e a aprovação de seus eleitores. Têm autoridade para designar e receber embaixadores, efetivar tratados e alianças já formados, proceder à cobrança de tarifas sobre importações e exportações, regular a casa da moeda, respeitando os direitos das províncias, e governar como soberanos os territórios dependentes. As províncias estão impedidas, salvo por consentimento geral, de participar de tratados estrangeiros, estabelecer impostos prejudiciais às outras ou impor a seus vizinhos tarifas mais altas que a seus próprios súditos. Um conselho de Estado, uma câmara de contas e cinco colégios de almirantado auxiliam e fortalecem a administração federal.

O magistrado executivo da União é o estatuder, que atualmente é um príncipe hereditário. Seus principais peso e influência na república derivam de seu título independente, de seus grandes bens patrimoniais, de suas relações de parentesco com alguns dos principais potentados da Europa e, talvez acima de tudo, de sua condição de estatuder tanto das várias províncias como da União. Na qualidade de estatuder provincial, tem o direito de designar os magistrados municipais segundo certas normas, executa decretos provinciais e, quando lhe apraz, preside os tribunais provinciais, tendo em toda parte direito de perdão.

Como estatuder da União, contudo, tem consideráveis prerrogativas. No plano político, essa condição confere-lhe autoridade para dirimir disputas entre as províncias, quando outros métodos fracassam; de participar das deliberações dos Estados Gerais e de suas conferências; de conceder audiência a embaixadores estrangeiros e manter agentes encarregados de seus negócios particulares em cortes estrangeiras.

No plano militar, ele comanda as tropas federais, mantém as guarnições e regula os assuntos militares em geral; dispõe do poder de fazer todas as designações, de coronéis a alferes, e dos governos e postos de cidades fortificadas.

No tocante à marinha, é o almirante-geral, superintendendo e dirigindo tudo que diz respeito às forças navais e a outras questões navais; preside os almirantados pessoalmente ou por meio de representante; designa vice-almirantes e outros oficiais; e estabelece conselhos de guerra, cujas sentenças só são executadas após aprovação.

Sua renda, oriunda exclusivamente de sua receita particular, monta a trezentos mil florins. O exército permanente sob seu comando reúne cerca de quarenta mil homens.

Esta é a natureza da celebrada confederação belga, tal como esboçada no pergaminho. Que características a prática estampou sobre ela? A estupidez no governo, a discórdia entre as províncias, influências e afrontas externas, existência precária na paz e calamidades aberrantes na guerra.

Muito tempo atrás, Grotius[1] observou que só o ódio desses compatriotas pela casa da Áustria impedia que fossem destruídos pelos vícios de sua organização.

---

1. Hugo Grotius (1583-1645), famoso escritor sobre direito internacional e teoria política, publicou *O Direito da Guerra e da Paz*, em 1625. (N. do E.)

A União de Utrecht, diz outro respeitável escritor, confere aos Estados Gerais uma autoridade aparentemente suficiente para assegurar a harmonia, mas as rivalidades entre as várias províncias tornam a prática diferente da teoria.

O mesmo instrumento, diz um outro, obriga cada província a arrecadar certas contribuições; mas esse artigo jamais poderia ser executado e provavelmente jamais o será, porque as províncias do interior, que têm pouco comércio, não podem pagar uma cota igual.

Em assuntos de contribuição, a prática é desprezar os artigos da constituição. O risco de atraso obriga as províncias aquiescentes a fornecer suas cotas sem esperar pelas outras, para depois procurar obter reembolso destas por meio de deputações tão frequentes quanto possível. A grande riqueza e influência da província da Holanda lhe permite realizar esses dois propósitos.

Mais de uma vez aconteceu que as dívidas acabaram por ter de ser cobradas na ponta da baioneta, algo viável, ainda que pavoroso, numa confederação em que a força de um dos membros sobrepuja a de todos os outros e em que vários deles são pequenos demais para pensar em resistir; trata-se, porém, de algo que seria absolutamente impraticável em uma confederação com vários membros iguais entre si em força e recursos, em que cada um fosse capaz, isoladamente, de uma defesa vigorosa e persistente.

Ministros estrangeiros, diz sir William Temple,[2] ele próprio um ministro estrangeiro, furtam-se a questões decididas *ad referendum* subornando províncias e cidades. Em 1726, o tratado de Hanover foi adiado um ano inteiro por esses meios. Exemplos da mesma natureza são numerosos e notórios.

Em emergências críticas, os Estados Gerais são frequentemente compelidos a transpor seus limites constitucionais. Em 1688, eles concluíram um tratado por iniciativa própria, pondo em risco as próprias cabeças. O tratado de Vestefália, de 1648, pelo qual a independência deles foi formal e finalmente reconhecida, foi concluído sem o consentimento de Zelândia.[3] Mesmo no recente tratado de paz com a Grã-Bretanha, o princípio constitucional da unanimidade foi transgredido. Uma organização está fadada a se dissolver por falta de poderes adequados, ou pela usurpação dos poderes necessários para a defesa da segurança pública. Se a usurpação, uma vez iniciada, vai cessar no ponto salutar ou prosseguir até extremos perigosos é algo que as

---

2. Sir William Temple (1628-99), diplomata e ensaísta inglês, escreveu *Observations upon the United Provinces of the Netherlands* em 1672. (N. do E.)

3. Província do sul dos Países Baixos. (N. do E.)

contingências do momento vão decidir. Talvez a tirania tenha resultado mais frequentemente de abusos de poder impostos, sob circunstâncias prementes, por uma constituição deficiente do que do pleno exercício das mais amplas competências constitucionais.

A despeito das calamidades produzidas pelo estatuderato, considera-se que, sem sua influência nas várias províncias, as causas da anarquia manifesta na confederação já a teriam dissolvido há muito tempo. Diz o abade de Mably:

> Sob um governo como esse, a União jamais teria podido subsistir se as províncias não tivessem em si mesmas uma mola capaz de acelerar sua morosidade, compelindo-as à mesma forma de pensamento. Essa mola é o estatuder.

Sir William Temple observa "que nos intervalos do estatuderato, a Holanda, por suas riquezas e sua autoridade, que lançou as demais numa espécie de dependência, ocupou seu lugar".

Estas não são as únicas circunstâncias que controlaram a tendência à anarquia e à dissolução. As potências circundantes impõem uma absoluta necessidade de certo grau de união, ao mesmo tempo que alimentam com suas intrigas os vícios constitucionais que mantêm a república, até certo ponto, sempre a sua mercê.

Os verdadeiros patriotas, que há muito deploram a tendência fatal desses vícios, fizeram nada menos que quatro experiências regulares de propor uma solução, por meio de *assembleias extraordinárias* expressamente convocadas para esse fim. Todas as vezes seu louvável zelo constatou ser impossível *unir os conselhos públicos* na reforma dos males conhecidos, reconhecidos e fatais da organização em vigor. Detenhamo-nos um instante, meus concidadãos, sobre essa melancólica e admonitória lição da história; e com a lágrima que tomba pelas calamidades infligidas aos homens por suas opiniões adversas e paixões egoístas, deixemos nossa gratidão compor um brado aos Céus pela propícia concórdia que distinguiu as consultas voltadas para nossa felicidade política.

Esboçou-se também o plano de estabelecer um imposto geral a ser lançado pelo poder federal. Também ele encontrou adversários e fracassou.

Esse povo infeliz parece estar sofrendo agora a crise final de seu destino, com convulsões populares, dissensões entre os Estados e a invasão efetiva por forças estrangeiras. Todas as nações têm os olhos fixos no medonho espetáculo. O primeiro desejo que a humanidade formula é que essa grave provação possa culminar numa tal revolução de seu governo que estabeleça sua união e a converta em fonte de tranquilidade, liberdade e felicidade. O segundo desejo é que o asilo em que, assim esperamos, o gozo dessas bênçãos logo lhes será assegurado neste país possa acolhê-los e consolá-los de sua própria catástrofe.

Não peço desculpas por ter insistido tanto na consideração destes precedentes federais. A experiência é o oráculo da verdade; e suas respostas, quando inequívocas, são definitivas e sagradas. A importante verdade que ela incontestavelmente profere no presente caso é que uma soberania sobre soberanias, um governo sobre governos, uma legislação para comunidades, em contraposição a uma legislação para indivíduos, se é um solecismo na teoria, na prática subverte a ordem e culmina na guerra civil, introduzindo a violência no lugar da moderada e salutar *coerção* da *magistratura*.

PUBLIUS [MADISON]

ARTIGO 21

Outros defeitos da atual organização

Após nos três últimos números ter empreendido uma breve revisão dos principais eventos e circunstâncias que ilustram a índole e o destino de outros governos confederados, prosseguirei agora na enumeração daqueles defeitos mais importantes, que frustraram até hoje nossas esperanças no sistema estabelecido entre nós. Para formar um juízo seguro e satisfatório do remédio adequado é absolutamente necessário que estejamos bem a par da extensão e da malignidade da doença.

O próximo defeito muito palpável da atual confederação é a total falta de *sanção* a suas leis. Os Estados Unidos, tal como agora se compõem, não têm poder algum para exigir obediência a suas resoluções, ou para punir sua desobediência, seja por multas pecuniárias, suspensão ou privação de privilégios, ou quaisquer outros meios constitucionais. Não lhes foi expressamente delegada autoridade para usar força contra membros transgressores; e caso se atribuísse esse direito ao chefe federal, como decorrência da natureza do pacto social entre os Estados, isso teria de ocorrer por inferência e interpretação diante daquela parte do segundo artigo em que se declara "que cada Estado conservará todo poder, jurisdição e direito não *expressamente* delegados aos Estados Unidos pelo Congresso reunido". A falta de tal direito envolve, sem dúvida, um flagrante absurdo; mas estamos reduzidos ao dilema de admitir essa deficiência, por despropositada que possa parecer, ou contestar, ou tentar atenuar, um dispositivo que ultimamente tem sido elogiado com frequência pelos que se opõem à nova Constituição; e cuja omissão no projeto desta foi alvo de muita censura plausível e de severas críticas. Se não estivermos dispostos a atenuar a força desse aplaudido dispositivo, seremos obrigados a concluir que os Estados Unidos oferecem o extraordinário espetáculo de um governo destituído da mais leve sombra de poder constitucional para impor o cumprimento de suas próprias leis. Os exemplos que citamos mostram que a Confederação Americana se distingue neste aspecto de todas as outras instituições de tipo similar, exibindo um fenômeno novo e sem precedentes no mundo político.

A falta de uma mútua garantia entre os governos estaduais é outra imperfeição capital no plano federal. Nada desse gênero é declarado nos artigos que o compõem; e inferir de considerações de utilidades uma garantia tácita seria um desvio ainda mais flagrante da cláusula mencionada que inferir das mesmas considerações um poder tácito de coerção. A falta de uma garantia, embora suas consequências possam ameaçar a União, não agride sua existência de modo tão imediato como a falta de uma sanção constitucional para suas leis.

Sem uma garantia, é preciso abrir mão da ajuda a ser obtida da União para repelir aqueles perigos domésticos que podem por vezes ameaçar a existência das constituições estaduais. A usurpação pode erguer a crista em cada Estado e pisotear as liberdades do povo, enquanto o governo nacional nada poderia fazer legalmente, senão observar esses abusos com indignação e pesar. Uma facção bem-sucedida pode erigir uma tirania sobre as ruínas da ordem e da lei, enquanto nenhum socorro poderia ser constitucionalmente fornecido pela União aos que defendessem e apoiassem o governo. A tempestuosa situação de que Massachusetts mal acaba de emergir mostra que perigos desse tipo não são meramente hipotéticos. Quem pode determinar qual teria sido o desfecho dessas recentes convulsões se os descontentes tivessem sido chefiados por um César ou um Cromwell? Quem pode prever que efeitos teria um despotismo estabelecido em Massachusetts sobre as liberdades de New Hampshire, Rhode Island, Connecticut ou Nova York?

A valorização desmesurada da importância dos Estados sugeriu a algumas mentes uma objeção ao princípio de conferir ao governo federal esse poder de garantia, porque envolveria uma interferência oficiosa nos assuntos domésticos dos membros. Um escrúpulo desse tipo nos privaria de uma das principais vantagens que a união pode oferecer e só pode decorrer de uma compreensão equivocada da natureza do próprio dispositivo. Nada poderia impedir reformas das constituições estaduais feitas pelo poder soberano do povo, de modo legal e pacífico. Esse direito permaneceria intacto. A garantia só poderia operar contra mudanças a serem efetuadas pela violência, e os controles para a prevenção de calamidades desse gênero nunca serão excessivos. A paz da sociedade e a estabilidade do governo dependem absolutamente da eficácia das precauções adotadas nesse sentido. Quando todo o poder de governo está nas mãos do povo, há menos desculpas para o uso de recursos violentos em perturbações parciais ou ocasionais em um Estado. O remédio natural para uma má administração numa organização popular ou representativa é uma mudança de homens. Uma garantia pela autoridade nacional se voltaria tanto contra o abuso dos governantes como contra as agitações e arbitrariedades do facciosismo e da sedição na comunidade.

O princípio que regula as contribuições dos Estados para o tesouro comum por *cotas* é outro erro fundamental da Confederação. Sua incompatibilidade com o atendimento adequado das exigências nacionais já foi assinalada, e foi suficientemente evidenciada pela experiência que se fez dele. Menciono-o agora tendo em mente apenas a igualdade entre os Estados. Os que se habituaram a contemplar as circunstâncias que produzem e constituem a riqueza nacional devem estar convencidos de que não há padrão ou barômetro comum que permita definir seus graus. Nem o valor das terras, nem o número de habitantes, que foram sucessivamente propostos como norma das contribuições do Estado, podem pretender ser um indicador justo. Se comparamos a riqueza dos Países Baixos Unidos com a da Rússia ou a da Alemanha, ou mesmo a da França, e se ao mesmo tempo comparamos o valor total das terras e a população agregada do exíguo território daquela república com o valor total das terras e da população agregada das imensas regiões destes outros reinos, verificamos de imediato que não há comparação entre a proporção desses dois itens e a riqueza relativa dessas nações. Se o mesmo paralelo fosse traçado entre diferentes Estados americanos, o resultado seria semelhante. Contrastemos a Virgínia com a Carolina do Norte, a Pensilvânia com Connecticut, ou Maryland com Nova Jersey, e ficaremos convencidos de que as capacidades respectivas desses Estados no tocante à receita toleram pouca ou nenhuma analogia com suas reservas comparativas em terras ou com suas populações relativas. Esta opinião também pode ser ilustrada por um processo similar entre os condados de um mesmo Estado. Nenhum homem que conheça o Estado de Nova York duvidará de que a riqueza ativa do condado de Kings guarda uma proporção muito maior com a de Montgomery do que suporíamos se tomássemos como critério o valor total das terras ou o número total de habitantes!

A riqueza das nações depende de uma infinidade de causas. Situação, solo, clima, natureza das produções, grau de informação que possuem, estado do comércio, dos ofícios, da indústria — estas circunstâncias, e muitas outras, demasiado complexas, imperceptíveis ou fortuitas demais para admitir uma especificação particular, geram diferenças quase inconcebíveis na opulência e no patrimônio relativos de diferentes países. A consequência, evidentemente, é que não pode haver medida comum da riqueza nacional, e, é claro, nenhuma regra geral ou fixa que permita determinar a capacidade de pagar tributos de um Estado. Portanto, a tentativa de regular as contribuições dos membros de uma confederação por alguma regra desse tipo não pode deixar de produzir flagrante desigualdade e extrema opressão.

Na América, essa desigualdade seria por si só suficiente para ocasionar a destruição final da União, caso fosse possível criar uma maneira de impor o cumprimento de suas exigências. Os Estados prejudicados não aceitariam por muito tempo permanecer associados com base num princípio que distribui os ônus públicos com mão tão desigual e que tende a empobrecer e oprimir os cidadãos de alguns Estados, enquanto os de outros mal teriam consciência da pequena proporção do peso que lhes pediriam para carregar. Este, no entanto, é um mal inseparável do princípio de cotas e requisições.

Não há maneira de passar ao largo desse inconveniente senão autorizando o governo nacional a arrecadar os próprios recursos a seu próprio modo. Impostos, taxas e, em geral, todas as tarifas sobre artigos de consumo podem ser comparados a um fluido que, no tempo certo, acaba por se equilibrar com os meios de pagá-los. A quantia com que cada cidadão deve contribuir fica até certo ponto a seu próprio critério, e só pode ser regulada por um exame de seus recursos. O rico pode ser extravagante, o pobre pode ser frugal; e a opressão privada sempre pode ser evitada por uma seleção judiciosa de itens próprios para tais tributações. Se, em alguns Estados, tarifas sobre determinados itens vão gerar desigualdades, com toda a probabilidade elas serão compensadas por desigualdades proporcionais em outros Estados, a partir de tarifas sobre outros itens. Com o passar do tempo e das coisas, o equilíbrio se estabelecerá por toda parte, na medida em que isso é possível em questão tão complicada. Ou, se ainda continuarem existindo desigualdades, elas não serão tão grandes em seu grau, tão uniformes em sua ação, nem tão odiosas em sua aparência como as que adviriam inevitavelmente do sistema de cotas, em qualquer escala que se pudesse conceber.

Um indicador da vantagem dos impostos e taxas sobre artigos de consumo é que eles contêm em sua própria natureza uma segurança contra excessos. Prescrevem seu próprio limite, que não pode ser excedido sem que se frustre a finalidade proposta — isto é, um aumento da receita. Aplicado a isso, o ditado segundo o qual "em política, dois mais dois nem sempre são quatro" revela-se tão justo quanto espirituoso. Se as tarifas forem altas demais, o consumo diminui, a arrecadação se frustra, e o resultado para o Tesouro não é tão grande como quando elas se restringem a limites próprios e moderados. Isso forma uma barreira total contra qualquer opressão considerável dos cidadãos por impostos desse tipo, e é em si mesmo um limite natural ao poder de impô-las.

Impostos desse tipo, que em geral são incluídos entre os chamados tributos indiretos, deverão constituir, por longo tempo, a maior parte da receita arrecadada neste país. Os de tipo direto, que se relacionam principalmente com terra e edificações, podem admitir uma norma de distribuição. Tanto o valor da terra como o número de habitantes podem servir de padrão. O estado da agricultura e a densidade populacional de um país são considerados intimamente relacionados entre si. E, em regra, para os propósitos em vista, por uma questão de simplicidade e exatidão, dá-se preferência a números. Em todos os países, é uma tarefa hercúlea obter uma avaliação da terra; num país cuja ocupação ainda não se completou e avança continuamente, as dificuldades chegam às raias da impraticabilidade. O custo de uma avaliação precisa é, em todas as circunstâncias, um obstáculo tremendo. Em um setor da tributação onde a natureza do objeto não impõe nenhum limite ao arbítrio do governo, estabelecer uma regra fixa, não incompatível com a finalidade, pode apresentar menos inconvenientes que deixar essa decisão inteiramente livre.

PUBLIUS [HAMILTON]

ARTIGO 22

Desenvolvimento do tema e conclusão

Além dos defeitos do atual sistema federal, já enumerados, outros não menos importantes contribuem para torná-lo inteiramente impróprio para administrar os interesses da União.

Todos concordam em incluir entre eles a falta do poder de regular o comércio. A utilidade de tal poder foi antecipada sob o primeiro tópico de nossas investigações; por isso, e por causa da convicção universal reinante sobre a questão, pouco precisa ser acrescentado aqui. De fato, é evidente ao mais superficial exame que nenhuma atividade, seja por sua relação com o comércio exterior ou com as finanças, exige mais fortemente uma superintendência federal. A ausência dela já atuou como barreira ao estabelecimento de tratados benéficos com poderes estrangeiros e gerou insatisfação entre os Estados. Nenhuma nação que conheça a natureza de nossa associação política seria insensata a ponto de fazer acordos com os Estados Unidos, concedendo-lhes privilégios significativos, sabendo que os compromissos assumidos pela União poderiam ser violados a qualquer momento por seus membros, ao mesmo tempo que verificaria ser possível gozar de todas as vantagens que desejassem em nossos mercados sem nos assegurar nenhum retorno além do sugerido por sua própria conveniência momentânea. Não é de espantar, portanto, que o sr. Jenkinson, ao introduzir na Câmara dos Comuns um projeto para a regulação do intercurso temporário entre os dois países, tenha prefaciado sua introdução declarando que em projetos anteriores medidas similares tinham atendido a todos os fins do comércio da Grã-Bretanha, sendo, pois, prudente persistir no plano até que se esclarecesse se o governo americano tinha ou não possibilidades de adquirir maior coerência.[1]

Nesse particular, vários Estados tentaram influenciar a conduta desse reino com proibições, restrições e exclusões próprias, mas a falta de acordo,

1. Foi este, pelo que me lembro, o sentido de seu discurso ao introduzir o último projeto.

fruto da falta de uma autoridade geral e da coexistência de visões diferentes e conflitantes nos Estados, frustrou até hoje todas as tentativas desse tipo, e continuará a fazê-lo enquanto persistirem os mesmos obstáculos a uma uniformidade de medidas.

As normas colidentes e incompatíveis de alguns Estados, contrárias ao verdadeiro espírito da União, geraram em diferentes ocasiões justos ressentimentos e queixas de outros. Pode-se temer que exemplos desta natureza, se não forem coibidos por um controle nacional, se multipliquem e se ampliem até se tornarem não só sérias fontes de animosidade e discórdia como impedimentos danosos ao intercurso das diferentes partes da Confederação.

> O comércio do Império Alemão não enfrenta contínuos estorvos em decorrência da multiplicidade de tarifas que os vários príncipes e Estados cobram das mercadorias que atravessam seus territórios, tornando praticamente inúteis os belos regatos e rios navegáveis com que a Alemanha foi tão generosamente banhada.[2]

Embora a índole do povo deste país jamais pudesse permitir que tal descrição fosse estritamente aplicável a nós, é sensato prever que os conflitos graduais entre os regulamentos dos Estados acabarão por fazer com que os cidadãos de um venham a ser vistos pelos de outro não muito mais favoravelmente que estrangeiros e forasteiros.

O poder de recrutar exércitos, pela interpretação mais óbvia dos artigos da Confederação, é um mero poder de requisitar cotas de homens aos Estados. No curso da última guerra, essa prática revelou-se repleta de obstruções a um sistema de defesa vigoroso e econômico. Gerou competição entre os Estados, que criaram uma espécie de leilão de homens. Procuraram superar-se uns aos outros no fornecimento das cotas que lhes eram exigidas, até que a generosidade alcançou dimensões enormes e insuportáveis. A esperança de um aumento ainda maior induziu os que estavam dispostos a servir a adiar seu alistamento e desestimulou-os a se engajar por períodos consideráveis. Disso resultaram alistamentos parcos e lentos, nos momentos mais críticos de nossos problemas; alistamentos por prazos curtos a um custo sem igual; contínuas flutuações nas tropas, ruinosas para a sua disciplina, expondo frequentemente a segurança pública à perigosa crise de um exército em debandada. Disso resultou também, em várias ocasiões, o recurso a expedientes opressivos para

2. Enciclopédia, artigo "Império".

recrutar homens, o que só o entusiasmo pela liberdade teria podido induzir o povo a aceitar.

Esse método de recrutar tropas é tão lesivo à economia e ao vigor quanto a uma distribuição igual do ônus. Os Estados próximos do local da guerra, influenciados por vários motivos de autopreservação, esforçaram-se para fornecer suas cotas, que chegavam a exceder sua capacidade; enquanto isso, os que estavam distantes do perigo foram em sua maioria tão negligentes em seus esforços quanto os primeiros foram diligentes. Neste caso, a pressão imediata dessa desigualdade não foi, como no caso das contribuições em dinheiro, aliviada pela esperança de um acerto final. Os Estados que não pagaram suas cotas de dinheiro puderam pelo menos ser cobrados por suas dívidas; mas nenhum crédito pôde ser formado com as dívidas no suprimento de homens. Não veremos, contudo, muitas razões para lamentar essa impossibilidade, se considerarmos quanto é pouco provável que os Estados mais faltosos venham jamais a ser capazes de compensar suas insuficiências pecuniárias. O sistema de cotas e requisições, quer se aplique a homens, quer se aplique a dinheiro, é sob todos os aspectos um sistema idiota no tocante à União, e desigual e injusto no tocante aos Estados.

O direito de sufrágio igual entre os Estados é outra parte objetável da Confederação. Toda ideia de proporção e toda regra de justa representação conspiram para condenar um princípio que dá a Rhode Island, na escala de poder, um peso igual ao de Massachusetts, ou de Connecticut, ou de Nova York; e dá a Delaware a mesma voz nas deliberações nacionais que à Pensilvânia, ou à Virgínia, ou à Carolina do Norte. Sua ação contradiz aquela máxima fundamental do governo republicano, segundo a qual deve prevalecer a opinião da maioria. A sofística pode replicar que soberanos são iguais, e que a maioria dos votos dos Estados formará a maioria da América confederada. Mas esta espécie de prestidigitação lógica jamais neutralizará as sugestões simples da justiça e do senso comum. Pode acontecer que essa maioria de Estados seja uma pequena minoria do povo da América; e dois terços do povo da América não poderiam ser convencidos por muito tempo, por força de distinções artificiais e sutilezas silogísticas, a entregar seus interesses à disposição e aos cuidados do outro terço. Os maiores Estados não demorariam a se revoltar contra a ideia de acatar a lei dos menores. Consentir em tal privação de sua devida importância na escala política seria não só ser insensível ao amor pelo poder, mas abrir mão do próprio desejo de igualdade. Não é razoável esperar o primeiro nem justo exigir o segundo. Os menores Estados, considerando o quão singularmente sua segurança e bem-estar dependem da União, deveriam renunciar prontamente a uma pretensão que, se não abandonada, se provaria fatal à permanência desta.

Pode-se objetar a isso que não sete, mas nove Estados, ou dois terços do número total, precisam aprovar as resoluções mais importantes; e daí pode-se inferir que nove Estados iriam sempre abranger uma maioria da União. Isso não elimina, porém, a impropriedade do voto igual entre Estados das mais desiguais dimensões e populações; a inferência tampouco é factualmente precisa: pois é possível enumerar nove Estados que contêm menos que a maioria do povo; e é constitucionalmente possível que esses nove assegurem a aprovação. Além disso, há questões de considerável relevância e determináveis por maioria simples; há outras que têm suscitado dúvidas, e que, se a interpretação for favorável à suficiência do voto de sete Estados, estenderiam a ação dessa parcela a interesses de primeira magnitude. Cabe lembrar, além disso, que é provável que o número de Estados aumente, sem que haja previsão alguma de aumento proporcional da razão de votos.

Mas isso não é tudo: o que à primeira vista pode parecer um remédio, na realidade, é um veneno. Dar à minoria poder de veto sobre a maioria (o que sempre ocorre quando se exige mais que a maioria para uma decisão) tende a subordinar o entendimento do maior número ao do menor número. O Congresso, em razão do não comparecimento de alguns Estados, viu-se frequentemente na situação de uma assembleia polonesa, pois apenas um voto foi suficiente para deter todos os seus movimentos. Uma sexta parte da União, que é aproximadamente a proporção de Delaware e Rhode Island, foi várias vezes capaz de embargar por completo as ações. É um desses refinamentos que, na prática, têm efeito contrário ao que deles se espera na teoria. A necessidade de unanimidade em assembleias públicas, ou de algo que se aproxime disso, fundou-se na suposição de que isso aumentaria a segurança. Sua ação real, porém, é embaraçar a administração, destruir a força do governo e substituir as deliberações e decisões de uma maioria respeitável pelo prazer, o capricho ou os artifícios de um grupo insignificante, turbulento ou corrupto. Naquelas situações críticas de uma nação, em que a bondade ou a maldade, a fraqueza ou a força de seu governo são da maior importância, existe comumente uma necessidade de ação. Os negócios públicos precisam avançar, de uma maneira ou de outra. Se uma minoria pertinaz consegue controlar a opinião de uma maioria com relação ao melhor modo de conduzi-la, a maioria é obrigada, para que algo possa ser feito, a se conformar às ideias da minoria; assim, o entendimento do menor número predominará sobre o do maior e dará o tom das condutas nacionais. Disso resultarão adiamentos odiosos, contínuas negociações e intrigas, sacrifícios abjetos do bem público. Em tal sistema, no entanto, já é uma felicidade quando tais conciliações podem ser feitas; pois certas vezes as coisas não admitem acomodação. Nesse caso, as medidas de governo têm de ser perigosamente suspensas, ou estão fadadas a malograr. Muitas vezes, pela impossibilidade de obter a concorrência do número necessário de votos, o governo é mantido em estado de inação. Sua situação terá sempre a marca da fraqueza e, por vezes, raiará à anarquia.

Embora se presuma o contrário, não é difícil descobrir que um princípio desse tipo dá mais campo à corrupção estrangeira, bem como ao facciosismo interno, do que aquele que privilegia o entendimento da maioria. O erro provém de não se considerarem com a devida cautela os danos que podem ser gerados pela obstrução da marcha do governo em certos períodos críticos. Quando a Constituição requer a concorrência de grande número de votos para a prática de um ato nacional, podemos ficar tranquilos porque provavelmente nada de impróprio *será feito*; esquecemos, contudo, quanto bem pode ser impedido, e quanto mal pode ser produzido, pelo poder de impedir que se faça o necessário e de manter os problemas na situação desfavorável em que por acaso se encontrem em determinados períodos.

Suponhamos, por exemplo, que estivéssemos empenhados numa guerra, ao lado de uma nação estrangeira, contra uma outra. Suponhamos que a peculiaridade de nossa situação exigisse a paz e que o interesse ou a ambição de nosso aliado o levasse a buscar a continuação da guerra, com perspectivas que pudessem justificar que negociássemos um acordo em separado. Em tal estado de coisas, esse nosso aliado julgaria evidentemente muito mais fácil atar as mãos do governo, por meio de subornos e intrigas, impedindo-o de fazer a paz, se para isso fossem necessários dois terços de todos os votos, do que se bastasse uma maioria simples. No primeiro caso, ele teria um número menor a corromper; no último, um número maior. Com base no mesmo princípio, seria muito mais fácil para um poder estrangeiro com que estivéssemos em guerra confundir nossos conselhos e atrapalhar nossas ações. Também no plano comercial podemos estar sujeitos a inconvenientes similares. Uma nação com que pudéssemos ter um tratado de comércio poderia com muito mais facilidade nos impedir de formar uma associação com seu concorrente, ainda que esta nos fosse ser extremamente benéfica.

Males deste gênero não devem ser encarados como imaginários. Um dos aspectos fracos das repúblicas, entre suas numerosas vantagens, é que fornecem uma entrada fácil demais para a corrupção estrangeira. Um monarca hereditário, embora muitas vezes disposto a sacrificar seus súditos à própria ambição, tem tão grande interesse pessoal no governo e na glória externa da nação que não é fácil para um poder estrangeiro oferecer-lhe uma compensação para o que ele sacrificaria traindo o Estado. O mundo testemunhou poucos exemplos dessa espécie de prostituição real, embora tenha havido exemplos abundantes de todos os outros tipos.

Nas repúblicas, pessoas guindadas acima do conjunto da comunidade, pelos sufrágios de seus concidadãos, a postos de grande preeminência e poder podem encontrar grandes compensações para trair a confiança deles, o que, para mentes não movidas por virtude superior, pode parecer superar sua participação no interesse comum compensar os imperativos do dever. É por isso que a história nos fornece tantos exemplos mortificantes da prevalência da corrupção estrangeira em governos republicanos. Já se demonstrou quanto isso contribuiu para a ruína das nações antigas. É sabido que, em várias situações, os deputados das Províncias Unidas foram comprados pelos emissários dos reinos vizinhos. O conde de Chesterfield[1] (se não me falha a memória), numa carta a sua corte, confidencia que seu sucesso numa importante negociação dependerá da possibilidade de obter vultosa comissão para um daqueles deputados. Na Suécia, os partidos eram alternadamente comprados pela França e pela Inglaterra, de maneira tão descarada e notória que despertou o nojo geral da nação e foi a principal razão que levou o mais limitado monarca da Europa a se tornar num só dia, sem tumulto, violência ou oposição, um dos mais absolutos e livres de controle.[2]

Uma circunstância que coroa os defeitos da Confederação ainda está por ser mencionada: a falta de um poder judiciário. Sem tribunais que exponham e definam seu verdadeiro sentido e modo de ação, as leis são letra morta. Os tratados dos Estados Unidos, para terem alguma força, têm de ser considerados como parte da lei do país. Seu verdadeiro alcance no tocante aos indivíduos deve, como todas as demais leis, ser definido por determinações judiciais. Para produzir uniformidade nessas determinações, eles devem ser submetidos, em última instância, a um *tribunal supremo*. E tal tribunal deve ser instituído sob a mesma autoridade que forma os próprios tratados. Todos esses ingredientes são

---

1. O quarto conde de Chesterfield, Philip Dormer Stanhope (1694-1773), foi, além de escritor, um político que serviu como embaixador em Haia em 1728-32. (N. do E.)
2. O episódio histórico referido é o golpe de Estado praticado por Gustavo III, da Suécia, em 1722. (N. do E.)

indispensáveis. Se houver em cada Estado um tribunal de jurisdição definitiva, poderão haver tantas diferentes determinações finais sobre o mesmo ponto quantos são os tribunais. As opiniões dos homens comportam intermináveis diversidades. Muitas vezes vemos não só diferentes tribunais, mas juízes de um mesmo tribunal divergindo entre si. Para evitar a confusão que resultaria inevitavelmente das decisões contraditórias de diversas judicaturas independentes, todas as nações consideraram necessário estabelecer um tribunal superior aos demais, possuidor de uma superintendência geral e autorizado a decidir e pronunciar em última instância uma norma uniforme de justiça civil.

Isso é ainda mais necessário quando a estrutura do governo é composta de tal modo que as leis do conjunto correm o risco de ser transgredidas pelas leis das partes. Neste caso, se os diversos tribunais forem investidos de um direito de jurisdição definitiva, além das contradições a esperar das diferenças de opinião, haverá muito a temer das tendenciosidades das concepções, dos preconceitos locais e da interferência de regulações locais. Na medida em que ocorresse tal interferência, haveria razão para temer que os dispositivos das leis particulares pudessem ser preferidos aos das leis gerais, dada a deferência que os homens que estão no poder manifestam naturalmente por aquela autoridade a quem devem sua existência oficial.

Sob a atual Constituição, os tratados dos Estados Unidos estão sujeitos às infrações de 13 diferentes legislativos e de igual número de diferentes tribunais de jurisdição final que atuam sob a autoridade desses legislativos. A fé, a reputação, a paz do conjunto da União estão, pois, continuamente à mercê dos preconceitos, paixões e interesses de todos os membros que a compõem. É possível que nações estrangeiras respeitem ou confiem em tal governo? É possível que o povo da América vá confiar por muito tempo sua honra, sua felicidade, sua segurança a tão precária base?

Neste exame da Confederação, restringi-me a expor seus defeitos mais significativos, sem me deter naquelas imperfeições de detalhe pelas quais até mesmo parte considerável do poder que se pretendeu conferir a ela foi em grande medida anulado. A esta altura, deve estar evidente para todos os homens ponderados, livres de prevenções errôneas ou capazes de se despir delas, que se trata de um sistema tão radicalmente vicioso e frágil que só pode ser corrigido pela completa mudança de seus traços e características dominantes.

A organização do Congresso é ela mesma profundamente imprópria para o exercício daqueles poderes que é necessário confiar à União. Uma assembleia única pode ser um receptáculo adequado para aqueles poderes reduzidos, ou antes, agrilhoados, que foram até agora delegados à chefia federal; mas seria incoerente com todos os princípios do bom governo investi-la daqueles poderes adicionais que até os adversários moderados e mais sensatos da Constituição proposta admitem que devem pertencer aos Estados Unidos. Se esse plano não for adotado, e se a necessidade da União for capaz de resistir às ambiciosas metas daqueles homens capazes de satisfazer grandiosos esquemas de engrandecimento pessoal com sua dissolução, provavelmente seremos compelidos ao projeto de conferir poderes suplementares ao Congresso, tal como está agora constituído. Nesse caso, ou a máquina se desfará em pedaços, dada a fraqueza intrínseca de sua estrutura, ou, pelos sucessivos acréscimos de seu poder e energia que a necessidade poderia impor, acabaremos por acumular numa única corporação todas as mais importantes prerrogativas da soberania, legando assim a nossa posteridade uma das mais execráveis formas de governo que a insensatez humana jamais concebeu. Deste modo, teremos criado na realidade aquela mesma tirania que os adversários da nova Constituição tanto se empenham — ou fingem empenhar-se — em evitar.

O fato de o atual sistema federal nunca ter sido ratificado pelo *povo* não contribui pouco para suas debilidades. Sem melhor fundamento que a aprovação dos diversos legislativos, ele foi exposto a frequentes e complexas contestações da validade de seus poderes, e em alguns casos deu origem à absurda doutrina de um direito de revogação legislativa. Como o sistema federal foi ratificado pelas leis dos Estados, afirmou-se que um Estado poderia revogar a lei que o ratificou. Por mais que seja uma heresia gritante sustentar que uma *parte* de um *pacto* tem direito a revogar esse *pacto*, a doutrina encontrou respeitáveis defensores. A possibilidade de uma questão desta natureza prova a necessidade de dar a nosso governo nacional fundamentos mais profundos que a mera sanção da autoridade delegada. O edifício do império americano deve repousar na base sólida do *consentimento do povo*. Os caudais do poder nacional devem emanar diretamente dessa fonte pura, original, de toda autoridade legítima.

PUBLIUS [HAMILTON]

ARTIGO 23

A necessidade de um governo pelo menos tão forte quanto o proposto

A necessidade, para preservar a União, de uma Constituição pelo menos tão forte quanto a proposta é o ponto a cujo exame agora chegamos.

A investigação se dividirá naturalmente em três ramos — as finalidades a serem cumpridas por um governo federal, a quantidade de poder necessária à realização desses fins, as pessoas sobre quem esse poder deve se exercer. Sua distribuição e organização serão consideradas de modo mais adequado no tópico seguinte.

Os principais objetivos a serem atendidos pela União são: a defesa comum dos membros; a preservação da paz pública, seja contra convulsões internas ou ataques externos; a regulação do comércio com outras nações e entre os Estados; a superintendência de nosso intercurso político e comercial com países estrangeiros.

Os poderes essenciais à defesa comum são os seguintes: recrutar exércitos, construir e equipar frotas, impor normas para o governo de ambos, dirigir suas operações e prover sua manutenção. Esses poderes devem existir sem limitação, *porque é impossível prever ou definir a extensão e variedade das exigências nacionais e as correspondentes extensão e variedade dos meios que podem ser necessários para satisfazê-las*. As circunstâncias que ameaçam a segurança das nações são infinitas, e por isso não é sensato impor nenhum empecilho constitucional ao poder encarregado de defendê-la. Esse poder deve ser tão amplo quanto todas as combinações possíveis dessas circunstâncias, e deve estar sob a direção dos mesmos conselhos designados para presidir à defesa comum.

Esta é uma dessas verdades que se impõem como evidentes a uma mente correta e sem preconceitos e que só podem ser obscurecidas, e não tornadas mais claras, pela argumentação ou o raciocínio. Ela se funda em axiomas tão simples quanto universais: os *meios* devem ser proporcionais ao *fim*; as pessoas de cuja ação se espera a consecução de um *fim* devem possuir os *meios* que permitam atingi-lo.

Se deve ou não haver um governo federal encarregado de cuidar da defesa comum é o que, em princípio, pode ser discutido; mas a partir do momento em que se decide afirmativamente, segue-se que esse governo deve ser revestido de todos os poderes necessários para levar a cabo sua missão. A menos que se possa demonstrar que as circunstâncias capazes de afetar a segurança pública podem ser reduzidas a certos limites determinados, a menos que a posição contrária a esta possa ser justa e racionalmente contestada, é preciso admitir como consequência necessária que nenhuma limitação pode ser imposta à autoridade encarregada de assegurar a defesa e a proteção da comunidade, em todos os aspectos essenciais a sua eficácia — isto é, em todos os aspectos essenciais à *formação*, *direção* ou *manutenção* das *forças nacionais*.

Por mais falha que a atual Constituição se tenha provado, este princípio parece ter sido plenamente reconhecido pelos seus formuladores, embora não tenham sido tomadas as medidas próprias ou adequadas para seu exercício. O Congresso tem um poder ilimitado de fazer requisições de homens e dinheiro, de governar o exército e a marinha, de dirigir suas operações. Como suas requisições constrangem constitucionalmente os Estados, que têm de fato o mais solene dever de fornecer os suprimentos que lhes são requeridos, o que se pretendeu foi evidentemente dar aos Estados Unidos o controle de todos os recursos que julgassem necessários para "a defesa comum e o bem-estar geral". Presumiu-se que o senso de seus verdadeiros interesses e a consideração aos ditames da boa-fé seriam garantias suficientes para o correto desempenho do dever por parte dos membros da chefia federal.

A experiência demonstrou, contudo, que essa expectativa era totalmente infundada e ilusória, e suponho que as observações feitas sob o tópico anterior terão sido suficientes para convencer os imparciais e perspicazes de que há absoluta necessidade de uma mudança completa nos princípios básicos do sistema; de que, se de fato queremos conferir a força e duração à União, temos de abandonar o projeto inútil da legislação para os Estados como coletividades, devemos estender as leis do governo federal aos cidadãos individuais da América; e devemos ainda descartar o esquema falacioso de cotas e requisições como igualmente impraticável e injusto. O resultado de tudo isso é que a União deverá ser investida de plenos poderes para recrutar tropas, construir e equipar frotas e arrecadar as receitas que venham a ser necessárias para a formação e a manutenção de um exército e uma marinha nos modos costumeiros e usuais praticados por outros governos.

Se as circunstâncias de nosso país são tais que exigem um governo composto, em vez de simples, confederado, em vez de único, o ponto essencial que ficará por ser ajustado será a discriminação, na medida do possível, das *finalidades* que devem ficar a cargo das diferentes províncias ou setores de poder, conferindo a cada um a mais ampla autoridade para cumprir as finalidades a ele atribuídas. Deve a União ser constituída como guardiã da segurança comum? Há necessidade de frotas, exércitos e receitas para esse propósito? O governo da União deve ser dotado do poder de aprovar todas as leis e de fazer todas as regulamentações a eles referentes. O mesmo deve ocorrer com relação ao comércio e a todas as outras matérias a que sua jurisdição esteja autorizada a se estender. A administração da justiça entre os cidadãos do mesmo Estado é da competência dos governos locais? Estes devem possuir todos os poderes associados a essa finalidade e a todas as outras que possam ser atribuídas a seu conhecimento e direção particular. Em todos os casos, não conferir um grau de poder compatível com a finalidade seria violar as mais óbvias regras de prudência e adequação, e entregar imprudentemente os elevados interesses da nação a mãos incapacitadas para administrá-los com vigor e sucesso.

Quem seria mais capaz de tomar medidas adequadas para a defesa pública que a assembleia a cuja guarda a segurança pública está confiada? Como centro de informação, ela compreenderá melhor a extensão e a urgência dos perigos existentes; como representante do *todo*, terá o mais profundo interesse na preservação de todas as partes; em razão da responsabilidade implícita na missão a ela atribuída, será especialmente sensível à necessidade de esforços adequados; e pela extensão de sua autoridade sobre Estados, é a única corporação capaz de estabelecer uniformidade e harmonia nos planos e medidas que devem assegurar a segurança comum. Não é uma incoerência manifesta delegar ao governo federal o cuidado com a defesa geral e deixar com os governos estaduais os poderes *efetivos* pelos quais ela deve ser assegurada? Tal sistema não tem como consequência infalível a ausência de cooperação? E a fraqueza, a desordem, uma distribuição indevida dos ônus e calamidades da guerra, um aumento desnecessário e intolerável das despesas não serão seus concomitantes inevitáveis? Não tivemos a experiência inequívoca de seus efeitos durante a revolução que acabamos de realizar?

Todos os ângulos de que podemos considerar o assunto, numa busca imparcial da verdade, servirão para nos convencer que é tão insensato quanto perigoso negar ao governo federal uma autoridade irrestrita com relação a todas essas finalidades confiadas a sua administração. De fato, o povo deverá cuidar com a mais vigilante e acurada atenção para que ele seja modelado de modo a ser seguramente dotado dos poderes exigidos. Se algum plano que foi ou venha a ser proposto a nossa consideração mostrar, após um exame desapaixonado, não corresponder a tais características, é preciso rejeitá-lo. Um governo cuja estruturação o torna incapaz de ser investido de todos os poderes que um povo livre *deve delegar a qualquer governo* seria um depositário inseguro e impróprio dos *interesses nacionais*. Sempre que estes podem ser propriamente confiados, os poderes correspondentes podem acompanhá-los com segurança. Esta é a verdadeira conclusão de toda reflexão justa sobre o assunto. E os adversários do plano promulgado pela convenção teriam dado melhor impressão de sua sinceridade se tivessem se limitado a mostrar que a estrutura interna do governo proposto era tal que o tornava indigno da confiança do povo. Não deveriam ter se perdido em arengas apaixonadas e cavilações sem sentido sobre a extensão dos poderes. Os *poderes* não são extensos demais para os fins da administração federal, ou, em outras palavras, para a gerência de nossos *interesses nacionais*; tampouco é possível demonstrar de modo satisfatório que eles podem ser acusados de tal excesso. Se for verdade, como insinuaram alguns autores do outro lado, que a dificuldade surge da natureza da coisa, e que a extensão do país não nos permitirá formar um governo em que tais amplos poderes possam ser confiados com segurança, isso provaria que devemos limitar nossas aspirações e recorrer ao expediente de confederações isoladas, que se movessem em esferas mais viáveis. Pois sempre nos chocará o absurdo de confiar a um governo a direção dos mais essenciais interesses nacionais sem ousar atribuir-lhe os poderes indispensáveis a seu gerenciamento adequado e eficiente. Em vez de tentar compatibilizar contradições, abracemos resolutamente uma alternativa racional.

Acredito, entretanto, que não é possível demonstrar a inviabilidade de um sistema geral. Ou muito me engano, ou nenhuma razão de peso foi apresentada nesse sentido; e tenho a pretensão de pensar que as observações já feitas ao longo destes artigos serviram para lançar sobre a posição contrária uma luz tão clara quanto possível, em se tratando de uma matéria ainda no ventre do tempo e da experiência. De todo modo, uma coisa deve estar evidente: que essa dificuldade decorrente da extensão do país é ela própria o mais forte argumento em favor de um governo forte; pois certamente nenhum governo sem tal característica poderá jamais preservar a União de tão grande império. Se aceitarmos como padrão de nosso credo político os dogmas dos que se opõem à adoção da Constituição proposta, veremos as sombrias doutrinas que preveem a inviabilidade de um sistema nacional invadirem inevitavelmente todos os limites de nossa Confederação atual.

PUBLIUS [HAMILTON]

ARTIGO 24

Desenvolvimento do tema, com resposta a uma objeção referente a exércitos permanentes

Quanto aos poderes que se propõe conferir ao governo federal com relação à criação e direção das forças nacionais, só deparei com uma única objeção específica, a qual, se a entendo corretamente, é a de que não se tomou a medida necessária para impedir a existência de exércitos permanentes em tempos de paz. Passo agora a tentar mostrar que esta objeção se baseia em fundamentos fracos e sem substância.

De fato, ela foi apresentada da forma mais vaga e geral, apoiada apenas em afirmações taxativas que não parecem uma justificação, sem ter sequer que se apoiar em opiniões teóricas, e em contradição com a prática de outras nações livres e com o entendimento geral da América, tal como expresso na maioria das constituições existentes. A propriedade desta observação fica manifesta quando lembramos que a objeção que estamos considerando gira em torno de uma suposta necessidade de restringir o poder *legislativo* da nação no item das corporações militares, um princípio inaudito, presente apenas em uma ou duas de nossas constituições estaduais e rejeitado em todas as demais.

Um estranho a nossa política que lesse nossos jornais na atual conjuntura sem ter examinado previamente o plano apresentado pela convenção seria naturalmente conduzido a uma de duas conclusões: ou que ele contém uma injunção positiva e prescreve a manutenção de exércitos permanentes em tempo de paz; ou que ele atribui ao *executivo* todo o poder de recrutar tropas, sem que sua decisão esteja, de forma alguma, sob controle do legislativo.

Se depois lesse com atenção o próprio plano, teria a surpresa de descobrir que não se trata de nenhuma das duas coisas; que todo o poder de recrutar exércitos foi atribuído ao *legislativo*, não ao *executivo*; que esse legislativo deverá ser uma assembleia popular, composta de representantes do povo periodicamente eleitos; e que, em vez da medida que ele supusera existir em favor de exércitos permanentes, pode-se encontrar a este respeito uma importante restrição até mesmo ao poder do legislativo na cláusula que proíbe a apropriação de dinheiro para a manutenção de um exército por período superior a dois anos — precaução que, analisada mais de perto, se revela uma segurança imensa e real contra empreendimentos militares sem necessidade evidente.

Desapontada em sua primeira suposição, a pessoa que imaginei estaria apta a levar suas conjecturas um pouco adiante. Naturalmente, diria a si mesma: é impossível que toda essa arenga veemente e patética não tenha algum pretexto plausível. Este povo, tão zeloso de suas liberdades, deve certamente ter incluído em todos os modelos de constituição que formulou anteriormente as mais precisas e rígidas precauções sobre este ponto, e a omissão delas no novo plano é que deve ter dado origem a toda esta apreensão e clamor.

Caso se dispusesse, sob essa impressão, a passar em revista as várias constituições estaduais, qual não seria seu desapontamento ao descobrir que somente *duas* delas contêm[1] uma interdição a exércitos permanentes em tempo de paz; que as outras 11 ou guardaram um profundo silêncio sobre a questão, ou admitiram expressamente o direito que tem o legislativo de autorizar sua existência.

Mesmo assim, nosso personagem continuaria convencido de que deve haver algum fundamento plausível para o clamor suscitado sobre esse tópico. Jamais seria capaz de imaginar, enquanto alguma fonte de informação permanecesse inexplorada, que tudo se reduz a um teste com a credulidade pública, ditado por uma intenção deliberada de enganar ou por um excesso de zelo, violento demais para ser ingênuo. Provavelmente lhe ocorreria que

1. Esta afirmação foi tomada da coleção impressa das constituições estaduais. A Pensilvânia e a Carolina do Norte são as duas que contêm a interdição, nas seguintes palavras: "Sendo os exércitos permanentes em tempo de paz perigosos para a liberdade, *eles não devem* ser mantidos". Na verdade, isso é mais uma recomendação do que uma proibição. New Hampshire, Massachusetts, Delaware e Maryland têm, em suas respectivas cartas de direitos, uma cláusula nesse sentido: "Exércitos permanentes são perigosos para a liberdade e não devem ser recrutados *sem o consentimento do legislativo*", o que é uma admissão formal do poder do legislativo nesse campo. Nova York não tem carta de direitos, e sua constituição não diz uma palavra sobre a questão. Nenhuma carta de direitos está anexada às constituições dos demais Estados, exceto os anteriores, e suas constituições fazem igual silêncio. Fui informado, contudo, de que um ou dois Estados têm cartas de direitos que não figuram nessa coleção, mas que também eles reconhecem o poder da autoridade legislativa a esse respeito.

as precauções que buscava deviam estar no pacto primitivo entre os Estados. Aqui, finalmente, ele esperaria encontrar uma solução para o enigma. Sem dúvida lhe ocorreria que a atual Confederação deve conter a mais explícita cláusula contra corporações militares em tempo de paz; e o afastamento desse modelo em ponto tão delicado teria ocasionado o descontentamento que parece influenciar esses paladinos políticos.

Se nosso homem se aplicasse agora a um exame cuidadoso e crítico dos artigos da Confederação, seu espanto não só aumentaria como se misturaria à indignação diante da inesperada descoberta de que esses artigos, em vez de conterem a proibição buscada, e embora tenham restringido com zelosa circunspecção a autoridade dos legislativos estaduais neste aspecto, não impuseram uma única limitação à dos Estados Unidos. Se fosse um homem muito sensível e de temperamento ardoroso, ele agora já não poderia deixar de ver em tais clamores artifícios desonestos de uma oposição sinistra e inescrupulosa a um plano que merece pelo menos um exame justo e honesto de todos os que amam sinceramente este país! Que outra razão, diria, poderia ter compelido seus responsáveis a manifestar tão ruidosas censuras a esse plano com relação a um ponto em que ele parece ter se conformado ao entendimento geral da América, tal como expresso em suas diferentes formas de governo, e no qual ele acrescenta uma nova e poderosa salvaguarda, ausente de todas elas? Se, ao contrário, fosse calmo e desapaixonado, o homem se permitiria um suspiro pela fragilidade da natureza humana e lamentaria que, em matéria de tanta relevância para a felicidade de milhões, os verdadeiros méritos da questão sejam confundidos e obscurecidos por expedientes tão pouco propícios a uma conclusão imparcial e correta. Mas mesmo um homem assim tranquilo dificilmente se absteria de observar que uma conduta desse tipo é mais compatível com a intenção de enganar o povo, insuflando suas paixões, que com a de convencê-lo por meio de argumentos dirigidos a seu entendimento.

Por pouco que essa objeção possa ser sustentada, mesmo por precedentes havidos em nosso próprio meio, talvez seja satisfatório examinar mais de perto seus méritos intrínsecos. Numa observação atenta, veremos que a imposição de legislativo no tocante a corporações militares seria inadequada e que, mesmo que essas restrições fossem feitas por força de necessidades da sociedade, provavelmente não seriam observadas.

Embora um largo oceano separe os Estados Unidos e a Europa, várias considerações nos advertem contra um excesso de confiança ou segurança. Em um de nossos lados, e estendendo-se amplamente em nossa retaguarda, desenvolvem-se povoamentos sujeitos ao domínio britânico. Do outro lado, e estendendo-se até encontrar as colônias britânicas, há colônias e povoamentos sujeitos ao domínio espanhol. Essa situação e a vizinhança das ilhas das Índias Ocidentais, pertencentes a esses dois poderes, criam um interesse comum entre eles tanto em relação a suas possessões americanas como em relação a nós. As tribos selvagens de nossa fronteira oeste devem ser encaradas como nossos inimigos naturais e como aliados naturais deles, porque têm mais a temer de nós e mais a esperar deles. No tocante à facilidade da comunicação, os progressos na arte da navegação tornaram próximas, em grande medida, nações distantes. A Grã-Bretanha e a Espanha estão entre as principais potências marítimas da Europa. Um futuro acordo de objetivos entre essas duas nações não deve ser considerado improvável. A crescente distância da consanguinidade debilita a cada dia o pacto familiar entre França e Espanha. E com razão os políticos sempre consideraram os laços de sangue vínculos frágeis e precários de ligação política. Combinadas, essas circunstâncias nos aconselham a não ser demasiado otimistas, supondo-nos inteiramente fora do alcance do perigo.

Antes da Revolução, e desde o estabelecimento da paz, houve constante necessidade de manter pequenas guarnições em nossa fronteira oeste. Ninguém pode duvidar de que isso continuará sendo indispensável, ainda que apenas contra as devastações e depredações dos índios. Essas guarnições devem ser formadas por destacamentos ocasionais, retirados da milícia, ou por corpos permanentes a soldo do governo. A primeira opção é impraticável, e mesmo que fosse praticável, seria perniciosa. A milícia não se sujeitaria por muito tempo a ser arrancada de suas ocupações e famílias para desempenhar tão desagradável dever em tempo de absoluta paz. E se pudesse ser convencida ou compelida a fazê-lo, os custos mais elevados de uma frequente rotação de serviço, o desperdício de esforços e a perturbação das atividades industriosas dos indivíduos constituiriam objeções definitivas ao esquema. Seria tão oneroso e prejudicial para o público quanto ruinoso para os cidadãos privados. O segundo recurso, o de um corpo permanente a soldo do governo, equivale a um exército permanente em tempo de paz; um exército pequeno, na verdade, mas nem por isso menos real. Nesse caso, um exame superficial do assunto nos mostra de imediato a impropriedade de uma interdição constitucional a tais corporações e a necessidade de deixar a matéria ao arbítrio e prudência do legislativo.

Na medida em que nossa força crescer, é provável — ou antes, podemos afirmar que é certo — que a Grã-Bretanha e a Espanha venham a aumentar suas corporações militares em nossas vizinhanças.

Se não quisermos nos expor desguarnecidos e indefesos a suas afrontas e intrusões, concluiremos pela utilidade de aumentar nossas guarnições de fronteira em alguma proporção com a força que pode molestar nossos povoamentos do oeste. Há e haverá determinados postos cuja posse incluirá o comando de grandes distritos territoriais e facilitará futuras invasões do restante. Pode-se acrescentar que alguns desses postos serão decisivos para o comércio com as nações indígenas. Pode algum homem considerar sensato deixar tais postos em condições de ser capturados a qualquer instante por uma ou outra dessas duas potências vizinhas e formidáveis? Fazê-lo seria abandonar todas as máximas usuais de prudência e bom senso.

Se pretendemos ser um povo comerciante, ou mesmo estar seguros de nossa costa atlântica, devemos tentar ter uma marinha, com a maior brevidade possível. Para tal fim é preciso haver estaleiros e arsenais; e para a defesa destes, fortificações e provavelmente guarnições. Quando uma nação se torna tão poderosa no mar a ponto de poder proteger seus estaleiros com frotas, a necessidade de guarnições para esse fim é superada; mas enquanto os estabelecimentos navais estão engatinhando, guarnições moderadas serão, muito provavelmente, consideradas uma segurança indispensável contra ataques voltados para a destruição dos arsenais e estaleiros, e por vezes da própria frota.

PUBLIUS [HAMILTON]

ARTIGO 25

Desenvolvimento do tema na mesma perspectiva

Talvez se possa propor que as finalidades enumeradas no artigo anterior fiquem a cargo dos governos estaduais, sob a direção da União. Mas isso seria na realidade uma inversão do princípio básico de nossa associação política, já que, na prática, transferiria o cuidado com a defesa comum do comando federal para os membros individuais: um projeto opressivo para alguns Estados, perigoso para todos e fatal para a Confederação.

Os territórios da Grã-Bretanha, Espanha e das nações indígenas em nossas vizinhanças não confinam com Estados particulares, mas cercam a União desde o Maine até a Geórgia. Portanto, o perigo é comum, embora em diferentes graus, e os meios de proteção contra ele devem igualmente ser matéria de conselhos comuns e de um Tesouro comum. Acontece que alguns Estados, por sua situação local, estão mais diretamente expostos. Nova York está entre eles. Segundo a proposta de medidas independentes, Nova York seria obrigada a arcar com todo o peso das instituições requeridas para sua segurança imediata e para a proteção mediata ou final de seus vizinhos. Isso não seria equitativo com relação a Nova York nem seguro com relação aos outros Estados. Vários inconvenientes acompanhariam tal sistema. Durante muito tempo, os Estados a que coubesse manter as instituições necessárias não teriam nem capacidade nem disposição para arcar com o ônus das medidas necessárias. Assim, a segurança de todos ficaria sujeita à parcimônia, à imprevidência ou à incapacidade de uma parte. Se, quando os recursos dessa parte se tornassem mais abundantes e amplos, suas medidas fossem proporcionalmente aumentadas, os outros Estados logo ficariam alarmados ao ver toda a força militar da União nas mãos de dois ou três de seus membros, provavelmente os mais poderosos. Todos optariam por ter algum contrapeso, e facilmente se criariam ardis. Nessa situação, corporações militares alimentadas por mútua rivalidade tenderiam a inchar acima de seu tamanho natural ou próprio; e estando à disposição dos vários membros, seriam instrumentos para o cerceamento ou a destruição da autoridade nacional.

Já apresentamos razões para sugerir que os governos estaduais se inclinarão muito naturalmente a uma rivalidade, fundada no amor ao poder, com o governo da União; e que em qualquer disputa entre o comando federal e um de seus membros, o povo terá maior tendência a apoiar seu governo local. Se, além desta imensa vantagem, a ambição dos membros fosse estimulada pela posse separada e independente de forças militares, tornar-se-ia excessivamente tentador e demasiado fácil investir contra a autoridade constitucional na União e finalmente subvertê-la. Por outro lado, a liberdade do povo estaria menos preservada nesse estado de coisas que naquele em que as forças nacionais seriam deixadas nas mãos do governo nacional. Na medida em que qualquer exército pode ser considerado um poderoso instrumento de poder, é melhor que ele esteja naquelas mãos de que o povo mais tende a desconfiar que naquelas em que tende a ser mais confiante. Pois é uma verdade atestada pela experiência de todas as eras que o povo está em geral mais ameaçado quando os meios de violar seus direitos estão na posse daqueles de quem ele menos suspeita.

Os elaboradores da atual Confederação, plenamente conscientes dos perigos que representava para a União a posse exclusiva de forças militares pelos Estados, proibiram expressamente ter navios ou tropas, salvo com o consentimento do Congresso. A verdade é que a existência de um governo federal e de corporações militares sob autoridade dos Estados são tão incompatíveis entre si quanto um devido suprimento do Tesouro federal e o sistema de cotas e requisições.

Além desses aspectos já apresentados, há outros que evidenciam igualmente a impropriedade de restrições ao poder de decisão do legislativo nacional. A finalidade da objeção mencionada é evitar exércitos permanentes em tempo de paz, embora nunca nos tenham informado até que ponto se deseja estender a proibição: se tanto ao recrutamento de exércitos quanto a sua *manutenção* em período de tranquilidade, ou não. Se deve ficar limitada a esta última possibilidade, não terá nenhuma significação precisa e será ineficaz para o propósito visado. Uma vez que exércitos tenham sido recrutados, que será "mantê-los", contrariando o sentido da Constituição? Quanto tempo será exigido para que a violação se defina? Será uma semana, um mês ou um ano? Ou deveremos dizer que eles podem ser conservados enquanto perdurar o perigo que ocasionou seu recrutamento? Isso seria admitir que podem ser mantidos *em tempo de paz*, contra ameaças ou perigos iminentes, o que seria ao mesmo tempo desviar-se do sentido literal da proibição e introduzir uma ampla margem a interpretação. Quem deverá avaliar a permanência do perigo? Isto deveria sem dúvida ficar a cargo do governo nacional, e a questão teria então o seguinte resultado: o governo nacional poderia de início recrutar tropas para prevenir uma ameaça de perigo, e poderia depois mantê-las mobilizadas pelo tempo em que, a seu ver, a paz ou a segurança da comunidade corressem algum risco. É fácil perceber que um poder de decisão de tal amplitude forneceria amplo campo para escapar à força da proibição.

A suposta utilidade de uma medida desse tipo deve estar fundada na probabilidade, ou possibilidade, de uma combinação entre o executivo e o legislativo em algum esquema de usurpação. Se isso ocorresse em algum momento, que dificuldade haveria em fabricar simulacros de um perigo próximo? Hostilidades dos indígenas, instigadas pela Espanha ou pela Grã-Bretanha, estariam sempre à mão. Provocações para produzir as aparências desejadas poderiam até ser feitas a algum poder estrangeiro e apaziguadas depois por concessões convenientes.

Se for razoável supor que uma combinação destas se faça e que a iniciativa esteja caucionada por suficiente perspectiva de sucesso, o exército, uma vez recrutado por qualquer outra causa, ou sob qualquer pretexto, pode ser aplicado à execução do projeto.

Se, para evitar essa consequência, se decidisse ampliar a proibição ao *recrutamento* de exércitos em tempo de paz, os Estados Unidos exibiriam então o mais extraordinário espetáculo que o mundo jamais viu: o de uma nação incapacitada por sua Constituição de se preparar para uma defesa antes de uma invasão efetiva. Como a cerimônia da denúncia formal de guerra caiu em desuso nos últimos tempos, será preciso esperar a presença de um inimigo dentro de nossos territórios como autorização legal para que o governo comece a convocar homens para proteger o Estado. Devemos receber o golpe antes de poder sequer nos preparar para devolvê-lo. Todos esses planos que permitem às nações antecipar o perigo distante e enfrentar tempestades em formação teriam de ser abandonados como contrários às máximas genuínas de um governo livre. Devemos deixar nossa propriedade e liberdade à mercê de invasores estrangeiros e convidá-los, por nossa fraqueza, a capturar a presa desarmada e indefesa, porque tememos que governantes criados por nossa escolha, dependentes de nossa vontade, possam pôr em risco essa liberdade por um abuso dos meios necessários à sua preservação.

Nessa altura espero que me digam que a milícia do país, seu escudo natural, estaria em todos os momentos em condições de fazer a defesa nacional. Essa mesma doutrina, em essência, por pouco não nos fez perder nossa independência. Custou aos Estados Unidos milhões que poderiam ter sido poupados. Os fatos de nossa própria experiência, que proíbem uma confiança desse tipo, são recentes demais para que nos deixemos enganar por essa sugestão. As ações constantes de uma guerra contra um exército regular e treinado só podem ser levadas a cabo com sucesso por uma força do mesmo tipo. Considerações de economia, não menos que de estabilidade e vigor, confirmam essa posição. A milícia americana, durante a última guerra, erigiu com seu valor monumentos eternos a sua glória; seus mais bravos membros sentem e sabem, porém, que a liberdade de seu país não teria podido ter por único fundamento seus próprios esforços, por valiosos que tenham sido.

A guerra, como quase tudo, é uma ciência a ser adquirida e aperfeiçoada com diligência, perseverança, tempo e prática.

Toda política violenta, contrária ao curso natural e experimentado dos assuntos humanos, destrói a si mesma. A Pensilvânia oferece neste momento um exemplo da verdade desta observação. A Carta de Direitos desse Estado declara que exércitos permanentes ameaçam a liberdade, não devendo ser mantidos em tempo de paz. No entanto, num período de absoluta paz, a Pensilvânia, em razão da existência de desordens parciais em um ou dois de seus condados, decidiu recrutar um corpo de tropas; e muito provavelmente irá mantê-las enquanto houver algum sinal de ameaça à paz pública. A conduta de Massachusetts proporciona uma lição sobre a mesma matéria, embora em bases diferentes. Esse Estado (sem esperar pela sanção do Congresso, como o exigem os artigos da Confederação) foi compelido a recrutar tropas para reprimir uma insurreição doméstica, e continua mantendo uma unidade a soldo para impedir que o espírito de revolta ressurja. Embora a constituição particular de Massachusetts não imponha obstáculo algum à medida, o exemplo serve para mostrar que podem ocorrer casos, sob nosso governo ou sob o de outras nações, que tornarão por vezes uma força militar em tempo de paz essencial para a segurança da sociedade e que, por isso mesmo, é inadequado limitar o poder de decisão do legislativo a esse respeito. Ensina-nos também, em sua aplicação aos Estados Unidos, quanto os direitos de um governo fraco tendem a ser pouco respeitados, mesmo por seus próprios integrantes. E nos ensina além disso quanto medidas previstas no papel são incapazes de fazer face a uma necessidade pública.

Segundo uma máxima fundamental da comunidade lacedemoniana, o posto de almirante não devia ser conferido duas vezes à mesma pessoa. Os confederados do Peloponeso, tendo sido gravemente derrotados no mar pelos atenienses, pediram a Lisandro, que antes servira com sucesso nesse posto, que assumisse o comando das frotas unidas. Os lacedemonianos, para agradar a seus aliados mantendo ao mesmo tempo uma aparente adesão a suas antigas instituições, recorreram ao sutil subterfúgio de investir Lisandro do poder real de almirante sob o título nominal de vice-almirante. Escolhemos este caso em meio a uma multidão de outros para confirmar a verdade já antecipada e ilustrada por exemplos domésticos, qual seja: as nações dão pouca importância a regras e máximas destinadas por sua própria natureza a contrariar as necessidades da sociedade. Políticos sábios serão cautelosos em manietar o governo com restrições que não podem ser observadas, porque sabem que toda infração das leis fundamentais, mesmo que ditadas pela necessidade, deteriora aquela reverência sagrada que deve ser alimentada no seio dos governantes pela constituição de um país, e cria um precedente para outras violações em casos em que a mesma desculpa da necessidade não existe em absoluto, ou é menos urgente e palpável.

PUBLIUS [HAMILTON]

ARTIGO 26

Desenvolvimento do tema na mesma perspectiva

Dificilmente se poderia esperar que, numa revolução popular, a mente dos homens se detivesse naquele feliz meio-termo que marca a salutar fronteira entre *poder* e *privilégio*, e combina a energia do governo e a segurança dos direitos privados. Uma falha neste ponto delicado e importante é a grande fonte dos inconvenientes que experimentamos. Se não cuidarmos de evitar uma repetição do erro em nossas futuras tentativas de retificar e melhorar nosso sistema, podemos passar de um projeto quimérico para outro; podemos tentar mudança após mudança; mas jamais teremos condições de fazer nenhuma modificação considerável para o melhor.

A ideia de restringir o poder do legislativo quanto aos meios de assegurar a defesa nacional é um desses refinamentos que devem sua origem a um zelo pela liberdade mais ardoroso que esclarecido. No entanto, vimos que, até o momento, ela não teve uma prevalência ampla; que mesmo neste país, onde apareceu pela primeira vez, a Pensilvânia e a Carolina do Norte são os dois únicos Estados que o prestigiaram em algum grau; e que todos os outros se recusaram a lhe dar o menor endosso, julgando com acerto que a confiança deve ser depositada em algum lugar, que esta é uma exigência implícita no próprio ato de delegação do poder, e que é melhor correr o risco de ver essa confiança abusada que embaraçar o governo e ameaçar a segurança pública por restrições imprudentes à autoridade legislativa. Neste aspecto, os opositores da Constituição proposta estão combatendo a decisão geral da América. E, em vez de usarem a experiência para corrigir quaisquer extremos em que possamos ter incorrido até agora, parecem dispostos a nos conduzir a outros extremos ainda mais perigosos e extravagantes. E se o tom do governo foi considerado muito alto, ou muito rígido, as doutrinas que eles pregam são de molde a rebaixá-lo ou abrandá-lo por expedientes que, em outras ocasiões, foram condenados ou evitados. É possível afirmar sem a imputação de invectiva que, se os princípios que eles inculcam em vários pontos pudessem se impor a ponto de se tornar o credo popular, iriam tornar o povo deste país completamente incompatível com toda e qualquer espécie de governo. Mas não há por que temer um perigo desse tipo. Os cidadãos da América têm discernimento demais para se deixar induzir à anarquia. Ou muito me engano, ou a experiência forjou na mente do povo uma profunda e solene convicção de que a maior força do governo é essencial para o bem-estar e a prosperidade da comunidade.

Talvez não seja fora de propósito observar aqui concisamente a origem e o progresso da ideia que visa à exclusão de corporações militares em tempo de paz. Embora em mentes especulativas ela possa surgir da consideração da natureza e da tendência dessas instituições, fortalecida pelos acontecimentos ocorridos em outras eras e países, na condição de sentimento nacional essa ideia deve ser reportada àqueles hábitos de pensamento que herdamos do país de que se originaram em geral os habitantes desses Estados.

Na Inglaterra, por um longo tempo após a Conquista Normanda, a autoridade do monarca foi quase ilimitada. Gradualmente foram-se fazendo investidas contra essa prerrogativa, em favor da liberdade, primeiro pelos barões e mais tarde pelo povo, até que a maior parte de suas mais tremendas pretensões foram extintas. No entanto, foi só depois da Revolução de 1688, que elevou ao trono da Grã-Bretanha o príncipe de Orange, que a liberdade inglesa triunfou por completo. Em decorrência do poder ilimitado de fazer guerra como prerrogativa reconhecida da coroa, Carlos II manteve por sua própria autoridade, em tempo de paz, um corpo de 5 mil soldados regulares. E Jaime II elevou esse número para 30 mil, pagos pela lista civil. Na revolução, para abolir o exercício de tão perigosa autoridade, incluiu-se o seguinte artigo na Carta de Direitos então elaborada: "É ilegal o recrutamento ou a manutenção de um exército permanente no reino em tempo de paz, *salvo com o consentimento do Parlamento*".

Naquele reino, quando o pulso da liberdade estava em seu clímax, não se considerou necessário introduzir nenhuma salvaguarda contra o perigo de exércitos permanentes, além de uma proibição de seu recrutamento ou manutenção pela mera autoridade do magistrado executivo. Os patriotas que realizaram aquela memorável revolução eram moderados demais, bem informados demais, para pensar em qualquer restrição do poder de decisão do legislativo. Tinham consciência de que certo número de tropas para guardas e guarnições eram indispensáveis; que não era possível estabelecer nenhum vínculo preciso com as exigências nacionais; que em algum lugar do governo deve residir um poder capaz de enfrentar todas as contingências possíveis; e que, ao atribuir o exercício desse poder à deliberação do legislativo, tinham chegado ao máximo de precaução compatível com a segurança da comunidade.

Podemos dizer que o povo da América extraiu da mesma fonte uma concepção hereditária de que exércitos permanentes em tempo de paz são uma ameaça à liberdade. As circunstâncias de uma revolução estimularam a sensibilidade pública em tudo que diz respeito à salvaguarda dos direitos populares e, em alguns casos, inflamaram nosso zelo acima do grau compatível com a temperatura desejável do corpo político. As tentativas de dois dos Estados de restringir a autoridade do legislativo no tocante às instituições militares estão entre esses casos. Os princípios que nos ensinaram a desconfiar do poder de um monarca hereditário foram, por um excesso insensato, estendidos aos representantes do povo e suas assembleias populares. Mesmo em alguns dos Estados em que este erro não foi adotado, encontramos declarações desnecessárias de que exércitos permanentes não devem ser mantidos em tempo de paz *sem o consentimento do legislativo*. Classifico-as de desnecessárias porque a razão que introduziu uma cláusula similar na Carta de Direitos inglesa não é aplicável a nenhuma das constituições estaduais. Em todas elas, nenhuma interpretação permitiria supor que o poder de recrutar exército seria atribuível a qualquer outra instância que não aos próprios legislativos; e é supérfluo, senão absurdo, declarar que uma matéria não pode ser decidida sem o consentimento da única corporação dotada do poder de fazê-lo. Assim, algumas dessas constituições — entre outras a do Estado de Nova York, justamente celebrada na Europa e na América como uma das melhores formas de governo estabelecidas neste país — fazem um silêncio total sobre a questão.

É digno de nota que, mesmo nos dois Estados que parecem ter cogitado uma interdição de corporações militares em tempo de paz, o modo de expressão utilizado é mais admonitório que proibitório. Não é dito que exércitos permanentes *não serão* mantidos, mas que *não devem* ser mantidos em tempo de paz. Essa ambiguidade de termos parece ter resultado de um conflito entre a desconfiança e a crença; entre o desejo de excluir de todo modo tais instituições e a convicção de que uma exclusão absoluta seria insensata e insegura.

Pode haver alguma dúvida de que tal medida seria interpretada pelo legislativo, sempre que a situação dos negócios públicos parecesse exigir sua transgressão, como mero conselho, devendo ceder lugar às necessidades reais ou supostas do Estado? O fato já ocorrido com relação à Pensilvânia responde por si mesmo. De que serve então (podemos perguntar) essa cláusula, se ela deixa de operar assim que surge uma inclinação a desconsiderá-la?

Examinemos se há alguma comparação, do ponto de vista da eficácia, entre a cláusula aludida e aquela contida na nova Constituição para restringir as apropriações de dinheiro para fins militares ao período de dois anos. A primeira, por pretender demais, está fadada a não produzir nada; a segunda, por evitar um extremo imprudente, e por ser perfeitamente compatível com o atendimento adequado das exigências da nação, terá uma ação salutar e poderosa.

O legislativo dos Estados Unidos será *obrigado* por essa cláusula a deliberar, pelo menos uma vez de dois em dois anos, sobre a manutenção de uma força militar mobilizada; a chegar a uma nova decisão sobre a matéria; e a declarar seu entendimento da questão por um voto formal perante seus eleitores. Não está *livre* para conferir ao poder executivo fundos permanentes para a manutenção de um exército, ainda que fossem imprudentes o bastante para se dispor a depositar nele tão inadequada confiança. Como se espera que o espírito partidário há de contaminar em diferentes graus todos os corpos políticos, haverá sem dúvida no legislativo nacional pessoas bastante desejosas de impugnar as medidas da maioria e censurar suas ideias. A decisão de manter uma força militar será sempre um tópico propício aos discursos apaixonados. Sempre que a questão vier à baila, a atenção pública será despertada e atraída para o assunto pelo partido de oposição; e se a maioria estiver realmente disposta a exceder os limites apropriados, a comunidade será advertida do perigo e terá oportunidade de tomar medidas para se precaver contra ele. Independentemente dos partidos no próprio legislativo nacional, sempre que o período de discussão se iniciar, os legislativos estaduais, que serão sempre guardiães, não só vigilantes, mas desconfiados e ciosos dos direitos dos cidadãos contra abusos do governo federal, terão sua atenção constantemente voltada para a conduta dos governantes federais e estarão bastante dispostos, se algo de impróprio aparecer, a soar o alarme para o povo, e a ser não apenas a *voz*, mas, se necessário, o *braço* de seu descontentamento.

Esquemas para subverter as liberdades de uma grande comunidade *exigem tempo* para amadurecer. Um exército suficientemente grande a ponto de ameaçar essas liberdades só poderia ser formado por aumentos progressivos; estes não suporiam uma mera combinação temporária entre o legislativo e o executivo, mas uma conspiração contínua por um longo período. Uma combinação como esta teria alguma probabilidade de existir? Teria probabilidade de ser mantida e transmitida através de todas as sucessivas variações da assembleia representativa que as eleições bienais produziriam naturalmente nas duas câmaras? Podemos presumir que todo homem, no instante em que toma seu assento no Senado nacional ou na Câmara dos Representantes, se torna um traidor de seus eleitores e de seu país? Será lícito supor que não se encontrará nenhum homem perspicaz o bastante para detectar tão odiosa conspiração, ou suficientemente audacioso ou honesto para avisar seus eleitores do perigo? Se tais suposições tivessem fundamento, seria o caso de terminar de imediato com toda autoridade delegada. O povo deveria retomar todos os poderes de que até hoje abriu mão e se dividir em um número de Estados tão grande quanto o de condados, para poder ele mesmo cuidar pessoalmente de seus interesses.

Mesmo que essas suposições fossem pelo menos admissíveis, seria impraticável ocultar semelhante plano por não importa que período. Ele se denunciaria pela própria circunstância do aumento do exército em tamanha proporção em tempo de paz absoluta. Que razão plausível poderia ser alegada num país assim situado para um aumento tão considerável da força militar? É impossível que o povo pudesse se deixar enganar por muito tempo; a destruição do plano e de seus autores logo se seguiria a sua descoberta.

Foi dito que a cláusula que limita a apropriação de dinheiro para a manutenção de um exército pelo período de dois anos seria inútil, porque o executivo, uma vez de posse de uma força suficientemente grande para atemorizar o povo, impondo-lhe a submissão, encontraria nessa própria força recursos suficientes para dispensar suprimentos autorizados por atos do legislativo. Novamente, porém, coloca-se a questão: que pretexto se poderia apresentar para a posse de uma força de tal magnitude em tempo de paz? Se supomos que ela foi criada em consequência de alguma insurreição doméstica ou guerra externa, então o problema escapa ao princípio da objeção, pois esta se dirige contra o poder de manter tropas em tempo de paz. Poucas pessoas serão visionárias a ponto de afirmar seriamente que não se devem recrutar forças militares para reprimir uma rebelião ou resistir a uma invasão; e se a defesa da comunidade sob essas circunstâncias tornar necessário ter um exército numeroso a ponto de ameaçar sua liberdade, esta é uma daquelas calamidades para as quais não há prevenção nem cura. Não é possível preveni-la por meio de nenhuma forma concebível de governo; ela pode resultar até de uma simples liga ofensiva e defensiva, se jamais vier a ser necessário para os confederados ou aliados formar um exército para a defesa comum.

Mas este é um mal que tem possibilidade infinitamente menor de nos atingir num estado unido do que num desunido; podemos até afirmar com segurança que é um mal sem nenhuma possibilidade de nos atingir na primeira situação. Não é fácil conceber a possibilidade de a União ser assaltada por perigos tão tremendos que demandem uma força considerável o bastante para pôr nossas liberdades sob o menor risco, especialmente se levarmos em conta a ajuda a ser obtida da milícia, com que sempre se poderá contar como valioso e poderoso auxiliar. Mas num estado de desunião (como já foi plenamente demonstrado em outra parte), o contrário desta suposição se tornaria não só provável como praticamente inevitável.

PUBLIUS [HAMILTON]

ARTIGO 27

Desenvolvimento do tema na mesma perspectiva

Tem-se afirmado de diferentes maneiras que uma Constituição como a proposta pela convenção não pode funcionar sem a ajuda de uma força militar que execute suas leis. Isso, entretanto, como a maioria das coisas que foram alegadas desse lado, constitui uma mera asserção geral, não sustentada por nenhuma explicitação de quaisquer razões precisas ou inteligíveis. Na medida em que fui capaz de adivinhar a intenção latente dos opositores, ela parece ter origem no pressuposto de que o povo será avesso ao exercício da autoridade federal em qualquer assunto de natureza interna. Deixando de lado qualquer crítica que pudesse ser feita ao caráter impreciso da distinção entre interno e externo, investiguemos que bases existem para se presumir essa indisposição no povo. A menos que suponhamos ao mesmo tempo que os poderes do governo geral serão mais mal administrados que os dos governos estaduais, parece não haver lugar para esperar má vontade, indisposição ou oposição do povo. Creio que se pode afirmar, como regra geral, que a confiança e a obediência do povo a um governo serão geralmente proporcionais à bondade ou maldade da administração. É preciso admitir que há exceções a essa regra; tais exceções, porém, dependem tão completamente de causas acidentais que não podem ser consideradas como tendo qualquer relação com os méritos ou deméritos intrínsecos de uma constituição. Estes só podem ser julgados com base em princípios e máximas gerais.

Ao longo destes artigos, foram indicadas várias razões para sugerir a probabilidade de que o governo geral venha a ser mais bem administrado que os governos particulares: as principais são que a extensão das esferas de eleição proporcionará ao povo mais ampla opção, ou maior latitude de escolha; que há razão para esperar que o Senado nacional,[1] por meio dos legislativos estaduais — corpos escolhidos de homens que deverão designar seus membros —, será em geral composto com peculiar cuidado e discernimento; que estas circunstâncias prometem melhor conhecimento e informação mais abrangente nos conselhos nacionais. E que, dada a extensão do país, esses conselhos serão menos suscetíveis de ser contaminados pelo espírito faccioso e estarão mais fora do alcance daquelas indisposições ocasionais, ou preconceitos e propensões temporários que, em associações menores, frequentemente contaminam as deliberações públicas, geram injustiça e a opressão de uma parte da comunidade, e engendram esquemas que, ainda que satisfaçam uma inclinação ou um desejo de momento, terminam em sofrimento, insatisfação e repulsa gerais. Várias razões adicionais de considerável peso para reforçar esta probabilidade se apresentarão quando passarmos a examinar com um olho mais crítico a estrutura interna do edifício que estamos sendo convidados a erguer. No momento será suficiente observar que, até que se possam apresentar razões satisfatórias para justificar a opinião de que o governo federal tenderá a ser exercido de modo a torná-lo odioso ou desprezível para o povo, não pode

1. A partir da décima sétima emenda à Constituição, adotada em 1913, os senadores passaram a ser eleitos diretamente pelo povo dos Estados. (N. do E.)

haver nenhum fundamento sensato para a suposição de que as leis da União encontrarão da parte do povo qualquer resistência maior que as leis dos diversos membros, ou exigirão quaisquer outros métodos para impor sua execução.

A esperança de impunidade é um forte incentivo à sedição; o temor da punição, um desestímulo proporcionalmente forte. Não terá o governo da União — que, se dotado do devido grau de poder, poderá chamar em sua ajuda os recursos coletivos de toda a Confederação — maior probabilidade de reprimir o *primeiro* sentimento e inspirar o *segundo* do que o governo de um único Estado, que só pode lançar mão de seus recursos internos? Uma facção turbulenta num Estado pode facilmente se supor capaz de lutar contra os aliados do governo naquele Estado; dificilmente, porém, poderá ser insensata a ponto de imaginar que é um adversário à altura dos esforços combinados da União. Se este raciocínio for correto, há menos perigo de resistência oposta por combinações irregulares de indivíduos à autoridade da Confederação do que a de um membro singular.

Arriscarei aqui uma observação que não será menos justa apenas porque pode parecer nova para alguns: quanto mais os atos da autoridade nacional estiverem entremesclados ao exercício ordinário do governo, quanto mais os cidadãos estiverem acostumados a encontrá-los entre as ocorrências comuns de sua vida política, quanto mais sua visão e seus sentimentos estiverem familiarizados com eles, quanto mais eles se incluírem entre aqueles objetos que tocam as cordas mais sensíveis e movem as molas mais ativas do coração humano, maior probabilidade terão esses atos de conciliar o respeito e a lealdade da comunidade. O homem é, em grande medida, um filho do hábito. Algo que raramente atinja seus sentidos terá em geral apenas uma influência fugaz em sua mente. Um governo sempre a distância e fora da vista dificilmente pode esperar mobilizar os sentimentos do povo. A inferência é que a autoridade da União e a afeição dos cidadãos por ela será fortalecida, e não enfraquecida, por sua extensão aos chamados assuntos de interesse interno; e que a União terá menos oportunidade de recorrer à força quanto mais familiar e abrangente for sua atuação. Quanto mais circular pelos canais e correntes por que fluem naturalmente as paixões da humanidade, menos precisará da ajuda dos expedientes violentos e perigosos da coerção.

Seja como for, uma coisa deve ficar evidente: que um governo como o proposto teria muito mais probabilidade de evitar a necessidade de uso da força que a espécie de liga defendida pela maioria de seus opositores, cuja autoridade se exerceria apenas sobre os Estados como entidades políticas ou coletivas. Foi demonstrado que, numa Confederação desse tipo, não pode haver nenhuma forma de impor a lei senão a força; que frequentes transgressões dos membros são o resultado natural da própria estrutura do governo; e que, sendo assim tão frequentes, só podem ser corrigidas, se é que podem, pela guerra e a violência.

O plano apresentado pela convenção, ao estender a autoridade do comando federal aos cidadãos individuais dos vários Estados, permitirá ao governo empregar a magistratura comum de cada um desses Estados na execução de suas leis. É fácil perceber que isso tenderá a destruir, na percepção geral, toda distinção entre as fontes de que as leis possam proceder; e dará ao governo federal a mesma vantagem de obter uma devida obediência a sua autoridade que é gozada pelo governo de cada Estado. A isso se acrescenta a influência sobre a opinião pública que resultará da importante consideração de que ela pode convocar em seu auxílio e apoio os recursos de toda a União. Merece atenção particular, neste aspecto, o fato de que as leis da Confederação referentes aos objetos *especificados* e *legítimos* de sua jurisdição vão se tornar a *lei suprema* do país, a cuja observância estarão obrigados todos os servidores do legislativo, do executivo e do judiciário, pela santidade de um juramento. Assim, os legislativos, tribunais e magistrados dos respectivos Estados-membros serão incorporados à ação do governo nacional, *na medida de sua autoridade justa e constitucional*, e serão transformados em auxiliares na aplicação de suas leis.[1] Todo homem que busque com sua própria reflexão as consequências dessa situação perceberá que há bons fundamentos para esperar uma aplicação regular e pacífica das leis da União, desde que seus poderes sejam administrados com uma parcela comum de prudência. Se decidirmos supor arbitrariamente o contrário, poderemos deduzir dessa hipótese as inferências que nos convenham, pois, por meio do exercício leviano dos poderes do melhor governo que jamais houve ou poderia haver, é certamente possível provocar o povo e precipitá-lo nos mais desenfreados excessos. Mas, ainda que os adversários da Constituição proposta presumam que os governantes nacionais serão insensíveis às razões do bem público, ou às suas obrigações legais, eu lhes perguntaria: como tal conduta poderia servir aos interesses da ambição, ou às ideias de usurpação?

PUBLIUS [HAMILTON]

---

1. O sofisma empregado para mostrar que isso conduzirá à destruição dos governos estaduais será cabalmente desmascarado no devido momento.

ARTIGO 28

Conclusão do tema

Não se pode negar a possibilidade de casos em que o governo nacional talvez precise recorrer à força. Nossa própria experiência corroborou as lições ensinadas pelos exemplos de outras nações: emergências desse tipo existirão por vezes em todas as sociedades, seja qual for sua organização; sedições e insurreições são, infelizmente, doenças tão inseparáveis do organismo político como tumores e erupções do organismo natural; a ideia de governar sempre pela simples força da lei (que nos ensinam ser o único princípio admissível do governo republicano) só tem lugar nos devaneios daqueles doutores em política, cuja sagacidade desdenha os conselhos de experiência.

Caso tais emergências ocorram a qualquer momento sob o governo nacional, não pode haver outra solução que não a força. Os meios a empregar devem ser proporcionais à extensão do mal. Se for uma ligeira comoção numa parte restrita de um Estado, as milícias das outras partes serão suficientes para sua supressão; e a presunção natural é que estariam dispostas a cumprir seu dever. Uma insurreição, seja qual for sua causa imediata, acaba por ameaçar todo o governo. A consideração pela paz pública, se não aos direitos da União, induziria os cidadãos não contagiados a combater os insurgentes; e se o governo geral for de fato considerado propício à prosperidade e felicidade do povo, seria irracional acreditar que resistiriam a apoiá-lo.

Se, ao contrário, a insurreição impregnar todo um Estado, ou sua parte principal, o emprego de um tipo diferente de força pode tornar-se inevitável. Vemos que Massachusetts considerou necessário recrutar tropas para suprimir as desordens naquele Estado; que a Pensilvânia, a partir do simples temor de comoções entre parte de seus cidadãos, considerou conveniente recorrer à mesma medida. Suponhamos que o Estado de Nova York tivesse se inclinado a restabelecer sua jurisdição perdida sobre os habitantes de Vermont — teria ele podido esperar sucesso em tal iniciativa unicamente com os esforços da milícia? Não teria sido compelido a recrutar e manter uma força mais regular para a execução de seu plano? Portanto, se devemos admitir que a necessidade de recorrer a uma força diversa da milícia em casos dessa natureza extraordinária aplica-se aos próprios governos estaduais, por que contestar a possibilidade de que o governo nacional possa se ver sob igual necessidade, em extremos similares? Não surpreende que homens que declaram estima pela União em abstrato insistam em objetar à Constituição proposta o que se aplica com força dez vezes maior ao plano que defendem, e que, na medida em que se funda em alguma verdade, é consequência inevitável da sociedade civil em escala ampliada? Quem não preferiria essa possibilidade às incessantes agitações e frequentes revoluções que são o tormento constante das repúblicas pequenas?

Prossigamos este exame sob outra luz. Suponhamos, em lugar de um sistema geral, dois, três ou até quatro confederações; não iria a mesma dificuldade se opor ao funcionamento de cada uma delas? Não estaria cada uma exposta às mesmas casualidades e não seriam, quando estas ocorressem, obrigadas a recorrer, para defender sua autoridade, aos mesmos expedientes que se condenam num governo para todos os Estados? Teria a milícia, nesta hipótese, mais disposição ou capacidade de apoiar a autoridade federal que no caso de uma união geral? Um homem imparcial e inteligente precisa, após a devida consideração, reconhecer que o princípio dessa objeção é igualmente aplicável aos dois casos; e que, quer tenhamos um governo para todos os Estados, ou diferentes governos para diferentes grupos deles, ou tantos governos desvinculados quantos são os Estados, pode por vezes haver necessidade de fazer uso de uma força constituída diferentemente da milícia para preservar a paz da comunidade e manter a justa autoridade das leis contra aquelas transgressões violentas que equivalem a insurreições e rebeliões.

Afora quaisquer outras reflexões sobre o assunto, há uma resposta cabal àqueles que exigem uma medida mais peremptória contra corporações militares em tempo de paz. É dizer que todo o poder do governo proposto deverá estar nas mãos dos representantes do povo. Isso é o essencial, e é, afinal de contas, a única segurança eficaz para os direitos e privilégios que o povo pode alcançar numa sociedade civil.[1]

Se os representantes do povo traírem seus eleitores, então não restará outro recurso senão o exercício daquele direito original de autodefesa que prevalece sobre todas as formas positivas de governo, e que pode ser exercido contra as usurpações dos governantes nacionais com perspectivas de sucesso

---

1. Sua plena eficácia será examinada mais adiante.

infinitamente melhores do que contra os governantes de um Estado individual. Num único Estado, se as pessoas investidas do poder supremo se tornam usurpadoras, as diferentes parcelas, subdivisões ou distritos de que ele se compõe, não tendo cada um governo próprio, não podem tomar quaisquer medidas regulares de defesa. Os cidadãos são obrigados a pegar em armas desordenadamente, sem coordenação, sem sistema, sem outros recursos a não ser sua coragem e seu desespero. Os usurpadores, vestidos com as formas da autoridade legal, podem com demasiada frequência esmagar a oposição em estado embrionário. Quanto menor for a extensão do território, mais difícil será para o povo traçar um plano regular ou sistemático de oposição, e mais fácil será derrotar seus primeiros esforços. A informação sobre seus preparativos pode ser obtida mais velozmente, e a força militar nas mãos dos usurpadores pode ser mais rapidamente dirigida contra a parte onde a oposição se iniciou. Nesta situação, para assegurar o êxito da resistência popular é preciso haver uma coincidência peculiar de circunstâncias.

Os obstáculos à usurpação e as facilidades de resistência aumentam com a maior extensão dos Estados, desde que os cidadãos compreendam seus direitos e estejam dispostos a defendê-los. Numa grande comunidade, a força natural do povo, em relação à força artificial do governo, é maior que numa pequena, e obviamente mais capacitada para uma luta contra as tentativas do governo de estabelecer uma tirania. Numa Confederação, porém, podemos dizer sem exagero que o povo é senhor absoluto do próprio destino. O poder sendo quase sempre o rival do poder, o governo geral estará sempre pronto a reprimir as usurpações dos governos estaduais, e estes terão igual disposição em relação ao governo geral. O prato da balança em que o povo se lançar irá preponderar infalivelmente. Se seus direitos estão sendo violados por ambos, ele pode usar de um como instrumento para corrigir o outro. Como será sábio de sua parte preservar para si mesmos, zelando pela união, uma vantagem que jamais poderá ser demasiado louvada!

Podemos seguramente admitir como um axioma que, em nosso sistema político, os governos estaduais proporcionarão, em todas as contingências possíveis, completa segurança contra violações da liberdade pública pela autoridade nacional. Projetos de usurpação não podem ser ocultos sob disfarces capazes de escapar tanto à penetração de assembleias escolhidas de homens como à do povo em geral. Os legislativos terão melhores meios de informação. Podem descobrir o perigo a distância; e, possuindo todos os órgãos do poder civil e a confiança do povo, podem adotar de imediato um plano regular de oposição, em que podem combinar todos os recursos da comunidade. Podem comunicar-se entre si prontamente em diferentes Estados e unir suas forças comuns para a proteção de sua liberdade comum.

A grande extensão do país é uma segurança adicional. Já experimentamos sua utilidade contra os ataques de um poder estrangeiro. E seu efeito seria precisamente o mesmo contra as tentativas de governantes ambiciosos nos conselhos nacionais. Se o exército federal for capaz de reprimir a resistência de um Estado, os mais distantes terão condições de resistir com novas forças. As vantagens obtidas num lugar teriam de ser abandonadas para a repressão da oposição em outros; e assim que a parte subjugada fosse deixada a si mesma, seus esforços se renovariam e sua resistência ressurgiria.

Cabe lembrar que a extensão da força militar deve ser regulada, em todas as circunstâncias, pelos recursos do país. Durante um longo tempo não será possível manter um grande exército; na medida em que os meios para isso crescerem, a população e a força natural da comunidade crescerão proporcionalmente. Quando chegará o tempo em que o governo federal poderá recrutar e manter um exército capaz de impor um despotismo sobre a grande maioria do povo de um imenso império, que tem condições de tomar, por intermédio de seus governos estaduais, medidas para sua própria defesa com toda a celeridade, regularidade e sistema de nações independentes? Tal temor deve ser visto como uma doença, pois não há cura para ele nos recursos da argumentação e da reflexão.

PUBLIUS [HAMILTON]

ARTIGO 29

Sobre a milícia

O poder de comandar a milícia e de requisitar seus serviços em tempos de insurreição e invasão são inerentes às funções de superintender a defesa comum e zelar pela paz interna da Confederação.

Não é preciso nenhuma perícia na ciência da guerra para discernir que a uniformidade na organização e disciplina da milícia produziria os mais benéficos efeitos sempre que ela fosse chamada a servir na defesa pública. Isso permitiria a seus membros desempenhar as tarefas do acampamento e da campanha com mútua inteligência e acordo, vantagem especialmente relevante nas operações de um exército; e lhes permitiria adquirir muito mais cedo em funções militares o grau de proficiência essencial a sua utilidade. Só é possível obter essa uniformidade desejável confiando o comando da milícia à direção da autoridade nacional. Portanto, é com a mais evidente propriedade que o plano da convenção propõe dar à União poder

> (...) para encarregar-se da organização, do armamento e disciplina da milícia, e do comando da parte dela que possa ser empregada a serviço dos Estados Unidos, reservando aos Estados respectivamente a designação dos oficiais e a autoridade de treinar a milícia segundo a disciplina prescrita pelo Congresso.

Entre as diferentes objeções feitas a este plano, nenhuma seria tão pouco esperada, ou é tão insustentável em si mesma, quanto aquela motivada por essa cláusula específica. Se uma milícia bem treinada é a defesa mais natural de um país livre, ela deve certamente estar sob o comando e à disposição daquela assembleia que foi constituída guardiã da segurança nacional. Se exércitos permanentes são perigosos para a liberdade, a entrega a essa mesma assembleia de um poder eficaz sobre a milícia deve, na medida do possível, afastar o estímulo e o pretexto para essas instituições hostis. Se o governo federal puder convocar a ajuda da milícia naquelas emergências que exigem o braço militar em apoio ao magistrado civil, terá mais condições de dispensar o emprego de um tipo diferente de força. Se não puder dispor da primeira, será obrigado a recorrer à segunda. Tornar o exército desnecessário será um método mais confiável de prevenir sua existência do que mil proibições no papel.

Para apresentar como odioso o poder de convocar a milícia para executar as leis da União, observou-se que em nenhum lugar da Constituição proposta há uma cláusula que preveja o recurso a uma *força civil* para ajudar o magistrado no exercício de sua função; disso se inferiu que aquela força militar estava destinada a ser seu único auxílio. Nas objeções que surgiram, por vezes até da mesma fonte, há uma incoerência flagrante, que não tende a inspirar uma opinião muito favorável sobre a sinceridade ou a lisura do procedimento de seus autores. As mesmas pessoas que nos dizem num momento que os poderes do governo federal serão despóticos e ilimitados informam-nos no seguinte que ele não tem autoridade suficiente sequer para convocar uma *força civil*. A segunda afirmação, felizmente, tem tanta verdade de menos quanto a primeira tem de mais. Duvidar de que o direito de aprovar todas as leis *necessárias* e *próprias* ao exercício de seus poderes expressos inclui o de requisitar a ajuda dos cidadãos aos funcionários que possam estar encarregados da execução de tais leis seria tão absurdo quanto acreditar que o direito de promulgar leis necessárias e próprias para a imposição e arrecadação de impostos envolveria o de alterar as regras de herança e alienação da propriedade rural, ou abolir julgamento por júri em casos relacionados com isso. Sendo, pois, evidente que a suposição de uma ausência de poder para requerer a ajuda de uma *força civil* é inteiramente desprovida de sentido, segue-se que a conclusão que dela se extraiu, em sua aplicação à autoridade do governo federal sobre a milícia, é tão tendenciosa quanto ilógica. Da simples existência da prerrogativa de utilizar essa força quando necessário, como se poderia inferir que ela estaria destinada a ser o único instrumento de poder? Que devemos pensar dos motivos que puderam induzir homens sensatos a raciocinar desta estranha maneira? Como poderemos evitar um conflito entre a caridade e a convicção?

Por um curioso refinamento do espírito de desconfiança republicano, chegam a nos recomendar cautela com relação à ameaça que adviria da própria milícia, estando ela nas mãos do governo federal. Observa-se que é possível formar corporações selecionadas, compostas por homens jovens e ardorosos, que podem ser postos a serviço dos desígnios de um poder arbitrário. É impossível prever que plano o governo nacional poderá adotar para o controle da milícia. Mas, longe de encarar a questão sob a mesma luz que esses que condenam corporações selecionadas como perigosas, se a Constituição tivesse sido ratificada e me coubesse expressar a algum membro do legislativo federal meus sentimentos sobre a questão do estabelecimento de uma milícia, eu lhe faria, essencialmente, o seguinte discurso:

> "O projeto de treinar toda a milícia dos Estados Unidos é tão fútil quanto seria danoso, se fosse possível levá-lo a cabo. Uma destreza razoável em movimentos militares é algo que demanda tempo e prática. Um dia, uma semana ou mesmo um mês não bastariam para tanto. Obrigar a grande maioria dos pequenos proprietários rurais e das outras classes de cidadãos a se mobilizar para fazer exercícios e evoluções militares sempre que precisem adquirir o grau de perfeição que lhes

conferiria a condição de uma milícia bem treinada seria uma verdadeira injustiça para com o povo e um grave inconveniente e prejuízo públicos. Isso produziria uma redução anual do trabalho produtivo que, calculando-se a partir da população atual, corresponderia a uma soma próxima de um milhão de libras. Tentar algo que reduziria o volume do trabalho e da atividade em tão considerável extensão seria insensato, e a experiência, se fosse feita, não poderia ter êxito, porque não poderia ser tolerada por muito tempo. Com relação às pessoas do povo em geral, não se pode pretender muito mais que tê-las adequadamente armadas e equipadas, e para que isso não seja negligenciado, será necessário reuni-las uma vez ou duas no curso de um ano.

Mas ainda que o esquema de dar treinamento a toda a nação deva ser abandonado como nocivo ou impraticável, é da máxima importância que se adote, o mais breve possível, um plano bem amadurecido para a adequada implantação da milícia. A atenção do governo deve se dirigir em particular para a formação de uma corporação seleta, de tamanho moderado, com base em princípios que realmente a preparem para servir em caso de necessidade. Circunscrevendo o plano desta forma, será possível ter uma excelente corporação de milicianos bem treinados, prontos para entrar em campanha sempre que a defesa do Estado o exigir. Isso não reduzirá a necessidade de corporações militares, mas, se as circunstâncias vierem a obrigar o governo em algum momento a formar um exército de qualquer magnitude, esse exército jamais será uma ameaça para as liberdades do povo enquanto houver um grande número de cidadãos, pouco ou nada inferiores a ele em treinamento e no uso de armas, prontos a defender os próprios direitos e os de seus concidadãos. Este me parece ser o único substituto concebível para um exército permanente e a melhor salvaguarda possível contra ele, se vier a existir."

É desse modo, tão diferente daquele dos adversários da Constituição proposta, que eu raciocinaria sobre o mesmo assunto, deduzindo razões de segurança das próprias fontes que eles apresentam como repletas de perigo e danação. Mas de que modo o legislativo nacional virá a pensar sobre esse ponto é coisa que nem eu nem eles podemos prever.

Há algo de tão forçado e extravagante na ideia de que a milícia representa uma ameaça à liberdade que ficamos sem saber se devemos tratá-la com gravidade ou com zombaria; se devemos considerá-la mera prova de habilidade, como os paradoxos dos retóricos; um artifício vil para instilar preconceitos a qualquer preço; ou um sério produto de fanatismo político. Em nome do bom senso, onde irão terminar nossos medos se não pudermos confiar em nossos filhos, irmãos, vizinhos e concidadãos? Que sombra de perigo podem representar homens que estão diariamente misturados ao resto de seus compatriotas e que partilham com eles dos mesmos sentimentos, atitudes, hábitos e interesses? Que causa razoável de temor pode representar a posse, pela União, do poder de determinar regulamentos para a milícia e de requisitar seus serviços quando necessário, enquanto aos diversos Estados caberá *única e exclusivamente a designação dos oficiais*? Se fosse possível alimentar seriamente uma desconfiança da milícia, maior que de qualquer instituição concebível submetida ao governo federal, a circunstância de serem os oficiais nomeados pelos Estados deveria extingui-la de imediato. Não pode haver dúvida de que essa circunstância sempre irá assegurar a eles uma influência preponderante sobre a milícia.

Ao ler muitas das publicações contra a Constituição, um homem pode imaginar que está folheando um conto ou romance mal escrito, que, em vez de imagens naturais e agradáveis, não exibe à mente senão formas amedrontadoras e deformadas — "Górgonas, Hidras e Quimeras horrendas" —, distorcendo e desfigurando tudo que representam, transformando em monstros tudo em que tocam.

Uma amostra disso pode ser observada nas sugestões exageradas e improváveis que foram feitas com relação ao poder de convocar os serviços da milícia. A milícia de New Hampshire deveria ser deslocada para a Geórgia, a da Geórgia para New Hampshire, a de Nova York para Kentucky, e a de Kentucky para Lake Champlain. Mais ainda, as dívidas com os franceses e os holandeses deveriam ser pagas em milicianos, em vez de luíses de ouro ou ducados. Num momento, prevê-se um grande exército que vai aniquilar as liberdades do povo; em outro, a milícia da Virgínia deve ser arrastada de casa por quinhentas ou seiscentas milhas para subjugar a contumácia republicana de Massachusetts; e a de Massachusetts deve ser deslocada por igual distância para reprimir a refratária arrogância dos aristocráticos virginianos. Será que as pessoas assim delirantes imaginam que sua arte ou sua eloquência pode impor ao povo da América, como verdade infalível, não importa que fantasia ou disparate?

Se fosse existir um exército para ser usado como instrumento de despotismo, que necessidade haveria de milícia? Se não fosse existir exército nenhum, quanto tempo levaria a milícia, irritada por ser convocada a empreender uma longa e exaustiva expedição a fim de libertar parte de seus compatriotas dos grilhões da submissão, para se dirigir à sede dos tiranos, responsáveis por esse projeto tão louco quanto perverso, para esmagá-los em suas supostas trincheiras de poder e transformá-los num exemplo da justa vingança de um povo ultrajado e enraivecido? É mesmo dessa forma que os usurpadores procuram implantar seu domínio sobre uma nação numerosa e esclarecida? Começam então por despertar ódio aos próprios instrumentos das usurpações que tramam? É costume deles iniciar sua carreira com brutais e repugnantes atos de poder, sem outro objetivo senão o de atrair sobre si a raiva e a execração universais? Suposições desse tipo serão mesmo sóbrias advertências de patriotas sagazes a um povo sagaz? Ou serão delírios inflamados de incendiários despeitados ou entusiastas destemperados? Mesmo que devêssemos supor que os governantes nacionais fossem movidos pela mais incontrolável ambição, é impossível acreditar que empregariam meios tão absurdos para alcançar seus objetivos.

Em tempos de insurreição, ou de invasão, seria natural e adequado que a milícia de um Estado fosse deslocada para um Estado vizinho, para resistir a um inimigo comum, ou para proteger a república contra a violência da facção ou da sedição. O primeiro caso foi frequente durante a última guerra; e este socorro mútuo é, de fato, a principal finalidade de nossa associação política. Se o poder de fornecê-lo estiver nas mãos da União, não haverá perigo de uma desatenção indolente e apática às ameaças que pairam sobre um vizinho, até que a chegada iminente do perigo adicione, aos fracos impulsos do dever e da solidariedade, os estímulos da autopreservação.

PUBLIUS [HAMILTON]

ARTIGO 30

Sobre a tributação

Já foi observado que o governo federal deve possuir o poder de assegurar a manutenção das forças nacionais; pretendeu-se incluir nesta proposição os custos da convocação de tropas, da construção e equipamento de frotas e todas as demais despesas de algum modo relacionadas a preparativos e operações militares. A jurisdição da União no tocante à receita não deve, porém, ficar restrita a tais fins. Deve conter dispositivos para a manutenção da lista civil nacional; para o pagamento das dívidas nacionais já contraídas ou a contrair; e, em geral, para o atendimento de todas aquelas matérias que exigirão desembolso do Tesouro nacional. A conclusão é que um poder geral de tributar, de uma maneira ou de outra, deve estar intimamente combinado à estrutura do governo.

O dinheiro é considerado, com razão, o princípio vital do corpo político; é o que lhe sustém a vida e os movimentos, permitindo-lhe desempenhar suas funções mais essenciais. Portanto, um poder pleno de obter um suprimento regular e adequado de receita, na medida em que os recursos da comunidade o permitam, pode ser encarado como um ingrediente indispensável de toda constituição. De uma deficiência neste particular, um de dois males pode decorrer: ou o povo ficará sujeito a uma contínua pilhagem, em lugar de um modo mais aceitável de suprir as necessidades públicas, ou o governo mergulhará numa atrofia fatal e, dentro de pouco tempo, perecerá.

No Império Otomano ou Turco, o soberano, embora seja em demais aspectos senhor absoluto da vida e das fortunas de seus súditos, não tem direito de lançar um novo imposto. A consequência é que ele permite aos paxás ou governadores das províncias pilhar o povo à vontade e, por sua vez, arranca deles as somas de que precisa para satisfazer às próprias exigências e às do Estado. Na América, por uma causa semelhante, o governo da União foi atingindo gradualmente um estado de decadência que quase o levou à aniquilação. Quem pode duvidar de que a felicidade do povo de ambos os países seria promovida se existissem, em mãos apropriadas, os poderes competentes de arrecadar as receitas exigidas pelas necessidades do público?

A atual Confederação, mesmo sendo tão débil, pretendeu confiar aos Estados Unidos um poder ilimitado de atender às necessidades pecuniárias da União. Mas, tendo partido de um princípio errôneo, foi elaborada de tal modo que frustrou inteiramente essa intenção. O Congresso, segundo os artigos que compõem esse pacto (como já foi dito), está autorizado a determinar e a requisitar quaisquer somas de dinheiro que julgue necessárias para o serviço dos Estados Unidos; e suas requisições, se estiverem de acordo com a regra da distribuição proporcional, são obrigatórias para os Estados em todos os sentidos constitucionais. Estes não têm nenhum direito de discutir a adequação da exigência; nenhum poder de decisão além do de encontrar formas e meios de fornecer as somas pedidas. Mas, embora as coisas sejam estrita e verdadeiramente assim, embora a admissão do direito de contestar tais requisições constitua uma infração dos artigos da União, embora tal direito raramente ou nunca tenha sido confessadamente reivindicado — na prática ele foi constantemente exercido e continuaria a sê-lo, enquanto as receitas da Confederação continuassem dependentes da atuação intermediária de seus membros. As consequências deste sistema, que todos conhecem bem, por menos versados que sejam nos assuntos públicos, foram abundantemente expostas em diferentes partes destas investigações. É isso que nos dá amplos motivos de mortificação, e a nossos inimigos, de triunfo.

Que remédio pode haver para tal situação, senão uma mudança do sistema que a produziu — uma mudança do sistema falacioso e ilusório das cotas e requisições? Que substituto pode ser imaginado para este fogo-fátuo das finanças senão a permissão para que o governo federal arrecade suas próprias receitas pelos métodos comuns de tributação autorizados em toda constituição bem ordenada de governo civil? Homens engenhosos conseguem discursar de modo plausível sobre qualquer assunto; mas nenhuma engenhosidade humana é capaz de apontar algum outro expediente para nos livrar dos inconvenientes e embaraços que resultam naturalmente dos suprimentos insuficientes do Tesouro público.

Os mais inteligentes adversários da nova Constituição admitem a força dessa argumentação, mas restringem essa admissão, distinguindo entre o que chamam de tributação *interna* e *externa*. A primeira eles reservariam aos governos estaduais; a segunda, que traduzem como impostos comerciais, ou antes, tarifas sobre artigos importados, eles se declaram dispostos a conceder ao governo federal. Essa distinção, contudo, violaria a máxima básica de bom senso e de política judiciosa, segundo a qual todo *poder* deve ser proporcional a sua *finalidade*; além disso, deixaria o governo geral sob uma espécie de tutela dos governos estaduais, incompatível com a própria ideia de força ou eficiência. Quem pode assegurar que impostos comerciais são, ou seriam, suficientes por si sós para atender às exigências presentes e futuras da União? Levando em conta a dívida existente, externa e interna, com base em qualquer plano de quitação que pudesse ser aprovado por um homem moderadamente imbuído da importância da justiça e do crédito público, além das instituições que todos os partidos admitirão ser necessárias, não poderíamos ter a ilusão de que apenas esses recursos, mesmo na escala mais ampliada, seriam suficientes sequer para atender a suas necessidades atuais. As necessidades futuras da União não permitem cálculo ou limite e, com base no princípio já evocado mais de uma vez, o poder de atender a tais necessidades, à medida que surjam, deve ser igualmente irrestrito. Julgo que se pode considerar uma posição afiançada pela história da humanidade que, *na marcha usual das coisas, as necessidades de uma nação, em cada etapa de sua existência, se mostrarão pelo menos iguais a seus recursos.*

Dizer que as carências podem ser supridas por requisições aos Estados é, por um lado, reconhecer que não se pode depender deste sistema, e, por outro, ficar na dependência dele para tudo que supere certo limite. Os que examinaram cuidadosamente seus vícios e deformidades, tal como exibidos pela experiência ou delineados ao longo destes ensaios, devem sentir uma invencível repugnância a confiar os interesses nacionais a sua operação, em qualquer grau. Sua tendência inevitável, sempre que ele entra em atividade, é enfraquecer a União e semear os germes da discórdia e da luta entre o governo federal e seus membros e entre os próprios membros. Pode-se esperar que essa forma supra as insuficiências de receita melhor do que até hoje supriu as necessidades da União? É preciso lembrar que, se serão feitas menos exigências aos Estados, eles terão proporcionalmente menos recursos para atender à demanda. Se as opiniões dos que insistem na distinção mencionada devessem ser recebidas como prova da verdade, seríamos levados a concluir que na economia dos assuntos nacionais há um certo ponto conhecido em que seria seguro parar e dizer: até aqui os fins da felicidade pública serão promovidos atendendo-se às necessidades do governo; tudo o que se situa daqui para a frente não merece nosso cuidado ou preocupação. Como é possível que um governo apenas semiassistido e sempre necessitado possa cumprir as finalidades de sua instituição, possa prover a segurança, favorecer a prosperidade ou sustentar a reputação da comunidade? Como pode possuir energia, estabilidade, dignidade ou crédito em casa ou respeitabilidade no exterior? Como pode sua administração ser outra coisa senão uma sucessão de expedientes contemporizadores, impotentes, vergonhosos? Como será ele capaz de evitar o frequente sacrifício de seus compromissos à necessidade imediata? Como poderá empreender ou executar quaisquer planos, liberais ou amplos, para o bem público?

Examinemos quais seriam os efeitos dessa situação já na primeira guerra em que nos engajássemos. Presumo, para fins da argumentação, que a receita originada dos impostos atende aos fins de uma provisão da dívida pública e de uma ordem pacífica da União. Nessas circunstâncias, eclode uma guerra. Qual seria a conduta provável do governo em tal emergência? Uma vez que a experiência nos ensinou que não se poderia contar com o sucesso de requisições, incapacitado de obter novos recursos com sua própria autoridade, e pressionado por considerações de segurança pública, não seria ele levado ao expediente de desviar para a defesa do Estado fundos já apropriados? Não é fácil ver como um passo desse tipo poderia ser evitado; e se ele fosse dado, é evidente que o crédito público estaria destruído no próprio momento em que se tornava essencial para a segurança coletiva. É o máximo da insensatez imaginar que numa crise assim seria possível dispensar o crédito. No sistema moderno de guerra, as nações mais abastadas são obrigadas a contrair grandes empréstimos, e um país tão pouco opulento como o nosso deverá sentir essa necessidade em grau muito mais forte. Mas quem se disporia a emprestar a um governo que prefaciasse suas conversações preliminares ao pedido de empréstimo com uma demonstração de que nenhuma confiança pode ser depositada na estabilidade de suas medidas para o pagamento? Os empréstimos que conseguiria obter seriam tão limitados em sua extensão quanto onerosos em suas condições. Teriam os mesmos moldes daqueles que os usurários fazem a devedores falidos ou fraudulentos — magros e a juros enormes.

Talvez se possa imaginar que, dada a escassez dos recursos do país, haveria, no caso imaginado, necessidade de desviar fundos estabelecidos, mesmo que o governo nacional tivesse um poder irrestrito para cobrar tributos. Duas considerações, porém, serão suficientes para aplacar todos os temores a este respeito: uma é que temos certeza de que os recursos da comunidade, em toda sua extensão, seriam mobilizados em benefício da União; a outra é que quaisquer carências que possam ocorrer poderão ser supridas sem dificuldade por meio de empréstimos.

O poder de criar, por sua própria autoridade, novos fundos a partir de novos objetos de tributação capacitaria o governo nacional a fazer todos os empréstimos que suas necessidades exigissem. Nesse caso, os estrangeiros, assim como os cidadãos da América, teriam bons motivos para confiar no cumprimento de seus compromissos; mas depender de um governo que é ele próprio obrigado a depender de outros 13 governos para obter meios para cumprir seus contratos exigiria, a partir do momento em que essa situação estivesse claramente compreendida, um grau de credulidade que raras vezes pode ser encontrado nas transações pecuniárias da humanidade, e é pouco compatível com a costumeira perspicácia da avareza.

Reflexões desse tipo talvez tenham pouco peso para homens que esperam ver realizadas na América as cenas alciônicas da idade poética ou lendária; porém, para os que acreditam que provavelmente experimentaremos uma cota comum das vicissitudes e calamidades que couberam a outras nações, elas devem parecer merecedoras de séria atenção. Tais homens devem contemplar a situação atual do país com aflita atenção e condenar os males que a ambição ou a vingança podem, com excessiva facilidade, lançar sobre ele.

PUBLIUS [HAMILTON]

ARTIGO 31

Desenvolvimento do tema

Em todo tipo de investigação há certas verdades fundamentais, ou princípios primeiros, de que devem depender todos os raciocínios subsequentes. Elas têm uma evidência interna que inspira o assentimento da mente, antes de toda reflexão ou combinação. Quando não produzem esse efeito, isso decorre de uma desordem dos órgãos da percepção, ou da influência de um forte interesse, paixão ou preconceito. São dessa natureza as máximas da geometria, segundo as quais o todo é maior que suas partes; coisas iguais a uma mesma coisa são iguais entre si; duas linhas retas não podem encerrar um espaço; e todos os ângulos retos são iguais entre si. Dessa mesma natureza são as máximas da ética e da política, segundo as quais não pode haver efeito sem causa; os meios devem ser proporcionais aos fins; todo poder deve ser coextensivo a sua finalidade; nenhum limite deve ser imposto a um poder destinado a cumprir uma finalidade que não é ela própria passível de limitação. E há nestas duas últimas ciências outras verdades que, ainda que não possam pretender figurar na classe dos axiomas, são inferências tão diretas deles, e tão óbvias em si mesmas, e tão agradáveis aos ditames naturais e simples do senso comum, que se impõem a uma mente judiciosa e imparcial com um grau de força e convicção quase igualmente irresistível.

Os objetos da investigação geométrica estão tão completamente dissociados das atividades que despertam e põem em movimento as ingovernáveis paixões do coração humano que a humanidade adota sem dificuldade não só os teoremas mais simples dessa ciência, mas até aqueles paradoxos abstrusos que, embora possam se mostrar suscetíveis de demonstração, estão em desacordo com as concepções naturais que a mente, sem a ajuda da filosofia, seria conduzida a formar sobre o assunto. A *divisibilidade infinita* da matéria, ou, em outras palavras, a divisibilidade *infinita* de algo *finito*, que se estende até o mais minúsculo átomo, é um ponto em que os geômetras concordam, embora seja tão incompreensível ao senso comum quanto quaisquer daqueles mistérios da religião, contra os quais as baterias da descrença foram tão diligentemente apontadas.

Nas ciências da moral e da política, entretanto, os homens se mostram bem menos maleáveis. Até certo grau é correto e útil que seja assim. Cautela e exame são uma armadura necessária contra o erro e o abuso. Mas essa pouca maleabilidade pode ser levada longe demais e degenerar em obstinação, teimosia ou má-fé. Embora não se possa pretender que os princípios do conhecimento moral e político tenham, em geral, o mesmo grau de certeza que os da matemática, eles têm muito mais direitos nesse plano do que poderíamos julgar a partir da conduta dos homens nas situações particulares em que deveríamos estar dispostos a acatá-los. A obscuridade está com mais frequência nas paixões e nos preconceitos de quem reflete na questão em si mesma. Os homens, o mais das vezes, em lugar de permitirem que seu entendimento opere corretamente, deixam-se levar por tendências renitentes e acabam se enredando em palavras e se deixando confundir por astúcias.

De que outro modo explicar (admitindo que a objeção é sincera) que posições tão claras como as que manifestam a necessidade de conferir um poder geral de tributação ao governo da União devessem encontrar adversários entre homens de discernimento? Embora essas posições já tenham sido plenamente expostas em outro lugar, talvez não seja inadequado recapitulá-las aqui, como introdução a um exame do que pode ser apresentado como objeção a elas. Em substância, são as seguintes:

> Um governo deve conter em si mesmo todo o poder necessário à plena realização das finalidades que lhe foram atribuídas e à completa

execução dos encargos que lhe foram confiados, livre de qualquer controle além da consideração pelo bem público e pela opinião do povo.

Como os deveres de superintender a defesa nacional e de assegurar a paz pública contra a violência externa ou doméstica envolve medidas relacionadas a desastres e perigos a que não é possível atribuir nenhum limite, o poder de tomar tais providências não deve conhecer outros limites que não as exigências da nação e os recursos da comunidade.

Como a receita é o principal instrumento que permite atender às exigências nacionais, o poder de obter esse item deve estar compreendido, em sua plena extensão, no de tomar medidas em face daquelas exigências.

Como a teoria e a prática conspiram para provar que o poder de obter receita é inútil quando exercido sobre os Estados como coletividades, o governo federal deve necessariamente ser investido de um poder irrestrito de cobrar impostos segundo os modos usuais.

Se a experiência não provasse o contrário, seria natural concluir pela possibilidade de deixar que a adequação de um poder geral de tributar conferido ao governo nacional se fundasse na evidência dessas proposições, sem a necessidade de argumentos ou exemplos adicionais. De fato, porém, constatamos que os adversários da Constituição proposta, longe de admitir sua correção ou verdade, parecem fazer desta parte do plano o alvo de seus maiores e mais ferrenhos ataques. Portanto, talvez convenha analisar os argumentos com que eles a combatem.

Aqueles que mais insistiram nessa ideia parecem dizer, em essência, o seguinte:

> "Não é verdade que, por não serem as exigências da União suscetíveis de limitação, seu poder de criar impostos deva ser igualmente irrestrito. A receita é uma condição tanto para as finalidades da administração local como para as da União; e, para a felicidade do povo, as primeiras são pelo menos tão importantes quanto as segundas. Os governos estaduais devem, portanto, ter o mesmo controle dos meios de atender a suas necessidades que o governo federal, neste caso em relação às necessidades da União. Um poder ilimitado de tributar em mãos desta, porém, poderia — e provavelmente acabaria por fazê-lo — privar os primeiros dos meios de atender às próprias necessidades e pô-los inteiramente à mercê do legislativo nacional. Como as leis da União deverão se tornar a lei suprema do país, como o governo nacional deverá ter o poder de aprovar todas as

leis que possam ser necessárias para pôr em execução os poderes de que se pretende investi-lo, ele poderá a qualquer momento abolir os impostos cobrados para fins estaduais, sob o pretexto de uma interferência em seus próprios. Poderá alegar, como razão para isso, a necessidade de fortalecer as receitas nacionais. Assim, todos os recursos provenientes de tributação poderiam tornar-se gradualmente objetos de monopólio federal, com a total exclusão dos governos estaduais e sua destruição."

Essa forma de raciocínio parece, algumas vezes, girar em torno da suposição de usurpação por parte do governo nacional; em outras, parece pretender ser unicamente uma dedução a partir do funcionamento constitucional dos poderes que se pretende conferir a ele. Somente à luz desta segunda hipótese podemos admitir que tenha alguma pretensão à imparcialidade. A partir do momento em que nos entregamos a conjecturas sobre a prática de usurpações pelo governo federal, penetramos num abismo insondável e nos colocamos decididamente fora do alcance de qualquer argumentação. A imaginação pode voar a seu bel-prazer, até ficar desnorteada em meio aos labirintos de um castelo encantado, sem saber para que lado se voltar para escapar aos espectros que ela mesma criou. Sejam quais forem os limites ou modificações dos poderes da União, é fácil imaginar uma sequência interminável de perigos possíveis; e, entregando-nos a um excesso de desconfiança e temor, podemos nos deixar levar a um estado de absoluto ceticismo e indecisão. Repito aqui, em essência, o comentário que fiz em outro lugar, de que todas as observações fundadas no risco da usurpação devem ser referidas à composição e estrutura do governo, não à natureza ou extensão de seus poderes. Os governos estaduais estão investidos, por suas constituições originais, de completa soberania. Que salvaguardas temos contra usurpações nesse plano? Sem dúvida, o modo como esses governos se formam, e a devida dependência que aqueles que o administram têm do povo. Se, mediante um exame imparcial, for considerado que a estrutura proposta para o governo federal fornece em medida adequada a mesma espécie de segurança, todos os temores ligados a usurpações deverão ser descartados.

É preciso não esquecer que uma disposição dos governos estaduais para violar os direitos da União é tão provável quanto uma disposição da União para violar os direitos dos governos estaduais. O lado que tenderá a prevalecer em tal conflito é algo que dependerá dos meios que as partes em conflito possam empregar para assegurar seu sucesso. Uma vez que nas repúblicas a força está sempre do lado do povo, e como há razões de peso para acreditar que os governos estaduais possuirão em geral maior influência sobre o povo, a conclusão natural é que a União terá menos possibilidades de vencer essas disputas; e que há maior probabilidade de violações dos direitos do governo federal pelos membros do que dos direitos dos membros pelo governo federal. É evidente, porém, que todas as conjecturas desse tipo não podem deixar de ser extremamente vagas e falíveis e que o procedimento mais seguro é, de longe, deixá-las inteiramente de lado e concentrar toda nossa atenção na natureza e extensão dos poderes tais como estão delineados na Constituição. Tudo o mais deve ser confiado à prudência e à firmeza do povo, do qual esperamos que, como estará segurando a balança em suas próprias mãos, cuide sempre de preservar o equilíbrio constitucional entre o governo geral e os governos estaduais. Sobre tal base, que é evidentemente a verdadeira, não será difícil eliminar as objeções à posse de um poder ilimitado de tributação pelos Estados Unidos.

PUBLIUS [HAMILTON]

ARTIGO 32

Desenvolvimento do tema

Na minha opinião, não haveria nenhum perigo real de se produzirem as consequências que se parecem temer, para os governos estaduais, de um poder da União controlá-los na arrecadação de dinheiro. Isso porque estou certo de que a opinião popular, o extremo risco de provocar os ressentimentos dos governos estaduais e uma convicção da utilidade e necessidade de administrações locais para finalidades locais formariam uma barreira absoluta contra o uso opressivo de tal poder. Mesmo assim, estou disposto a admitir aqui, em sua plenitude, a justeza da argumentação que pleiteia para os Estados individuais uma autoridade independente e incontrolável de arrecadar as próprias receitas para o atendimento das próprias necessidades. Ao fazer essa concessão, afirmo que, pelo plano da convenção, eles conservariam esse poder no sentido mais absoluto e irrestrito (com a única exceção das tarifas sobre artigos importados e exportados); e que uma tentativa do governo nacional de limitá-los no exercício dessa prerrogativa seria uma violenta usurpação, não caucionada por nenhum artigo ou cláusula da Constituição.

A total consolidação dos Estados numa plena soberania nacional implicaria uma total subordinação das partes; e todos os poderes que elas possam conservar ficariam inteiramente dependentes da vontade geral. Mas, como o plano da convenção visa apenas a uma união ou consolidação parcial, os governos estaduais conservariam claramente todos os direitos de soberania que tinham antes e que esse mesmo ato não delegue *exclusivamente* aos Estados Unidos. Essa delegação exclusiva, ou antes essa alienação da soberania dos Estados, só existiria em três circunstâncias: aquelas em que a Constituição assegura expressamente um poder exclusivo à União; aquelas em que, num caso, assegura um poder à União e, em outro, proíbe os Estados de exercer um poder similar; e aquelas em que assegura à União um poder com o qual a posse de poder similar pelos Estados seria total e absolutamente *contraditória* e *incompatível*. Emprego esses termos para distinguir este último caso de outro que lhe é aparentemente assemelhado, mas que, de fato, seria essencialmente diferente; refiro-me àqueles em que o exercício de uma jurisdição simultânea pode gerar interferências ocasionais na *linha de ação* de algum ramo da administração, não implicando, porém, nenhuma contradição ou incompatibilidade direta no tocante à autoridade constitucional. Alguns exemplos esclarecem estes três casos de jurisdição exclusiva do governo federal. A penúltima cláusula da oitava seção do artigo primeiro estipula expressamente que o Congresso deve exercer "*legislação exclusiva*" sobre o distrito que será apropriado para servir de sede do governo. Isso corresponde ao primeiro caso. A primeira cláusula da mesma seção dá ao Congresso o poder "*de lançar e coletar taxas, tarifas e impostos*", e a segunda cláusula da décima seção do mesmo artigo declara que "*nenhum Estado lançará*, sem o consentimento do Congresso, *quaisquer impostos ou tarifas sobre artigos importados ou exportados*, exceto para o propósito de executar suas leis de inspeção". Disso resultaria um poder exclusivo da União de lançar tarifas sobre mercadorias importadas e exportadas, com a exceção particular mencionada; esse poder, porém, é limitado por outra cláusula, que declara que nenhum imposto ou tarifa deve ser lançado sobre artigos exportados de nenhum Estado, restrição em consequência da qual ele passa a abranger apenas *tarifas sobre artigos importados*. Isso corresponde ao segundo caso. O terceiro será encontrado naquela cláusula que declara que o Congresso terá o poder "de estabelecer uma *norma uniforme* de naturalização na totalidade dos Estados Unidos". Isso tem de ser necessariamente exclusivo, porque se cada Estado tivesse o poder de estabelecer uma *norma distinta* não poderia haver uma *norma uniforme*.

Um caso aparentemente análogo a este último, mas que é de fato muito diverso, liga-se à questão que passaremos a considerar. Refiro-me ao poder de lançar impostos sobre todos os artigos que não os exportados e importados. Este, eu afirmo, é manifestamente um poder simultâneo e igual dos Estados Unidos e dos Estados individuais. Na cláusula de concessão não há simplesmente nenhuma expressão que torne esse poder *exclusivo* da União. Nenhuma cláusula ou sentença independente que proíba os Estados de exercê-lo. Longe disso, um argumento claro e conclusivo no sentido contrário pode ser deduzido da restrição aos Estados com relação a tarifas sobre artigos importados e exportados. Essa restrição implica a admissão de que, caso ela não tivesse sido inserida, os Estados teriam o poder que ela exclui; e implica a admissão adicional de que a autoridade dos Estados permanece inalterada no tocante a todos os demais impostos. Entendida de qualquer outro modo, essa restrição seria ao mesmo tempo desnecessária e perigosa; desnecessária porque se a atribuição à União de um poder de lançar tais tarifas implicasse a exclusão dos Estados, ou mesmo sua subordinação neste particular, ela seria inteiramente supérflua; perigosa porque sua introdução leva diretamente à conclusão mencionada — a qual, se o raciocínio dos opositores estiver correto, não poderia ter sido pretendida —, isto é, a de que os Estados teriam, em todos os casos a que a restrição não se aplica, um poder de tributar simultâneo ao da União. A restrição em questão corresponde ao que os juristas chamam de um *negativo produtivo* — ou seja, a *negação* de uma coisa e a *afirmação* de outra: nega o poder dos Estados de impor tarifas sobre artigos importados e exportados e afirma seu poder de impô-las a todos os demais artigos. Seria mero sofisma argumentar que se pretendeu excluí-los *absolutamente* da imposição de tarifas do primeiro tipo e deixá-los livres para lançar outras, *sujeitas ao controle* do legislativo nacional. A cláusula restritiva ou proibitória diz apenas que eles não deverão lançar tais tarifas *sem o consentimento do Congresso*; e se fôssemos entender isso no último sentido mencionado, teríamos de constatar que a Constituição introduziu uma cláusula formal visando a uma conclusão bastante absurda: a de que os Estados, *com o consentimento* do legislativo nacional, podem tributar artigos importados e exportados, e de que podem tributar qualquer outro artigo *a menos que sejam controlados* pelo mesmo legislativo. Se a intenção fosse essa, por que ela não foi incluída de imediato no que se pretende ser a ação natural da cláusula original, conferindo um poder geral de tributação à União? É evidente que a intenção não teria podido ser esta, e não cabe uma interpretação desse tipo.

No tocante a uma suposta incompatibilidade entre o poder de tributação dos Estados e da União, ela não pode ser afirmada no sentido que justificaria uma exclusão dos Estados. De fato, é possível que um Estado lance sobre dado artigo um imposto que tornaria *inoportuna* a cobrança de um imposto adicional sobre o mesmo artigo pela União; isso não implicaria, porém, uma incapacidade constitucional de impor um novo imposto. O valor do tributo, a conveniência ou inconveniência de um aumento de um lado e de outro seriam questões de prudência de parte a parte; não envolveriam, porém, nenhuma contradição direta de poder. A política particular dos sistemas de finanças nacional e estaduais pode não coincidir exatamente aqui e ali, e pode exigir tolerância recíproca. Isso, aliás, não é uma mera possibilidade, nem deriva de um exercício inconveniente dos poderes. É uma incompatibilidade constitucional imediata, que poderia implicar a alienação e extinção de um direito preexistente de soberania.

A necessidade de jurisdições simultâneas resulta em certos casos da divisão do poder soberano; e a regra pela qual os Estados conservam todos os poderes de que não são explicitamente destituídos em favor da União não é mera consequência teórica dessa divisão. É claramente admitida por todo o teor do instrumento que contém os artigos da Constituição proposta. Não obstante as afirmações positivas de poderes gerais, ali verificamos que nos casos em que se considerava impróprio que os Estados detivessem poderes semelhantes houve o mais evidente cuidado de inserir cláusulas negativas, proibindo-os de exercê-los. A décima seção do artigo primeiro é inteiramente composta de medidas desse tipo. Essa circunstância, que é um claro indicador da prudência da convenção, fornece uma regra de interpretação para o conjunto do ato. Ela justifica a posição que apresentei e refuta todas as hipóteses contrárias.

PUBLIUS [HAMILTON]

ARTIGO 33

Desenvolvimento do tema

Os demais argumentos contra os dispositivos da Constituição referentes à tributação prendem-se às seguintes cláusulas. A última cláusula da oitava seção do artigo primeiro autoriza o legislativo nacional

> (...) a fazer todas as leis necessárias e próprias para pôr em execução os poderes de que a Constituição investiu o governo dos Estados Unidos, ou qualquer de seus setores ou servidores.

E a segunda cláusula do artigo sexto declara que

> (...) a Constituição e as leis dos Estados Unidos feitas em conformidade com ela e os tratados feitos por sua autoridade serão a lei suprema do país, a despeito de qualquer disposição em contrário na constituição ou nas leis de qualquer Estado.

Estas duas cláusulas deram origem a muita invectiva virulenta e discursos petulantes contra a Constituição proposta. Foram exibidas para o povo, com todas as cores exageradas da deformação, como instrumentos perniciosos com que seus governos locais seriam destruídos, e suas liberdades, extintas; como monstro hediondo cujas mandíbulas devoradoras não poupariam sexo nem idade, alto nem baixo, sagrado nem profano; contudo, por estranho que pareça, após tanto clamor, aqueles que não a contemplam sob a mesma luz podem afirmar com plena certeza que o funcionamento constitucional do governo pretendido seria precisamente o mesmo, quer estas cláusulas fossem inteiramente eliminadas, quer fossem reiteradas em cada artigo. Elas apenas enunciam uma verdade que teria existido por implicação necessária e inevitável do próprio ato de constituir um governo federal e de dotá-lo de poderes específicos. É uma proposição tão evidente que nem a própria moderação pode dar muita atenção aos vitupérios tão copiosamente lançados contra esta parte do plano sem emoções que perturbem sua equanimidade.

Que é um poder senão a capacidade ou faculdade de fazer algo? Que é a capacidade de fazer algo senão o poder de empregar os *meios* necessários a sua execução? Que é um poder *legislativo* senão um poder de fazer *leis*? Quais são os *meios* para executar um poder *legislativo* senão *leis*? Que é o poder de lançar e coletar tributos senão um *poder legislativo*, ou um poder de *fazer leis* para lançar e coletar tributos? Quais são os meios próprios para executar tal poder senão leis *necessárias* e *próprias*?

Esse simples encadeamento de perguntas nos fornece de imediato uma prova da verdadeira natureza da cláusula que se condena. Conduz-nos à verdade palpável de que o poder de lançar e coletar impostos tem de ser o poder de aprovar todas as leis *necessárias* e *próprias* para sua execução; e o que faz o infeliz e caluniado dispositivo em questão senão declarar essa mesma verdade, isto é, que o legislativo nacional, a quem o poder de lançar e coletar impostos foi previamente atribuído, pode, na execução desse poder, aprovar todas as leis *necessárias* e *próprias* para tanto? Aplico essas observações particularmente ao poder de tributar, pois este é o tema de que trataremos em seguida e é o mais importante dos poderes que se pretende conferir à União. O mesmo processo, porém, levará a igual resultado em relação a todos os outros poderes declarados na Constituição. E é *expressamente* para executar esses poderes que a cláusula abrangente, como foi artificialmente chamada, autoriza o legislativo nacional a aprovar todas as leis *necessárias* e *próprias*. Se deve haver alguma exceção, cabe procurá-la nos poderes específicos a que esta declaração geral se aplica. A declaração, em si mesma, pode no máximo ser acusada de tautologia ou redundância, mas é absolutamente inofensiva.

No entanto, a *desconfiança* pode nos levar a perguntar: neste caso, por que foi introduzida? A resposta é que isso só pode ter sido feito para dar maior proteção, como defesa contra todas as sutilezas capciosas dos que poderiam mais tarde sentir-se propensos a reduzir ou eludir os legítimos poderes da União. A convenção provavelmente previu o que estes artigos estão pretendendo inculcar acima de tudo: que o maior perigo que ameaça nossa felicidade política é que os governos estaduais acabem por solapar os fundamentos da União; por isso os membros da convenção podem ter julgado necessário, em ponto tão essencial, não deixar margem a interpretação. Qualquer que tenha sido seu motivo, a sabedoria da precaução fica evidenciada pelo clamor que se ergueu contra ela; pois, por si mesmo, ele trai a disposição ao pôr em dúvida a grande e essencial verdade que esse dispositivo pretende manifestamente afirmar.

Mas pode-se perguntar ainda: a quem compete julgar a *necessidade* e *propriedade* das leis a serem promulgadas para a execução dos poderes da União? Respondo, em primeiro lugar, que essa questão surge tanto do simples reconhecimento desses poderes como da cláusula declaratória; em segundo lugar, respondo que o governo nacional, como qualquer outro, deve ser o juiz em primeira instância do exercício próprio de seus poderes, e, em segunda, seus membros. Se o governo federal violar os justos limites de sua autoridade e fizer um uso tirânico de seus poderes, o povo, do qual ele é produto, deve recorrer ao padrão que estabeleceu e tomar as medidas que a necessidade possa sugerir, e a prudência, justificar, para reparar o dano feito à Constituição. A conveniência de uma lei, a uma luz constitucional, deve ser sempre determinada pela natureza dos poderes em que ela se funda. Suponhamos que, com base numa falsa interpretação de sua autoridade (que, de fato, não pode ser facilmente imaginada), o legislativo federal tentasse alterar a lei de herança em certo Estado; não seria evidente que, ao tentá-lo, estaria escapando de sua jurisdição, invadindo a daquele Estado? Suponhamos novamente que, a pretexto de uma interferência em suas receitas, ele tentasse revogar um imposto sobre a terra lançado pela autoridade de um Estado; não seria igualmente evidente que isso seria uma invasão dessa jurisdição paralela com relação a esse tipo de imposto, claramente atribuído pela Constituição aos governos estaduais? Se em algum momento surgir uma dúvida sobre tal ponto, a responsabilidade será toda daqueles opositores que, no zelo imprudente de sua animosidade contra o plano da Constituição, empenharam-se em envolvê-lo numa nuvem destinada a obscurecer as verdades mais claras e simples.

Diz-se, porém, que as leis da União deverão ser a *lei suprema* de um país. Que inferir disso? De que valeriam essas leis se não devessem ser supremas? É evidente que não valeriam nada. Uma *lei*, pelo próprio sentido da palavra, inclui supremacia. É uma regra que aqueles a quem é prescrita são obrigados a observar. Isso resulta de toda associação política. Se indivíduos formam uma sociedade, as leis dessa sociedade devem ser o regulador supremo de sua conduta. Se algumas sociedades políticas formam uma sociedade política maior, as leis que esta última possa promulgar, segundo os poderes a ela atribuídos por sua constituição, devem ser necessariamente supremas em relação àquela sociedade e aos indivíduos que a compõem. Do contrário seria um mero tratado, dependente da boa-fé das partes, e não um governo, que é apenas outra palavra para *poder e supremacia políticos*. Desta doutrina não decorre, porém, que atos da sociedade mais ampla, em desacordo com seus poderes constitucionais, atos que constituam violações das autoridades conservadas pelas sociedades menores, se tornarão lei suprema. Serão meros atos de usurpação, e como tais merecerão ser tratados. Percebemos, portanto, que a cláusula que declara a supremacia das leis da União, como aquela outra que acabamos de considerar, expressa simplesmente uma verdade que decorre imediata e necessariamente da instituição de um governo federal. Não me furtei, presumo, a observar que ela limita *expressamente* essa supremacia a leis feitas *em conformidade com a Constituição*, e o fiz apenas para ressaltar a prudência da convenção, já que essa limitação estaria presente, mesmo que não tivesse sido expressa.

Assim, ainda que leis para lançar impostos para uso dos Estados Unidos sejam supremas por natureza, não podendo ser legalmente contestadas ou restringidas, uma lei que anulasse ou impedisse a arrecadação de um imposto lançado pela autoridade de um Estado (exceto sobre artigos importados e exportados) não seria a lei suprema do país, mas a usurpação de um poder não assegurado pela Constituição. Uma vez que um acúmulo inadequado de impostos sobre um mesmo item pode tornar a arrecadação difícil ou precária, isso seria um inconveniente mútuo, fruto não de excesso ou de falta de poder de um lado ou de outro, mas do exercício não judicioso do poder por um ou outro, de maneira igualmente desvantajosa para ambos. Podemos esperar e supor, contudo, que o interesse mútuo ditaria a esse respeito um acordo que evitaria quaisquer inconvenientes materiais. O que se infere do conjunto é que, sob a Constituição proposta, os Estados individuais conservariam um poder independente e ilimitável de angariar receita em qualquer volume de que possam necessitar, mediante todo tipo de imposto, exceto tarifas sobre artigos importados e exportados. O próximo artigo mostrará que essa *jurisdição simultânea* no tocante à tributação era o único substituto admissível para uma subordinação completa, com relação a essa área de poder, da autoridade dos Estados à da União.

PUBLIUS [HAMILTON]

ARTIGO 34

Desenvolvimento do tema

Espero ter demonstrado claramente em meu último artigo que os vários Estados, sob a Constituição proposta, teriam autoridade *igual* à da União no tocante à receita, exceto com relação a tarifas sobre artigos importados e exportados. Isso deixa aberta para os Estados, de longe, a maior parte dos recursos da comunidade. Logo, não pode haver nenhum fundamento para a afirmação de que eles não possuiriam meios tão abundantes quanto seria desejável para atender às próprias necessidades, livres de todo controle externo. Que o campo é suficientemente amplo ficará mais evidente quando passarmos a expor a parcela insignificante das despesas públicas que caberá aos governos dos Estados prover.

Afirmar, com base em princípios abstratos, que essa autoridade coordenada não pode existir seria jogar teoria e suposição contra fato e realidade. Por mais corretos que sejam os argumentos que visam mostrar que uma coisa *não deve existir*, eles devem ser inteiramente rejeitados quando se tenta utilizá-los para contrariar a evidência mesma do fato. É bem sabido que, na república romana, o poder legislativo pertenceu durante séculos, em última análise, a dois diferentes corpos políticos — não como câmaras do mesmo legislativo, mas como dois legislativos distintos e independentes, em cada um dos quais prevalecia um interesse oposto: em um, o patrício; no outro, o plebeu. Muitos argumentos podem ter sido apresentados para provar a inadequação de duas autoridades aparentemente tão contraditórias, detendo cada uma o poder de *anular* ou *revogar* os atos da outra. Mas um romano que tivesse tentado condenar sua existência teria sido considerado um desvairado. Já se terá compreendido que me refiro ao *comitia centuriata* e ao *comitia tributa*. O primeiro era organizado de modo a dar superioridade ao interesse patrício; no segundo, em que prevalecia a quantidade, o interesse plebeu tinha total predomínio. No entanto, esses dois legislativos coexistiram durante séculos, e a república romana atingiu o pináculo da grandeza humana.

No caso particular em consideração, não existe a contradição que aparece no exemplo citado; nenhum dos lados tem o poder de anular os atos do outro. Além disso, há na prática pouca razão para temer qualquer inconveniente, pois dentro de pouco tempo as necessidades dos Estados irão se reduzir naturalmente a um *âmbito muito estreito* e, nesse ínterim, os Estados Unidos vão com toda a probabilidade julgar conveniente abster-se daqueles itens a que os vários Estados tenderiam a recorrer.

Para formar um juízo mais preciso dos verdadeiros méritos desta questão, convém atentar para a proporção existente entre as finalidades que vão exigir uma provisão federal no tocante à receita e as que exigirão a provisão dos Estados. Verificaremos que as primeiras são inteiramente ilimitadas, e as segundas estão circunscritas a limites muito moderados. Ao desenvolver esta investigação, tenhamos em mente que não devemos restringir nossa visão ao período atual, mas voltar os olhos para o futuro remoto. Constituições de governos civis não devem ser moldadas com base na avaliação das exigências atuais, e sim numa combinação destas com as exigências prováveis de vários séculos, segundo a marcha natural e comprovada das atividades humanas. Nada, portanto, pode ser mais falacioso que inferir de uma estimativa das necessidades imediatas a extensão de qualquer poder a ser adequadamente atribuído ao governo nacional. É preciso haver uma *competência* para fazer face a contingências que possam surgir no futuro; e como estas são ilimitáveis por natureza, é impossível limitar tal competência. Talvez seja verdade que se poderia calcular com bastante exatidão a quantidade de receita necessária para quitar as dívidas pendentes da União e para manter aquelas instituições que, por um certo período, seriam suficientes em tempo de paz. Seria sensato ou rematada loucura parar nesse ponto, deixando o governo encarregado de zelar pela defesa nacional num estado de absoluta incapacidade de assegurar a proteção da comunidade contra futuras violações da paz pública por guerra externa ou convulsões domésticas? Se somos obrigados a ir além desse ponto, onde poderemos parar, a não ser num poder indefinido de atender às emergências que possam surgir? Embora seja fácil afirmar em termos gerais que é possível formar uma ideia plausível da devida preparação contra perigos prováveis, podemos desafiar com toda a segurança os que fazem essa afirmação a apresentar seus dados. Temos certeza de que estes se revelariam tão vagos e duvidosos quanto os que se poderiam apresentar para estabelecer a duração provável do mundo. Não podemos dar peso a observações que se limitam a meras perspectivas de ataques internos, embora mesmo estas não sejam passíveis de cálculo satisfatório; todavia, se quisermos ser um povo comercial, deve fazer parte de nossa política a capacidade de um dia defender esse comércio. A manutenção de uma marinha e de guerras navais envolve contingências que frustrarão todos os esforços de aritmética política.

Mesmo admitindo que devemos tentar na política a experiência inédita e absurda de atar as mãos do governo, impedindo-o de encetar guerras ofensivas fundadas em razões de Estado, certamente não o devemos impedir de proteger a comunidade contra a ambição ou a hostilidade de outras nações. Por algum tempo, pairou uma nuvem sobre o mundo europeu. Se ela desabasse em tempestade, quem nos pode garantir que parte de sua fúria não desabaria sobre nós? Nenhum homem sensato se apressaria a afirmar que estamos inteiramente fora de seu alcance. Quer os materiais combustíveis que agora parecem estar reunidos se dissipem, sem chegar a inflamar, quer uma chama se acenda sem se estender até nós, que segurança podemos ter de que nossa tranquilidade permanecerá por muito tempo imperturbada por alguma causa de uma ou outra origem? Lembremos que nem sempre poderemos optar entre a paz e a guerra; que, por mais moderados ou pouco ambiciosos que possamos ser, não podemos contar com a moderação dos outros, ou ter a esperança de extinguir sua ambição. Quem teria podido imaginar, ao término da última guerra, que a França e a Grã-Bretanha, abatidas e exaustas como ambas estavam, iriam tão depressa se encarar com tamanha hostilidade? A julgar pela história da humanidade, seremos obrigados a concluir que as paixões ardentes e destrutivas de guerra reinam no peito do homem com muito mais força que os brandos e benévolos sentimentos de paz; e que moldar nossos sistemas políticos com base em hipóteses de uma tranquilidade duradoura seria confiar muito nas molas mais frágeis do caráter humano.

Quais são as principais fontes de despesa de todo governo? O que ocasionou esse enorme acúmulo de dívidas que oprimem várias das nações europeias? A resposta é, simplesmente, guerras e rebeliões: a manutenção das instituições necessárias para proteger o corpo político contra estas duas doenças mortais da sociedade. As despesas que surgem das instituições ligadas à mera polícia interna de um Estado, da manutenção de seus poderes legislativo, executivo e judiciário, de seus diferentes apêndices, e do incentivo à agricultura e à manufatura (o que abrangerá quase todos os itens das despesas estaduais) são insignificantes se comparadas com as que se associam à defesa nacional.

No reino da Grã-Bretanha, onde é preciso sustentar todo o ostentoso aparato da monarquia, não se destina mais que uma quinta parte da renda anual da nação para a última classe de despesas mencionada; os outros quatro quintos são absorvidos no pagamento dos juros de dívidas contraídas para levar avante guerras em que o país se envolveu e na manutenção de frotas e exércitos. Se, por um lado, é preciso notar que as despesas feitas com as ambiciosas iniciativas e com os vaidosos empreendimentos de uma monarquia não são um padrão adequado para a avaliação das que seriam necessárias numa república, cabe notar, por outro lado, que deveria haver desproporção igualmente grande entre a profusão e a extravagância de um reino abastado em sua administração doméstica e a frugalidade e economia que, nesse aspecto, convém à modesta simplicidade de um governo republicano. Se compensarmos uma devida redução de um lado com a que supostamente deve ser feita do outro, a proporção talvez ainda se mantenha.

Passemos, porém, ao exame da grande dívida que nós próprios contraímos em apenas uma guerra, e tomemos por base uma única medida comum dos eventos que perturbam a paz das nações. Perceberemos instantaneamente, sem a ajuda de nenhum exemplo complicado, que sempre haverá enorme desproporção entre as finalidades dos gastos federais e os dos Estados. É verdade que vários Estados, separadamente, estão onerados por dívidas consideráveis, que são uma excrescência da última guerra. Mas isto não poderá se repetir se o sistema proposto for adotado. Quando esses débitos estiverem saldados, a única exigência considerável de receita que os governos estaduais continuarão a ter será a simples manutenção de suas respectivas listas civis, para o que, se incluirmos todas as contingências, cada Estado pagará uma soma total não superior a duzentas mil libras.

Se é inegável a correção do princípio pelo qual devemos, ao elaborar uma constituição de governo para uma nação, considerar nos dispositivos que se destinam a ser não causas temporárias, mas causas permanentes de despesa, nossa atenção se voltará para uma previsão, para os governos estaduais, de uma soma anual de cerca de duzentas mil libras, ao passo que as exigências da União não admitiriam quaisquer limites, sequer na imaginação. Com essa visão do assunto, por que lógica se pode pretender que os governos locais devem controlar perpetuamente uma fonte *exclusiva* de receita para qualquer soma além de duzentas mil libras? Ampliar seu poder além disso, com *exclusão* da autoridade da União, seria tomar os recursos da comunidade daquelas mãos que precisam deles para o bem-estar público e depositá-los em outras, que deles não poderiam ter qualquer necessidade justa ou adequada.

Suponhamos, pois, que, na questão relativa à finalidade da receita da União e de seus membros, a convenção tivesse optado por se pautar pelo princípio de uma distribuição *proporcional* às necessidades relativas de cada instância. Que fundo particular se teria podido escolher para uso dos Estados que não fosse grande demais ou pequeno demais — pequeno demais para suas necessidades atuais, grande demais para as futuras? Como relação à linha de separação entre impostos externos e internos, isso deixaria aos Estados, num cálculo grosseiro, o controle de dois terços dos recursos da comunidade, para custear de um décimo a um vigésimo das suas despesas; e para a União, um terço dos recursos da comunidade para custear de nove décimos a dezenove vinte avos delas. Se abandonarmos esse limite e nos contentarmos com deixar aos Estados o poder exclusivo de tributar casas e terras, ainda haverá grande desproporção entre os *meios* e a *finalidade*: a posse de um terço dos recursos da comunidade para atender, no máximo, a um décimo de suas necessidades. Se tivesse sido possível escolher e destinar um fundo igual e não maior que a finalidade, ele se mostraria inadequado para a quitação dos débitos atuais dos diversos Estados, e os teria deixado dependentes de uma provisão da União para esse fim.

Essa sequência de observações justificará a afirmação, feita em outro lugar, de que "uma *jurisdição simultânea* no tocante à tributação era o único substituto admissível para uma subordinação completa, com relação a essa área de poder, da autoridade dos Estados à da União". Qualquer separação das fontes de receita que se tivesse podido escolher teria correspondido a um sacrifício dos elevados *interesses* de União em favor do *poder* dos Estados individuais. A convenção considerou a jurisdição simultânea preferível a essa subordinação; e é evidente que ela tem, pelo menos, o mérito de compatibilizar um poder constitucional de tributação ilimitado do governo federal com um poder adequado e independente dos Estados para atender às próprias necessidades. Há ainda outros aspectos sobre os quais este importante assunto da tributação demanda maior consideração.

PUBLIUS [HAMILTON]

ARTIGO 35

Desenvolvimento do tema

Antes de prosseguir no exame de quaisquer outras objeções à posse pela União de um poder ilimitado de tributar, devo fazer outra observação geral: se a jurisdição do governo nacional no tocante à receita fosse limitada a itens particulares, isso ocasionaria naturalmente a incidência de uma proporção indevida de encargos públicos sobre esses itens. Dois perigos decorreriam desta fonte: a opressão de certos setores da indústria e uma distribuição desigual dos impostos, tanto entre os vários Estados como entre cidadãos de um mesmo Estado.

Suponhamos que, como se defendeu, o poder federal de tributação fosse restrito a tarifas sobre artigos importados. É evidente que o governo, vendo-se na necessidade de dispor de mais recursos, seria frequentemente tentado a ampliar essas tarifas, chegando a excessos prejudiciais. Há quem imagine que isso jamais poderia acontecer, pois, quanto mais altas elas fossem, mais tenderiam a desencorajar um consumo extravagante, produzindo uma balança comercial favorável e promovendo a manufatura interna. Entretanto, todos os extremos são perniciosos de vários modos. Tarifas exorbitantes sobre artigos importados servem para gerar um espírito geral de contrabando, sempre prejudicial ao comércio regular e, finalmente, à própria receita; elas tendem a tornar outras classes da comunidade excessivamente dependentes das classes manufatoras, a que conferem um monopólio prematuro sobre os mercados; por vezes obrigam a indústria a se desviar de seus canais mais naturais para outros em que fluem menos vantajosamente; por fim, oprimem o comerciante, que muitas vezes é obrigado a pagá-las ele próprio sem nenhuma retribuição do consumidor. Quando a demanda é igual à quantidade de bens no mercado, o consumidor geralmente paga a tarifa; quando ocorre de os mercados estarem superabastecidos, porém, grande proporção cai sobre o comerciante, e às vezes consome não só seus lucros como seu capital. Inclino-me a pensar que uma divisão da tarifa entre o vendedor e o comprador ocorre com mais frequência do que em geral se supõe. Nem sempre é possível elevar o preço de uma mercadoria na exata proporção de cada imposto adicional lançado sobre ela. O comerciante, especialmente num país de capital comercial reduzido, vê-se muitas vezes na necessidade de manter os preços baixos para vender mais rapidamente.

A máxima segundo a qual o consumidor é quem paga é frequentemente mais verdadeira que a proposição inversa. Por isso, é muito mais justo as tarifas sobre artigos importados serem canalizadas para uma reserva comum do que reverterem em benefício exclusivo dos Estados importadores. A validade dessa afirmação, contudo, não é tão geral a ponto de justificar que essas tarifas componham o único fundo nacional. Quando são pagas pelo comerciante, elas funcionam como um imposto adicional sobre o Estado importador, cujos cidadãos pagam sua parte na qualidade de consumidores. Desse ponto de vista, elas produzem entre os Estados uma desigualdade que aumentaria com a maior ampliação das tarifas. A restrição das receitas nacionais a essa espécie de imposto seria também acompanhada de desigualdade, por uma causa diversa, entre os Estados manufatores e os não manufatores. Os Estados que podem ir mais longe no atendimento das próprias necessidades por meio de suas próprias manufaturas não consumirão proporção tão grande de artigos importados, segundo sua população ou sua riqueza, quanto aqueles que não se encontram em situação igualmente favorável. Assim, unicamente por essa via, eles não contribuiriam para o Tesouro público proporcionalmente a suas capacidades. Para que o façam, é preciso recorrer a impostos sobre o consumo que incidam sobre tipos particulares de manufatura. Nova York tem muito maior interesse nessas considerações do que parecem perceber aqueles seus cidadãos que lutam para limitar à tributação externa o poder da União. Nova York é um Estado importador e, em razão de uma maior desproporção entre população e território, tem menor probabilidade que alguns outros Estados de se tornar rapidamente um Estado manufator, em algum grau considerável. Evidentemente, ele seria duplamente prejudicado com uma restrição da jurisdição da União a impostos comerciais.

Na medida em que tais observações tendem a insinuar o perigo de que as tarifas sobre artigos importados sejam ampliadas a um extremo prejudicial, seria possível argumentar, como se observou em outro destes artigos, que o interesse da própria receita seria uma salvaguarda suficiente contra tal extremo. Admito prontamente que isso de fato ocorreria, desde que outros recursos estivessem disponíveis; mas se as vias de acesso a eles estivessem fechadas, a *esperança*, estimulada pela necessidade, poderia dar lugar a experiências, cercadas por rigorosas precauções e penalidades adicionais, que, durante algum tempo, poderiam surtir o efeito desejado, até que houvesse tempo bastante para tramar expedientes e burlar as novas precauções. O sucesso inicial seria capaz de inspirar falsas crenças, que só uma longa série de experiências subsequentes poderia corrigir. A necessidade, especialmente na política, gera com frequência falsas esperanças, falsos raciocínios, e um sistema de avaliação correspondentemente errôneo. Entretanto, mesmo que a limitação do poder federal de tributar não originasse esse suposto excesso, as desigualdades mencionadas seriam produzidas, ainda que não no mesmo grau, pelas outras causas apontadas. Retornemos agora ao exame das objeções.

Uma objeção que parece mais sólida, a julgar pela frequência com que é repetida, é que a Câmara dos Representantes não é suficientemente numerosa para acolher todas as diferentes classes de cidadãos, de modo a combinar os interesses e opiniões de todas as partes da comunidade e produzir uma verdadeira afinidade entre o corpo representativo e seus eleitores. Esse argumento, que se apresenta sob roupagem muito capciosa e sedutora, sabe tirar proveito dos preconceitos daqueles a quem se endereça. Mas quando passarmos a analisá-lo com atenção, veremos que não é feito senão de palavras pomposas. Para começar, o objetivo a que parece visar é impraticável e, no sentido em que é defendido, desnecessário. Reservando para outro lugar a discussão da questão relativa à suficiência do corpo representativo no tocante ao número, contento-me em examinar aqui o uso particular que foi feito de uma suposição contrária com referência ao assunto imediato de nossas investigações.

A ideia de uma representação genuína de todas as classes do povo por pessoas de todas as classes é inteiramente visionária. A menos que a Constituição estipulasse expressamente que cada diferente ocupação mandaria um ou mais membros, tal coisa jamais ocorreria na prática. Mecânicos e manufatores sempre se inclinarão, com poucas exceções, a dar seus votos a comerciantes, de preferência a pessoas de suas próprias profissões ou ofícios. Esses astutos cidadãos têm plena consciência de que as artes da mecânica e da manufatura fornecem os materiais da iniciativa e atividade mercantil. Na verdade, muitos deles estão diretamente associados a operações comerciais. Sabem que o comerciante é seu benfeitor e amigo natural e percebem que, por mais que possam ter uma justa confiança em seu próprio bom senso, seus interesses serão mais eficazmente promovidos pelo comerciante que por eles próprios. Sabem que seus hábitos de vida não têm sido os mais adequados para lhes dar aqueles dotes adquiridos sem os quais, numa assembleia deliberativa, as maiores habilidades naturais seriam em grande parte inúteis; sabem ainda que a influência, o peso e os conhecimentos superiores dos comerciantes os tornam mais competentes para uma luta contra qualquer tendência contrária aos interesses da manufatura e do comércio que venha a se insinuar nos conselhos públicos. Estas e muitas outras considerações que poderiam ser feitas provam, e a experiência confirma, que artesãos e manufatores estarão em geral dispostos a dar seus votos aos comerciantes e aos indicados por eles. Cabe-nos, portanto, considerar os comerciantes como os representantes naturais de todas essas classes da comunidade.

Com relação às profissões acadêmicas, pouco precisa ser dito: elas não formam verdadeiramente um interesse distinto na sociedade e, segundo sua situação e seus talentos, serão indiscriminadamente objeto da confiança e da escolha umas das outras e de outros setores da comunidade.

Resta apenas o interesse fundiário. Considero que este, do ponto de vista político, e particularmente no tocante a impostos, é perfeitamente unido, desde o mais abastado proprietário rural ao mais pobre arrendatário. Nenhum imposto pode ser lançado sobre a terra sem afetar tanto o proprietário de milhões de acres quanto o de um único acre. Todo proprietário rural terá, portanto, um interesse comum em manter os impostos sobre a terra tão baixos quanto possível, e sempre se pode contar com o interesse comum como a mais firme garantia de concordância. Mas, mesmo que pudéssemos supor uma diferença de interesses entre o opulento dono de terras e o granjeiro mediano, que razão haveria para concluir que o primeiro teria maior possibilidade que o segundo de ser eleito para a assembleia nacional? Se tomarmos por guia a realidade e olharmos para nosso próprio Senado e Assembleia, veremos que em ambos predominam médios proprietários rurais, e que isso acontece tanto no Senado, que congrega menor número de membros, quanto na Assembleia, mais numerosa. Quando as qualificações dos eleitores são as mesmas, quer eles tenham de escolher um número pequeno, quer grande, seus votos recairão naqueles em que têm maior confiança, sejam eles possuidores de grandes fortunas, de propriedades médias ou de propriedade nenhuma.

Afirmou-se ser necessário que todas as classes de cidadãos possuam alguns de seus próprios integrantes no órgão representativo para que suas opiniões e interesses sejam mais bem compreendidos e atendidos. Vimos, contudo, que isso jamais ocorrerá sob nenhum arranjo que preserve a liberdade do voto popular. Isso acontecendo, o órgão representativo, com exceções pequenas demais para ter alguma influência sobre o espírito do governo, será composto de proprietários rurais, comerciantes e homens das profissões acadêmicas. Mas onde está o perigo de que os interesses e opiniões das diferentes classes de cidadãos não sejam bem compreendidos ou atendidos por essas três categorias de homens? O proprietário de terras não perceberá tudo que vá promover ou prejudicar o interesse da propriedade rural? Não estará ele suficientemente disposto, em razão do próprio interesse nessa espécie de propriedade, a resistir a toda tentativa de prejudicá-la ou onerá-la? O comerciante não irá compreender e se dispor a apoiar, tanto quanto necessário, os interesses dos ofícios da mecânica e da manufatura, a que seu comércio é tão intimamente ligado? Não tenderá o profissional acadêmico, que se sentirá neutro em face das rivalidades dos diferentes setores de atividade, a se mostrar um árbitro imparcial entre eles, disposto a promovê-los todos, na medida em que isso lhe pareça benéfico para os interesses gerais da sociedade?

Se considerarmos as disposições ou humores momentâneos que podem vir a prevalecer em setores particulares da sociedade, e aos quais uma administração sábia nunca será desatenta, seria concebível afirmar que um homem conduzido por sua situação a uma ampla investigação e informação tem menos condições de ser um juiz competente da natureza, extensão e do fundamento delas que outro, cuja observação se limita ao círculo de seus vizinhos e conhecidos? Não é natural que um homem que é candidato graças à boa vontade do povo, e que depende dos sufrágios de seus concidadãos para conservar suas honrarias públicas, tome o cuidado de se informar das disposições e inclinações de seus eleitores e esteja disposto a permitir que elas tenham o devido grau de influência sobre sua conduta? Essa dependência e a necessidade de submeter-se, ele mesmo e sua posteridade, às leis a que dá sua aprovação formam os sólidos vínculos de harmonia que unem o representante e o eleitor.

Nenhum setor da administração governamental exige tão ampla informação e tão completo conhecimento dos princípios da economia política como a questão da tributação. O homem que compreende esses princípios estará menos propenso a recorrer a expedientes opressivos, ou a sacrificar qualquer classe particular de cidadãos à obtenção de receita. É possível demonstrar que o sistema de finanças mais produtivo será sempre o menos opressivo. Não pode haver dúvida de que, para assegurar um exercício judicioso do poder de tributar, é necessário que a pessoa que o detém conheça bem a índole geral, os hábitos e os modos de pensar do povo em geral e os recursos do país. E este é o único significado razoável de um conhecimento dos interesses e opiniões do povo. Em qualquer outro sentido a proposição ou não tem sentido, ou tem um sentido absurdo. Portanto, todo cidadão ponderado deve julgar por si mesmo onde há maior possibilidade de encontrar a qualificação exigida.

PUBLIUS [HAMILTON]

ARTIGO 36

Desenvolvimento do tema

Vimos que a conclusão das observações a que o número anterior foi principalmente dedicado foi que, por força da ação natural dos diferentes interesses e concepções das várias classes da comunidade, a representação popular, quer seja mais ou menos numerosa, consistirá quase inteiramente de proprietários rurais, comerciantes e membros das profissões acadêmicas, os quais representarão verdadeiramente todos esses diferentes interesses e concepções. Caso se objete que temos visto outras categorias de homens nos legislativos locais, respondo que por certo há exceções à regra, mas não em número suficiente para influenciar a natureza ou o caráter geral do governo. Em todas as atividades da vida há mentes fortes, que suplantarão as desvantagens de sua situação e obterão por mérito o tributo não só das classes a que particularmente pertencem, mas da sociedade em geral. A porta deve estar igualmente aberta para todos. Para honra da natureza humana acredito que veremos exemplos dessas plantas vigorosas florescerem tanto no solo da legiferação federal como no das legiferações estaduais; casos esporádicos não invalidam essa argumentação, fundada na marcha geral das coisas.

A questão poderia ser considerada sob vários outros ângulos que conduziriam ao mesmo resultado. Em particular, poder-se-ia perguntar que afinidade ou relação de interesse maior pode ser concebida entre o carpinteiro ou o ferreiro, de um lado, e o fabricante de linho ou o tecelão de meias, de outro, que entre o comerciante e os dois? É notório que frequentemente há rivalidades tão grandes entre diferentes ramos dos ofícios mecânicos ou da manufatura quanto entre quaisquer dos setores de trabalho e atividade; assim, a menos que o órgão representativo tivesse um número de membros muito maior que o compatível com qualquer ideia de regularidade ou sabedoria em suas deliberações, jamais seria possível realizar na prática o que parece ser o espírito da objeção que estivemos considerando. Mas abstenho-me de continuar insistindo numa questão que até agora assumiu uma roupagem frouxa demais para admitir sequer um exame apurado de sua forma ou tendência real.

Outra objeção, de natureza um pouco mais precisa, demanda nossa atenção. Foi afirmado que um poder de tributação interna conferido ao legislativo nacional jamais poderia ser exercido proveitosamente, em razão tanto da falta de conhecimento suficiente das circunstâncias locais como de uma colisão entre as leis tributárias da União e dos diversos Estados. A suposição de uma falta de conhecimento adequado parece inteiramente destituída de fundamento. Quando um legislativo estadual precisa resolver, com relação a um dos condados, uma questão que exige um conhecimento de detalhes locais, como este é adquirido? Certamente pela informação dos membros desse condado. Não poderá o legislativo nacional obter conhecimento semelhante dos representantes de cada Estado? E não é presumível que os homens que serão geralmente enviados para lá terão o grau necessário de inteligência para poder transmitir essa informação? O conhecimento das circunstâncias locais relevantes para a tributação é um saber pormenorizado de todos os rios, montanhas, regatos, estradas e atalhos de cada Estado, ou um conhecimento geral de sua situação e seus recursos, da condição de sua agricultura, seu comércio, suas manufaturas, com a natureza dos bens que produz e consome, dos diferentes graus e tipos de sua riqueza, propriedade e atividades?

As nações, em geral, mesmo sob governos do tipo mais popular, confiam a administração de suas finanças a um único homem ou a conselhos formados por alguns indivíduos que, primeiro, estudam e preparam os planos de tributação que serão transformados em lei pela autoridade do soberano ou do legislativo.

Estadistas inquisitivos e esclarecidos são em toda parte considerados os mais qualificados para fazer uma seleção judiciosa dos itens adequados para a arrecadação de receita, o que é uma clara indicação, na medida em que o bom senso da humanidade pode ter algum peso na questão, da espécie de conhecimento de circunstâncias locais exigido para fins de tributação.

Os impostos que se pretende incluir sob a denominação geral de impostos internos podem ser subdivididos nos de tipo *direto* e nos de tipo *indireto*. Embora se faça objeção a ambos, a argumentação a respeito parece limitar-se ao primeiro tipo. De fato, quanto ao segundo, pelo qual devemos entender tarifas e impostos sobre artigos de consumo, não é possível compreender qual pode ser a natureza das dificuldades temidas. O conhecimento relativo a eles deve, evidentemente, ser de um tipo que ou será sugerido pela natureza do próprio artigo, ou poderá ser facilmente fornecido por qualquer homem bem informado, especialmente da classe mercantil. As circunstâncias que podem distinguir sua situação em diferentes Estados serão necessariamente poucas, simples e de fácil compreensão. O principal cuidado seria evitar aqueles artigos previamente apropriados para o uso de um Estado particular, e não poderia haver nenhuma dificuldade em determinar o sistema de receita de cada um. Este sempre poderia ser conhecido a partir dos respectivos códigos de leis, assim como da informação fornecida pelos membros dos vários Estados.

Quando aplicada a bens imóveis, ou a casas e terras, a objeção parece, à primeira vista, ter maior fundamento, mas mesmo sob esse aspecto ela não resiste a um exame mais profundo. Impostos sobre a terra são geralmente lançados de duas maneiras: por avaliações *reais*, permanentes ou periódicas, ou por avaliações ocasionais, segundo a decisão ou o melhor juízo de determinados funcionários encarregados disso. Em ambos os casos, a *execução* desse trabalho, o único a exigir conhecimento de detalhes locais, deve ficar a cargo de pessoas judiciosas, na qualidade de comissários ou assessores, eleitos pelo povo ou designados pelo governo para esse fim. Tudo que a lei pode fazer é nomear as pessoas ou prescrever o modo como devem ser eleitas ou designadas, fixar seu número e qualificação, e traçar o contorno geral de seus poderes e obrigações. O que há em tudo isso que não possa ser igualmente realizado tanto pelo legislativo nacional como por um legislativo estadual? A atenção de ambos só pode abranger princípios gerais; detalhes locais, como já foi observado, devem ser entregues aos encarregados de executar o plano.

Há, porém, uma maneira simples de enfrentar essa questão que pode ser inteiramente satisfatória. O legislativo nacional pode fazer uso, *em cada Estado, do sistema daquele Estado*. O método de cada Estado para lançar e coletar essa espécie de imposto pode ser adotado e empregado, em todos os seus componentes, pelo governo federal.

Cabe lembrar que a proporção desses impostos não deve ser deixada a critério do legislativo nacional, mas sim ser determinada com base nas populações de cada Estado, tal como descrito na segunda seção do artigo primeiro. A regra deve ser fornecida por um censo, ou contagem efetiva das pessoas, circunstância que realmente fecha a porta à parcialidade ou opressão. Parece que se buscou evitar o abuso desse poder de tributar com prudente circunspecção. Além dessa precaução, está estipulado que "todas as tarifas, taxas e impostos sobre o consumo deverão ser *uniformes* em todos os Estados Unidos".

Vários oradores e escritores favoráveis à Constituição observaram, com muita propriedade, que, se o exercício do poder de tributação interna pela União for julgado inconveniente, seja de antemão, com base numa reflexão madura, seja a partir da experiência, o governo federal pode abster-se de utilizá-lo e, em seu lugar, recorrer a requisições. Como resposta a isso, foi triunfantemente perguntado: por que não abolir desde logo esse poder ambíguo e lançar mão do segundo recurso? Duas respostas sensatas podem ser dadas. A primeira é que o exercício efetivo desse poder pode vir a se mostrar conveniente e necessário, pois é impossível provar em teoria, ou por qualquer outro método que não a experiência, que ele não pode ser vantajosamente exercido. De fato, o contrário parece mais provável. A segunda resposta é que a existência de tal poder na Constituição muito contribuirá para dar eficácia às requisições. Sabendo que a União tem o poder de atender às próprias necessidades sem sua mediação, os Estados terão um poderoso motivo para se empenhar.

Quanto à colisão entre as leis tributárias da União e as de seus membros, já vimos que não pode haver nenhum choque ou incompatibilidade de poder. Portanto, num sentido jurídico, as leis não podem colidir umas com as outras; e está longe de ser impossível evitar um choque, mesmo nas diretivas de seus diferentes sistemas. Um expediente eficaz para tal fim será a abstenção mútua daqueles itens a que ambos os lados poderiam recorrer em primeiro lugar. Como nenhum deles pode *controlar* o outro, ambos terão um interesse óbvio e prudente nessa abstenção recíproca. E quando houver um interesse comum *imediato*, poderemos estar seguros de que ela atuará. Quando as dívidas particulares dos Estados estiverem saldadas e suas despesas voltarem a seus limites naturais, a possibilidade de conflito praticamente desaparecerá. Um pequeno imposto sobre a terra atenderá às finalidades dos Estados e será seu mais simples e mais conveniente recurso.

A partir desse poder de tributação interna, foram criados muitos fantasmas para despertar os temores do povo: duplo quadro de funcionários da receita, duplicação dos encargos por dupla tributação; além disso, as assustadoras formas dos odiosos e opressivos impostos por cabeça foram usadas com toda a engenhosa destreza da prestidigitação política.

Com relação ao primeiro ponto, há dois casos em que não pode haver lugar para duplo quadro de funcionários: um, quando o direito de lançar o imposto é atribuído exclusivamente à União, que é o caso das tarifas sobre artigos importados; o outro, quando o item não recai sob nenhuma norma ou dispositivo estadual, como pode acontecer com uma variedade deles. Em outros casos, o provável é que os Estados Unidos se abstenham por completo dos itens previamente escolhidos para fins locais, ou façam uso dos funcionários e das normas estaduais para coletar o imposto adicional. Esta será a melhor forma de atender aos objetivos da receita, porque poupará despesas na arrecadação e evitará da melhor forma qualquer motivo de desagrado dos governos estaduais e do povo. Seja como for, este é um meio viável de evitar tal inconveniente; e tudo que posso oferecer é a demonstração de que os males previstos não são um resultado inevitável do plano.

Quanto a qualquer argumento derivado de um suposto sistema de influência, bastaria responder que não há por que presumi-lo necessariamente; mas a suposição admite uma resposta mais precisa. Se tal disposição infestar os conselhos da União, o caminho mais seguro para a realização de sua finalidade seria utilizar o máximo possível os funcionários estaduais e vinculá-los à União por um acúmulo de seus emolumentos. Isso permitiria orientar o curso da influência estadual para os canais do governo nacional, em vez de fazer a influência federal fluir numa corrente oposta e adversa. Porém, todas as suposições desse tipo são detestáveis e devem ser eliminadas do exame da grande questão perante o povo. Elas não podem atender a nenhuma finalidade senão a de lançar uma cortina de fumaça sobre a verdade.

Quanto à hipótese de dupla tributação, a resposta é simples. As necessidades da União terão de ser supridas de uma maneira ou de outra; se isso for feito pela autoridade do governo federal, não precisará sê-lo por meio dos governos estaduais. A quantidade de impostos a serem pagos pela comunidade será a mesma nos dois casos, com a vantagem — se a medida for da iniciativa da União — de que o expediente fundamental dos impostos comerciais, que é a mais conveniente fonte de receita, pode ser prudentemente explorado muito mais amplamente sob normas federais que sob normas estaduais, o que, é claro, reduz a necessidade de recorrer a métodos mais inconvenientes. Haverá ainda a vantagem adicional de que, na medida em que houver qualquer dificuldade real no exercício do poder de tributação interna, isso imporá um cuidado maior na escolha e combinação dos meios; tenderá também a estabelecer na administração federal, como norma natural de conduta, a busca de tributar tanto quanto possível os luxos dos ricos para reduzir a necessidade de impostos que possam gerar insatisfação nas classes pobres e mais numerosas da sociedade. Que felicidade quando o interesse do governo em preservar seu próprio poder coincide com uma distribuição mais adequada dos encargos públicos e tende a proteger da opressão a parte menos abastada da comunidade!

Quanto a impostos individuais, não tenho nenhum escrúpulo em confessar que os desaprovo. E, embora tenham prevalecido desde tempos remotos naqueles Estados[1] que têm sido sempre os mais ciosos de seus direitos, devo lamentar vê-los postos em prática sob o governo nacional. Mas será que do poder de cobrá-los se segue que serão realmente cobrados? Todos os Estados da União têm poder para lançar impostos desse tipo; no entanto, vários nunca o fizeram. Devem os governos estaduais ser estigmatizados como tiranias por possuírem esse poder? Se não devem, como pode esse mesmo poder justificar tal acusação ao governo nacional, ou mesmo ser apresentado como obstáculo a sua adoção? Por menos simpatia que eu nutra por essa espécie de imposto, tenho plena convicção de que o governo federal deve ter o poder de recorrer a ele. As nações vivem certas emergências em que expedientes que devem ser evitados no estado normal tornam-se essenciais ao bem-estar público. E, sendo tais emergências possíveis, o governo deve ter sempre a opção de utilizá-los. A real escassez, neste país, de itens que possam ser considerados fontes produtivas de receita é uma razão especial para não se limitar a capacidade de escolha dos conselhos nacionais a esse respeito. O Estado pode atravessar certas conjunturas críticas e tempestuosas em que um imposto individual seria um recurso inestimável. E como, ao que eu saiba, nada exclui esta parte do globo das calamidades comuns que já atingiram outras partes dele, declaro minha aversão a todo projeto que visa destituir o governo de uma arma única que, numa contingência possível, poderia ser utilmente empregada para a defesa e a segurança gerais.

Acabo de examinar, entre os poderes que se propõe conferir ao governo federal, aqueles mais especialmente relacionados com sua força e sua eficiência para atender aos elevados objetivos básicos da União. Outros, omitidos aqui, serão considerados no próximo tópico de nossas investigações, para tornar mais completa a análise do assunto. Tenho a pretensão de considerar que o

1. Os Estados da Nova Inglaterra.

progresso já feito terá bastado para convencer a parcela imparcial e judiciosa da comunidade de que algumas das objeções mais veementes à Constituição, e que à primeira vista causam maior impacto, não só carecem de substância como, se tivessem influído na elaboração do plano, o teriam tornado incapaz de assegurar as finalidades fundamentais da felicidade pública e da prosperidade nacional. Tenho igualmente a pretensão de achar que uma investigação mais ampla e mais crítica do sistema o recomendará ainda mais a todos os defensores sinceros e desinteressados de um bom governo e não deixará entre esses homens nenhuma dúvida quanto à adequação e à oportunidade de adotá-lo. Que felicidade para nós, e que honra para a natureza humana, se tivermos sabedoria e virtude suficientes para dar à humanidade tão glorioso exemplo!

PUBLIUS [HAMILTON]

ARTIGO 37

Sobre as dificuldades que a convenção deve ter enfrentado na formulação de um plano correto

Ao analisar os defeitos da atual Confederação e mostrar que não podem ser sanados por um governo menos forte que este de que dispomos, vários dos mais importantes princípios deste último tornaram-se evidentemente objetos de consideração. Mas, como o objetivo final destes artigos é determinar clara e plenamente os méritos da Constituição proposta e a conveniência de adotá-la, nosso plano não pode se completar sem que façamos uma avaliação mais crítica e integral do trabalho da convenção, sem que o examinemos em todos os seus aspectos, comparando-o em todas as suas partes e avaliando seus efeitos prováveis. Para que a tarefa que nos resta possa realizar-se com base em ideias que conduzam a um resultado justo e equitativo, devemos dar lugar aqui a algumas reflexões prévias, ditadas pela imparcialidade.

É uma desventura inseparável das atividades humanas que as medidas públicas raramente sejam investigadas com aquele espírito de moderação que é essencial para uma justa avaliação de sua tendência real a promover ou obstruir o bem público; e que esse espírito tenda mais a ser diminuído que promovido naquelas ocasiões que exigiriam um exercício especial dele. Aos que já verificaram isso por experiência própria, não deve ter surpreendido que o ato da convenção, que recomenda tantas mudanças e inovações importantes, que pode ser visto sob tantas luzes e relações, e que toca as cordas de tantas paixões e interesses, tivesse encontrado ou despertado, tanto de um lado como de outro, disposições tão adversas a uma discussão equilibrada e a um julgamento preciso de seus méritos. Alguns, como suas publicações tornaram mais do que evidente, esquadrinharam a Constituição proposta não só com a predisposição de desaprovar, mas com a predeterminação de condenar. Como a linguagem usada por outros revela a predeterminação ou propensão oposta, também devemos considerar sua opinião pouco relevante na questão. Entretanto, ao situar esses diferentes tipos no mesmo nível com relação ao peso de suas opiniões, não desejo insinuar que não pode haver uma diferença significativa na pureza de suas intenções. É dever de justiça observar, em favor do último tipo, que, sendo nossa situação universalmente reconhecida como singularmente crítica, tornando-se imperioso que algo seja feito para aliviá-la, o defensor *a priori* do que foi efetivamente feito pode ter sido levado à tendenciosidade pelo peso dessas considerações, assim como de outras, de natureza desastrosa. O adversário *a priori*, por outro lado, não pode ter sido movido por nenhum motivo perdoável. As intenções do primeiro podem ser justas ou, ao contrário, culpáveis. Os propósitos do segundo não podem ser justos, sendo necessariamente culpáveis. A verdade, porém, é que estes artigos não se dirigem aos integrantes de nenhuma dessas duas categorias. Solicitam a atenção apenas daqueles que somam, a um zelo sincero pela felicidade de seu país, uma disposição favorável a uma justa avaliação dos meios de promovê-la.

Pessoas desse tipo vão proceder a um exame do plano apresentado pela convenção não apenas sem a disposição de encontrar ou exagerar falhas; verão a conveniência de refletir que não se poderia esperar um plano sem falhas. Elas não se contentarão, tampouco, em relevar os erros que possam ser atribuíveis à falibilidade a que a convenção estava sujeita, como todas as assembleias humanas; mas terão em mente que elas próprias são apenas seres humanos, não devendo, portanto, se supor infalíveis quando, por sua vez, julgam falíveis as opiniões de outros.

Com a mesma presteza se perceberá que, além dessas razões para a imparcialidade, muitas concessões devem ser feitas às dificuldades inerentes à própria natureza da tarefa confiada à convenção.

A novidade do empreendimento nos impressiona de imediato. Mostrou-se ao longo destes artigos que a atual Confederação se funda em princípios falaciosos; que, consequentemente, devemos mudar essa fundação primeira e, com ela, a superestrutura que sustenta. Mostrou-se que as outras confederações que poderiam ser consultadas como precedentes foram viciadas pelos mesmos princípios, não podendo, portanto, fornecer outra luz senão a dos faróis, que advertem para o curso a ser evitado sem indicar o que deve ser seguido. O máximo que a convenção podia fazer em tal situação era evitar os erros sugeridos pela experiência passada de outros países, assim como do nosso; e fornecer um modo adequado para retificar os próprios erros, quando a experiência futura vier a revelá-los.

Entre as dificuldades encontradas pela convenção, uma muito importante deve ter sido a de combinar a estabilidade e a firmeza necessárias ao governo com a sagrada atenção devida à liberdade e à forma republicana. Sem realizar substancialmente esta parte de sua tarefa, teria atendido de modo muito imperfeito ao objetivo de sua designação ou à expectativa do povo; no entanto, ninguém negaria sua dificuldade, a menos que estivesse disposto a revelar sua ignorância do assunto. A força do governo é essencial para aquela segurança contra o perigo externo e interno e aquela execução pronta e salutar das leis que fazem parte da própria definição do bom governo. A estabilidade do governo é essencial ao caráter nacional e às vantagens a ele associadas, assim como para aquela tranquilidade e confiança do povo que estão entre as maiores bênçãos da sociedade civil. Uma legislação irregular e mutável é tão má em si mesma quanto odiosa para o povo; e é possível afirmar com segurança que o povo deste país, esclarecido como é em relação à natureza, e interessado, como é a maior parte dele, nos efeitos do bom governo, jamais ficará satisfeito até que algum remédio seja aplicado às vicissitudes e incertezas que caracterizam as administrações estaduais. Entretanto, comparando estes valiosos ingredientes e os princípios vitais da liberdade, não podemos deixar de perceber de imediato a dificuldade de combiná-los nas devidas proporções. O gênio da liberdade republicana parece demandar, por um lado, não só que todo poder emane do povo, mas que aqueles a quem ele é confiado sejam mantidos na dependência do povo pela curta duração de seus mandatos; e que, mesmo durante esse curto período, a confiança deva ser depositada não em poucas, mas em muitas mãos. A estabilidade, ao contrário, requer que as mãos que recebam o poder permaneçam as mesmas por certo período. A frequente repetição de eleições produzirá uma frequente mudança de homens, e esta, uma frequente mudança de medidas; por outro lado, a firmeza do governo exige não só certa permanência do poder como sua execução por uma única mão.

Até que ponto a convenção terá sido bem-sucedida nessa parte de seu trabalho é algo que se revelará melhor a uma análise mais apurada. Ao exame superficial que aqui fazemos, ela revela claramente ter sido uma parte árdua.

Não menos árdua deve ter sido a tarefa de traçar a linha adequada de demarcação entre a autoridade do governo geral e a dos governos estaduais. Os que estão habituados a considerar e discriminar objetos vastos e de natureza complexa serão sensíveis a esta dificuldade. As próprias faculdades da mente jamais chegaram a ser distinguidas e definidas com precisão satisfatória por todos os esforços dos filósofos mais argutos e metafísicos. Verifica-se que sensação, percepção, juízo, desejo, volição, memória, imaginação se distinguem por nuances tão delicadas e tão mínimas gradações que seus limites escaparam às mais sutis investigações e permanecem sendo uma fonte fecunda de pesquisa e controvérsia. Os limites entre os grandes reinos da natureza, e mais ainda entre as várias províncias e partes menores em que se subdividem, fornecem outro exemplo da mesma importante verdade. Os mais sagazes e laboriosos naturalistas jamais foram capazes de traçar com certeza a linha que separa o distrito da vida vegetal e a região vizinha da matéria organizada, ou a que marca o término da primeira e o início do império animal. Maior obscuridade ainda paira sobre os caracteres distintivos pelos quais foram dispostos e agrupados os elementos desses grandes departamentos da natureza.

Quando passamos das obras da natureza, em que todos os delineamentos são perfeitamente precisos e só nos aparecem de outro modo por causa da imperfeição do olho que os examina, para as instituições do homem, em que a obscuridade provém tanto do próprio objeto como do órgão que o contempla, temos de perceber a necessidade de moderar ainda mais nossas expectativas e esperanças com relação aos feitos da sagacidade humana. A experiência nos ensinou que nenhuma perícia na ciência do governo foi capaz até agora de discriminar e definir, com suficiente certeza, suas três grandes províncias — o legislativo, o executivo e o judiciário, ou mesmo os privilégios e poderes dos diferentes braços legislativos. Diariamente são suscitadas, na prática, questões que atestam a obscuridade reinante nesses assuntos e deixam perplexos os maiores especialistas da ciência política.

A experiência dos séculos, com os esforços contínuos e combinados dos mais esclarecidos legisladores e juristas, tampouco logrou delinear os vários objetivos e limites de diferentes códigos legais e diferentes tribunais de justiça. A extensão precisa do direito consuetudinário, do direito estatutário, do direito marítimo, do direito canônico, do direito das corporações e dos outros direitos e costumes locais ainda está por ser clara e definitivamente estabelecida na Grã-Bretanha, onde a precisão nesses assuntos tem sido mais diligentemente buscada que em qualquer outra parte do mundo. A jurisdição de seus vários tribunais — gerais e locais, de direito, de equidade, de direito marítimo —, ao denotar suficientemente os limites indeterminados que os circunscrevem respectivamente, não é uma fonte menor de frequentes e intrincadas discussões. Todas as leis novas, ainda que redigidas com a maior perícia técnica e aprovadas após a mais completa e madura deliberação, são consideradas mais ou menos obscuras e equívocas até que seu significado seja estabelecido e determinado por uma série de discussões e julgamentos particulares. A obscuridade que surge da complexidade dos objetos e da imperfeição das faculdades humanas e o meio pelo qual os homens transmitem uns aos outros suas concepções acrescentam uma nova confusão. As palavras são usadas para expressar ideias. A clareza requer, portanto, não só que as ideias sejam distintamente formadas, mas que sejam expressas por palavras distintas e exclusivamente apropriadas a elas. Nenhuma língua, porém, é rica o bastante para suprir palavras ou expressões para toda ideia complexa, ou tão correta a ponto de não incluir muitas de denotação equívoca. Por isso pode acontecer que, por mais que os objetos em si mesmos sejam precisamente discriminados, e por mais que a discriminação seja precisamente considerada, a definição deles se torne imprecisa por força da imprecisão dos termos que a transmitem. E essa inevitável imprecisão será maior ou menor segundo a complexidade e a novidade dos objetos definidos. Quando o próprio Deus tem a condescendência de se dirigir à humanidade na própria língua dela, sua intenção, luminosa como não pode deixar de ser, torna-se fosca e duvidosa por força do meio nebuloso pelo qual se comunica.

Aqui temos, portanto, três fontes de definições vagas e incorretas: indistinção do objeto, imperfeição do órgão gerador, inadequação do veículo das ideias. Cada uma dessas produzirá certo grau de obscuridade. A convenção, ao traçar o limite entre as jurisdições federal e estadual, deve ter experimentado o pleno efeito de todas elas.

Às dificuldades já mencionadas é preciso acrescentar as pretensões conflitantes dos maiores e menores Estados. Certamente não nos enganamos ao supor que os primeiros lutavam por uma participação no governo plenamente proporcional a sua maior riqueza e importância, e que os últimos não se aferravam menos à igualdade de que gozam atualmente. Por certo podemos supor que nenhum dos dois lados cedia inteiramente ao outro e, consequentemente, que a luta só pôde ser encerrada com uma solução conciliatória. É também extremamente provável que, depois que a cota de representação foi ajustada, essa própria solução conciliatória tenha produzido nova luta entre as mesmas partes, o que deve ter conferido à organização do governo e à distribuição de seus poderes uma configuração tal que aumentou a importância das câmaras legislativas, dando a esses Estados, na condição de seus integrantes, maior parcela de influência. A Constituição apresenta características que autorizam cada uma dessas suposições; e na medida em que ambas são bem fundadas, fica demonstrado que a convenção pode ter sido compelida a sacrificar a correção teórica à força de considerações externas.

Os grandes e pequenos Estados certamente não foram também os únicos a se voltar uns contra os outros em vários pontos. Outras combinações resultantes de diferenças de situação local e de programa devem ter criado dificuldades adicionais. Assim como cada Estado pode ser dividido em diferentes distritos, e seus cidadãos em diferentes classes, o que dá origem a interesses conflitantes e rivalidades locais, também as diferentes partes dos Estados Unidos se distinguem umas das outras por uma variedade de circunstâncias que produzem efeito semelhante numa escala maior. Embora essa variedade de interesses, por razões suficientemente explicadas num artigo anterior, possa ter uma influência salutar na administração do governo, uma vez formado, todos devem ser sensíveis à influência contrária que deve ter estado presente durante o trabalho de formá-lo.

Seria de espantar que, sob a pressão de todas essas dificuldades, a convenção tivesse sido forçada a alguns desvios da estrutura artificial e da simetria regular que um teórico habilidoso, imbuído de uma visão abstrata da questão, atribuiria a uma Constituição planejada em seu gabinete ou em sua imaginação? O que realmente espanta é que tantas dificuldades tenham sido superadas, e superadas com uma unanimidade quase tão inédita quanto inesperada. É impossível para qualquer homem de boa-fé refletir sobre essa circunstância sem partilhar desse espanto. É impossível que o homem de piedosa reflexão não perceba aí um dedo daquela mão divina que tantas vezes e de modo tão notável se estendeu, para nosso alívio, nos momentos críticos da revolução.

Num artigo anterior, tivemos oportunidade de aludir às repetidas e malsucedidas tentativas feitas nos Países Baixos Unidos para reformar os perniciosos e notórios vícios de sua constituição. A história de quase todos os grandes conselhos e consultas realizados pela humanidade para harmonizar suas opiniões discordantes, aplacando suas mútuas rivalidades e ajustando seus respectivos interesses, é uma história de facciosismos, contendas e frustrações, podendo ser classificada entre os mais sombrios e degradantes quadros das fraquezas e depravações do caráter humano. Se, em poucas situações dispersas, apresenta-se um aspecto mais luminoso, este é apenas uma exceção para nos lembrar a verdade geral e, com seu brilho, tornar mais escuro o panorama adverso com que contrasta. Ao determinar as causas dessas exceções, e ao aplicá-las aos casos particulares que temos diante de nós, somos forçosamente levados a duas importantes conclusões. A primeira é que a convenção deve ter gozado, num grau muito singular, de uma isenção da influência perniciosa das animosidades partidárias — a doença que mais aflige os corpos deliberativos e mais tende a contaminar seus procedimentos. A segunda conclusão é que todas as deputações que compuseram a convenção ficaram suficientemente satisfeitas com o ato final, ou foram induzidas a aceitá-lo por uma profunda convicção da necessidade de sacrificar opiniões privadas e interesses parciais pelo bem público, e pela perda da esperança de ver essa necessidade diminuída por protelações ou por novas experiências.

PUBLIUS [MADISON]

ARTIGO 38

Desenvolvimento do tema e exposição da incoerência das objeções ao plano apresentado

É bastante digno de nota que, em todos os casos relatados pela história antiga em que o governo foi instituído com ponderação e consenso unânime, a tarefa de estruturá-lo não foi confiada a uma assembleia de homens, mas levada a cabo por um cidadão de sabedoria preeminente ou integridade reconhecida.

Aprendemos que Minos foi o primeiro fundador do governo de Creta, como Zaleuco foi o dos locrenses. Primeiramente Teseu, e depois dele, Drácon e Sólon instituíram o governo de Atenas. Licurgo foi o legislador de Esparta. Os fundamentos do primeiro governo de Roma foram lançados por Rômulo, e dois de seus sucessores eleitos, Numa e Túlio Hostílio, completaram a obra. Com a abolição da realeza, a administração consular foi substituída por Bruto, que se apresentou com o projeto dessa reforma, preparada segundo ele por Sérvio Túlio, para a qual ele obteve anuência e ratificação do Senado e do povo. Essa observação é aplicável também a governos confederados. Contam-nos que Anfictião foi o autor das formas que levam seu nome, as anfictiônias. A liga aqueia foi primeiro concebida por Aqueu, depois por Arato.

Que grau de intervenção podem ter tido esses reputados legisladores em suas respectivas instituições, ou até que ponto podiam estar investidos da legítima autoridade do povo, é algo que não pode ser estabelecido em todos os casos. Em alguns, no entanto, o procedimento foi estritamente regular. Verifica-se que Drácon recebeu do povo de Atenas poderes ilimitados para reformar seu governo e suas leis. Sólon, segundo Plutarco, foi de certo modo compelido pelo sufrágio universal de seus concidadãos a assumir o poder único e absoluto de remodelar a constituição. Sob Licurgo, os procedimentos foram menos regulares, mas, na medida em que os defensores de uma reforma conseguiram prevalecer, todos eles voltaram seus olhos para os esforços singulares desse sábio e patriota celebrado, em vez de buscar promover uma revolução por meio da intervenção de uma assembleia deliberativa de cidadãos.

O que teria levado um povo tão cioso de sua liberdade, como os gregos, a abandonar a esse ponto as normas da prudência, depositando seu destino nas mãos de um único cidadão? Por que razão os atenienses — um povo que não podia tolerar que um exército fosse comandado por menos de dez generais, e que já considerava uma ameaça a suas liberdades o mérito e a fama de um concidadão — julgaram um cidadão ilustre um depositário mais apropriado de seus próprios destinos e de sua posteridade que uma assembleia selecionada de cidadãos, de cujas deliberações comuns se poderia esperar não só mais sabedoria como mais segurança? Essas perguntas não podem ser plenamente respondidas, a menos que suponhamos que os temores de discórdia e desunião entre uma multiplicidade de conselheiros superavam o receio de perfídia ou incapacidade de um único indivíduo. A história nos relata igualmente as dificuldades que esses celebrados reformadores tiveram de enfrentar, bem como os expedientes a que foram obrigados a recorrer para levar a cabo suas reformas. Sólon, que parece ter aceitado um programa mais contemporizador, confessou que não dera a seus concidadãos o governo mais propício a sua felicidade, mas o mais tolerável a seus preconceitos. E Licurgo, mais fiel a sua finalidade, viu-se na necessidade de misturar uma porção de violência com a autoridade da superstição e de assegurar seu sucesso final por uma renúncia revolucionária, em primeiro lugar a seu país e depois a sua vida. Se tais lições nos ensinam, por um lado, a admirar o progresso feito pela América em relação ao antigo modo de preparar e executar planos regulares de governo, servem igualmente, por outro, para nos advertir dos riscos e dificuldades inerentes a essas experiências, e da grande imprudência de multiplicá-las desnecessariamente.

Será insensato conjecturar que os erros que o plano da convenção pode conter decorrem antes da falta de experiência prévia nessa complicada e difícil matéria que de falta de esmero ou cuidado em sua investigação, e que, consequentemente, não poderão ser avaliados até que uma prova concreta os tenha apontado? Essa conjectura ganha plausibilidade não só a partir de muitas considerações de natureza geral como do caso particular dos Artigos da Confederação. Pode-se observar que, entre as muitas objeções e emendas sugeridas pelos vários Estados quando esses artigos foram submetidos a sua ratificação, não se encontra nenhuma que se refira ao erro enorme e radical que a experiência concreta revelou. E, excetuando as observações que o Estado de Nova Jersey foi levado a fazer, mais em razão de sua situação local que por uma previsão peculiar, podemos indagar se houve uma única sugestão suficientemente relevante para justificar uma reversão do sistema. Há razões de sobra, no entanto, para supor que, por pouco significativas que fossem essas objeções, alguns Estados teriam se aferrado a elas com uma perigosa inflexibilidade, caso o zelo por suas concepções e por seus supostos interesses não tivesse sido contido pelo sentimento mais poderoso da autopreservação. Um Estado,[1] podemos lembrar, persistiu por vários anos na recusa de sua anuência, embora durante todo esse período o inimigo tenha permanecido a nossas portas, ou melhor, no próprio interior de nosso país. E se finalmente cedeu, não foi por nada menos que o temor de ser acusado de prolongar as

1. O referido Estado é Maryland, que se recusou a ratificar os Artigos até que fosse atendida sua exigência de que todos os Estados renunciassem a seus direitos sobre o território oeste em favor da União. (N. do E.)

calamidades públicas e de pôr em risco o desfecho da luta. Todo leitor de boa-fé fará suas próprias reflexões sobre esses importantes fatos.

Um doente que veja seu mal piorar a cada dia, e perceba que não pode adiar um tratamento eficaz sem extremo perigo, após examinar serenamente sua situação e as qualidades de diferentes médicos, escolhe e chama aqueles que julga mais capazes de lhe trazer alívio e mais merecedores de sua confiança. Os médicos comparecem; o caso do paciente é cuidadosamente examinado; faz-se uma junta; os médicos são unânimes em considerar que os sintomas são críticos, mas que o caso, se tratado adequadamente e a tempo, está tão longe de ser irrecuperável que é até possível fazê-lo resultar numa melhora do organismo do paciente. São igualmente unânimes na prescrição do remédio que surtirá esse feliz efeito. Logo que a prescrição é divulgada, porém, diversas pessoas se interpõem e, sem negar a realidade ou a gravidade da doença, afirmam ao paciente que a prescrição será um veneno para sua saúde, e o proíbem de usá-la sob pena de morte certa. Não seria razoável que o paciente, antes de se aventurar a seguir esse conselho, pedisse que seus autores chegassem pelo menos a um acordo entre si quanto a outro remédio substituto? E se visse que diferiam tanto entre si quanto de seus primeiros conselheiros, não seria prudente de sua parte tentar a experiência unanimemente recomendada por estes últimos, em vez de dar ouvidos àqueles que não conseguiam nem negar a necessidade de um remédio rápido, nem concordar na indicação de um?

A América, neste momento, é esse paciente, nessa mesma situação. Deu-se conta de sua doença. Recebeu um conselho geral e unânime dos homens que ela própria escolheu com ponderação. E outros a advertem a não seguir esse conselho, sob pena das mais fatais consequências. Negam estes últimos a realidade do perigo? Não. Negam a necessidade de um tratamento rápido e poderoso? Não. Estão de acordo, pelo menos dois deles, em suas objeções ao tratamento proposto, ou no adequado para substituí-lo? Deixemos que falem por si mesmos. Este nos diz que a Constituição deve ser rejeitada porque não é uma confederação dos Estados, mas um governo a ser exercido sobre indivíduos. Outro admite que deve haver, até certo ponto, um governo sobre indivíduos, mas de maneira alguma na extensão proposta. Um terceiro não se opõe ao governo sobre indivíduos, ou à extensão proposta, mas à falta de uma carta de direitos. Um quarto enfatiza a absoluta necessidade de uma carta de direitos, mas afirma que ela deve expressar não os direitos pessoais dos indivíduos, mas os direitos reservados aos Estados como entidades políticas. Um quinto é da opinião de que qualquer tipo de carta de direitos seria supérflua e fora de propósito, e que o plano estaria perfeito não fosse pelo poder fatal de fixar as datas e os locais das eleições. Um adversário que pertence a um grande Estado protesta em altos brados contra a desarrazoada igualdade de representação no Senado. Outro, de um pequeno Estado, condena com igual veemência a perigosa desigualdade na Câmara dos Representantes. De um lado nos alarmam com o espantoso custo representado pela quantidade de pessoas que deverão administrar o novo governo. De outro — e às vezes do mesmo, em outra ocasião — o grito é que o Congresso não será mais que a sombra de uma representação, e que o governo seria bem menos criticável se o número de representantes e a despesa fossem duplicados. Um patriota de um Estado que não importa nem exporta encontra objeções insuperáveis contra o poder de tributação direta. O patriótico adversário de um Estado que faz grandes exportações e importações não está menos insatisfeito com o fato de o peso total dos impostos poder incidir sobre o consumo. Esse político descobre na Constituição uma tendência direta e irresistível à monarquia; aquele tem igual certeza de que ela culminará em aristocracia. Outro não sabe ao certo qual dessas formas ela acabará por assumir, mas percebe claramente que será uma das duas; enquanto não falta um quarto que, com o mesmo grau de certeza, afirma que a Constituição está tão longe de ter uma propensão a qualquer desses perigos que o peso desse lado não será suficiente para mantê-la no prumo e firme contra suas tendências opostas. Em outra classe de adversários da Constituição, o que se diz é que os poderes legislativo, executivo e judiciário estão entremesclados de uma maneira tal que contradiz todas as ideias de governo regular e todas as precauções necessárias em favor da liberdade. Enquanto essa objeção circula em expressões vagas e gerais, poucos são os que a aprovam. Deixemos que cada um se adiante com sua explicação particular, e dificilmente encontraremos dois que estejam de pleno acordo quanto à questão. Aos olhos de um, juntar o Senado ao presidente na grave função de designar os ministros, em vez atribuir esse poder exclusivamente ao Executivo, é a parte viciosa da organização. Para outro, a exclusão da Câmara dos Representantes, cujo número seria a única segurança apropriada contra a corrupção e a parcialidade no exercício de tal poder, é igualmente condenável. Para outro, tolerar que o presidente tenha qualquer parcela de um poder que será sempre um instrumento perigoso nas mãos do magistrado executivo é uma violação imperdoável das máximas do zelo republicano. Nenhuma parte da organização, segundo alguns, é mais inadmissível que o julgamento de *impeachments* pelo Senado, que é alternadamente membro tanto do legislativo quanto do executivo, quando esse julgamento pertence de modo tão evidente ao judiciário. "Concordamos plenamente", respondem outros, "com a objeção a esta parte do plano, mas jamais poderemos concordar que atribuir os *impeachments* ao poder judiciário seria a solução dessa falha. O que mais nos desagrada na organização são os amplos poderes já confiados a esse setor." Mesmo entre os defensores entusiastas de um conselho de Estado, descobre-se a mais irreconciliável divergência quanto ao modo como ele deve ser constituído. Um cavalheiro considera que o conselho deve se compor de poucos membros, a serem designados pela casa mais numerosa do legislativo. Outro prefere um conselho mais numeroso e considera uma condição fundamental que a designação seja feita pelo próprio presidente.

Como isso não pode ofender em nada os autores contrários ao plano da Constituição federal, suponhamos que, sendo eles os mais zelosos, são também os mais sagazes entre os que pensam que a recente convenção não esteve à altura da missão que lhe foi atribuída e que seu plano pode e deve ser substituído por um mais sábio e melhor. Além disso, suponhamos que seu país concordasse tanto com essa avaliação favorável de seus méritos quanto com suas visões desfavoráveis da convenção, e que, consequentemente, os constituísse numa segunda convenção, com plenos poderes, com a finalidade expressa de rever e remodelar a obra da primeira. Se essa experiência fosse feita a sério — embora seja preciso algum esforço para encará-la seriamente mesmo na ficção —, deixo que se decida, a partir da amostra de opiniões que acabo de exibir, se, com toda sua hostilidade a seus predecessores, eles iriam, em qualquer ponto, afastar-se tanto do exemplo da convenção como na desavença e na efervescência que haveriam de marcar suas próprias deliberações; e se a Constituição agora apresentada ao público não teria a mesma possibilidade de se imortalizar que Licurgo deu à de Esparta, ao condicionar sua mudança a sua própria volta do exílio e morte, se ela fosse imediatamente adotada, devendo continuar em vigor não até que uma *melhor*, mas até que uma *outra* obtivesse a aprovação dessa nova assembleia de legisladores.

É tão espantoso quanto lamentável que aqueles que levantam tantas objeções à nova Constituição nunca se lembrem dos defeitos dessa que ela deve substituir. Não é necessário que a primeira seja perfeita, basta que a última seja mais imperfeita. Nenhum homem se recusaria a trocar latão por prata ou ouro por estes conterem alguma liga. Nenhum homem se recusaria a trocar uma casa arruinada e prestes a desabar por uma construção firme e confortável só porque esta última não tem um pórtico, ou tem o teto um pouco mais alto ou mais baixo do que teria desejado. Mas, pondo de lado esse tipo de ilustração, não é evidente que a maior parte das objeções essenciais apresentadas contra o novo sistema se aplica com força dez vezes maior à atual Confederação? É perigoso depositar um poder ilimitado de levantar dinheiro nas mãos do governo federal? O atual Congresso pode requisitar qualquer quantia que queira, e os Estados são constitucionalmente obrigados a fornecê-la; pode emitir cartas de crédito enquanto puder pagar pelo papel; pode fazer empréstimos, tanto externos como internos, enquanto houver um xelim a ser emprestado. Um poder ilimitado de recrutar tropas é perigoso? A Confederação confere ao Congresso também esse poder, de que ele já começou a fazer uso. É impróprio e inseguro mesclar os diferentes poderes do governo numa mesma corporação? O Congresso, uma corporação única, é o depositário exclusivo de todos os poderes federais. É particularmente perigoso entregar as chaves do Tesouro e o comando do exército às mesmas mãos? A Confederação os coloca ambos nas mãos do Congresso. Uma carta de direitos é essencial à liberdade? A Confederação não tem carta de direitos. É uma falha da nova Constituição dar poder ao Senado para, juntamente com o executivo, fazer tratados que devem se tornar leis do país? O Congresso atual, sem nenhum controle desse tipo, pode fazer tratados que ele próprio declara e a maioria dos Estados reconhece serem a lei suprema do país. A nova Constituição permite a importação de escravos durante quarenta anos? Pela velha ela era permitida para sempre.

Virão me dizer que, por mais perigosa que seja essa mistura de poderes na teoria, ela é tornada inofensiva pela dependência do Congresso em relação aos Estados no que diz respeito aos meios de pô-los em prática; que, por maior que seja o volume de poderes, ele não passa de uma massa sem vida. Nesse caso eu respondo, em primeiro lugar, que a Confederação pode ser acusada da loucura ainda maior de declarar certos poderes absolutamente necessários ao governo federal, tornando-os ao mesmo tempo absolutamente inoperantes; e, em segundo lugar, que, se a União deve permanecer, sem ser substituída por nenhum governo melhor, poderes efetivos devem ser concedidos ou assumidos pelo atual Congresso; nos dois casos, mantém-se o contraste que acabamos de afirmar. Mas isso não é tudo. Dessa massa sem vida já cresceu um poder excrescente, que tende a justificar todos os temores que uma construção falha do governo supremo da União pode nos inspirar. Já não é mais matéria de especulação e de esperança que o território Oeste é uma mina de grande riqueza para os Estados Unidos; e, ainda que ele não vá ser capaz de tirar a União de suas tribulações, ou de, durante algum tempo, fornecer qualquer suprimento regular para as despesas públicas, poderá no futuro, sob administração adequada, permitir tanto um abatimento gradual da dívida interna como fornecer, por certo período, tributos generosos ao Tesouro federal. Proporção muito grande desse fundo já foi cedida pelos Estados individuais, e há razões para esperar que os demais Estados não insistirão em recusar provas similares de sua equidade e generosidade. Podemos calcular, portanto, que uma região rica e fértil com área igual à da extensão habitada dos Estados Unidos, logo se tornará uma reserva nacional. O Congresso assumiu a administração dessa reserva. Começou a torná-la produtiva. Comprometeu-se a fazer mais: passou a formar novos Estados, a instituir governos temporários, a designar funcionários para eles e a prescrever as condições em que tais Estados serão admitidos na Confederação. Tudo isso foi feito, e realizado sem a menor sombra de poder constitucional. No entanto, não se ouviu um sussurro de censura, nenhum alarme soou. Uma fonte de renda *enorme* e *independente* está passando para as mãos de uma corporação única de homens que têm o poder de *recrutar tropas* até um *número ilimitado* e apropriar dinheiro para mantê-las por um *período ilimitado*. No entanto, existem homens que não só se mantiveram como espectadores impassíveis dessa perspectiva, mas defendem o sistema que a exibe, ao mesmo tempo que lançam contra o novo sistema as objeções que ouvimos. Não agiriam com mais coerência se recomendassem insistentemente o estabelecimento desse novo sistema, tão necessário para proteger a União contra os futuros poderes e recursos de uma assembleia constituída como o atual Congresso quanto para salvaguardá-la dos perigos representados pela atual impotência dessa mesma assembleia?

Não é de modo algum minha intenção aqui censurar as medidas que foram tomadas pelo Congresso. Compreendo que ele não poderia ter agido de outra maneira. O interesse público, a necessidade do caso, obrigou-o a transpor seus limites constitucionais. Mas o fato em si não é uma prova alarmante do perigo resultante de um governo que não possui poderes regulares correspondentes a suas finalidades? Dissolução ou usurpação — este é o terrível dilema a que ele está continuamente exposto.

PUBLIUS [MADISON]

ARTIGO 39

A conformidade do plano aos princípios republicanos: exame de uma objeção relativa aos poderes da convenção

Uma vez que o artigo anterior encerrou as observações destinadas a introduzir um exame desapaixonado do plano de governo apresentado pela convenção, podemos agora passar à execução dessa parte de nosso empreendimento.

A primeira questão que se oferece é se a forma e o aspecto gerais do governo são estritamente republicanos. Nenhuma outra forma seria compatível com a índole do povo da América, com os princípios fundamentais da Revolução ou com aquela louvável determinação que anima todos os adeptos da liberdade a fundar as experiências políticas na capacidade de autogoverno da humanidade. Portanto, se for constatado que o plano da convenção se desvia do caráter republicano, seus advogados devem abandoná-lo como já não sendo defensável.

Quais são, pois, as características distintivas da forma republicana? Se fôssemos buscar uma resposta para essa pergunta recorrendo não a princípios, mas ao modo como o termo é aplicado por autores políticos às constituições dos diferentes Estados, jamais encontraríamos alguma que nos pudesse satisfazer. A Holanda, onde nenhuma pitada do poder supremo é derivada do povo, recebe quase universalmente a designação de república. O mesmo título foi concedido a Veneza, onde um poder absoluto sobre a grande parte dos cidadãos é exercido da maneira mais irrestrita por um pequeno número de nobres hereditários. A Polônia, que é uma mistura de aristocracia e monarquia sob suas piores formas, foi dignificada com a mesma denominação. O governo da Inglaterra, que tem apenas uma câmara republicana, combinada com aristocracia e monarquia hereditárias, tem sido frequentemente incluída, com igual impropriedade, na relação das repúblicas. Esses exemplos, que são quase tão diferentes entre si quanto de uma república genuína, mostram a extrema imprecisão com que o termo tem sido usado nos estudos políticos.

Se quisermos usar com critério os diferentes princípios em que diferentes formas de governo se fundam, definiremos que é uma república — ou pelo menos que pode ser considerado digno desse nome — um governo que extrai todos os seus poderes direta ou indiretamente da grande maioria do povo e é administrado por pessoas que conservam seus cargos enquanto são aprovadas e por um período limitado, ou enquanto exibem bom comportamento. É *essencial* a tal governo que ele emane da grande maioria da sociedade, não de uma proporção insignificante ou de uma classe favorecida; de outro modo, uns poucos nobres tirânicos, exercendo sua opressão por uma delegação de seus poderes, poderiam aspirar à condição de republicanos e reivindicar para seu governo o honroso título de república. É *suficiente* para tal governo que as pessoas que o administram sejam designadas, direta ou indiretamente, pelo povo, e que conservem seus cargos mediante uma ou outra das condições que acabamos de especificar; do contrário, todo governo nos Estados Unidos, assim como qualquer outro governo popular que foi ou poderá vir a ser organizado ou bem executado, se degradaria, perdendo o caráter republicano. Segundo a constituição de todos os Estados da União, alguns funcionários do governo são escolhidos indiretamente apenas pelo povo. Na maioria delas, o primeiro magistrado é escolhido desse modo. E segundo uma delas, esse modo de escolha é ampliado a uma das duas câmaras coordenadas do legislativo. Também de acordo com todas as constituições, o tempo de exercício dos cargos mais elevados abrange um período definido e, em muitos casos, tanto no setor legislativo como no executivo, um período de anos. Ainda segundo os dispositivos da maioria das constituições, bem como segundo as mais respeitáveis e acatadas opiniões sobre o assunto, os membros do poder judiciário devem conservar seus cargos mediante a firme manutenção de bom comportamento.

Ao comparar a Constituição elaborada pela convenção com o padrão aqui estabelecido, percebemos de imediato que ela está ajustada a ele, no mais rígido sentido. A Câmara dos Representantes, como pelo menos uma das câmaras de todos os legislativos estaduais, é eleita diretamente pela maioria do povo. O Senado, como o atual Congresso e Senado de Maryland, deriva sua designação indiretamente do povo. O presidente é indiretamente apontado pela escolha do povo, segundo o exemplo da maioria dos Estados. Até os juízes, como todos os demais funcionários da União, serão, como nos diversos Estados, escolhidos pelo próprio povo, ainda que de maneira remota. A duração de seus cargos está igualmente de acordo com o padrão e com o modelo das constituições estaduais. A Câmara dos Representantes é eleita periodicamente, como em todos os Estados; e pelo período de dois anos, como no Estado da Carolina do Sul. O Senado é eleito para o período de seis anos, o que é só um ano a mais que o período do Senado de Maryland, e dois a mais que o dos Senados de Nova York e Virgínia. O presidente deve se manter no cargo pelo período de quatro anos, assim como o primeiro magistrado é eleito por três anos em Nova York e em Delaware, e por dois anos na Carolina do Sul. Nos demais Estados, a eleição é anual. Em vários deles, contudo, não há dispositivos explícitos para o *impeachment* do primeiro magistrado, e em Delaware e na Virgínia ele não é passível de *impeachment* em momento algum durante sua permanência no cargo. A condição para que os juízes conservem seus lugares é, como inquestionavelmente deve ser, a do bom comportamento. A condição para a manutenção dos cargos ministeriais será em geral sujeita a regulação legal, segundo o caso e o exemplo das constituições estaduais.

Se fosse possível exigir alguma outra prova da compleição republicana desse sistema, a mais decisiva seria encontrada na proibição absoluta que faz de títulos de nobreza, tanto no governo federal como nos estaduais; e em sua garantia expressa da forma republicana deles.

"Mas não bastava", dizem os adversários da Constituição proposta, "que a convenção aderisse à forma republicana. Deviam ter preservado com igual cuidado a forma *federativa*, que concebe a União como uma *Confederação* de estados soberanos; em vez disso, moldaram um governo *nacional*, que concebe a União como uma *consolidação* dos Estados". E pergunta-se: com que autoridade essa inovação ousada e radical foi empreendida? Em razão do modo como se tirou partido dessa objeção, cabe examiná-la com algum rigor.

Sem averiguar a acuidade da distinção em que a objeção se funda, para uma justa avaliação de sua força será preciso, primeiro, definir o caráter real do governo em questão; segundo, indagar até que ponto a convenção estava autorizada a propor tal governo; terceiro, até que ponto a missão que o país lhes atribuiu podia suprir alguma falta de competência regular.

Para — primeiro — definir o caráter real do governo, podemos considerá-lo em relação aos fundamentos sobre os quais ele deve ser implantado; às fontes de que seus poderes ordinários devem provir; ao exercício desses poderes; a sua extensão; e à autoridade pela qual mudanças futuras no governo devem ser introduzidas.

Examinando a primeira relação constatamos, por um lado, que a Constituição deve se fundar no assentimento e na ratificação do povo da América, conferidos por deputados eleitos para esse propósito especial; mas, por outro, que esse assentimento e ratificação devem ser dados pelas pessoas do povo não como componentes individuais de toda a nação, mas como componentes dos Estados distintos e independentes a que pertencem. Deve ser o assentimento e ratificação dos vários Estados, derivados da autoridade suprema de cada Estado — a autoridade de seu próprio povo. O ato que institui a Constituição não será, portanto, um ato *nacional*, mas um ato *federal*.

Que será um ato *federal* e não *nacional*, tal como estes termos são compreendidos pelos opositores — o ato das pessoas do povo como componentes de tantos Estados independentes, não de uma nação agregada —, é óbvio a partir desta simples consideração: ele não deverá resultar de uma decisão da *maioria* do povo da União, nem de uma decisão da *maioria* dos Estados. Deverá resultar do assentimento *unânime* dos vários Estados nele envolvidos, o que não difere do assentimento comum destes senão pelo fato de ser expresso não pela autoridade legislativa, mas pela do próprio povo. Se o povo fosse encarado nessa transação como compondo uma nação, a vontade da maioria de todo o povo dos Estados Unidos sujeitaria a minoria, assim como a maioria em cada Estado sujeitaria a minoria; e a vontade da maioria deveria ser determinada ou pela comparação dos votos individuais, ou pela consideração da vontade da maioria dos Estados, como prova da vontade da maioria do povo dos Estados Unidos. Nenhuma dessas regras foi adotada. Cada Estado, ao ratificar a Constituição, é considerado um corpo soberano, independente de todos os outros, e só pode ser sujeitado por um ato voluntário próprio. Nessa relação, portanto, a nova Constituição será, se implantada, uma Constituição *federal*, não uma constituição *nacional*.

A próxima relação é com as fontes de que os poderes ordinários do governo devem emanar. A Câmara dos Representantes derivará seus poderes do povo da América; e o povo será representado na mesma proporção e segundo os mesmos princípios que vigoram no legislativo dos diversos Estados. Nessa medida, o governo é *nacional*, não *federal*. O Senado, por outro lado, derivará seus poderes dos Estados como sociedades políticas e iguais; e estas serão representadas no Senado segundo o princípio da igualdade, como agora, nos Congressos estaduais existentes. Nessa medida, o governo é *federal*, não *nacional*. O poder executivo derivará de uma fonte múltipla. A eleição imediata do presidente deverá ser feita pelos Estados como corpos políticos. Os votos concedidos a cada um integram uma razão composta que os considera em parte como sociedades distintas e iguais, em parte como membros desiguais da mesma sociedade. A próxima eleição, mais uma vez, deve ser feita pela casa do legislativo que se compõe dos representantes nacionais; mas nesse ato particular eles deverão assumir a forma de delegações individuais de tantos corpos políticos distintos e iguais. Sob esse aspecto, o governo parece ter um caráter misto, apresentando igualmente características *federais* e *nacionais*.

Os adversários do plano supõem que a diferença entre um governo federal e um nacional, no que se relaciona com o *exercício do governo*, consiste em que, no primeiro, os poderes se exercem sobre os corpos políticos que compõem a Confederação como entidades políticas; no segundo, sobre os cidadãos que compõem a nação, como indivíduos. Submetida a esse critério, a Constituição recai no tipo *nacional*, não no *federal*, embora talvez não tão completamente como se entendeu. Em vários casos, e particularmente no julgamento de controvérsias de que os Estados podem participar, eles podem ser considerados e processados unicamente como corpos coletivos e políticos. Nessa relação, porém, o exercício do poder do governo sobre as pessoas como indivíduos, em seus procedimentos ordinários e mais essenciais, o qualifica como *nacional*.

Todavia, se o governo é nacional no tocante ao *exercício* de seus poderes, seu aspecto muda quando o contemplamos em relação à extensão desses poderes. A ideia de um governo nacional envolve não só uma autoridade sobre os cidadãos individuais, mas uma supremacia ilimitada sobre todas as pessoas e coisas, na medida em que são objetos de um governo legítimo. Em meio a um povo consolidado numa única nação, essa supremacia é inteiramente conferida ao legislativo nacional. Entre comunidades unidas com finalidades particulares, é conferida em parte ao legislativo federal e em parte aos legislativos municipais. No primeiro caso, todas as autoridades locais estão subordinadas à autoridade suprema, podendo esta controlá-las, dirigi-las ou aboli-las à vontade. No segundo, as autoridades locais ou municipais constituem porções distintas e independentes da supremacia. Em suas respectivas esferas, não estão mais sujeitas à autoridade geral do que a autoridade geral está sujeita a elas em sua própria esfera. Nessa relação, portanto, o governo proposto não pode ser considerado um governo *nacional*, uma vez que sua jurisdição abrange apenas certos objetos especificados e deixa aos vários Estados uma soberania residuária e universal sobre todos os demais objetos. É verdade que em disputas relacionadas com o limite entre as duas jurisdições, a decisão final caberá a um tribunal estabelecido pelo governo geral. Mas isso não muda o princípio do argumento. A decisão deverá ser tomada de forma imparcial, segundo as regras da Constituição, recorrendo-se a todas as precauções usuais e mais efetivas para assegurar essa imparcialidade. Um tribunal desse tipo é claramente essencial para evitar o apelo à luta armada e uma dissolução do pacto, e provavelmente ninguém contestará que só seria possível, ou melhor, só seria seguro estabelecê-lo sob o governo geral, e não sob os locais.

Finalmente, se avaliamos a Constituição por sua relação com o poder que deve emendá-la, verificamos que ela não é nem inteiramente *nacional*, nem inteiramente *federal*. Se fosse inteiramente nacional, a autoridade suprema e final iria residir na *maioria* do povo da União, e seria uma autoridade competente em todas as ocasiões, como a que possui a maioria de toda a sociedade nacional de alterar ou abolir seu governo estabelecido. Por outro lado, se fosse inteiramente federal, a concordância de cada Estado da União seria essencial para cada alteração que fosse afetar a todos. O modo estipulado pelo plano da convenção não se baseia em nenhum desses dois princípios. Ao exigir mais do que uma maioria simples, e particularmente ao computar a proporção por *Estados*, não por *cidadãos*, ele se afasta da modalidade nacional e avança em direção à *federal*; ao tornar suficiente a concordância de menos do que o número total dos Estados, ele novamente perde o caráter *federal* e participa do *nacional*.

A Constituição proposta, portanto, mesmo quando avaliada segundo as regras estabelecidas por seus opositores, não é, em rigor, nem nacional, nem federal, mas uma composição de ambas as coisas; nas fontes de que emanam os poderes ordinários do governo, é parcialmente federal e parcialmente nacional; no exercício desses poderes, é nacional, e não federal; na extensão deles, é novamente federal, não nacional; e, finalmente, no modo autorizado de introduzir emendas, não é nem completamente federal, nem completamente nacional.

PUBLIUS [MADISON]

ARTIGO 40

Continuação do exame da mesma objeção

O *segundo* ponto a ser examinado é se a convenção estava autorizada a elaborar e propor esta Constituição mista.

Os poderes da convenção devem, em rigor, ser determinados com base num exame das incumbências confiadas a seus membros por aqueles que designaram seus membros. Entretanto, como todas essas incumbências estão relacionadas às recomendações do encontro de Annapolis, em setembro de 1786, ou àquelas feitas pelo Congresso em fevereiro de 1787, será suficiente recorrer a esses atos particulares.

O ato de Annapolis recomenda

> (...) a designação de uma comissão para considerar a situação dos Estados Unidos; para planejar e conceber aqueles dispositivos adicionais que lhes pareçam necessários para tornar a Constituição do governo federal adequada às exigências da União; e, para esse propósito, relatar aos Estados Unidos, reunidos em Congresso, um ato tal que, quando aprovado por este e posteriormente confirmado pelo legislativo de todos os Estados, atenda a tais exigências.

O ato recomendatório de um Congresso expressa-se nos seguintes termos:

> Considerando que os artigos da Constituição e da União perpétua preveem nela alterações, pelo assentimento do Congresso dos Estados Unidos e dos legislativos dos vários Estados; considerando que a experiência revelou que há defeitos na atual Confederação, para cuja correção vários dos Estados, e particularmente o Estado de Nova York, por instruções expressas a seus delegados no Congresso, sugeriram uma convenção para o propósito expresso na seguinte resolução; e aparecendo essa convenção como o meio mais provável de estabelecer nesses Estados um firme governo nacional:
>
> *Resolveu* — Que na opinião do Congresso é recomendável que na segunda segunda-feira de maio próximo se realize na Filadélfia uma convenção de delegados, que terão sido designados pelos vários Estados, com o propósito único e expresso de *rever os artigos da Confederação* e reportar ao Congresso e aos vários legislativos as *alterações* e as *estipulações* realizadas nesses artigos, que, quando aprovados pelo Congresso e confirmados pelos Estados, tornarão a Constituição federal *adequada às exigências do governo* e *à preservação da União*.

A partir desses dois atos manifesta-se, primeiro, que a finalidade da convenção era estabelecer nestes Estados um *firme governo nacional*; segundo, que esse governo devia ser tal que fosse *adequado às exigências de governo* e *à preservação da União*; terceiro, que esses propósitos deveriam se efetivar *por alterações e estipulações nos Artigos da Confederação*, tal como expresso no ato do Congresso, ou por *aqueles dispositivos adicionais que pareçam necessários*, como figura no ato recomendatório de Annapolis; quarto, que as alterações e estipulações deviam ser relatadas ao Congresso e aos Estados para obter a aprovação do primeiro e a confirmação destes últimos.

Da comparação e da justa interpretação desses diferentes modos de expressão deve ser deduzida a autoridade sob a qual a convenção atuou. Cabia-lhe modelar um governo nacional adequado às exigências do governo e da União; e transformar os artigos da Confederação de tal forma a realizar esses propósitos.

Existem duas regras de interpretação, não só ditadas pela simples razão como fundadas em axiomas legais. Uma, se possível, é conferir algum significado a todas as partes da expressão e fazer com que conspirem para algum fim comum. A outra prescreve que, na impossibilidade de fazer coincidir as várias partes, a menos importante deve dar lugar à mais importante; os meios devem ser sacrificados ao fim, e não o fim aos meios.

Suponhamos, pois, que as duas expressões que definem a autoridade da convenção divergissem irreconciliavelmente uma da outra; que, na opinião da convenção, não fosse possível produzir um *governo nacional* e *adequado*, por meio de *alterações* e *estipulações* nos *Artigos da Confederação*; que parte da definição deveria ser acatada, e qual deveria ser rejeitada? Qual a parte mais importante, qual a menos importante? Qual conteria os meios, qual conteria o fim? Deixemos que os mais escrupulosos comentadores dos poderes delegados, que os mais inveterados opositores do exercício destes pela convenção respondam a essas perguntas. Deixemos que declarem se era mais importante para a felicidade da América que os Artigos da Confederação fossem desconsiderados, um governo adequado, estabelecido, e a União, preservada, ou que um governo adequado fosse ignorado, e os Artigos da Confederação, preservados. Que eles declarem se a preservação desses Artigos era a finalidade para cuja obtenção a reforma do governo deveria ser um meio, ou se o estabelecimento de um governo adequado à felicidade nacional era o fim a que estes próprios Artigos almejavam originalmente, e ao qual tiveram de ser sacrificados, como meios insuficientes.

No entanto, será necessário supor que essas expressões são absolutamente incompatíveis entre si? Que nenhuma *alteração* ou *estipulação* nos *Artigos da Confederação* seria capaz de moldá-los num governo nacional e adequado, tal como o proposto pela convenção?

Presume-se que, neste caso, não se dará nenhuma ênfase ao *título*; tal mudança jamais poderia ser considerada um abuso de poder. *Alterações* e *novas estipulações* no corpo do instrumento estão expressamente autorizadas. Há aqui, portanto, um poder de mudar o título; de inserir novos artigos; de alterar os antigos. Deve-se necessariamente admitir que esse poder é infringido, enquanto parte dos antigos artigos permanece? Os que sustentam que sim deveriam pelo menos demarcar a fronteira entre as inovações autorizadas e usurpadas; entre o grau de mudança compreendido no âmbito das *alterações* e *estipulações adicionais* e as que equivalem a uma *transmutação* do governo. Dir-se-á que as alterações não deviam ter tocado a substância da Confederação? Os Estados jamais teriam estabelecido com tanta solenidade uma convenção, nem definido tão amplamente suas finalidades, se uma reforma *substancial* não estivesse em vista. Dir-se-á que os *princípios fundamentais* da Confederação não estavam na esfera de ação da convenção, e que, portanto, não deveriam ter sido alterados? Pergunto: que princípios são esses? Exigem eles que, no estabelecimento da Constituição, os Estados sejam considerados soberanias distintas e independentes? Assim eles são vistos pela Constituição proposta. Exigem que os membros do governo derivem sua designação dos legislativos, não da população dos Estados? Uma câmara do novo governo será designada por esses legislativos, enquanto sob a Confederação *todos* os delegados ao Congresso *podem* ser apontados diretamente pelo povo, e em dois Estados[1] efetivamente o são. Exigem que os poderes do governo se exerçam sobre os Estados, e não diretamente sobre indivíduos? Em alguns casos, como se mostrou, os poderes do novo governo se exercerão sobre os Estados como coletividades. Também os do atual governo, em alguns casos, se exercem imediatamente sobre indivíduos. Em casos de captura, de pirataria, do correio, das moedas, de pesos e medidas, comércio com os índios, reivindicações de cessão de terras por diferentes Estados e, acima de tudo, no caso de julgamentos por corte marcial no exército e na marinha, pelos quais a morte pode ser infligida sem a intervenção de um júri, ou sequer de um magistrado civil — em todos esses casos os poderes da Confederação se exercem imediatamente sobre as pessoas e os interesses dos cidadãos individuais. Exigem esses princípios fundamentais, em particular, que nenhum imposto seja cobrado sem a intermediação dos Estados? A própria Confederação autoriza um imposto direto, até certa medida, no correio. O poder de cunhar moeda foi interpretado pelo Congresso de modo

1. Connecticut e Rhode Island.

a se cobrar um tributo imediato também dessa fonte. Mas, deixando de lado tais casos, não era um objetivo reconhecido da convenção e uma expectativa universal do povo que a regulação do comércio fosse submetida ao governo geral, de uma forma tal que o tornasse uma fonte imediata de receita geral? O Congresso não recomendou repetidamente essa medida, considerando-a compatível com os princípios fundamentais da Confederação? Não é verdade que todos os Estados, com apenas uma exceção, inclusive o próprio Estado de Nova York, estavam de acordo até agora com o plano do Congresso, admitindo o *princípio* da inovação? Será que esses princípios, em suma, exigem que os poderes do governo geral sejam limitados e que, além desse limite, os Estados devam permanecer de posse de sua soberania e independência? Vimos que no novo governo, tanto quanto no antigo, os poderes gerais são limitados, e que os Estados, em todos os casos especificados, permanecem no gozo de sua soberania e jurisdição independentes.

A verdade é que os princípios fundamentais da Constituição proposta pela convenção podem ser considerados menos como absolutamente novos que como a expansão dos princípios presentes nos Artigos da Confederação. A desgraça é que, sob este último sistema, esses princípios são tão débeis e limitados que justificam todas as acusações de ineficiência que foram lançadas contra ele, e requerem um grau de ampliação tão considerável que o novo sistema assumiu o aspecto de uma completa transformação do antigo.

É preciso admitir que num detalhe a convenção se afastou do teor de sua missão. Em vez de apresentar um plano que exigisse a confirmação *de todos os Estados*, apresentou um que deve ser confirmado e posto em vigor por *apenas nove Estados*. Vale a pena observar que essa objeção, embora seja mais plausível, foi aquela em que menos se insistiu na avalanche de publicações lançadas contra a convenção. A indulgência só pode ter tido origem num inevitável reconhecimento do absurdo de sujeitar o destino dos 12 Estados à perversidade ou à corrupção de um décimo terceiro; no exemplo da oposição inflexível feita pela *maioria* de um sexagésimo da população da América a uma medida aprovada e reivindicada pela voz de 12 Estados, que compreendiam 59/60 da população — exemplo ainda fresco na memória e na indignação de todo cidadão que sofreu pela honra ferida e a prosperidade ameaçada de seu país. Uma vez que essa objeção foi de certo modo deixada de lado pelos que criticaram os poderes da convenção, eu a descarto sem outras observações.

O *terceiro* tópico a ser averiguado é até que ponto considerações de dever surgidas de fora do próprio caso supriram alguma falta de competência regular.

Nas investigações precedentes, os poderes da convenção foram analisados e postos à prova com o mesmo rigor, e pelas mesmas regras que seriam aplicáveis se tivessem sido poderes reais e finais para estabelecer uma Constituição para os Estados Unidos. Vimos de que modo eles resistiram à prova, mesmo com base nessa suposição. É tempo agora de lembrar que esses poderes eram meramente de aconselhamento ou de recomendação: que assim eram entendidos pelos Estados e pela convenção; que, em conformidade com isso, esta última planejou e propôs uma Constituição que não deverá ter maior importância que o papel em que foi escrita, a menos que seja selada com a aprovação daqueles a quem se dirige. Essa reflexão, que põe a questão sob um ponto de vista inteiramente diverso, vai nos permitir julgar com propriedade o curso tomado pela convenção.

Vejamos em que bases a convenção se realizou. Podemos relembrar, por suas atas, que seus membros estavam profunda e unanimemente impressionados com a crise, que levara seu país a desejar, quase em uníssono, fazer essa experiência singular e solene para corrigir os erros do sistema pelo qual essa crise se produzira; que estavam não menos profunda e unanimemente convencidos de que uma reforma como a que propunham era absolutamente necessária para que os propósitos de sua designação fossem alcançados. Não podiam ignorar que as esperanças e expectativas da grande maioria dos cidadãos, por todo este grande país, estavam voltadas com a mais intensa ansiedade para o resultado de suas deliberações. Tinham todas as razões para acreditar que os sentimentos contrários agitavam a mente e o peito de todo inimigo interno e externo da liberdade e da prosperidade dos Estados Unidos. Tinham visto, na origem e no curso da experiência, o entusiasmo com que fora acatada e defendida a *proposta*, feita por um único Estado (Virgínia), de uma emenda parcial da Confederação. Tinham *visto a liberdade que se arrogou um pequeníssimo número* de deputados de *pouquíssimos* Estados, reunidos em Annapolis, de recomendar um objetivo grandioso e arriscado, inteiramente alheio a sua missão, ser não somente justificado pela opinião pública como efetivamente posto em prática por 12 dos 13 Estados. Tinham visto, em vários casos, o Congresso se arrogar poderes não só recomendatórios como operativos, justificados, segundo a opinião pública, por situações e finalidades infinitamente menos urgentes que aquelas que deveriam ditar sua conduta. Devem ter refletido que, em todas as grandes mudanças de governos estabelecidos, a forma deve ceder lugar à substância; que nesses casos uma adesão estrita à primeira tornaria nominal e ineficaz o poder transcendente e precioso do povo de "abolir ou alterar seus governos do modo que lhes pareça melhor realizar sua segurança e felicidade",[1] uma vez que é impossível para o povo mover-se de comum acordo, espontânea e universalmente, em direção a seu objetivo; torna-se essencial, portanto, que tais mudanças sejam instituídas por algumas *propostas informais e não autorizadas*, apresentadas por um ou vários cidadãos patriotas e respeitáveis. Devem ter lembrado que foi por esse privilégio irregular e presumido de propor ao povo planos para sua segurança e felicidade que os Estados se uniram pela primeira vez contra o perigo com que os ameaçava seu antigo governo; que formaram comitês e congressos para concentrar seus esforços e defender seus direitos; e que nos *diversos Estados* foram *eleitas convenções* para elaborar as constituições sob as quais são hoje governados; tampouco pode ter sido esquecido que nenhum escrúpulo menor e inoportuno, nenhum zelo pela fidelidade às formas usuais se manifestaram em parte alguma, exceto naqueles que queriam dar vazão, sob esses disfarces, a sua secreta hostilidade à substância em questão. Devem ter tido em mente que, como o plano a ser elaborado e proposto deveria ser submetido *ao próprio povo*, a desaprovação dessa autoridade suprema o destruiria para sempre; sua aprovação anularia erros e irregularidades antecedentes. Talvez lhes tenha ocorrido até que, nos meios em que ali prevalecia a disposição à chicana, o descaso da convenção em respeitar o grau de poder a ela atribuído e mais ainda sua recomendação de qualquer medida não justificada por sua missão não despertariam menos censuras que a recomendação imediata de uma medida que correspondesse plenamente às exigências nacionais.

Se os membros da convenção, submetidos a todas essas impressões e em meio a todas essas considerações, em vez de exercer uma confiança viril em seu país, confiança pela qual se haviam destacado de modo tão especial, e de apontar um sistema a seu ver capaz de assegurar a felicidade dele, tivessem tomado a resolução fria e taciturna de desapontar suas ardentes esperanças, de sacrificar a substância às formas, de abandonar os mais caros interesses do país às incertezas da protelação e ao acaso dos eventos, permitam-me perguntar ao homem capaz de elevar sua mente a uma ideia nobre, capaz de despertar em seu peito uma emoção patriótica, que julgamento o mundo imparcial, os defensores da humanidade, todos os cidadãos virtuosos deveriam ter pronunciado sobre a conduta e o caráter dessa assembleia? Se há um homem cuja propensão a condenar não é passível de nenhum controle, deixem-me então

1. Declaração de Independência.

perguntar que sentença ele reserva para os 12 Estados que *usurparam o poder* de enviar deputados à convenção, uma instituição inteiramente estranha a suas Constituições; para o Congresso, que recomendou a designação desse corpo, igualmente estranho à Confederação; e para o Estado de Nova York, em particular, que foi o primeiro a insistir nessa interposição não autorizada, e depois aprová-la.

Mas para que não reste aos opositores nenhum pretexto, admitamos por um momento que a convenção não estava autorizada a propor uma Constituição para o país, nem as circunstâncias justificavam tal gesto: deve a Constituição ser rejeitada, apenas por essa razão? Se, segundo o nobre preceito, é legítimo aceitar um bom conselho até do inimigo, iremos dar o exemplo ignóbil de recusar tal conselho mesmo quando oferecido por nossos amigos? A prudência certamente recomenda indagar, em todos os casos, não tanto *de quem* vem o conselho, mas se ele é *bom*.

A síntese do que foi apresentado e provado aqui é que a acusação de que a convenção excedeu seus poderes carece de todo fundamento, exceto num único caso, em que os opositores pouco insistem; que se seus membros tivessem excedido seus poderes, estariam não só autorizados pelas circunstâncias em que foram postos a exercer a liberdade que se arrogaram, mas obrigados a fazê-lo, na condição de servidores de confiança de seu país; finalmente, se eles tivessem violado tanto seus poderes como suas obrigações ao propor uma Constituição, ainda assim esta deveria ser acatada, se acreditarmos que realiza as perspectivas e a felicidade do povo da América. Até que ponto se deve atribuir esta qualidade à Constituição é o tema que estamos investigando.

PUBLIUS [MADISON]

ARTIGO 41

Análise geral dos poderes que se pretende conferir à União

A Constituição proposta pela convenção pode ser considerada sob dois pontos de vista gerais. O primeiro se relaciona com a soma ou quantidade de poder que ela confere ao governo, incluindo as restrições impostas aos Estados. O segundo, com a estrutura particular do governo e a distribuição desse poder entre seus vários braços.

Do primeiro ponto de vista, duas importantes questões se impõem: 1) Seria desnecessária ou imprópria alguma parte dos poderes transferidos para o governo geral? 2) Seriam eles, por sua quantidade, perigosos para a parcela de jurisdição que se permitiu aos vários Estados conservar?

Conferiu-se ao governo geral um poder total maior que o devido? Esta é a primeira questão.

Aos que ouviram com imparcialidade os argumentos apresentados contra os amplos poderes do governo, não terá escapado que seus autores consideraram muito pouco em que medida esses poderes seriam meios necessários para a consecução de um fim necessário. Preferiram insistir nos inconvenientes que se combinam inevitavelmente a todo ganho político e nos possíveis abusos a que podem dar lugar todo poder ou responsabilidade passíveis de um uso proveitoso. Essa maneira de lidar com o assunto não é capaz de ludibriar o bom senso do povo da América. Ela pode revelar a sutileza do autor; pode abrir um campo sem limites para a retórica e a oratória; pode inflamar as paixões dos que não pensam e confirmar os preconceitos dos que pensam mal. As pessoas ponderadas e imparciais, porém, pensarão de imediato que até as mais puras bênçãos humanas contêm em si uma parcela de imperfeição; que é sempre preciso escolher, se não o mal menor, pelo menos o bem maior, não o bem perfeito; e que em toda instituição política o poder de propiciar a felicidade pública envolve um arbítrio sujeito a má aplicação ou abuso. Elas verão, portanto, que, sempre que se trata de atribuir poder, o primeiro ponto a decidir é a necessidade de tal poder para o bem público; assim como o ponto seguinte será, em caso de decisão positiva, evitar da maneira mais efetiva uma possível perversão desse poder em detrimento do povo.

Para que possamos formar um juízo correto sobre esse assunto será adequado rever os vários poderes conferidos ao governo da União; e, para fazê-lo do modo mais conveniente, podemos reduzi-los a diferentes classes, segundo sua relação com as seguintes diferentes finalidades: 1) Segurança contra a ameaça externa; 2) Regulamentação das relações com nações estrangeiras; 3) Manutenção da harmonia e do relacionamento apropriado entre os Estados; 4) Certos objetivos diversos de utilidade geral; 5) Controle sobre os Estados, para impedir que cometam certos atos danosos; 6) Medidas para dar a devida eficácia a todos esses poderes.

Os poderes que recaem na primeira classe são os de declarar guerra e conceder cartas de corso;[1] de formar exércitos e frotas; de comandar e convocar a milícia; de arrecadar dinheiro e contrair empréstimos.

A segurança contra a ameaça externa, uma das finalidades primordiais da sociedade civil, é um objetivo expresso e essencial da União americana. Os poderes necessários para assegurá-la devem ser efetivamente confiados aos conselhos federais.

O poder de declarar guerra será mesmo necessário? Ninguém o negaria. Seria supérfluo, portanto, tentar provar a resposta afirmativa. A Confederação atual institui esse poder na mais ampla forma.

O poder de recrutar exércitos e equipar frotas será mesmo necessário? Ele está envolvido no poder anterior, faz parte do poder de autodefesa.

Mas seria mesmo necessário dar um *poder ilimitado* de recrutar tropas, bem como de equipar frotas, e de mantê-las todas, tanto na *paz* como na *guerra*?

A resposta a tais perguntas já foi tão antecipada em outro artigo que não cabe discuti-las amplamente aqui. De fato, a resposta parece ser tão óbvia e convincente que essa discussão pouco se justifica em qualquer lugar. Sob que alegação se poderia pretender que a força necessária para a defesa pudesse ser limitada por quem não é capaz de limitar a força do ataque? Caso uma Constituição federal pudesse restringir as ambições de todas as demais nações ou impor limites a seus

1. Autorização dada por nação beligerante para que navios da marinha mercante se armem e pratiquem atos de guerra. (N. do E.)

esforços, então de fato poderia, de forma sensata, restringir a liberdade de seu próprio governo e impor limites aos esforços voltados para sua própria segurança.

Como poderíamos proibir com segurança a prontidão para a guerra em tempo de paz, a menos que pudéssemos proibir igualmente os preparativos de todas as nações hostis? Os meios para a obtenção da segurança só podem ser regulados pelos meios de que dispõe o atacante e por sua periculosidade. De fato, eles serão sempre determinados por essas regras, e não por quaisquer outras. É inútil opor barreiras constitucionais ao impulso de autopreservação. É pior que inútil, porque introduz na própria Constituição a necessidade do abuso de poder, sempre germe de repetições desnecessárias e multiplicadas. Se uma nação mantém constantemente um exército treinado, pronto para lutar por ambição ou vingança, ela obriga as nações mais pacíficas que possam estar ao alcance de suas empreitadas a tomar precauções semelhantes. O século XV foi a época infeliz das corporações militares em tempos de paz. Elas foram introduzidas por Carlos VII da França. Toda a Europa seguiu o exemplo, ou foi forçada a isso. Se o exemplo não tivesse sido seguido por outras nações, toda a Europa estaria há muito sob os grilhões de um monarca universal. O mesmo aconteceria agora se todas as nações, exceto a França, dispersassem suas forças que garantem a paz. As experimentadas legiões de Roma, que sobrepujavam as forças despreparadas de todas as outras nações, fizeram dela a senhora do mundo.

Não é menos verdade que as liberdades de Roma acabaram por ser as vítimas finais de seus triunfos militares; e que as liberdades da Europa, se é que existiram, foram, com poucas exceções, o preço de suas instituições militares. Uma força permanente é, portanto, uma medida perigosa, ao mesmo tempo que pode ser necessária. Numa escala pequena, tem seus inconvenientes. Numa escala ampla, suas consequências podem ser fatais. Em qualquer escala, deve ser objeto de louvável prudência e precaução. Uma nação sábia combinará todas essas considerações e — sem deixar de recorrer a todos os recursos que possam ser essenciais para sua segurança — aplicará toda sua prudência para diminuir tanto a necessidade quanto o perigo de lançar mão de algo que possa ser nefasto para suas liberdades.

As mais claras marcas desta prudência estão estampadas na Constituição proposta. A própria União, que ela cimenta e sustenta, destrói qualquer pretexto para uma corporação militar que pudesse ser perigosa. Uma América unida, seja com um punhado de tropas ou sem um único soldado, exibe à ambição estrangeira uma postura mais ameaçadora que uma América desunida que dispusesse de cem mil soldados experientes prontos para o combate. Já se observou antes que a falta desse pretexto salvou as liberdades numa nação da Europa. Tendo a Grã-Bretanha se tornado, graças a sua situação insular e a seus recursos marítimos, inexpugnável aos exércitos dos vizinhos, seus soberanos nunca conseguiram, sob a alegação de ameaças reais ou fictícias, impingir ao povo uma grande corporação em tempo de paz. A distância que separa os Estados Unidos e as nações poderosas do mundo lhes confere a mesma afortunada segurança. Uma corporação perigosa poderá nunca vir a ser necessária ou plausível enquanto continuarmos sendo um povo unido. Mas que este povo jamais esqueça, por um instante sequer, que deve tal vantagem unicamente a sua União. O momento de sua dissolução marcaria o início de uma nova ordem de coisas. Os temores das Confederações ou dos Estados mais fracos, ou a ambição dos mais fortes, dariam, no Novo Mundo, o mesmo exemplo que Carlos VII deu no Velho. O exemplo seria seguido aqui pelos mesmos motivos que lá produziram a imitação universal. Em vez de tirar de nossa situação a preciosa vantagem que a Grã-Bretanha tirou da sua, a América teria uma face que não passaria de uma cópia da do continente europeu. Exibiria por toda parte a liberdade esmagada entre exércitos permanentes e impostos perpétuos. O destino da América desunida seria mais desastroso até que o da Europa. Nesta última, as fontes de infortúnio se confinam a seus próprios limites. Nenhuma potência maior de outra parte do globo alinha-se entre suas nações rivais, inflama suas animosidades mútuas e as transforma em instrumentos da ambição, da inveja e da vingança estrangeiras. Na América, as misérias decorrentes de suas rivalidades, disputas e guerras internas constituiriam apenas uma parte de seu quinhão. Um penoso acréscimo de males teria origem na relação que a Europa mantém com esta parte da Terra, e que nenhuma parte da Terra mantém com a Europa.

Nunca se carregará demais nas cores das consequências da desunião ou se exibirá em excesso esse quadro. Todo homem que ama a paz, todo homem que ama seu país, todo homem que ama a liberdade deve conservá-los sempre diante dos olhos, para poder nutrir em seu coração o devido apreço pela União da América e valorizar os meios de preservá-la.

Depois do estabelecimento efetivo da União, a melhor precaução possível contra o perigo associado aos exércitos permanentes é a limitação das condições pelas quais se pode destinar determinada receita para sua manutenção. Prudentemente, a Constituição acrescentou essa precaução. Não repetirei aqui as observações já feitas a esse respeito, sob uma luz que espero ter sido justa e satisfatória. Talvez não seja inadequado, porém, considerar um argumento contra esta parte da Constituição, inspirado na política e na prática da Grã-Bretanha. Diz-se que, naquele reino, a manutenção de um exército exige um voto anual do legislativo, ao passo que a Constituição americana alongou para dois anos esse período. É sob essa forma que a comparação é geralmente apresentada ao público. Mas essa forma é correta? A comparação é justa? A Constituição britânica restringe de fato a decisão parlamentar a um ano? A americana impõe de fato ao Congresso dotações por dois anos? Ao contrário, como os próprios autores da falácia não podem ignorar, a Constituição britânica não fixa limite algum para a decisão do legislativo, e a americana tolhe o legislativo, impondo-lhe dois anos como o mais longo prazo admissível.

Corretamente formulado, o argumento tomado do exemplo britânico seria: o prazo em que se podem destinar verbas para a corporação militar, embora ilimitado pela Constituição britânica, tem se restringido na prática, por decisão parlamentar, a um único ano. Ora, se na Grã-Bretanha — onde a Câmara dos Comuns é eleita por sete anos, onde uma proporção tão grande dos membros é eleita por uma proporção tão pequena do povo, onde os eleitores são tão corrompidos pelos representantes e os representantes tão corrompidos pela Coroa — o corpo representativo pode deter o poder de destinar verbas ao exército por prazo indefinido, sem desejar ou sem ousar ampliar esse prazo além de um único ano, não seria de ruborizar a própria desconfiança a ideia de que os representantes dos Estados Unidos, eleitos *livremente* por *todo o povo* em intervalos de *dois anos*, não podem ser seguramente investidos do poder de decidir sobre tais dotações, expressamente limitadas ao curto período de *dois anos*?

Uma argumentação falha acaba sempre por se denunciar. A habilidade da oposição ao governo federal é um exemplo invariável disso. Entre todos os seus disparates, porém, nenhum é mais chocante que a tentativa de aliciar para esse lado a prudente reserva do povo em relação aos exércitos permanentes. Tal tentativa canalizou toda a atenção do povo para esse importante assunto e conduziu a investigações que culminarão forçosamente na convicção plena e universal de que a Constituição estipulou as mais eficazes salvaguardas contra o perigo emanado dessa fonte. Além disso, só uma Constituição plenamente adequada à defesa nacional e à preservação da União pode livrar a América de um número de exércitos permanentes tão grande quanto o de Estados ou Confederações em que ela pode se dividir, e de um aumento tão progressivo dessas corporações em cada um deles que as tornaria onerosas para a bolsa do povo e ameaçadoras para suas liberdades. Em contrapartida, toda instituição que se revele necessária sob um governo unido e eficiente acaba por se tornar tolerável para essa bolsa e segura para essas liberdades.

A necessidade palpável do poder de formar e manter uma marinha protegeu essa parte da Constituição de um espírito de censura que não poupou muitas outras. De fato, devemos incluir entre as maiores vantagens da América a de que, como sua União será a única fonte de seu poderio marítimo, este será um instrumento essencial de sua segurança contra o perigo externo. Sob esse aspecto, nossa situação apresenta outra semelhança com a vantagem insular da Grã-Bretanha. Felizmente, as baterias mais capazes de repelir investidas estrangeiras contra nossa segurança jamais poderiam ser dirigidas contra nossas próprias liberdades por um governo pérfido.

Todos os habitantes da fronteira atlântica têm profundo interesse nessa previsão de proteção naval. Se até hoje lhes foi permitido dormir tranquilamente em suas camas, se suas propriedades continuam a salvo do espírito predatório de aventureiros licenciosos, se suas cidades marítimas ainda não tiveram de se entregar como reféns para escapar dos terrores de uma conflagração, cedendo às extorsões de invasores ousados e inesperados, essas circunstâncias da boa sorte decorrem de causas fugazes e ilusórias, não podendo ser atribuídas à capacidade que tem o atual governo de proteger aqueles de quem exige lealdade. Se excetuarmos Virgínia e Maryland, que são particularmente vulneráveis em suas fronteiras leste, nenhuma parte da União deve sentir maior inquietude a este respeito que Nova York. Sua costa marítima é extensa. Um distrito muito importante do Estado é uma ilha. O próprio Estado é penetrado por um grande rio, navegável por mais de cinquenta léguas. O grande empório de seu comércio, o grande reservatório de sua riqueza, está permanentemente à mercê dos acontecimentos, podendo também ser usado como refém para a obtenção de uma rendição ignominiosa aos ditames de um inimigo estrangeiro, ou mesmo às exigências gananciosas de piratas e bárbaros. Se a situação precária dos assuntos europeus culminasse numa guerra e todas as paixões desregradas envolvidas fossem liberadas no oceano, só por milagre escaparíamos de ultrajes e depredações, não apenas no elemento água, mas em toda parte do outro que o costeia. Na atual situação da América, os Estados mais diretamente expostos a essas calamidades nada têm a esperar do fantasma de governo geral hoje existente e, ainda que seus próprios recursos lhes permitissem se fortificar contra o perigo, o objeto a proteger seria quase inteiramente consumido pelos meios de proteção.

O poder de regulamentar e convocar a milícia já foi suficientemente justificado e explicado.

O poder de arrecadar dinheiro ou fazer empréstimos, sendo o sustentáculo daquele que deve ser exercido na defesa nacional, pode ser corretamente incluído na mesma classe que este. Também este poder já foi examinado com igual atenção e, acredito, mostrou-se claramente necessário, tanto na extensão quanto na forma que a Constituição lhe atribuiu. Dirigirei uma reflexão adicional apenas àqueles que sustentam que esse poder deveria ter sido restringido à tributação externa, com o que se referem a impostos sobre artigos importados de outros países. É indubitável que esta será sempre uma valiosa fonte de receita; que deverá ser a principal fonte por um tempo considerável; que, neste momento, é uma fonte essencial. Mas podemos formar ideias bastante equivocadas sobre essa questão se considerarmos em nossos cálculos que o tamanho da receita extraída do comércio exterior variará segundo variem tanto o volume como o tipo de importação; e que essas variações não correspondem ao aumento da população, que deve ser a medida geral das necessidades públicas. Enquanto a agricultura continuar sendo o único campo de trabalho, a importação de manufaturados deverá aumentar com a multiplicação dos consumidores. Assim que as manufaturas domésticas forem iniciadas pelas mãos não demandadas pela agricultura, as manufaturas importadas diminuirão à medida que a população crescer. Numa etapa mais remota, as importações poderão comportar uma parcela considerável de matérias-primas, que serão transformadas em artigos para exportação e exigirão, portanto, o incentivo de subvenções, e não taxas desestimulantes. Um sistema de governo concebido para durar deve ponderar essas transformações e ser capaz de se amoldar a elas.

Entre os que não negaram a necessidade do poder de tributação, houve quem atacasse ferozmente a Constituição por causa da linguagem em que ele é definido. Afirmou-se e repetiu-se que o poder de "lançar e coletar taxas, tarifas e impostos, pagar dívidas e assegurar a defesa comum e o bem geral dos Estados Unidos" equivale a uma delegação ilimitada para exercer todo o poder pretensamente necessário para a defesa comum ou o bem geral. Não se poderia encontrar prova mais forte da escassez de objeções com que se defrontam esses autores que o fato de recorrerem a uma interpretação tão equivocada.

Se a Constituição não contivesse outra enumeração ou definição dos poderes do Congresso além das expressões gerais que acabamos de citar, os autores da objeção talvez tivessem algum fundamento, e mesmo assim lhes seria difícil explicar por que se usou forma tão canhestra para expressar uma autoridade de legislar em todos os casos possíveis. A fórmula "arrecadar dinheiro para o bem geral" seria uma maneira muito singular de conferir poder para destruir a liberdade de imprensa ou o julgamento por júri, ou mesmo de regular a transmissão por herança, ou as formas de transferência dos bens imóveis.

Mas que bases pode ter essa objeção quando a essa fórmula se segue imediatamente uma especificação dos propósitos aludidos por esses termos gerais, sem ser sequer separada dela por mais que um ponto e vírgula? Se as diferentes partes do mesmo instrumento devem ser interpretadas de modo a dar sentido a cada parte que o compõe, terá cabimento negar por completo a uma parte de uma mesma frase uma participação em seu sentido, conservando os termos mais ambíguos em sua plena extensão e negando qualquer significado às expressões claras e precisas? Com que objetivo teria sido inserida a enumeração de poderes específicos, caso a intenção fosse incluí-los, junto com todos os outros, no poder geral precedente? Nada é mais natural ou comum que usar primeiro uma expressão geral, para em seguida exemplificá-la e restringi-la por uma série de especificações. No entanto, a ideia de uma enumeração de especificações que não explicam nem restringem o sentido geral, e não podem ter nenhum efeito senão confundir e induzir a erro, é um absurdo tal que, vendo-nos reduzidos ao dilema de atribuí-la ou aos autores da objeção ou aos autores da Constituição, nos arrogamos a liberdade de supor que não provém destes últimos.

A objeção em pauta é ainda mais extraordinária quando se verifica que a linguagem usada pela convenção foi copiada dos Artigos da Confederação. As finalidades da União dos Estados, tal como descrita no artigo terceiro, são "sua defesa comum, a defesa de suas liberdades e do bem mútuo e geral". Os termos do artigo oitavo são ainda mais idênticos:

> Todos os encargos de guerra e todas as outras despesas que forem feitas para a defesa comum ou o bem geral e aprovadas pelos Estados Unidos reunidos em Congresso serão custeados por um Tesouro comum. (...)

Linguagem similar ocorre novamente no artigo nono. Se interpretarmos qualquer desses artigos pelas regras que justificariam a interpretação dada à nova Constituição, eles atribuem ao Congresso atual o poder de legislar em todo e qualquer caso. Mas o que se pensaria dessa assembleia se, apegando-se a essas expressões gerais e desconsiderando as especificações que determinam e limitam seu alcance, ela tivesse exercido um poder irrestrito de custear a defesa comum e o bem geral? Indago aos próprios autores da objeção se aplicariam nesse caso, para justificar o Congresso, a mesma argumentação que usam agora contra a convenção. Como é difícil para o erro escapar à própria condenação.

PUBLIUS [MADISON]

ARTIGO 42

Desenvolvimento da análise

A *segunda* classe de poderes conferidos ao governo geral compreende os que regulam as relações com as nações estrangeiras, a saber: fazer tratados; enviar e receber embaixadores, outros diplomatas e cônsules; caracterizar e punir piratarias e felonias cometidas em alto-mar e infrações da lei das nações; regular o comércio exterior, o que inclui o poder de proibir, após 1808, a importação de escravos, e lançar uma taxa de dez dólares *per capita* para desestimular tais importações.

Esta classe de poderes forma um setor essencial da administração federal. Se quisermos ser uma nação sob todos os aspectos, teremos evidentemente de sê-lo com relação a outras nações.

É evidente a justeza dos poderes de fazer tratados e enviar e receber embaixadores. Ambos fazem parte dos Artigos da Confederação, com a única diferença de que o plano da convenção isenta o primeiro deles de uma exceção pela qual os tratados poderiam ser substancialmente sustados por normas dos Estados. Além disso, o poder de designar e receber "outros diplomatas e cônsules" é acrescentado, de maneira expressa e muito apropriada, ao dispositivo anterior, referente aos embaixadores. O termo embaixador, se tomado em seu sentido estrito, tal como o parece exigir o segundo dos Artigos da Confederação, só engloba os diplomatas de grau mais elevado, excluindo aqueles graus que os Estados Unidos tenderão provavelmente a preferir ali onde forem necessárias embaixadas estrangeiras. Nem pela mais livre interpretação o termo abrange os cônsules, ainda que se tenha considerado conveniente empregar os graus inferiores dos diplomatas e enviar e receber cônsules, como tem sido a prática do Congresso.

É verdade que, quando tratados comerciais estipulam a mútua designação de cônsules, cujas funções estão associadas ao comércio, a admissão de cônsules estrangeiros pode ser incluída no poder de estabelecer tratados comerciais; e que, na inexistência de tratados desse tipo, a missão de cônsules americanos em países estrangeiros *talvez* possa ser incluída na autoridade, conferida pelo artigo nono da Confederação, de designar quando necessário tais funcionários civis para cuidar dos interesses gerais dos Estados Unidos. Mas a admissão de cônsules nos Estados Unidos, quando não estipulada por nenhum tratado prévio, parece não ter sido prevista em lugar algum. O preenchimento dessa lacuna é um dos exemplos menores em que a convenção aperfeiçoou o modelo que tinha a sua frente. Mas as medidas mais insignificantes ganham importância quando tendem a eliminar a necessidade ou o pretexto para abusos de poder graduais e imperceptíveis. Uma lista dos casos em que o Congresso foi induzido ou forçado a transgredir seus poderes constitucionais pelas falhas da Confederação muito surpreenderia os que não deram atenção ao assunto. Este seria, aliás, um argumento de peso em favor da nova Constituição, que parece ter sanado com igual diligência tanto os menores como os óbvios e notórios defeitos da antiga.

O poder de caracterizar e punir piratarias e felonias cometidas em alto-mar e infrações contra a lei das nações, que pertence com igual justeza ao governo geral, é um aperfeiçoamento ainda maior dos Artigos da Confederação. Estes artigos não contêm nenhum dispositivo para o caso de ofensas contra a lei das nações e, consequentemente, permitem que qualquer Estado imprudente indisponha a Confederação com nações estrangeiras. O dispositivo dos artigos federais sobre a questão das piratarias e felonias não vai além da instituição de tribunais para julgar essas infrações. A caracterização das piratarias poderia talvez, sem inconveniente, ser deixada para a lei das nações, embora a maioria dos códigos municipais contenha uma definição legislativa delas. A definição das felonias em alto-mar é evidentemente necessária. Felonia é um termo de significação vaga, mesmo no direito consuetudinário da Inglaterra, e de importância variada no direito estatutário daquele reino. Mas nem o direito consuetudinário nem o direito estatutário dessa nação, ou de qualquer outra, deve ser um padrão para as condutas da nossa, a menos que deles nos apropriemos por adoção legislativa. O significado do termo tal como definido nos códigos dos vários Estados seria um guia tão impraticável quanto o anterior seria desonroso e ilegítimo. Ele não é precisamente igual em dois Estados sequer, variando em todos eles a cada revisão das leis criminais. Em prol da segurança e da uniformidade, portanto, o poder de definir as felonias era necessário e correto sob todos os aspectos.

A regulamentação do comércio exterior, tendo sido contemplada por várias análises do assunto, já foi amplamente discutida para requerer aqui provas adicionais da justeza de sua atribuição à administração federal.

Seria sem dúvida desejável que o poder de proibir a importação de escravos não tivesse sido adiado até o ano de 1808, ou seja, que se lhe tivesse sido dada vigência imediata. Contudo, também não é difícil explicar esta restrição ao governo geral ou à maneira em que toda a cláusula foi expressa. Devemos ver como um grande ganho em favor da humanidade a possibilidade do encerramento definitivo nos Estados Unidos, dentro de vinte anos, de um tráfico que por tanto tempo e tão flagrantemente expôs o barbarismo da política moderna; o fato é que durante esse período ele será consideravelmente desencorajado pelo governo federal, podendo ser totalmente abolido se os poucos Estados que têm insistido nesse tráfico antinatural seguirem o exemplo proibitório dado por tão grande maioria da União. Que felicidade para os desventurados africanos se tivessem diante de si igual perspectiva de serem redimidos das opressões de seus irmãos europeus!

Fizeram-se tentativas de transformar essa cláusula numa objeção à Constituição, apresentando-a por um lado como tolerância criminosa de uma prática ilícita, e por outro, como destinada a evitar emigrações voluntárias e benéficas da Europa para a América. Menciono essas falsas interpretações não no intuito de lhes dar uma resposta, pois não merecem nenhuma, mas como amostras da maneira e do espírito com que alguns julgaram adequado conduzir sua oposição ao governo proposto.

Os poderes incluídos na *terceira* classe são os que asseguram a harmonia e as relações adequadas entre os Estados.

Sob este tópico poderiam ser incluídas as restrições particulares impostas à autoridade dos Estados e certos poderes do judiciário. Como as primeiras estão reservadas para uma outra classe e os últimos serão particularmente examinados quando chegarmos à estrutura e à organização do governo, limito-me aqui a um exame superficial dos poderes remanescentes compreendidos nesta terceira categoria, a saber: assegurar a punição da falsificação da moeda corrente e dos títulos dos Estados; fixar o padrão dos pesos e medidas;

estabelecer uma regra uniforme de naturalização e leis uniformes de falência; prescrever o modo como devem ser autenticados os atos e registros públicos e os processos judiciais de cada Estado, e o efeito que devem ter nos demais; e implantar agências postais e estradas.

A falta de poder da atual Confederação para regular o comércio entre seus vários membros está entre os defeitos claramente apontados pela experiência. Às provas e observações que artigos anteriores trouxeram à baila sobre essa questão pode-se acrescentar que, sem esse dispositivo suplementar, o poder importante e essencial de regular o comércio exterior ficaria incompleto e ineficaz. Uma finalidade muito relevante desse poder foi aliviar os Estados que importam e exportam, através de outros Estados, de contribuições indevidas que estes lhes cobram. Se estes últimos ficassem livres para regular o comércio entre si, podemos prever que encontrariam meios de onerar os artigos importados e exportados durante a passagem por sua jurisdição com taxas que incidiriam sobre os fabricantes dos artigos de exportação e os consumidores dos importados. A experiência passada nos prova que tal prática seria introduzida por maquinações futuras, e tanto ela como um conhecimento comum das atividades humanas demonstram que isso geraria incessantes animosidades e culminaria provavelmente em sérias perturbações da tranquilidade pública. Para os que não veem a questão pelo prisma da paixão ou do interesse, o desejo dos Estados mercantis de arrecadar, não importa de que forma, uma receita indireta de seus vizinhos não mercantis deve parecer tão imprudente quanto injusto, pois estimularia a parte ofendida a recorrer, tanto por ressentimento como por interesse, a canais menos convenientes para o comércio exterior. A voz moderada da razão, porém, ao defender a causa de um interesse amplo e permanente, é com demasiada frequência abafada, seja junto aos órgãos públicos ou aos indivíduos, pelos clamores de uma avidez impaciente por um ganho imediato e exagerado.

A necessidade de uma autoridade supervisora sobre o comércio recíproco dos Estados confederados foi ilustrada por outros exemplos além do nosso. Na Suíça, onde a União é tão tênue, todos os cantões são obrigados a permitir a passagem de mercadorias por sua jurisdição a caminho de outros cantões, sem aumento dos tributos. Na Alemanha, é lei do império que príncipes e Estados não devem cobrar tributos ou direitos alfandegários em pontes, rios ou passagens sem o consentimento do imperador e da assembleia, embora uma citação feita num artigo anterior revele que neste caso, como em muitos outros nessa confederação, a prática não seguiu a lei, produzindo ali os danos aqui previstos.

Entre as restrições impostas pela União dos Países Baixos a seus membros está a proibição de lançar impostos prejudiciais a seus vizinhos sem a permissão geral.

A regulamentação do comércio com as tribos indígenas foi muito corretamente liberada de duas limitações constantes dos Artigos da Confederação que tornam o dispositivo obscuro e contraditório. Ali o poder é limitado aos índios que não sejam membros de nenhum dos Estados; além disso, não deve violar ou infringir o direito legislativo de nenhum Estado dentro de seus próprios limites. Como ainda não se definiu que tipos de índios devem ser considerados membros de um Estado, tal questão tem gerado frequente perplexidade e controvérsia nos conselhos federais. Não bastasse, é absolutamente incompreensível de que modo uma autoridade externa poderá regular o comércio com índios que, embora não sendo membros de um Estado, residam em sua jurisdição legislativa, sem com isso violar os direitos internos de legislação. Este não é o único caso em que os Artigos da Confederação fizeram diligente esforço para realizar o impossível: conciliar a soberania parcial da União com a plena soberania dos Estados; subverter um axioma matemático descartando uma parte e conservando o resto.

Sobre o poder de cunhar moeda e estipular o seu valor, bem como o da moeda externa, é preciso observar apenas que, ao prever este último caso, a Constituição sanou uma omissão considerável nos Artigos da Confederação. O poder do atual Congresso está restrito ao controle da moeda *cunhada* por sua própria autoridade, ou pela dos respectivos Estados. Não se pode deixar de perceber imediatamente que é possível que a uniformidade da proposta para o *valor* da moeda corrente seja destruída se o da moeda estrangeira estiver sujeito a diferentes normas dos diferentes Estados.

A punição para a falsificação de títulos públicos, bem como de moeda corrente, está evidentemente submetida à mesma autoridade encarregada de garantir o valor de ambos.

A regulamentação dos pesos e medidas foi tomada dos Artigos da Confederação e se funda em considerações semelhantes às que sustentam o poder precedente de regulamentar a moeda.

A disparidade nas normas de naturalização foi há muito notada como uma falha de nosso sistema e fonte de problemas intrincados e delicados. No artigo quarto da Confederação, vemos:

> (...) que os habitantes livres de todos estes Estados, com exceção dos indigentes, vagabundos e foragidos da justiça, terão direito a todos os privilégios e imunidades dos cidadãos livres nos vários Estados; e as

pessoas de cada Estado gozarão, nos demais, de todos os privilégios de trabalho e comércio.

Há aqui uma confusão de linguagem digna de nota. Não é fácil concluir por que numa parte do artigo são usados os termos *habitantes livres*, em outra, *cidadãos livres*, e em outra, *pessoas*; ou o que se pretendeu ao superadicionar a "todos os privilégios e imunidades dos cidadãos livres" "todos os privilégios de trabalho e comércio". Parece difícil evitar, contudo, a interpretação de que os incluídos na categoria de *habitantes livres* de um Estado, mesmo não sendo seus cidadãos, têm direito, em todos os demais Estados, a todos os privilégios dos *cidadãos livres* destes; isto é, a privilégios maiores que os de que gozam em seu próprio Estado. Assim, todo Estado pode — ou melhor, está obrigado — não só a conferir direitos de cidadania em outros Estados a qualquer pessoa a que possa atribuir tais direitos dentro de seus limites, mas a qualquer uma a que permita habitar em sua jurisdição. Mesmo que se admitisse uma definição do termo "habitantes" que limitasse apenas aos cidadãos os privilégios conferidos, a dificuldade diminuiria, mas não estaria eliminada. Cada Estado continuaria mantendo o poder, inadequadíssimo, de naturalizar forasteiros em todos os demais. Em um Estado, a residência por um curto período confirma todos os direitos de cidadania; em outro, exigem-se qualificações maiores. Portanto, um forasteiro legalmente incapacitado para certos direitos neste último pode fazer jus a eles, escapando à incapacitação, pela mera residência prévia no primeiro. Desse modo, a lei de um Estado pode se sobrepor absurdamente à lei de outro, dentro da jurisdição deste. Foi por obra do mero acaso que escapamos até agora de sérios embaraços neste assunto. Pelas leis de vários Estados, certos tipos de forasteiros que tivessem se tornado indesejáveis são submetidos a interdições incompatíveis não só com os direitos da cidadania como com o privilégio da residência. Que ocorreria se tais pessoas tivessem adquirido, pela residência ou outro meio, a condição de cidadãos sob as leis de outro Estado, e depois afirmado, como tais, seus direitos tanto à residência quanto à cidadania no Estado que os expulsa? Fossem quais fossem as consequências legais, provavelmente se teriam produzido ainda outras, de natureza grave demais para que não se busque evitá-las. Foi com muita propriedade, portanto, que a nova Constituição proibiu esse tipo de medida, e todas as que poderiam resultar da mesma falha da Confederação neste tópico, autorizando o governo geral a estabelecer normas uniformes para a naturalização na totalidade dos Estados Unidos.

O poder de fixar normas para a falência está tão intimamente ligado à regulamentação do comércio, e evitará tantas fraudes quando as partes ou suas propriedades estiverem em Estados diferentes ou puderem ser removidas de um para outro, que nos parece pouco provável que se ponha em dúvida sua oportunidade.

O poder de prescrever, por leis gerais, o modo como devem ser autenticados os atos públicos, registros e processos judiciais de todos os Estados é um aperfeiçoamento evidente e valioso da cláusula sobre este assunto dos Artigos da Confederação. O sentido desta última é extremamente vago e de pouco peso, seja qual for a interpretação que se lhe dê. O poder aqui estabelecido pode ser transformado num instrumento de justiça muito apropriado, especialmente benéfico nos limites de Estados contíguos, onde bens requeridos pela justiça podem ser súbita e secretamente transferidos para outra jurisdição em qualquer etapa do processo.

O poder de implantar estradas, que deverá ser inofensivo sob todos os aspectos, poderá talvez, sob administração judiciosa, tornar-se gerador de grande comodidade pública. Nada que tenda a facilitar as relações entre os Estados pode ser considerado indigno da atenção pública.

PUBLIUS [MADISON]

ARTIGO 43

Desenvolvimento da análise

A quarta classe compreende os seguintes poderes diversos:

1) O poder "de promover o progresso da ciência e das artes úteis, assegurando aos autores e inventores, por um tempo limitado, direito exclusivo sobre seus respectivos escritos e descobertas".

A utilidade deste poder dificilmente será contestada. O copyright dos autores foi solenemente declarado um direito consuetudinário. O direito sobre invenções úteis parece, com igual razão, pertencer aos inventores. Em ambos os casos, o bem público coincide plenamente com as reivindicações dos indivíduos. Os Estados não podem, separadamente, estipular medidas efetivas para nenhum desses casos, e a maioria deles antecipou a decisão deste ponto por leis aprovadas na instância do Congresso.

2) "Exercer legislação exclusiva, em todos os casos, sobre o distrito (com não mais de dez milhas quadradas) que possa se tornar, por cessão particular dos Estados e a aceitação do Congresso, a sede do governo dos Estados Unidos; e exercer autoridade semelhante sobre todos os locais, adquiridos com a aprovação dos legislativos dos Estados em que estes se situem, para a construção de fortes, depósitos, arsenais, estaleiros e outras edificações necessárias."

A necessidade indispensável de autoridade completa sobre a sede do governo é evidente por si mesma. É um poder exercido por todos os legislativos da União. Poderia dizer até do mundo, tal sua supremacia geral. Sem ele, não só a autoridade pública poderia ser afrontada, e suas atividades, interrompidas impunemente, como os membros do governo geral dependeriam tanto do Estado em que se situasse a sede do governo para protegê-los no exercício de sua missão que os conselhos nacionais poderiam ser acusados de temor ou influência, imputações tão desonrosas para o governo como desagradáveis para os demais membros da Confederação. Essa consideração tem peso ainda maior porquanto o acúmulo de benfeitorias públicas na residência permanente do governo seria um penhor público grande demais para ser deixado nas mãos de um único Estado, ao mesmo tempo que criaria tantos obstáculos a uma remoção do governo que a necessária independência deste ficaria ainda mais reduzida. A extensão desse distrito federal é suficientemente circunscrita para aplacar qualquer temor de natureza contrária. E como ele deverá ser apropriado para este uso com o consentimento do Estado cedente; como este estipulará no pacto, por certo, os direitos e o consentimento dos cidadãos que o habitarão; como os habitantes terão estímulos suficientes para participar voluntariamente da cessão; como terão tido voz na eleição do governo a que ficarão submetidos; como lhes será evidentemente permitido ter um legislativo municipal para fins locais, derivado dos próprios sufrágios; e como o poder do legislativo do Estado e dos habitantes da porção cedida para aprovar a cessão terá sido reconhecido pela população de todo o Estado quando da adoção da Constituição, todas as objeções imagináveis parecem estar eliminadas.

A necessidade de uma autoridade semelhante sobre fortes, depósitos etc. estabelecidos pelo governo geral não é menos evidente. O dinheiro público gasto em tais locais e a propriedade pública neles depositada exigem que estejam livres da autoridade do Estado particular. Não seria adequado, tampouco, que locais de importância fundamental para a segurança de toda a União pudessem depender em algum grau de um único de seus membros. Todas as objeções e todos os escrúpulos neste caso ficam também eliminados pela exigência da concordância dos Estados envolvidos em cada um desses estabelecimentos.

3) "Declarar a punição por traição; mas nenhuma proscrição por traição produzirá degradação da descendência ou confisco de bens, salvo durante a vida da pessoa condenada."

Se for cometida uma traição contra os Estados Unidos, a autoridade dos Estados Unidos deve estar capacitada para puni-la. Mas como traições de novo tipo e artificiais foram os grandes instrumentos pelos quais facções violentas, produto natural do governo livre, descarregaram em geral, alternadamente, sua hostilidade uma sobre a outra, a convenção, com grande discernimento, opôs uma barreira a esse perigo peculiar, estipulando a prova necessária para a condenação por esse crime, e impedindo o Congresso, mesmo ao puni-lo, de estender as consequências da culpa além da pessoa de seu autor.

4) "Admitir novos Estados na União; nenhum novo Estado, porém, será formado ou instituído na jurisdição de qualquer outro; tampouco nenhum Estado será formado pela junção de dois ou mais Estados, ou partes de Estados, sem o acordo dos legislativos dos Estados envolvidos, assim como do Congresso."

Nos Artigos da Confederação não se encontra nenhuma cláusula sobre essa importante questão. Por direito, o Canadá deveria ser admitido, bastando que acatasse as leis dos Estados Unidos; as outras colônias, termo que designava evidentemente as outras colônias britânicas, o fariam segundo decisão dos nove Estados. A eventual criação de novos Estados parece nem ter sido considerada pelos compiladores daquele instrumento. Vimos a inconveniência dessa omissão e o abuso de poder a que conduziu o Congresso. Foi com grande propriedade, portanto, que o novo sistema sanou o defeito. A proibição geral à formação de qualquer novo Estado sem a anuência do poder federal e a dos Estados envolvidos está de acordo com os princípios que devem governar tais operações. A proibição particular à criação de novos estados pela divisão de um Estado sem seu consentimento aplaca os temores dos maiores Estados, assim como os dos menores são aplacados por precaução semelhante contra a união de Estados sem seu consentimento.

5) "Dispor do território ou de outros bens pertencentes aos Estados Unidos, e fazer todas as normas e regulações necessárias, a eles relacionadas, com a condição de que nada na Constituição deve ser interpretado de modo a prejudicar quaisquer direitos dos Estados Unidos ou de qualquer Estado particular."

Este é um poder de grande importância, imposto por considerações similares às que mostram a propriedade do anterior. A condição anexada é evidente por si mesma, e provavelmente se tornou de todo necessária em face de temores e contestações relacionados ao território oeste, suficientemente conhecidos do público.

6) "Assegurar a todos os Estados da União uma forma republicana de governo; proteger todos eles contra invasões; e na ação do legislativo, ou do executivo (quando o legislativo não puder ser convocado), contra a violência doméstica."

Numa Confederação fundada em princípios republicanos e composta de membros republicanos, o governo superintendente deve possuir clara autoridade para defender o sistema contra inovações aristocráticas ou monárquicas. Quanto mais íntima puder ser a natureza de tal união, maior interesse terão os membros nas instituições políticas dos demais; e maior será o direito de insistir em que as formas de governo sob as quais o pacto foi firmado sejam mantidas na substância. Porém, todo direito implica uma garantia; e onde mais poderia a garantia ser situada senão ali onde a Constituição a depositou? Já se verificou que governos com princípios e formas dessemelhantes são menos aptos a formar qualquer tipo de coalizão que os de natureza similar. Diz Montesquieu:

Sendo a república confederada da Alemanha composta de cidades livres e Estados minúsculos submetidos a príncipes diferentes, a experiência nos mostra que ela é mais imperfeita que a da Holanda e da Suíça. (...) A Grécia se desfez tão logo o rei da Macedônia conseguiu um assento entre os anfictiões.

Nesse último caso, sem dúvida, a força desproporcional, bem como a forma monárquica do novo confederado teve sua parcela de influência sobre os resultados. Talvez se possa perguntar que necessidade havia de tal precaução, e se ela não pode se tornar pretexto para alterações dos governos estaduais sem o consentimento dos próprios Estados. Tais indagações podem ser prontamente respondidas. Se a intervenção do governo geral não for necessária, a previsão de tal ocorrência será apenas um excesso na Constituição. Mas quem pode afirmar que experiências poderão resultar do capricho de determinados Estados, da ambição de líderes arrojados, ou das intrigas e da influência de nações estrangeiras? À segunda pergunta pode-se responder que, se o governo geral intervier em virtude desta autoridade constitucional, ele estará, evidentemente, obrigado a aplicá-la. Mas essa autoridade lhe permite unicamente garantir uma forma republicana de governo, o que pressupõe a existência prévia de um governo na forma a ser garantida. Portanto, as formas republicanas atuais, na medida em que forem conservadas pelos Estados, estão garantidas pela Constituição federal. Sempre que os Estados decidirem adotar outras formas republicanas, terão direito a fazê-lo e a reivindicar para elas a garantia federal. A única restrição que lhes é imposta refere-se à substituição de constituições republicanas por outras não republicanas; restrição que, ao que se presume, dificilmente será considerada um agravo.

Toda sociedade deve às partes que a compõem a proteção contra invasões. A amplitude da expressão aqui utilizada parece defender todos os Estados não só da hostilidade externa como de investidas ambiciosas ou vingativas de seus vizinhos mais poderosos. A história das confederações, modernas ou antigas, prova que os membros mais fracos da União não serão insensíveis à prudência deste artigo.

A proteção contra a violência doméstica é acrescentada com igual adequação. Já se observou que mesmo entre os cantões suíços, que, propriamente falando, não estão sob um governo único, há dispositivos com essa finalidade; e a história dessa liga revela que a ajuda mútua é frequentemente solicitada e concedida, tanto pelos cantões mais democráticos como pelos outros. Um fato recente e bem conhecido, verificado entre nós mesmos, nos admoesta a estar preparados para emergências da mesma natureza.

À primeira vista, poderia parecer incompatível com a teoria republicana supor que a maioria não tem o direito de subverter um governo, ou que uma minoria poderá ter força para fazê-lo. Em vista disso, a intervenção federal só poderia ser requerida em situações em que seria inadequada. Mas, neste caso como em muitos outros, o raciocínio teórico deve ser restringido pelas lições da prática. Por que seria impossível a formação de combinações ilícitas, para fins de violência, tanto pela maioria de um Estado, especialmente se for pequeno, quanto pela maioria de um condado ou distrito do mesmo Estado? E se, no segundo caso, a autoridade do Estado deve proteger a magistratura local, a autoridade federal não está igualmente obrigada, no primeiro, a defender a autoridade estadual? Além disso, certas partes das constituições estaduais estão tão entrelaçadas com a Constituição federal que não é possível golpear violentamente uma sem ferir a outra. Insurreições em um Estado raramente provocarão intervenção federal, a menos que o número de insurretos alcance algum paralelo com o dos defensores do governo. Será muito melhor que a violência nesses casos seja reprimida pelo poder superintendente que deixar que a maioria defenda sua causa por meio de uma luta sangrenta e duradoura. A existência do direito de intervenção evitará, em geral, a necessidade de seu exercício.

Será verdade que, nos governos republicanos, força e direito estão necessariamente do mesmo lado? Não pode o partido minoritário deter tal superioridade de recursos pecuniários, de talentos militares e experiência, ou de auxílios secretos de nações estrangeiras, que o tornem superior no apelo às armas? Não pode uma posição mais compacta e vantajosa fazer a balança pender para o mesmo lado, contra um contingente superior, mas em situação que o torne menos capaz da aplicação rápida e controlada de sua força? Nada pode ser mais fantasioso que imaginar que, numa prova de força concreta, a vitória pode ser prevista pelas mesmas regras que prevalecem num censo dos habitantes ou que podem determinar o resultado de uma eleição! Não pode acontecer, em suma, que a minoria dos cidadãos se transforme na maioria das pessoas, pela adesão de forasteiros residentes, o auxílio casual de aventureiros, ou daqueles a quem a constituição estadual não confere o direito de voto? Isso para não levar em conta uma infeliz espécie de população que abunda em alguns Estados e que, se mergulhou abaixo do nível dos homens durante a calmaria do governo regular, pode recobrar o caráter humano e dar superioridade de força a qualquer partido a que se associe.

Em casos em que não se saiba ao certo de que lado está a justiça, que árbitro melhor poderia ser desejado por duas facções violentas, que pegam em armas e retalham um Estado em pedaços, que os representantes dos Estados confederados, não abrasados pela chama local? À imparcialidade de juízes eles uniriam a afeição de amigos. Que bênção seria se todos os governos livres pudessem desfrutar de tal remédio para suas enfermidades; se um projeto igualmente eficaz pudesse ser implantado para garantir a paz universal da humanidade!

Será o caso de perguntar que tratamento terá uma insurreição que impregne todos os Estados e envolva a maior parte da força total, embora desprovida de direito constitucional? A resposta deve ser que semelhante caso, assim como estaria fora do alcance dos remédios humanos, escapa também, felizmente, ao âmbito da probabilidade humana, e que o fato de a Constituição federal reduzir o risco de uma calamidade que nenhuma constituição possível seria capaz de sanar já a recomenda o suficiente.

Eis uma importante vantagem das repúblicas confederadas, entre as enumeradas por Montesquieu:

> Caso ocorra uma insurreição popular num dos Estados, os outros serão capazes de sufocá-la. Se houver introdução de abusos numa parte, eles serão corrigidos por aquelas que permanecem incólumes.

7) "Considerar todas as dívidas contraídas e todos os compromissos assumidos antes da adoção desta Constituição tão válidos contra os Estados Unidos sob esta Constituição quanto sob a Confederação."

Essa proposição, que pode ser considerada meramente formal, talvez tenha sido inserida, entre outras razões, para satisfazer aos credores externos dos Estados Unidos, que não podem ignorar a pretensa doutrina de que uma mudança na forma política da sociedade civil tem o efeito mágico de dissolver suas obrigações morais.

Entre as críticas menores feitas à Constituição, observou-se que a validade dos compromissos deveria ter sido afirmada em favor dos Estados Unidos, tanto quanto contra eles. E, no espírito que costuma caracterizar as críticas tacanhas, a omissão foi ampliada e transformada numa conspiração contra os direitos nacionais. Podemos dar aos autores desta descoberta a informação, desnecessária para quase todos os demais, de que, sendo recíprocos por natureza os compromissos, a afirmação de sua validade de um lado implica necessariamente a validade do outro; e de que, sendo o artigo meramente formal, o estabelecimento do princípio em um caso basta para aplicá-lo a todos os outros. Podemos acrescentar ainda que toda constituição deve limitar suas precauções a perigos que não sejam inteiramente imaginários, e que não há nenhum perigo real de que o governo venha a ousar, tendo ou não diante de si essa declaração constitucional, comutar os débitos justamente devidos ao público sob o pretexto aqui condenado.

8) "Preparar emendas a serem ratificadas por três quartos dos Estados com apenas duas exceções."

Era fácil prever que a experiência haveria de sugerir alterações úteis. Foi necessário, portanto, estabelecer um modo para sua introdução. O modo preferido pela convenção parece exibir todas as marcas da justeza. Protege igualmente contra aquela extrema facilidade que tornaria a Constituição demasiado mutável e aquela extrema dificuldade que poderia perpetuar suas falhas já detectadas. Além disso, capacita igualmente os governos geral e estaduais a propor a emenda de erros, à medida que sejam apontados pela experiência de um lado ou de outro. A exceção em favor da igualdade de sufrágio no Senado foi provavelmente pensada como uma salvaguarda da soberania residual dos Estados, implicada e garantida por esse princípio de representação numa câmara do legislativo, tendo sido provavelmente enfatizada pelos Estados particularmente apegados a essa igualdade. A outra exceção deve ter sido admitida com base nas mesmas considerações que geraram o privilégio por ela defendido.

9) "A ratificação da convenção por nove Estados será suficiente para a entrada em vigor desta Constituição entre os Estados que a ratificarem."

Este artigo fala por si mesmo. Somente a autoridade expressa do povo poderia dar validade à Constituição. Exigir a ratificação unânime dos 13 Estados teria sido sujeitar os interesses do todo ao capricho ou corrupção de um único membro. Teria indicado na convenção uma falta de previdência indesculpável à luz de nossa experiência.

Duas indagações de natureza muito delicada se apresentam nesta ocasião: 1) Com base em que princípio pode a Confederação, fundada na forma solene de um pacto entre os Estados, ser posta de lado sem o consenso unânime de suas partes? 2) Que relação irá subsistir entre os nove ou mais Estados que ratificarem a Constituição e aqueles poucos que não aderirem a ela?

Pode-se responder prontamente à primeira pergunta recorrendo à necessidade absoluta do caso; ao princípio básico da autopreservação; à lei transcendente da natureza e do Deus da natureza, que declara que a segurança e a felicidade da sociedade são as finalidades de todas as instituições políticas, que devem todas ser a elas sacrificadas. Talvez seja possível, também, encontrar uma resposta limitando a busca aos princípios do próprio pacto. Já se observou antes, entre os defeitos da Confederação, que em muitos Estados ela não tinha recebido nenhuma aprovação superior a uma mera ratificação legislativa. O princípio da reciprocidade pareceria exigir, assim, que a adesão de outros Estados a ela fosse reduzida ao mesmo padrão. Um pacto entre soberanos independentes, fundado em atos ordinários da autoridade legislativa, não pode pretender maior validade que uma liga ou tratado entre partes. É doutrina estabelecida na questão dos tratados que, neles, todos os artigos são condições uns para os outros; que a violação de um artigo é a violação de todo o tratado; que uma violação cometida por ambas as partes absolve as outras e autoriza as partes, se o quiserem, a declarar o pacto violado e nulo. Se, por desgraça, fosse necessário fazer apelo a estas delicadas verdades para justificar a dispensa do acordo de determinados Estados para a dissolução do pacto federal, não teriam as partes queixosas grande dificuldade para contestar as múltiplas e importantes infrações de que poderiam ser acusadas? Houve tempo em que fomos obrigados a ocultar as ideias que este parágrafo exibe. Agora o cenário mudou e, com ele, o papel que os mesmos motivos impõem.

A segunda questão não é menos delicada, e a perspectiva otimista de que seja hipotética veda uma discussão demasiado inquisitiva a respeito. Trata-se de um desses casos que devem se resolver por si mesmos. Em geral, pode-se observar que, embora nenhuma relação política possa subsistir entre os Estados que acatarem a Constituição e os que não o fizerem, as relações entre eles não serão anuladas. As exigências da justiça, tanto de um lado como de outro, estarão em vigor e deverão ser atendidas; os direitos de humanidade deverão ser devida e mutuamente respeitados em todos os casos; ao mesmo tempo, considerações de interesse comum e, acima de tudo, a lembrança das cenas afetuosas do passado, bem como a antecipação de um rápido triunfo sobre os obstáculos a uma reconciliação, não haverão de inspirar em vão, ao que se espera, moderação de um lado e prudência de outro.

PUBLIUS [MADISON]

ARTIGO 44

Desenvolvimento da análise e conclusão

A quinta classe de dispositivos em favor da autoridade federal consiste das seguintes restrições à autoridade dos vários Estados:

1) "Nenhum Estado participará de nenhum tratado, aliança ou confederação; concederá cartas de corso e de retaliação; cunhará moeda; emitirá letras de crédito; tornará qualquer outra coisa, senão ouro

e prata, moeda legal no pagamento de dívidas; aprovará qualquer decreto de perda dos direitos civis, lei *ex post facto* ou lei que prejudique o cumprimento de obrigações contratuais; ou concederá qualquer título de nobreza."

A proibição dos tratados, alianças e confederações faz parte dos atuais artigos da União e, por razões que dispensam explicação, foi copiada na nova Constituição. A proibição das cartas de corso é também parte do velho sistema, mas foi de certo modo ampliada no novo. Antes, os Estados podiam conceder cartas de corso após uma declaração de guerra; segundo o novo sistema, essas licenças devem ser obtidas do governo dos Estados Unidos, tanto durante a guerra como antes de sua declaração. Essa alteração é plenamente justificada pela vantagem da uniformidade em todos os pontos relacionados a nações estrangeiras e da responsabilidade imediata para com a nação de todos aqueles por cuja conduta a própria nação deve ser responsável.

O direito de cunhar moeda, que é aqui retirado dos Estados, foi posto nas mãos destes pela Confederação como um direito simultâneo ao do Congresso, com uma exceção que assegurava a este o direito exclusivo de estipular a liga e o valor. Também neste caso a nova cláusula é um aperfeiçoamento da antiga. Uma vez que liga e valor dependiam da autoridade geral, o direito de cunhagem conferido a Estados particulares só podia ter por efeito multiplicar as casas de cunho caras e diversificar as formas e os pesos das moedas em circulação. Este último inconveniente anulava um dos objetivos pelos quais o poder tinha sido originalmente confiado à chefia federal; e se o primeiro podia evitar uma remessa inconveniente de ouro e prata à casa de cunho central, essa finalidade pode ser igualmente bem atingida por meio de casas de cunho locais, estabelecidas sob a autoridade geral.

A extensão da proibição a letras de crédito será do agrado de todo cidadão, na medida de seu amor à justiça e de seu conhecimento das verdadeiras molas do bem público. O prejuízo que a América sofreu desde a paz com os efeitos perniciosos do papel-moeda sobre a confiança necessária entre um homem e outro, sobre a confiança necessária nos conselhos públicos, sobre a diligência e a moral do povo e sobre o caráter do governo republicano constitui uma enorme dívida dos Estados responsáveis por essa medida imprudente, a qual ficará pendente por muito tempo; ou melhor, trata-se de um acúmulo de culpa que não pode ser expiado senão por um sacrifício voluntário, no altar da justiça, do poder que serviu de instrumento para ela. Além dessas considerações convincentes, pode-se observar que as mesmas razões que mostram a necessidade de negar aos Estados o poder de controlar a moeda provam com igual força que eles não devem gozar da liberdade de substituir a moeda por um meio de papel. Se todos os Estados tivessem o poder de estipular o valor de suas moedas, possuiríamos um número tão grande de diferentes moedas em circulação quanto de Estados, o que impediria as transações entre eles; alterações retrospectivas em seu valor poderiam ser feitas, o que talvez prejudicasse cidadãos de outros Estados e desencadeasse animosidades entre os próprios Estados. Os súditos de nações estrangeiras poderiam ser afetados pela mesma razão, o que levaria a União ao descrédito e a envolveria em contendas por causa da imprudência de um único membro. Todos esses danos estão igualmente presentes quando se confere aos Estados o poder não só de cunhar ouro e prata mas de emitir papel-moeda. O poder de tornar qualquer coisa, exceto ouro e prata, uma moeda legal no pagamento de dívidas é retirado dos Estados com base no mesmo princípio que determinou a retirada do poder de emitir moeda de papel.

Decretos de perda de direitos civis, leis *ex post facto* e leis que prejudicam o cumprimento de obrigações contratuais são contrários aos princípios básicos do pacto social e a todo princípio de legislação judiciosa. Os dois primeiros são expressamente proibidos pelas declarações introdutórias de algumas constituições estaduais, e todos eles são proibidos pelo espírito e o escopo dessas cartas fundamentais. Nossa própria experiência nos ensinou, entretanto, que barreiras adicionais contra esses perigos não devem ser omitidas. Com muita propriedade, portanto, a convenção acrescentou essa barreira constitucional em favor da segurança pessoal e dos direitos privados; e ou muito me engano, ou, ao fazê-lo, ela consultou tão acuradamente os sentimentos genuínos como os interesses incontestes dos eleitores. O sensato povo da América está cansado da política oscilante que orientou os conselhos públicos. Viu, com pesar e indignação, mudanças repentinas e interferências legislativas, em casos que afetavam direitos pessoais, serem aproveitadas por especuladores arrojados e transformarem-se em armadilhas para a parcela mais industriosa e menos informada da comunidade. Viu também que uma interferência legislativa é apenas um elo de uma longa corrente de repetições, na qual toda interferência subsequente é naturalmente produzida pelos efeitos da precedente. Com muita razão, o povo da América infere, portanto, que é preciso uma reforma cabal que elimine as especulações com medidas públicas, inspire a prudência e a diligência gerais e imprima um curso regular aos negócios da sociedade. A proibição referente aos títulos de nobreza, copiada dos Artigos da Confederação, dispensa comentários.

2) "Nenhum Estado lançará, sem a permissão do Congresso, impostos ou taxas sobre artigos de importação ou exportação, exceto o que possa ser absolutamente necessário para a execução de suas leis de inspeção, e o produto líquido de todas as taxas e todos os impostos lançados por qualquer Estado sobre artigos importados e exportados se destinará ao uso do Tesouro dos Estados Unidos; e todas as leis a isso relacionadas estarão sujeitas à revisão e ao controle do Congresso. Nenhum Estado cobrará, sem a permissão do Congresso, qualquer taxa por tonelada, manterá tropas ou navios de guerra em tempo de paz, celebrará qualquer acordo ou pacto com outro Estado ou com nação estrangeira, ou se envolverá em guerra, a menos que realmente invadido ou sob ameaça tão iminente que não admita atraso."

A restrição do poder dos Estados sobre artigos importados e destinados a exportação é reforçada por todos os argumentos que provam a necessidade de submeter a regulamentação do comércio aos conselhos federais. É menos necessário, portanto, insistir sobre tal tópico do que dizer que o modo como a restrição é abrandada parece bem apropriado para, ao mesmo tempo, assegurar aos Estados razoável grau de liberdade para atender à conveniência de suas importações e exportações e, aos Estados Unidos, razoável controle contra o abuso dessa liberdade. Os demais detalhes desta cláusula se justificam por argumentos tão óbvios ou já tão plenamente expostos que podemos nos dispensar de comentá-los.

A *sexta* classe:

1) "[é o] poder de fazer todas as leis que venham a ser necessárias e próprias para pôr em execução os poderes precedentes e todos os outros poderes conferidos por esta Constituição ao governo dos Estados Unidos ou a qualquer de seus setores ou ministérios."

Poucas partes da Constituição foram alvo de maior inclemência que esta; no entanto, como já se demonstrou sob um justo exame, nenhuma outra pode parecer mais completamente invulnerável. Sem a *substância* deste poder, toda a Constituição seria letra morta. Portanto, os que discordam do artigo como parte da Constituição só podem pretender que a *forma* do dispositivo seja inadequada. Mas terão eles considerado que forma melhor poderia ter sido usada?

A convenção poderia ter adotado quatro outros métodos nesta questão. Poderia ter copiado o artigo segundo da atual Confederação, que proíbe o exercício de qualquer poder não *expressamente* delegado; poderia ter tentado uma enumeração positiva dos poderes compreendidos sob os termos gerais "necessários e próprios"; poderia ter tentado uma enumeração negativa deles, especificando os poderes excluídos da definição geral; poderia ter-se silenciado por completo sobre a questão, deixando os poderes necessários e próprios na dependência da interpretação e da inferência.

Se a convenção tivesse adotado o primeiro método, acatando o artigo segundo da Confederação, é evidente que o novo Congresso ficaria permanentemente exposto, como ficaram seus predecessores, à alternativa de interpretar o termo "*expressamente*" de forma tão rigorosa a ponto de destituir o governo de toda e qualquer autoridade, ou tão ampla a ponto de anular por completo a força da restrição. Seria fácil mostrar, se necessário, que nenhum poder importante, delegado pelos Artigos da Confederação, foi ou pode ser exercido pelo Congresso sem maior ou menor apelo à doutrina da *interpretação* ou da *implicação*. Como os poderes delegados sob o novo sistema são mais amplos, o governo encarregado de administrá-los se veria em dificuldade ainda maior ante a alternativa de trair os interesses públicos, imobilizando-se, ou de violar a Constituição, exercendo poderes indispensavelmente necessários e próprios, mas não *expressamente* conferidos.

Se a convenção tivesse tentado uma enumeração positiva dos poderes necessários e próprios para tornar efetivos os poderes previstos, seria preciso produzir um compêndio de leis sobre todas as questões a que a Constituição se refere. Seria preciso levar em conta não só o atual estado de coisas, mas todas as mudanças que o futuro pode produzir, pois, em cada nova aplicação de um poder geral, os *poderes particulares*, que são os meios para se atingir a *finalidade* do poder geral, necessariamente variarão com essa finalidade, e muitas vezes variarão completamente, mesmo que a finalidade permaneça a mesma.

Se a convenção tivesse tentado enumerar os poderes ou meios particulares não necessários ou próprios para a execução dos poderes gerais, a tarefa, igualmente extravagante teria sido passível de mais uma objeção: a de que cada omissão na enumeração equivaleria a uma concessão positiva de autoridade. Se, para evitar essa consequência, ela tivesse tentado uma enumeração parcial das exceções e indicado as demais pelos termos *não necessários e próprios*, a enumeração fatalmente abrangeria apenas alguns dos poderes excluídos; estes seriam os que menos tenderiam a ser reivindicados ou tolerados, pois a enumeração escolheria evidentemente os menos necessários e próprios; assim, os poderes desnecessários e impróprios incluídos nos demais ficariam menos eficazmente excluídos do que se não houvesse nenhuma enumeração parcial.

Se a Constituição tivesse guardado silêncio sobre este tópico, por implicação inevitável, o governo gozaria de todos os poderes particulares requeridos como meios para a execução dos poderes gerais. Não há no direito, nem na razão, nenhum axioma mais claramente estabelecido que aquele segundo o qual, sempre que uma finalidade é requerida, os meios são autorizados; sempre que é dado o poder geral de fazer algo, estão incluídos todos os poderes particulares necessários para tanto. Desse modo, se a convenção tivesse adotado este último método, todas as objeções agora lançadas contra ela continuariam igualmente plausíveis, com o inconveniente real de não eliminar algo que, em ocasiões críticas, poderia servir de pretexto para a contestação dos poderes essenciais da União.

Caso se pergunte que sucederia se o Congresso interpretasse erroneamente essa parte da Constituição e exercesse poderes não assegurados por seu verdadeiro significado, respondo que a consequência seria a mesma que se interpretasse erroneamente ou ampliasse qualquer dos poderes a ele atribuídos, como se o poder geral tivesse sido reduzido a detalhes e qualquer um deles fosse violado; a mesma, em suma, que se os legislativos estaduais abusassem de suas respectivas autoridades constitucionais. Em primeira instância, o êxito da usurpação dependerá dos poderes executivo e judiciário, que devem expor e efetivar os atos legislativos; em última, o remédio deverá ser obtido do povo, que pode, pela eleição de representantes mais confiáveis, anular os atos dos usurpadores. A verdade é que esta última solução é mais promissora contra atos inconstitucionais do legislativo federal que das assembleias estaduais, pela simples razão de que, como todos os atos desse tipo por parte do primeiro constituirão uma violação dos direitos destas últimas, estas estarão sempre prontas a apontar a inovação, soar o alarme para o povo e exercer sua influência local para produzir uma mudança de representantes federais. Na ausência de intermediários semelhantes entre os legislativos estaduais e o povo interessado em vigiar sua conduta, as violações das constituições estaduais têm maior probabilidade de permanecer despercebidas e não corrigidas.

2) "Esta Constituição e as leis dos Estados Unidos que serão feitas em conformidade com ela, e todos os tratados feitos, ou a serem feitos, sob a autoridade dos Estados Unidos serão a lei suprema da nação, ficando os juízes de todos os Estados a ela submetidos, ainda que haja algo em contrário na constituição ou nas leis de algum Estado."

A desconfiança descabida dos adversários da Constituição induziu-os a atacar também este trecho, sem o qual ela teria ficado evidente e radicalmente incompleta. Para entender isso plenamente, basta supor por um momento que a supremacia das constituições estaduais tivesse sido inteiramente preservada por uma cláusula em seu favor.

Em primeiro lugar, como essas constituições atribuem aos legislativos estaduais soberania absoluta em todos os casos não excluídos pelos atuais Artigos da Confederação, todos os poderes contidos na Constituição proposta, na medida em que excedem aqueles enumerados na Confederação, ficariam anulados, e o novo Congresso estaria reduzido à mesma condição impotente de seus predecessores.

Em segundo lugar, como as constituições de alguns Estados não chegam sequer a reconhecer expressa e plenamente os atuais poderes da Confederação, uma salvaguarda expressa da supremacia delas poria em questão, nesses Estados, todos os poderes contidos na Constituição proposta.

Em terceiro lugar, como as constituições dos Estados diferem muito entre si, poderia ocorrer que um tratado ou lei nacional de grande e igual importância para os Estados interferisse em algumas constituições e não em outras, tornando-se consequentemente válido em alguns dos Estados e, ao mesmo tempo, sem efeito em outros.

Em suma, o mundo teria visto, pela primeira vez, um sistema de governo fundado na inversão dos princípios fundamentais de todo governo: teria visto o poder da sociedade em seu conjunto submetido em toda parte ao poder de seus componentes; teria visto um monstro, em que a cabeça estaria sob o comando dos membros.

3) "Os senadores, os representantes, os membros dos vários legislativos estaduais e todos os servidores executivos e judiciários, tanto dos Estados Unidos como dos vários Estados, ficarão sujeitos por juramento ou declaração solene a defender esta Constituição."

Perguntou-se por que foi considerado necessário obrigar a magistratura estadual a defender a Constituição federal e desnecessário impor igual juramento aos servidores dos Estados Unidos com relação às constituições estaduais.

Várias razões podem ser alegadas para a distinção. Contento-me com uma, óbvia e definitiva. Os membros do governo federal não terão nenhuma ingerência na aplicação das constituições estaduais. Os membros e servidores dos governos estaduais, ao contrário, terão papel essencial na efetivação da Constituição federal. A eleição do presidente e do Senado dependerá, em todos os casos, dos legislativos dos vários Estados. E a eleição da Câmara dos Representantes dependerá igualmente da mesma autoridade na primeira vez e, provavelmente, será sempre dirigida pelos servidores, segundo as leis dos Estados.

4) Aos dispositivos destinados a dar eficácia aos poderes federais podem ser acrescentados aqueles pertencentes aos poderes executivo e judiciário. Mas, como estão reservados para um exame particular em outro lugar, deixo-os de lado aqui.

Tendo passado em revista, detalhadamente, todos os artigos que compõem a soma ou quantidade de poder delegado pela Constituição proposta ao governo federal, chegamos à inegável conclusão de que nenhuma parte desse poder é desnecessária ou imprópria para a consecução das finalidades necessárias da União. A questão da propriedade ou não da atribuição de tal soma de poder transforma-se, portanto, numa outra: deve-se instituir um governo compatível com as exigências da União? Em outras palavras: deve-se ou não preservar a própria União?

PUBLIUS [MADISON]

ARTIGO 45

Maior discussão do suposto perigo que os poderes da União representam para os governos estaduais

Uma vez mostrado que nenhum dos poderes transferidos para o governo federal é desnecessário ou impróprio, a próxima questão a considerar é se seu volume total pode ser perigoso para a parcela de autoridade deixada aos vários Estados.

Os adversários do plano da convenção, em vez de considerar em primeiro lugar que grau de poder seria absolutamente necessário para os propósitos do governo federal, se esfalfaram numa inquirição secundária sobre as possíveis consequências do grau de poder proposto para os governos dos vários Estados. Mas, como se demonstrou, se a União for essencial à segurança do povo da América contra o perigo externo; se for essencial para sua segurança contra disputas e guerras entre os diferentes Estados; se for essencial para protegê-los contra essas facções violentas e opressivas que tornam amargas as bênçãos da liberdade e contra aquelas instituições militares que envenenarão gradualmente sua própria fonte; se, numa palavra, a União for essencial para a felicidade do povo da América, não é absurdo lançar, contra um governo indispensável para a realização dos objetivos da União, a objeção de que esse mesmo governo pode depreciar a autoridade do governo dos Estados individuais? Então a Revolução Americana foi levada a cabo, a Confederação Americana, formada, o sangue precioso de milhares, derramado, e os bens tão arduamente ganhos de milhões, dissipados, não para que o povo da América pudesse desfrutar de paz, liberdade e segurança, mas para que os governos dos diversos Estados, as várias instituições municipais pudessem gozar de certa amplitude de poder e ostentar certas dignidades e atributos de soberania? Temos conhecimento da impiedosa doutrina do Velho Mundo, segundo a qual o povo era feito para os reis, não os reis para o povo. Deverá a mesma doutrina ser ressuscitada no novo, sob outra forma — a de que a felicidade estável do povo deve ser sacrificada aos propósitos de outros tipos de instituição política? É cedo demais para os políticos tentarem tirar proveito de nosso esquecimento de que o bem público, a verdadeira prosperidade da maioria da população, é a finalidade suprema a ser buscada; e de que nenhuma forma de governo tem qualquer outro valor senão o de sua adequação para a realização dessa finalidade. Fosse o plano da convenção adverso à felicidade pública, eu bradaria: rejeitem o plano. Fosse a própria União incompatível com a felicidade pública, eu bradaria: abaixo a União. Da mesma maneira, na medida em que a soberania dos Estados não puder ser conciliada com a felicidade do povo, cabe a todo bom cidadão dizer: que a primeira seja sacrificada à segunda. Já foi mostrado até que ponto o sacrifício é necessário. A questão que permanece é até que ponto o que restou após o sacrifício estará exposto a ameaças.

Ao longo destes artigos foram afloradas várias importantes considerações que desencorajam a suposição de que a ação do governo federal se provará, gradativamente, fatal aos governos estaduais. Quanto mais reflito sobre o assunto, mais plenamente me convenço de que a preponderância deste último tende a desequilibrar a balança muito mais que a do primeiro.

Em todos os exemplos de confederações antigas e modernas, vimos revelar-se continuamente nos membros forte tendência a despojar o governo geral de seus poderes, mostrando-se este último muito pouco capaz de se defender contra as usurpações. É verdade que, na maioria desses exemplos, o sistema diferia do que consideramos agora, a ponto de prejudicar qualquer inferência do destino dos primeiros para o deste último. Contudo, como os Estados conservarão sob a Constituição proposta uma parcela muito ampla de soberania ativa, a inferência não deve ser de todo negligenciada. Na liga aqueia, o comando federal provavelmente tinha um grau e gênero de poder que lhe conferia considerável semelhança com o governo modelado pela convenção. A Confederação lícia, pelo que sabemos de seus princípios e formas, deve ter tido analogia ainda maior com ele. No entanto, a história não nos conta que nenhuma das duas degenerou, ou tendeu a degenerar, em um governo único consolidado. Ao contrário, sabemos que a ruína de uma delas decorreu da incapacidade do poder federal de impedir as dissensões e, finalmente, a desunião dos poderes subordinados. Esses casos são ainda mais dignos de nossa atenção, porquanto neles as causas externas que compeliam à aglutinação eram muito mais numerosas e poderosas que no nosso, e vínculos menos fortes eram suficientes para ligar os membros à cabeça e entre si.

No sistema feudal, temos o exemplo de uma tendência similar. Apesar da ausência em todos os casos da afinidade adequada entre os soberanos locais e o povo e, em alguns casos, do acordo entre o soberano geral e este último, os soberanos locais eram em geral os campeões em matéria de abuso. Se perigos externos não reforçassem a harmonia e a subordinação internas e, em especial, se os soberanos locais possuíssem a afeição do povo, os grandes reinos da Europa teriam hoje tantos príncipes independentes quantos eram os barões feudais de outrora.

Os governos estaduais estarão em melhor situação que o governo federal, seja do ponto de vista da dependência imediata de um para com outro; do peso da influência pessoal que cada lado possui; dos poderes que lhes foram respectivamente atribuídos; da predileção e apoio provável do povo; ou da disposição e da capacidade de resistir às medidas do outro e frustrá-las.

Os governos estaduais podem ser vistos como partes constituintes e essenciais do governo federal, ao passo que este não é de modo algum essencial ao funcionamento ou à organização dos primeiros. Sem a intervenção dos legislativos estaduais, o presidente dos Estados Unidos simplesmente não pode ser eleito. Terão em todos os casos grande participação em sua designação e provavelmente serão, na maioria deles, os responsáveis por ela. O Senado será eleito absoluta e exclusivamente pelos legislativos estaduais. Até a Câmara de Representantes, embora emanada diretamente do povo, será escolhida em grande parte sob a influência dessa classe de homens cuja ascendência sobre o povo lhes vale a eleição para os legislativos estaduais. Assim, todos os principais braços do governo federal deverão sua existência, em maior ou menor grau, à boa vontade dos governos estaduais e, consequentemente, sentirão em relação a eles uma dependência mais apta a gerar uma disposição obsequiosa demais do que arrogante demais. Em contrapartida, as partes componentes dos governos estaduais não sentirão em nenhuma circunstância que devem sua designação à ação direta do governo federal, assim como deverão muito pouco ou nada à influência local de seus membros.

O número das pessoas que servirão sob a Constituição dos Estados Unidos será muito menor que o número das que servirão aos diversos Estados. Consequentemente, haverá menor influência pessoal do lado do primeiro que do segundo. Os membros dos poderes legislativo, executivo e judiciário de 13 ou mais Estados, os juízes de paz, oficiais da milícia, agentes da justiça, somados a todos os funcionários de condados, municípios e cidades, para servir a mais de três milhões de cidadãos, misturados a todas as classes e todos os círculos de pessoas e em contato direto com elas, excederão de muito, tanto em número como em influência, todos os tipos de servidores do sistema federal. Comparemos os membros dos três grandes braços dos 13 Estados, excluindo do poder judiciário os juízes de paz, com os membros dos poderes correspondentes do governo único da União; comparemos os oficiais da milícia de três milhões de pessoas com os oficiais do exército e da marinha de qualquer corporação de dimensão plausível, ou, diria mesmo, possível. Este único ângulo já nos permite afirmar a vantagem decisiva dos Estados. Se o governo federal terá agentes do fisco, os governos estaduais também terão os seus. E como os do primeiro estarão principalmente no litoral, e não serão em grande número, ao passo que os dos últimos estarão espalhados por todo o país e serão muito numerosos, a vantagem deste ângulo se situará também do mesmo lado. É verdade que a Confederação possuirá, e poderá exercer, o poder de arrecadar impostos tanto internos como externos em todo o território dos Estados Unidos. É provável, porém, que só recorra a ele para fins de suplementação da receita, caso em que será dada aos Estados a opção de preencher suas cotas arrecadando previamente seus próprios impostos; e que a eventual arrecadação sob a autoridade imediata da União seja geralmente feita por funcionários designados pelos vários Estados e segundo as normas destes. De fato, é bastante provável que em outros casos, particularmente na organização do poder judiciário, os próprios funcionários dos Estados sejam investidos também da autoridade federal correspondente. Caso ocorra, porém, que o governo federal designe fiscais independentes de renda interna, a influência de todos eles seria incomparável com a da multidão de funcionários estaduais que pesaria no outro prato da balança. Em cada distrito a que um fiscal federal fosse destinado, haveria não menos de trinta, quarenta ou até mais funcionários de diferentes tipos, dentre os quais muitos seriam pessoas de posição e peso, cuja influência favoreceria o Estado.

Os poderes que a Constituição proposta delega ao governo federal são poucos e definidos. Os que devem permanecer em mãos dos governos estaduais são numerosos e indefinidos. Os primeiros serão exercidos sobretudo sobre questões externas, como guerra, paz, negócios e comércio exteriores; e será com o comércio exterior que o poder de tributar estará ligado em sua maior parte. Os poderes reservados aos vários Estados abrangerão todas as finalidades que, no curso ordinário das coisas, dizem respeito à vida, às liberdades e às propriedades dos cidadãos, bem como à ordem interna e ao progresso e prosperidade do Estado.

As ações do governo federal serão mais amplas e significativas em tempos de guerra e ameaça; as dos governos estaduais, em tempos de paz e segurança. Como os primeiros serão provavelmente bem mais raros que os últimos, os governos estaduais gozarão sob este aspecto de mais uma vantagem sobre o governo federal. De fato, quanto mais os poderes federais puderem se tornar aptos à defesa nacional, menos frequentes serão aqueles cenários de ameaça que poderiam favorecer sua ascendência sobre os governos dos vários Estados.

Examinando-se a nova Constituição com esmero e imparcialidade, verifica-se que a mudança que ela propõe consiste muito menos no acréscimo de *novos poderes* à União do que na revitalização de seus *poderes originais*. É verdade que a regulamentação do comércio é um poder novo; mas este parece ser um acréscimo a que poucos objetam e que não desperta temores. Os poderes relacionados à guerra e paz, exércitos e frotas, tratados e finanças, bem como a outros mais consideráveis, já são todos atribuídos ao atual Congresso pelos Artigos da Confederação. A mudança proposta não amplia esses poderes; apenas estipula um modo mais efetivo de administrá-los. A mudança relacionada à tributação pode ser considerada a mais relevante; mesmo assim, o atual Congresso tem plena autoridade para *requisitar* dos Estados o fornecimento de quantias ilimitadas de dinheiro para a defesa comum e o bem geral, ao passo que o futuro Congresso terá de requisitá-las dos cidadãos individuais; e estes não estarão mais obrigados do que o estavam os próprios Estados a pagar as cotas que lhes forem respectivamente impostas. Nossa experiência passada mostra que se os Estados tivessem obedecido rigorosamente aos Artigos da Confederação, ou se sua obediência tivesse sido imposta por meios tão pacíficos como os que podem ser aplicados com sucesso a indivíduos, perderia todo o fundamento a opinião de que os governos estaduais tendiam a ficar sem seus poderes constitucionais e a sofrer gradualmente uma completa paralisia. Afirmar que tal resultado se teria produzido seria o mesmo que dizer que a existência dos governos estaduais é incompatível com todo e qualquer sistema que realize as finalidades da União.

PUBLIUS [MADISON]

ARTIGO 46

Retomada do tema do artigo anterior, com análise dos meios relativos de influência dos governos federal e estaduais

Retomando o tema do último artigo, passo a indagar quem terá vantagem com relação à predileção e ao apoio do povo: o governo federal ou os governos estaduais? Apesar de seus diferentes modos de designação, devemos considerar que ambos dependem essencialmente da grande maioria dos cidadãos dos Estados Unidos. Afirmo isso aqui com relação ao primeiro, reservando as provas para outro lugar. De fato, os governos federal e estaduais não passam de diferentes agentes e mandatários do povo, constituídos com diferentes poderes e designados para diferentes fins. Os adversários da Constituição parecem ter esquecido completamente o povo em suas argumentações sobre o assunto; e ter considerado essas diferentes instituições não só como rivais e inimigos mútuos, mas como livres, em seus esforços para usurpar a autoridade um do outro, de qualquer controle superior comum. É preciso lembrar a esses cavalheiros seu erro. É preciso dizer-lhes que a autoridade suprema, esteja a autoridade secundária onde estiver, reside unicamente no povo, e não é apenas a ambição ou a habilidade relativa dos governos estaduais ou federal que decide se um deles, ou qual deles, conseguirá ampliar sua jurisdição à custa do outro. A verdade, não menos que a decência, exige que suponhamos que o resultado dependerá, em todos os casos, das opiniões e da aprovação dos eleitores comuns.

Muitas considerações, além das anteriormente sugeridas, parecem tornar indubitável que a ligação primeira e mais natural do povo será com os governos de seus respectivos Estados. Grande quantidade de pessoas alimentará a esperança de participar da administração desses governos. Grande número de cargos públicos e de emolumentos decorrerão de seus favores. Todos os interesses mais domésticos e pessoais das pessoas serão regulados e atendidos por seu zelo administrativo. O povo terá maior familiaridade com seus assuntos, os conhecerá em maior detalhe. E uma parcela desse povo manterá com seus membros laços de conhecimento pessoal e amizade, ligações de família e de partido. É para os governos estaduais, portanto, que se pode esperar que se incline mais fortemente a preferência popular.

Nesse caso, a experiência diz a mesma coisa. A administração federal, embora até hoje muito deficiente em relação ao que se pode esperar num sistema melhor, teve durante a guerra, e em especial enquanto o fundo independente de emissões de papel-moeda gozava de crédito, uma atividade e uma importância tão grandes como as que poderá vir a ter em quaisquer circunstâncias futuras. Além disso, ela estava empenhada numa série de medidas que visavam à proteção de tudo o que era caro ao povo em geral, e à obtenção de tudo que ele poderia desejar. No entanto, cessado o efêmero entusiasmo pelos primeiros Congressos, verificou-se invariavelmente que a atenção e o apego do povo se voltaram de novo para seus governos particulares; que o conselho federal não foi em momento algum o ídolo do povo; e que os interessados em angariar a simpatia de seus concidadãos para construir carreiras políticas optaram por se opor a propostas de ampliação de seus poderes.

Portanto, se, como já foi observado em outra passagem, o povo passasse a alimentar mais simpatia pelo governo federal que pelos governos estaduais, isso só poderia ser atribuído a provas patentes e irresistíveis de uma melhor administração, a ponto de sobrepujar todas as inclinações prévias. Num tal caso, o povo certamente não deve ser impedido de depositar sua maior confiança ali onde lhe pareça mais adequado; mesmo nessa situação, porém, os governos estaduais pouco teriam a temer, pois, por definição, o governo federal só pode ser proveitosamente administrado numa esfera determinada.

Os demais pontos em que pretendo comparar o governo federal e os governos estaduais são a disposição e a capacidade que podem possuir respectivamente para resistir às medidas do outro ou frustrá-las.

Já foi provado que os membros do governo federal serão mais dependentes dos membros dos governos estaduais do que estes dos primeiros. Evidenciou-se também que as simpatias do povo, do qual ambos dependerão, tenderão mais para o lado dos governos estaduais que para o do governo federal. Na medida em que as disposições de um para com o outro forem influenciáveis por tais causas, os governos estaduais estarão em clara vantagem. O mesmo acontecerá também de um outro ponto de vista muito importante. As simpatias que os próprios membros levarão consigo ao ingressarem no governo federal serão em geral favoráveis aos Estados; em contrapartida, raramente membros dos governos estaduais levarão para os conselhos públicos uma predileção pelo governo geral. A prevalência do espírito regional entre os membros do Congresso será infalivelmente muito maior que a do espírito nacional nos legislativos dos diversos Estados. Todos sabem que a maioria dos erros cometidos pelos legislativos estaduais tem origem na disposição dos membros de sacrificar o interesse abrangente e permanente do Estado aos objetivos particulares e isolados dos condados ou distritos em que seus membros residem. E se os representantes não alargam suas metas nem o suficiente para abranger o bem coletivo de seu Estado particular, como se pode imaginar que farão da prosperidade geral da União e da dignidade e respeitabilidade do governo federal os objetivos de seus esforços e discussões? Pela mesma razão que torna improvável que os membros dos legislativos estaduais se apeguem suficientemente a causas nacionais, os membros do legislativo federal tenderão a se apegar em demasia a objetivos locais. Os Estados serão para estes últimos o que os condados e cidades são para os primeiros. Com demasiada frequência se tomarão medidas com base nas prevenções, nos interesses e objetivos do governo e do povo dos vários Estados. Que espírito caracterizou em geral a atuação do Congresso? Uma leitura atenta de seus anais, bem como a franca confissão de pessoas que tiveram assento naquela assembleia, nos informarão que, com demasiada frequência, seus membros atuaram mais como defensores dos respectivos Estados que como guardiães imparciais do interesse comum; que, para cada vez em que considerações locais foram sacrificadas em prol do engrandecimento do governo federal, os interesses relevantes da nação foram sacrificados cem vezes à atenção indevida aos preconceitos e interesses locais e às pretensões dos Estados particulares. Não é minha intenção insinuar com essas reflexões que o novo governo federal não seguirá um plano de ação mais amplo que o que pode ter sido tentado pelo governo atual; menos ainda que suas ideias serão tão limitadas quanto as dos legislativos estaduais; digo apenas que do espírito de ambos partilhará o suficiente para ter pouca tendência a violar os direitos dos vários Estados ou as prerrogativas de seus governos. Os motivos que os governos estaduais teriam para aumentar suas prerrogativas usurpando o governo federal não serão anulados por quaisquer predisposições recíprocas nos membros do governo federal.

Caso se admitisse, contudo, que o governo federal pudesse sentir a mesma disposição dos governos estaduais a ampliar seu poder além dos limites devidos, estes últimos ainda estariam em posição vantajosa no tocante aos meios de frustrar tais abusos. Se um ato de um Estado, embora hostil ao governo nacional, tiver boa aceitação geral nesse Estado e não violar muito gritantemente os juramentos dos servidores estaduais, ele será executado imediatamente e, é claro, com meios disponíveis no local e dependentes apenas do Estado. A oposição do governo federal, ou a intervenção de funcionários federais, teria por único efeito inflamar o entusiasmo de todas as partes favoráveis ao Estado. Na melhor das hipóteses, o mal só poderia ser evitado ou reparado com o emprego de meios a que sempre se recorre com relutância e dificuldade. Por outro lado, se uma medida injustificável do governo federal for impopular em certos Estados, o que raramente deixará de ser o caso, ou se o mesmo acontecer com uma medida justificável, o que poderá acontecer por vezes, os meios de opor-se a ela são poderosos e de fácil acesso. A inquietação do povo, sua repugnância, e talvez recusa, a cooperar com os funcionários da União; a irritação da magistratura executiva do Estado; os empecilhos criados por estratagemas legislativos, que com frequência se somariam em situações como essa, criariam dificuldades consideráveis em qualquer Estado. Num Estado grande, produziriam impedimentos muito sérios e, caso as posições de vários Estados contíguos coincidissem, dariam lugar a obstruções que o governo federal dificilmente se disporia a enfrentar.

Ademais, usurpações agressivas da autoridade dos governos estaduais pelo governo federal não despertariam a oposição apenas de um ou de alguns Estados. Seriam sinais de alarme geral. Todos os governos esposariam a causa comum. Começariam a se corresponder. Formulariam planos de resistência. Um único espírito animaria e conduziria o todo. Em suma, o temor de um jugo federal produziria as mesmas combinações que o medo de um jugo externo e, a menos que as inovações projetadas fossem voluntariamente canceladas, o mesmo apelo a uma prova de força ocorreria tanto num caso como no outro. Mas que grau de loucura seria capaz de levar o governo federal a tal extremo? Na luta contra a Grã-Bretanha, uma parte do império foi usada contra a outra. A parte mais numerosa violou os direitos da menos numerosa. A tentativa era injusta e imprudente, mas não de todo quimérica em teoria. No caso que estamos supondo, porém, qual seria a luta? Quais seriam as partes? Alguns representantes do povo se confrontariam com o próprio povo; ou melhor, um conjunto de representantes se veria em luta contra 13 conjuntos de representantes, estando toda a massa de seus eleitores comuns do lado destes últimos.

O único refúgio que sobra aos que vaticinam a derrocada dos governos estaduais é a suposição visionária de que o governo federal pode reunir previamente uma força militar tendo em vista seus projetos ambiciosos. Os argumentos contidos nesses artigos teriam valido muito pouco se fosse preciso refutar agora a realidade desse perigo. Que o povo e os Estados poderiam, por um tempo suficiente, eleger uma sucessão ininterrupta de homens prontos para traí-los ambos; que os traidores poderiam, ao longo desse período, perseguir uniforme e sistematicamente um plano determinado para a ampliação da corporação militar; que os governos e o povo dos Estados assistiriam silenciosa e pacientemente à formação da tempestade e continuariam a alimentá-la, até que ela ficasse pronta para desabar sobre a cabeça de ambos — é algo que deve parecer a todos mais semelhante aos sonhos incoerentes de um delírio de ciúme, ou aos exageros equivocados de um falso zelo, que às sóbrias apreensões do patriotismo genuíno. Admitamos, porém, a suposição, por extravagante que seja. Admitamos que se forme um exército regular, plenamente à altura dos recursos do país; e que ele seja inteiramente devotado ao governo federal; mesmo assim, não seria exagero afirmar que os governos estaduais, com o povo a seu lado, seriam capazes de repelir o perigo. Segundo as melhores estimativas, o número mais elevado a que um exército permanente pode chegar em nosso país não supera um centésimo do número total de almas; ou a vigésima quinta parte do número capaz de empunhar armas. Essa proporção não produz, nos Estados Unidos, um exército de mais de 25 ou 30 mil homens. A eles se oporia uma milícia que reuniria quase meio milhão de cidadãos armados, comandados por homens escolhidos entre eles mesmos, lutando por suas liberdades comuns, unidos e dirigidos por governos em que depositam sua afeição e confiança. Sem dúvida, é lícito indagar se uma milícia nessas condições poderia ser derrotada por tal proporção de tropas regulares. Os que conhecem a resistência bem-sucedida oposta por este país às armas da Grã-Bretanha tenderão a negar essa possibilidade. Além de o povo estar armado, vantagem que distingue os americanos dos povos de quase todas as outras nações, a existência de governos subordinados, que contam com o apoio popular e designam os oficiais da milícia, forma contra as aventuras ambiciosas uma barreira mais intransponível que todas as que um governo simples, seja qual for sua forma, pode comportar. A despeito das corporações militares existentes nos vários reinos da Europa, tão fortes quanto o permitem os recursos públicos, os governos têm medo de confiar armas ao povo. E não é certo que isso por si só lhes permitiria sacudir seus jugos. Mas se o povo possuísse as vantagens adicionais de governos locais escolhidos por ele mesmo, capazes de concentrar a vontade nacional e dirigir a força nacional, e de oficiais escolhidos no seio da milícia por esses governos e fiéis tanto a eles quanto à milícia, pode-se afirmar com a maior segurança que o trono de todas as tiranias da Europa seria rapidamente derrubado, a despeito das legiões que os pudessem cercar. Não façamos aos bravos e livres cidadãos da América o insulto de supor que seriam menos capazes de defender direitos de cuja posse desfrutariam efetivamente do que o seriam os aviltados súditos de um poder arbitrário de se libertar das mãos de seus opressores. Melhor ainda, não os insultemos mais com a suposição de que poderiam jamais ser capazes de se deixar reduzir à necessidade de fazer essa experiência, por uma submissão cega e resignada à longa sequência de medidas insidiosas que teria de precedê-la e produzi-la.

A discussão relativa ao presente tópico pode ser expressa de uma forma muito concisa, que parece de todo convincente. O modo como o governo federal deverá ser constituído o tornará ou não suficientemente dependente do povo? Na primeira hipótese, essa dependência o impedirá de formar esquemas repulsivos a seus eleitores. Na outra, não contará com a confiança do povo, e seus esquemas de usurpação serão facilmente frustrados pelos governos estaduais, que terão o apoio do povo.

Resumindo as considerações feitas neste artigo e no anterior, elas parecem corresponder à mais convincente prova de que os poderes que se pretende atribuir ao governo federal são tão pouco ameaçadores para aqueles reservados aos Estados individuais como são indispensavelmente necessários para a realização das finalidades da União; e que todas as denúncias de uma anulação calculada e provocada dos governos estaduais devem, sob a mais favorável interpretação, ser atribuídas aos temores fantasiosos de seus autores.

PUBLIUS [MADISON]

ARTIGO 47

Exame e definição do significado da máxima que impõe a separação dos poderes

Após ter analisado a forma geral do governo proposto e o volume total do poder a ele atribuído, passo a examinar a estrutura particular desse governo e a distribuição desse montante de poder entre suas partes constituintes.

Uma das principais objeções insinuadas pelos mais respeitáveis adversários da Constituição é sua suposta violação da máxima segundo a qual o legislativo, o executivo e o judiciário devem ser independentes e distintos. Afirma-se que, na estrutura do governo federal, parece não ter sido dada nenhuma importância a essa precaução em prol da liberdade. Os vários braços do poder estariam distribuídos e misturados de maneira tal a destruir toda simetria e beleza de forma, e a expor algumas das partes essenciais do edifício ao perigo de serem esmagadas pelo peso desproporcional das outras.

Por certo nenhuma verdade política tem maior valor intrínseco, ou foi selada pela autoridade de patronos mais esclarecidos da liberdade, que esta que serve de base à objeção. O acúmulo de todos os poderes, legislativo, executivo e judiciário, nas mesmas mãos, seja de uma pessoa, de algumas ou de muitas, seja hereditário, autodesignado ou eletivo, pode ser justamente considerado a própria definição de tirania. Portanto, se a Constituição federal pudesse ser realmente acusada desse acúmulo de poder, ou de misturar poderes, revelando perigosa tendência a tal acúmulo, não seriam necessários quaisquer argumentos adicionais para inspirar uma reprovação universal do sistema. Estou convencido, entretanto, de que ficará claro para todos que essa acusação não se sustenta e que a máxima em que ela se funda foi inteiramente mal interpretada e mal aplicada. Para formar ideias corretas sobre este importante assunto será conveniente investigar o sentido em que a preservação da liberdade exige que os três grandes braços do poder sejam distintos.

O oráculo sempre consultado e citado a este respeito é o celebrado Montesquieu. Se não foi o autor deste inestimável preceito da ciência da política, ele teve pelo menos o mérito de expô-lo e recomendá-lo com extrema eficácia à atenção da humanidade. Que nos seja permitido tentar, antes de mais nada, verificar o que Montesquieu pretendeu dizer a esse respeito.

A Constituição britânica foi para Montesquieu o que Homero fora para os autores de obras didáticas sobre poesia épica. Assim como estes consideravam a obra do bardo imortal um modelo perfeito, do qual se deviam extrair os princípios e regras da arte épica, pelos quais todas as obras semelhantes deviam ser julgadas, também esse grande crítico político parece ter visto a Constituição da Inglaterra como padrão, ou, para usar seus próprios termos, como o espelho da liberdade política, e ter expressado, na forma de verdades elementares, os vários princípios característicos desse sistema particular. Para termos certeza, portanto, de que não nos enganamos quanto a suas intenções neste caso, recorramos à fonte de que a máxima foi extraída.

Ao mais superficial exame da Constituição britânica, percebemos que os poderes legislativo, executivo e judiciário não são em absoluto totalmente independentes e distintos entre si. O magistrado executivo é parte integrante do poder legislativo. Detém sozinho a prerrogativa de fazer tratados com soberanos estrangeiros que, quando feitos, têm, sob certas limitações, a força de atos legislativos. Todos os membros do poder judiciário são designados por ele, podem ser removidos por ele por solicitação das duas Câmaras do Parlamento, e compor, quando convier ao magistrado executivo consultá-los, um de seus conselhos constitucionais. Uma das câmaras de poder legislativo forma também um grande conselho constitucional para o chefe executivo, sendo também, por outro lado, o único depositário do poder judiciário em casos de *impeachment* e estando investido da suprema jurisdição de apelação em todos os demais casos. Além disso, os juízes estão tão intimamente ligados ao poder legislativo que frequentemente assistem às suas deliberações e delas participam, embora sem direito ao voto legislativo.

Destes fatos, pelos quais Montesquieu se guiou, pode ser claramente inferido que ao dizer: "Não pode haver liberdade quando os poderes legislativo e executivo estão unidos na mesma pessoa ou corpo de magistrados" ou "se o poder de julgar não for independente dos poderes legislativo e executivo", ele não queria dizer que esses poderes não devem ter nenhuma *ingerência parcial*, ou nenhum *controle* sobre os atos uns dos outros. O que quis dizer, como suas próprias palavras indicam e o exemplo que tinha sob os olhos revela ainda mais conclusivamente, não podia ser senão isto: que quando todo o poder de um braço é exercido pelas mesmas mãos que possuem todo o poder de outro, os princípios fundamentais de uma constituição livre estão subvertidos. Este teria sido o caso, na constituição por ele examinada, se o rei, que é o único magistrado executivo, possuísse também todo o poder legislativo, ou a administração suprema da justiça; ou se todo o corpo legislativo possuísse o poder judiciário supremo, ou a autoridade executiva suprema. Este, entretanto, não está entre os vícios dessa constituição. O magistrado que detém todo o poder executivo não pode ele próprio fazer uma lei, embora possa vetar qualquer lei; nem administrar pessoalmente a justiça, embora tenha o direito de designar os que a administram. Os juízes não podem exercer nenhuma prerrogativa executiva, embora sejam rebentos do tronco executivo; nem qualquer função legislativa, embora possam ser aconselhados pelos conselhos legislativos. O conjunto do legislativo não pode desempenhar nenhum ato judiciário, embora a ação conjunta de suas duas câmaras possa remover os juízes de seus cargos, e embora uma de suas câmaras possua o poder judicial em última instância. Mais uma vez, o conjunto do legislativo não pode exercer nenhuma prerrogativa executiva, embora uma de suas câmaras constitua a suprema magistratura executiva, e outra, no impedimento de uma terceira, possa julgar e condenar todos os funcionários subordinados ao executivo.

As razões em que Montesquieu fundamenta sua máxima são uma prova adicional de sua intenção. Diz ele:

> Quando os poderes legislativo e executivo estão unidos na mesma pessoa ou corpo, não pode haver liberdade porque podem surgir temores de que o mesmo monarca ou Senado sancionem leis tirânicas para aplicá-las de maneira tirânica.

E ainda: "Quando o poder de julgar se une ao de legislar, a vida e a liberdade do súdito ficam expostas a controle arbitrário, pois o *juiz* poderia agir com toda a violência de *um opressor*". Algumas dessas razões são mais completamente explicadas em outras passagens, mas, brevemente formuladas como o são aqui, mostram-se suficientes para estabelecer o significado que atribuímos à celebrada máxima deste consagrado autor.

Se considerarmos as constituições dos vários Estados, veremos que, não obstante os termos enfáticos, e por vezes irrestritos, com que este axioma foi afirmado, não há um único caso em que os vários poderes tenham sido mantidos absolutamente independentes e distintos. New Hampshire, cuja constituição foi a última formulada, parece ter tido plena consciência da impossibilidade e inconveniência de evitar toda e qualquer mistura dos poderes, e restringiu a doutrina nos seguintes termos:

> Os poderes legislativo, executivo e judiciário devem ser mantidos tão separados e independentes uns dos outros quanto o admita a natureza de um governo livre; ou na medida compatível com aquela cadeia de elos que liga todo o tecido da constituição num laço indissolúvel de unidade e amizade.

Em conformidade com isso, a constituição desse Estado mistura esses poderes sob vários aspectos. O Senado, que é um ramo do poder legislativo, é também um tribunal judiciário para o julgamento de *impeachments*. O presidente, que é o chefe do poder executivo, é também o presidente do Senado; e, além de voto igual em todos os casos, tem voto de Minerva em casos de empate. Finalmente, o chefe do executivo é ele próprio eleito a cada ano pelo poder legislativo, que escolhe, também a cada ano, entre seus próprios membros, o seu conselho. Vários cargos públicos são também preenchidos por nomeação do legislativo, e os membros do poder judiciário são designados pelo poder executivo.

A constituição de Massachusetts exibiu uma cautela suficiente, embora menos incisiva, ao expressar este artigo fundamental da liberdade. Declara que:

> (...) o poder legislativo jamais deverá exercer os poderes executivo e judiciário, ou ambos; o executivo jamais deverá exercer os poderes legislativo e judiciário ou ambos; o poder judiciário jamais deverá exercer os poderes legislativo e executivo ou ambos.

Essa declaração, que corresponde precisamente à doutrina de Montesquieu, tal como foi exposta, não é violada em um ponto sequer pelo plano da convenção. Ela se contenta em proibir qualquer um dos braços do governo, em sua globalidade, de exercer os poderes de outro. Na própria Constituição a que ela serve de introdução, admite-se uma mistura parcial de poderes. O magistrado executivo tem um poder qualificado de veto sobre o corpo legislativo, e o Senado, que é parte do legislativo, é uma corte de *impeachment* para os membros tanto do poder executivo como do judiciário. Os membros deste último, por sua vez, são designados pelo poder executivo, e podem ser removidos pela mesma autoridade por solicitação das duas câmaras legislativas. Finalmente, muitos servidores do governo são anualmente designados pelo poder legislativo. Como a designação para cargos, particularmente os executivos, é por natureza uma função executiva, neste ponto os compiladores dessa Constituição violaram a regra estabelecida por eles mesmos.

Deixo de lado as constituições de Rhode Island e Connecticut, porque foram formuladas antes da Revolução e antes mesmo que o princípio sob exame tivesse se tornado objeto de atenção política.

A constituição de Nova York não contém nenhuma declaração a esse respeito, mas parece ter sido moldada muito claramente com a intenção de evitar o perigo da mistura indevida dos diferentes poderes. Entretanto, confere ao magistrado executivo um controle parcial sobre o legislativo; mais ainda, concede um controle semelhante ao poder judiciário, chegando ao ponto de misturar os poderes executivo e judiciário no exercício desse controle. Em seu conselho de nomeações, membros do legislativo associam-se à autoridade executiva para designar funcionários tanto do executivo como do judiciário. E seu tribunal para julgamento de *impeachments* e punição de faltas deverá ser composto por uma câmara do legislativo e os principais membros do poder judiciário.

A constituição de Nova Jersey mesclou os diferentes poderes de governo mais que qualquer uma das anteriores. O governador, que é o magistrado executivo, é nomeado pelo legislativo; é chefe do tribunal de equidade e juiz do tribunal estadual de sucessões; é membro da Suprema Corte de Apelação e presidente, com voto de Minerva, de uma das câmaras legislativas. Esta mesma câmara legislativa atua, por sua vez, como conselho executivo do governador e constitui com ele o Tribunal de Apelação. Os membros do poder judiciário são nomeados pelo poder legislativo e podem ser removidos por uma de suas câmaras por denúncia, ou *impeachment*, da outra.

Segundo a constituição da Pensilvânia, o presidente, que é o chefe do poder executivo, é anualmente eleito por uma votação em que predomina o legislativo. Juntamente com um conselho executivo, ele nomeia os membros do judiciário e integra um tribunal de *impeachment* para o julgamento de todos os funcionários, tanto do judiciário como do executivo. Verifica-se que juízes do Supremo Tribunal e juízes de paz podem também ser removidos pelo legislativo; e o poder executivo do indulto, em certos casos, é também atribuído ao legislativo. Os membros do conselho executivo são declarados juízes de paz ex-*officio* em todo o Estado.

Em Delaware, o principal magistrado executivo é eleito anualmente pelo legislativo. Os presidentes das duas câmaras legislativas são vice-presidentes do executivo. O chefe do executivo, com seis outros membros nomeados pelo legislativo, três por cada câmara, integra o Supremo Tribunal de Apelação;

junta-se ao poder legislativo na nomeação dos demais juízes. Nos diversos Estados, evidencia-se que os membros do legislativo podem ser ao mesmo tempo juízes de paz; em Delaware, os membros de uma das câmaras são juízes de paz ex-*officio*, como também o são os membros do conselho executivo. Os principais cargos do poder executivo são preenchidos por nomeação do legislativo; e uma câmara deste último forma um tribunal de *impeachments*. Todos os servidores podem ser removidos por solicitação do legislativo.

Maryland adotou a máxima nos termos os mais irrestritos: declarou que os poderes legislativo, executivo e judiciário do governo devem ser sempre independentes e distintos uns dos outros. Não obstante, sua constituição confere ao legislativo a eleição do magistrado executivo; e ao executivo, a dos membros do judiciário.

A linguagem da Virgínia a esse respeito é ainda mais contundente. Sua constituição declara que:

> (...) os poderes legislativo, executivo e judiciário serão independentes e distintos; de tal modo que nenhum deles exerça os poderes propriamente pertencentes ao outro; tampouco deverá qualquer pessoa exercer os poderes de mais de um deles ao mesmo tempo, exceto no caso dos juízes dos tribunais dos condados, que serão elegíveis para ambas as câmaras da assembleia.

No entanto, além da exceção expressa no tocante aos membros dos tribunais inferiores, verificamos que o magistrado principal e seu conselho executivo são nomeados pelo legislativo; que dois membros desse conselho podem ser substituídos a cada triênio, ao arbítrio do legislativo; e que todos os principais cargos, tanto do executivo como do judiciário, são preenchidos pelo legislativo. A prerrogativa executiva do indulto parece também ter sido atribuída ao legislativo.

A constituição da Carolina do Norte declara que "os poderes legislativo, executivo e judiciário supremo do governo devem ser sempre independentes e distintos uns dos outros", e atribui ao mesmo tempo ao legislativo a nomeação não só do chefe do executivo como de todos os principais servidores tanto nesse poder como no judiciário.

Na Carolina do Sul, a constituição torna o magistrado executivo elegível pelo poder legislativo. Confere também a este último a nomeação dos membros do poder judiciário, incluindo os juízes de paz e xerifes; e a designação de funcionários do departamento executivo, até o posto de capitão no exército e na marinha do Estado.

Na constituição da Geórgia se declara que "os poderes legislativo, executivo e judiciário deverão ser independentes e distintos, de tal modo que nenhum exerça os poderes propriamente pertencentes ao outro". Nela verificamos, porém, que o poder executivo deve ser preenchido por nomeação do legislativo; e que a prerrogativa executiva do indulto é finalmente exercida pela mesma autoridade. Até os juízes de paz devem ser nomeados pelo legislativo.

Ao citar esses casos, em que os poderes legislativo, executivo e judiciário não foram mantidos totalmente independentes e distintos, não desejo ser encarado como defensor das formas particulares de organização dos diversos governos estaduais. Tenho plena consciência de que, entre os muitos excelentes princípios que exemplificam, elas carregam fortes marcas da pressa, e mais fortes ainda da inexperiência, sob as quais foram construídas. É bastante óbvio que, em alguns casos, o princípio fundamental que estamos considerando foi violado por uma mistura excessiva e até por uma efetiva fusão dos diferentes poderes; e que em nenhum caso foram tomadas medidas competentes para manter na prática a independência delineada no papel. O que pretendi demonstrar é que a acusação feita à Constituição proposta, de violar a máxima sagrada do governo livre, não é autorizada nem pelo significado real associado a essa máxima por seu autor, nem pelo sentido que, até agora, lhe foi atribuído na América. Essa interessante questão será retomada no próximo artigo.

PUBLIUS [MADISON]

ARTIGO 48

Desenvolvimento do tema, com exame dos meios de dar eficácia prática a essa máxima

Mostrou-se no último artigo que o apotegma político ali examinado não exige que os poderes legislativo, executivo e judiciário sejam inteiramente desvinculados entre si. A seguir, tentarei mostrar que, a menos que esses poderes sejam vinculados e misturados o suficiente para que cada um tenha um controle constitucional sobre os outros, o grau de independência exigido pela máxima como essencial a um governo livre jamais poderá ser devidamente mantido na prática.

Todos concordam que as funções propriamente pertencentes a um dos poderes não devem ser direta e completamente administradas por nenhum dos outros dois. É igualmente evidente que nenhum deles deve possuir, direta ou indiretamente, uma influência dominante sobre os outros na administração de suas respectivas autoridades. Ninguém negará que o poder é abusivo por natureza e que deve ser efetivamente impedido de transpor os limites a ele atribuídos. Portanto, após discriminar na teoria as várias classes de poder, segundo sejam por natureza legislativas, executivas ou judiciárias, a tarefa seguinte e mais difícil é fornecer a cada uma delas alguma garantia prática contra a invasão das outras. Qual deve ser essa garantia é o grande problema a resolver.

Será suficiente demarcar com precisão os limites desses poderes na constituição do governo e confiar nessas barreiras de papel contra a índole abusiva do poder? Foi sobretudo a essa garantia que parecem ter recorrido os compiladores da maioria das constituições dos Estados americanos. A experiência nos afirma, porém, que a eficácia dessa medida foi enormemente superestimada, e que os braços mais fracos do governo têm necessidade imprescindível de alguma defesa mais adequada contra os mais fortes. Em toda parte, o legislativo estende a esfera de sua atividade e suga todo o poder para seu vórtice impetuoso.

Os fundadores de nossas repúblicas têm tamanho mérito pela sabedoria que demonstraram que nenhuma tarefa pode ser menos agradável que a de apontar os erros em que incorreram. O respeito pela verdade, contudo, nos obriga a assinalar que eles parecem não ter desviado seus olhos por um só momento do perigo que representa, para a liberdade, a prerrogativa exagerada e todo-abrangente de um magistrado hereditário, amparado e fortalecido por um braço hereditário da autoridade legislativa. Parece que jamais lhes ocorreu o perigo das usurpações legislativas, que, ao reunir todo o poder nas mesmas mãos, conduz à mesma tirania que se teme das usurpações executivas.

Num governo em que numerosas e amplas prerrogativas são postas nas mãos de um monarca hereditário, o poder executivo é muito justamente visto como a fonte do perigo e vigiado com todo o cuidado que o zelo pela liberdade deve inspirar. Numa democracia em que grande número de pessoas exerça pessoalmente as funções legislativas, estando continuamente expostas, por sua incapacidade de deliberar regularmente e tomar medidas de comum acordo, às intrigas ambiciosas de seus magistrados executivos, há razões para se temer que, numa emergência favorável, a tirania surja da mesma fonte. Numa república representativa, porém, em que o magistrado executivo é cuidadosamente limitado, tanto na extensão quanto na duração de seu poder; e em que o poder legislativo é exercido por uma assembleia que, graças a uma suposta influência sobre o povo, está imbuída de intrépida confiança em sua própria força; e que é suficientemente numerosa para sentir todas as paixões que movem uma multidão, embora não tanto a ponto de ser incapaz de perseguir os alvos de suas paixões pelos meios que a razão prescreve; é contra a ambição atrevida deste poder que o povo deve cultivar todo seu zelo e exaurir todas as suas precauções.

Em nossos governos, o poder legislativo deriva superioridade também de outras circunstâncias. Sendo seu poder ao mesmo tempo mais amplo e menos suscetível de limites precisos, ele pode, com maior facilidade, mascarar suas intrusões nos poderes paralelos sob a forma de medidas complicadas e indiretas. Não raro, para os corpos legislativos é uma questão realmente delicada decidir se a aplicação de determinada medida irá ou não ultrapassar sua esfera de competência. Por outro lado, estando o poder executivo restrito num âmbito mais estreito e sendo mais simples em sua natureza, e estando o judiciário limitado por fronteiras ainda menos incertas, projetos de usurpação que partissem desses dois poderes haveriam de se trair e de se frustrar imediatamente. E isso ainda não é tudo: como apenas o poder legislativo tem acesso ao bolso do povo, possuindo em algumas constituições plena liberdade de decisão — e em todas uma influência prevalente — sobre a remuneração pecuniária dos membros dos outros poderes, cria-se nestes últimos uma dependência que facilita ainda mais as usurpações do primeiro.

Mencionei nossa própria experiência como prova da verdade do que propus sobre esse assunto. Se fosse necessário validar essa experiência com provas específicas, seria possível multiplicá-las indefinidamente. Posso reunir uma abundância de confirmações nos registros e arquivos de todos os Estados da União. Recorrerei, porém, para uma prova mais concisa e ao mesmo tempo igualmente satisfatória, ao exemplo de dois Estados, atestado por duas autoridades inatacáveis.

O primeiro exemplo é o da Virgínia, Estado que, como vimos, declarou expressamente em sua constituição que os três grandes poderes não devem se entremesclar. Abona o exemplo a autoridade do sr. Jefferson, que, além de suas outras vantagens para comentar o funcionamento do governo, exerceu o cargo de seu principal magistrado. Para transmitir plenamente as ideias que sua experiência lhe ensinou sobre esse assunto, será preciso citar uma passagem um tanto extensa de sua interessantíssima obra *Notes on the State of Virginia*, p. 195:

> Todos os poderes governamentais, legislativo, executivo e judiciário, acabam por recair no corpo legislativo. A concentração desses poderes nas mesmas mãos é precisamente a definição do governo despótico. O fato de serem exercidos por uma pluralidade de mãos, e não por uma única, não melhora nada. Cento e setenta e três déspotas seriam sem dúvida tão opressivos como um só. Os que duvidam, que voltem seus olhos para a república de Veneza. O fato de eles serem escolhidos por nós também não nos adianta muito. O despotismo eletivo não é o governo por que lutamos; lutamos por um que não somente seja fundado em princípios livres, mas em que os poderes de governo sejam de tal modo divididos e equilibrados entre vários corpos de magistratura que nenhum deles possa transgredir seus limites legais sem ser efetivamente controlado e restringido pelos outros. Por essa razão, a convenção que sancionou o regulamento do governo lançou seus fundamentos sobre esta base, a de que o legislativo, o executivo e o judiciário seriam independentes e distintos, de modo que nenhuma pessoa exerceria os poderes de mais de um deles ao mesmo tempo. Nenhuma barreira foi erguida, porém, entre esses diversos poderes. Os membros do judiciário e do executivo foram deixados na dependência do legislativo para sua subsistência nos cargos, e alguns para sua permanência neles. Portanto, caso o legislativo se arrogue poderes executivos e judiciários, não encontrará provavelmente nenhuma oposição; tampouco pode esta, se existir, ser eficaz. Isso porque, ao fazê-lo, o primeiro pode pôr suas medidas na forma de atos da Assembleia, o que as torna compulsórias para os outros poderes. Assim, em muitos casos, o legislativo decidiu direitos que deveriam ter sido deixados à controvérsia judiciária; e o controle sobre o executivo, durante todo o período de uma legislatura, está se tornando habitual e familiar.

O outro Estado a que recorrerei para um exemplo é a Pensilvânia, e a outra autoridade é o Conselho de Censores, que se reuniu nos anos de 1783 e 1784. Parte da missão desse corpo, tal como indicada pela Constituição, era

> (...) inquirir se a Constituição fora preservada inviolada em todas as suas partes; e se os braços legislativo e executivo do governo tinham desempenhado sua missão como guardiães do povo, ou se tinham arrogado ou exercido outros poderes além dos que a Constituição lhes concede.

Na execução desse encargo, o conselho foi inevitavelmente levado a comparar as ações tanto do legislativo como do executivo com seus poderes constitucionais; e a partir dos fatos enumerados, em sua maioria subscritos por ambos os lados do conselho, revela-se que a Constituição tinha sido flagrantemente violada pelo legislativo em diversos casos relevantes.

Grande número de leis havia sido aprovado graças à violação, sem nenhuma necessidade aparente, da regra que exige que projetos de natureza pública sejam previamente impressos para a consideração do povo; esta é, no entanto, uma das principais precauções a que a Constituição recorre contra atos impróprios do legislativo.

O julgamento constitucional por júri tinha sido violado, e poderes não delegados pela Constituição, apropriados.

Poderes executivos haviam sido usurpados.

Os salários dos juízes, cuja fixação a Constituição requer explicitamente, tinha sido ocasionalmente alterado; e casos pertencentes ao poder judiciário haviam sido com frequência açambarcados pela jurisdição e determinação do legislativo.

Os que desejarem ver os vários casos incidentes em cada um desses tópicos podem consultar os anais do conselho, que estão publicados. Alguns deles, como se verá, podem ser atribuídos a circunstâncias associadas à guerra; na grande maioria, contudo, revelam-se como rebentos espontâneos de um governo mal constituído.

Verifica-se também que o executivo foi culpado de frequentes infrações da Constituição. A esse respeito, no entanto, três observações se impõem: primeiro, os casos foram em grande parte ou diretamente produzidos pelas necessidades da guerra, ou recomendados pelo Congresso ou pelo comandante em chefe; segundo, na maioria dos outros casos havia acordo com o pensamento declarado ou conhecido do poder legislativo; terceiro, o poder executivo da Pensilvânia distingue-se do dos demais Estados pelo número de membros que o compõem. Sob este aspecto, assemelha-se tanto a uma assembleia legislativa quanto a um conselho executivo. E, estando ao mesmo tempo livre da restrição de uma responsabilidade individual pelos atos do corpo, e derivando confiança do exemplo mútuo e da influência comum, tendia, é claro, a arriscar mais livremente medidas não autorizadas do que poderes executivos administrados por uma única mão ou por poucas.

A conclusão que posso seguramente extrair dessas observações é que a mera demarcação no papel dos limites constitucionais dos vários poderes não é uma salvaguarda suficiente contra aqueles abusos que levam a uma concentração tirânica de todos os poderes de governo nas mesmas mãos.

PUBLIUS [MADISON]

ARTIGO 49

Desenvolvimento do tema na mesma perspectiva

O autor de *Notes on the State of Virginia*, citado no último artigo, anexou a esse valioso trabalho o esboço de uma Constituição, preparado para ser apresentado perante uma convenção que deveria ser convocada em 1783, pelo legislativo, para estabelecer uma Constituição para aquela comunidade. O plano, como todo produto da mesma pena, revela um movimento de pensamento original, abrangente e preciso, e merece ainda maior atenção por exibir igualmente uma fervorosa fidelidade ao governo republicano e uma visão esclarecida das perigosas tendências contra as quais ele deve ser protegido. Uma das precauções que ele propõe, e em que parece confiar como salvaguarda básica para os poderes mais fracos contra a usurpação do mais forte, é talvez criação inteiramente sua, e como está diretamente relacionada ao tema de nossa presente investigação, não deve ser ignorada.

Sua proposta é:

> (...) sempre que dois dos três braços do governo coincidirem, cada um pela voz de dois terços de seu número total, na opinião de que é preciso haver uma convenção para alterar a Constituição, ou corrigir infrações dela, deve-se convocar uma convenção com essa finalidade.

Como o povo é a única fonte legítima de poder, e é dele que provém a carta constitucional sob a qual os vários braços do governo detêm seu poder, parece estritamente compatível com a teoria republicana recorrer a essa autoridade original não só sempre que for necessário aumentar, diminuir ou remodelar os poderes do governo, mas também sempre que um deles possa usurpar as competências constitucionais dos outros. Se os vários poderes estiverem perfeitamente coordenados segundo os termos de seu mandato comum, nenhum deles, é evidente, poderá pretender um direito exclusivo ou superior de fixar os limites entre suas respectivas esferas; e de que modo evitar os abusos dos mais fortes, ou corrigir os erros do mais fraco, sem recorrer ao próprio povo, que, como outorgante do mandato, é o único a poder declarar seu verdadeiro significado e impor sua observância?

Há por certo muita força nesse raciocínio, e devemos permitir que prove a necessidade de se traçar e manter aberta uma via constitucional para a decisão do povo em determinadas ocasiões importantes e extraordinárias. Verifica-se, porém, que há objeções insuperáveis contra o proposto apelo ao povo como medida usual para manter os vários poderes dentro de seus limites constitucionais.

Em primeiro lugar, o dispositivo não prevê o caso de um conluio de dois poderes contra um terceiro. Se a autoridade legislativa, que possui tantos meios de atuar sobre os assuntos dos outros poderes, fosse capaz de conquistar para sua causa um segundo poder, ou mesmo um terço dos membros deste, o terceiro já não teria como se valer dessa cláusula corretiva. Não insistirei, contudo, nessa objeção, porque se poderia pensar que ela se volta mais contra as alterações do princípio do que contra o próprio princípio.

Em segundo lugar, pode-se considerar como uma objeção inerente ao princípio o fato de que, como todo apelo ao povo equivaleria à denúncia de alguma falha do governo, apelos frequentes privariam o governo, em grande medida, daquele respeito que o tempo confere a todas as coisas e sem o qual o mais sábio e mais livre dos governos não possuiria a necessária estabilidade. Se é verdade que todo governo se funda na opinião, não é menos verdade que a força da opinião em cada indivíduo, e sua influência prática em sua conduta, depende muito do número de pessoas a quem ele atribui igual opinião. A razão do homem, como ele mesmo, é tímida e cautelosa quando deixada só, e ganha firmeza e confiança na proporção em que outras se lhe associam. Sabe-se que, quando os exemplos que reforçam a opinião são tão antigos quanto *numerosos*, eles têm um duplo efeito. Numa nação de filósofos, esta consideração deveria ser descartada. O respeito pelas leis seria suficientemente incutido pela voz de uma razão esclarecida. Mas uma nação de filósofos é coisa tão pouco provável quanto a estirpe filosófica de reis desejada por Platão. E em qualquer outro tipo de nação, o mais racional dos governos não verá como vantagem supérflua ter a seu favor as simpatias da comunidade.

O perigo de perturbar a tranquilidade pública pelo estímulo excessivo das paixões públicas é uma objeção ainda mais séria contra uma referência frequente de questões constitucionais à decisão de toda a sociedade. A despeito do sucesso alcançado pelas revisões de nossas formas estabelecidas de governo, que tanto honra a virtude e a inteligência do povo da América, é preciso confessar que essas experiências são de natureza arriscada demais para serem desnecessariamente multiplicadas. Devemos lembrar que todas as constituições existentes foram elaboradas em meio a um perigo que reprimiu as paixões mais adversas à ordem e à concórdia; de um ardor geral por formas novas e diferentes, produzido pelo ressentimento e a indignação gerais contra o antigo governo; e num momento em que nenhum espírito de partido associado com as mudanças a serem feitas, ou os abusos a serem corrigidos, podia misturar seu fermento ao processo. As situações futuras em que podemos esperar nos ver colocados com frequência não apresentam nenhuma garantia equivalente contra o perigo que se teme.

A maior de todas as objeções, porém, é que as decisões que resultariam provavelmente dessas consultas não atenderiam ao propósito de manter o equilíbrio constitucional do governo. Vimos que os governos republicanos exibem uma tendência ao engrandecimento do legislativo à custa dos outros poderes. Os apelos ao povo, portanto, seriam feitos em geral pelos poderes executivo e judiciário. Mas, quer sejam feitos por um ou por outro lado, gozariam os dois de vantagens iguais no julgamento? Consideremos as diferentes situações. Os membros dos poderes executivo e judiciário são pouco numerosos, e só podem ser pessoalmente conhecidos por pequena parcela da população. Os últimos, em razão do modo como são nomeados, bem como pela natureza de sua permanência no cargo, estão demasiado afastados do povo para gozar de muita simpatia em seu meio. Os primeiros costumam ser objetos de desconfiança, e sua administração está sempre sujeita a ser manchada e tornada impopular. Os membros do poder legislativo, por outro lado, são numerosos. Estão distribuídos entre o povo em geral, vivendo em seu meio. Suas relações de sangue, de amizade e conhecimento abarcam grande proporção da parte mais influente da sociedade. A natureza de sua missão pública implica uma influência pessoal no seio do povo, e que atuem, de modo mais imediato, como guardiães fidedignos dos direitos e liberdades do povo. Com tais vantagens, dificilmente se pode supor que a parte contrária teria igual possibilidade de obter um resultado favorável.

Todavia, o legislativo não seria apenas mais capaz de defender sua causa junto ao povo. Provavelmente, seus membros se constituiriam a si mesmos como juízes. A mesma influência que lhes valera a eleição para o legislativo lhes asseguraria uma cadeira na convenção. Se este não for o caso de todos, será provavelmente o de muitos, e sem dúvida o daquelas figuras de liderança de quem tudo depende nessas assembleias. A convenção, em suma, seria composta sobretudo por homens que tivessem sido, fossem efetivamente ou pretendessem ser membros do poder cuja conduta estaria sob suspeita. Consequentemente, seriam partes interessadas na própria questão que lhes caberia decidir.

Por vezes, contudo, a consulta ao povo poderia ocorrer em circunstâncias menos adversas aos poderes executivo e judiciário. As usurpações cometidas pelo legislativo poderiam ser flagrantes e repentinas a ponto de não admitir nenhum disfarce enganoso. Um forte bloco entre seus próprios membros poderia tomar posição a favor dos outros poderes. O executivo talvez estivesse nas mãos de um favorito especial do povo. Numa tal situação, a decisão pública poderia ser menos determinada por simpatias pela causa do legislativo. Mesmo assim, jamais se poderia esperar que ela se fundasse nos verdadeiros méritos da questão propriamente dita. Estaria indubitavelmente associada ao espírito de partidos preexistentes ou de partidos formados a partir da própria questão. Estaria ligada a pessoas de destaque e ampla influência na comunidade. Seria pronunciada pelos próprios homens que tinham sido agentes, ou oponentes, das medidas sob julgamento. Assim, as paixões do povo, não a razão, atuariam como juízes. Mas é a razão do povo, apenas, que deve controlar e regular o governo. As paixões devem ser controladas e reguladas pelo governo.

Verificamos no último artigo que meras declarações na Constituição escrita não bastam para restringir os vários poderes a seus direitos legais. Neste, revela-se que apelos ocasionais ao povo não seriam uma medida correta nem eficaz para esse fim. Não examinarei até que ponto os dispositivos de natureza diferente, contidos no plano acima citado, poderiam ser adequados. Alguns deles se fundam inquestionavelmente em sólidos princípios políticos, e todos são formulados com singular engenhosidade e precisão.

PUBLIUS [MADISON]

ARTIGO 50

Desenvolvimento do tema na mesma perspectiva

Talvez se possa argumentar que, em vez de consultas ocasionais ao povo, que dão margem às objeções feitas, consultas periódicas seriam o meio próprio e adequado para evitar e *corrigir infrações à Constituição.*

Cabe notar que estou me limitando, no exame desses expedientes, a sua capacidade de impor o cumprimento da Constituição, mantendo os vários braços do poder dentro de seus devidos limites, sem considerá-los particularmente como instrumentos para alterar a própria Constituição. Já à primeira vista, o recurso ao povo a intervalos fixos parece quase tão inaceitável como o recurso em ocasiões especiais, à medida que se apresentem. Se os intervalos forem curtos, as medidas a serem examinadas e retificadas serão de data recente, estando ligadas às mesmas circunstâncias que tendem a viciar e perverter o resultado das revisões ocasionais. Se os intervalos forem longos, igual observação se aplicará a todas as medidas mais recentes; e se o distanciamento das mais remotas pode favorecer um exame desapaixonado, essa vantagem é inseparável dos inconvenientes que parecem contrabalançá-la. Em primeiro lugar, uma perspectiva remota de censura pública seria algo muito tênue para coibir o poder na prática daqueles excessos a que poderia ser compelido pela força de motivos atuais. É possível imaginar que uma assembleia legislativa composta de cem ou duzentos membros, avidamente voltada para algum objetivo importante, e violando as restrições da Constituição para alcançá-lo, se deteria por força da perspectiva de uma revisão censória de sua conduta, a ser realizada dez, 15 ou vinte anos depois? Em segundo lugar, frequentemente os abusos já teriam promovido todos os seus efeitos danosos antes que a cláusula corretiva fosse aplicada. E finalmente, quando não for este o caso, esses efeitos já teriam perdurado por tempo demais, já teriam criado raízes profundas e já não seriam facilmente extirpáveis.

A fórmula de rever a Constituição para corrigir infrações recentes, bem como para outros fins, foi efetivamente tentada em um dos Estados. Um dos objetivos do Conselho de Censores que se reuniu na Pensilvânia em 1783 e

1784 foi, como vimos, averiguar "se a Constituição havia sido violada, e se os poderes legislativo e executivo tinham abusado um do outro". Esta importante e inovadora experiência em política merece atenção muito especial, sob vários aspectos. Sob alguns deles talvez não possamos considerá-la absolutamente conclusiva, já que se tratou de uma experiência única, feita sob circunstâncias algo peculiares. No caso em consideração, porém, envolve alguns fatos que me atrevo a apontar como ilustração cabal e satisfatória de minha argumentação.

Primeiro. Fica evidente, a partir dos nomes dos cavalheiros que compuseram o conselho, que pelo menos alguns de seus membros mais ativos e preeminentes tinham sido também figuras ativas e preeminentes dos partidos que preexistiam no Estado.

Segundo. Fica evidente que os mesmos membros ativos e preeminentes do conselho tinham sido membros ativos e influentes dos poderes legislativo e executivo no período a ser examinado; e até mesmo patrocinadores ou opositores das próprias medidas a serem submetidas à prova da Constituição. Dois dos membros haviam sido vice-presidentes do Estado, e vários outros tinham feito parte do conselho executivo nos sete anos anteriores. Um deles fora presidente, e vários outros, membros destacados da assembleia legislativa no mesmo período.

Terceiro. Cada página de seus anais atesta o efeito de todas estas circunstâncias no espírito das deliberações do conselho. Ao longo de toda sua duração, ele se dividiu em duas partes definidas e arrebatadas. Eles mesmos reconhecem e deploram o fato. Ainda que não o tivessem feito, a configuração de seus anais o prova de modo igualmente satisfatório. Em todas as questões, por menor importância que tivessem, os mesmos nomes aparecem invariavelmente contrastados em colunas opostas. Qualquer observador imparcial pode inferir, sem risco de errar, e ao mesmo tempo sem intenção de desacreditar qualquer das partes, ou quaisquer membros individuais de ambas, que, infelizmente, a paixão, e não a razão, presidiu suas decisões. Quando exercem sua razão, fria e livremente, sobre uma variedade de questões distintas, os homens são inevitavelmente levados a conceber opiniões diferentes sobre algumas delas. Quando são governados por uma paixão comum, suas opiniões, se é que as podemos chamar assim, são idênticas.

Quarto. Pode-se pelo menos suspeitar de que as decisões desse corpo interpretaram erradamente, em vários casos, os limites prescritos para os poderes legislativo e executivo, em vez de reduzi-los a seus lugares constitucionais.

Quinto. Ao que eu saiba, as decisões do conselho em questões constitucionais, fossem elas corretamente ou erroneamente formadas, nunca tiveram nenhum efeito no sentido de alterar as práticas fundadas em interpretações legislativas. Se não me engano, houve mesmo um caso em que o legislativo da época negou as interpretações do conselho e conseguiu de fato vencer a disputa.

Este corpo censório, portanto, ao mesmo tempo que revela, por suas investigações, a existência da doença, demonstra por seu exemplo a ineficácia do remédio.

Não se pode invalidar essa conclusão alegando que o Estado em que a experiência foi feita estava numa crise e tinha sido antes, por longo tempo, violentamente inflamado e perturbado pela paixão partidária. Será o caso de presumir que em algum setênio futuro o mesmo Estado estará livre de partidos? Será o caso de presumir que algum outro Estado, por igual período ou durante algum outro, estará livre deles? Tal eventualidade não deveria ser presumida nem desejada, pois a extinção dos partidos implica um alarme geral para a segurança pública ou uma absoluta extinção da liberdade.

As dificuldades não teriam sido eliminadas mesmo que se tivesse tomado a precaução de excluir das assembleias eleitas pelo povo para examinar a administração precedente do governo todas as pessoas que pudessem ter participado delas naquele período. Nesse caso, a importante tarefa recairia provavelmente sobre homens que, sendo menos capacitados, apresentariam em outros aspectos qualificações pouco melhores. Ainda que pudessem não ter tido envolvimento pessoal na administração, não sendo, portanto, agentes imediatos das medidas a examinar, provavelmente teriam tido envolvimento com os partidos associados a essas medidas e sido eleitos sob seus auspícios.

PUBLIUS [MADISON]

ARTIGO 51

Desenvolvimento do tema na mesma perspectiva e conclusão

A que expediente, então, devemos finalmente recorrer para manter na prática a necessária divisão do poder entre os vários braços do governo, como estabelecido na Constituição? A única resposta que pode ser dada é que, uma vez que todas essas medidas externas se mostram inadequadas, deve-se sanar a falha arquitetando de tal modo a estrutura interna do governo que suas várias partes constituintes possam ser, por suas relações mútuas, instrumentos para a manutenção umas das outras em seus devidos lugares. Sem ousar empreender um pleno desenvolvimento dessa importante ideia, arriscarei algumas observações gerais que talvez possam esclarecê-la e nos permitam formar um juízo mais correto dos princípios e da estrutura do governo projetado pela convenção.

Como base adequada para o exercício independente e distinto dos diferentes poderes de governo, que até certo ponto todos admitem ser essencial à preservação da liberdade, é evidente que cada poder deveria determinar-se a si mesmo; consequentemente, deveria ser constituído de tal modo que seus respectivos membros tivessem a menor ingerência possível na designação dos membros dos outros. Para ser rigorosamente seguido, esse princípio exigiria que todas as nomeações para as magistraturas supremas do executivo, legislativo e judiciário fossem emanadas da mesma fonte de autoridade, o povo, por meio de canais que não tivessem nenhuma comunicação entre si. Talvez tal modo de estruturar os vários poderes fosse menos difícil na prática do que pode parecer em projeto. Mas, como sua execução acarretaria algumas dificuldades e certa despesa adicional, alguns desvios do princípio devem ser admitidos. Na organização do poder judiciário, em particular, poderia ser inconveniente insistir no princípio com rigor; primeiro porque, sendo essencial que os membros possuam certas qualificações, a preocupação básica deveria ser encontrar o modo de escolha que melhor assegurasse tais qualificações; segundo, porque o caráter permanente dos cargos nesse poder não pode deixar de anular em pouco tempo todo o sentimento de dependência para com a autoridade que os conferiu.

É igualmente evidente que os membros de cada poder deveriam depender tão pouco quanto possível dos membros dos outros poderes para os emolumentos associados a seus cargos. Se o magistrado executivo ou os juízes não forem independentes do legislativo nesse aspecto, sua independência em todos os outros será meramente nominal.

A grande garantia contra uma concentração gradual dos vários poderes no mesmo braço, porém, consiste em dar aos que administram cada poder os meios constitucionais necessários e os motivos pessoais para resistir aos abusos dos outros. As medidas de defesa devem, neste caso como em todos os outros, ser proporcionais ao perigo de ataque. A ambição deve poder contra-atacar a ambição. O interesse do homem deve estar vinculado aos direitos constitucionais do cargo. Talvez não seja lisonjeiro para a natureza humana considerar que tais estratagemas poderiam ser necessários para o controle dos abusos do governo. Mas o que é o próprio governo senão a maior das críticas à natureza humana? Se os homens fossem anjos, não seria necessário governo algum. Se os homens fossem governados por anjos, o governo não precisaria de controles externos nem internos. Ao moldar um governo que deve ser exercido por homens sobre homens, a grande dificuldade reside nisto: é necessário primeiro capacitar o governo a controlar os governados; e em seguida obrigá-lo a se controlar a si próprio. A dependência para com o povo é, sem dúvida, o controle primordial sobre o governo, mas a experiência ensinou à humanidade que precauções auxiliares são necessárias.

Este esquema de suprir por interesses opostos e rivais a falta de melhores motivos pode ser encontrado em todo o conjunto das atividades humanas, tanto privadas como públicas. Nós o vemos particularmente exibido em todas as distribuições subordinadas de poder, onde a meta constante é dividir e organizar os vários cargos de forma tal que cada um possa exercer controle sobre o outro — de tal modo que o interesse pessoal de cada indivíduo possa ser uma sentinela dos direitos públicos. Essas invenções da prudência não podem ser menos necessárias na distribuição dos poderes supremos do Estado.

Não é possível, porém, dar a cada braço do governo igual poder de autodefesa. No governo republicano, a autoridade legislativa predomina necessariamente. O remédio para este inconveniente é dividir o legislativo em diferentes ramos e torná-los, mediante diferentes modos de eleição e diferentes princípios de ação, tão pouco vinculados um com o outro quanto o permitam a natureza de suas funções comuns e sua dependência comum da sociedade. Podem até ser necessárias precauções adicionais para evitar abusos perigosos. Assim como o peso do legislativo requer que ele seja dividido, a debilidade do executivo pode exigir, por outro lado, seu fortalecimento. O poder absoluto de veto sobre os atos do legislativo parece ser a defesa natural de que o magistrado executivo deveria estar armado. Mas talvez não seja de todo segura ou suficiente. Em ocasiões ordinárias, poderia não ser exercida com a necessária firmeza e, nas extraordinárias, poderia ser usada de maneira abusiva e pérfida. Não poderia essa falha do poder absoluto de veto ser sanada por uma vinculação limitada entre este poder mais fraco e o ramo mais fraco do poder mais forte, pela qual seria conduzido a defender os direitos constitucionais do primeiro, sem se distanciar em demasia dos direitos do próprio poder?

Se os princípios em que essas observações se fundam forem justos, do que eu próprio estou convencido, e se os aplicarmos como critérios às várias constituições estaduais e à Constituição federal, verificaremos que se a última não corresponde perfeitamente a eles, as primeiras são infinitamente menos capazes de resistir à prova.

Duas considerações particularmente aplicáveis ao sistema federal da América o situam sob um ponto de vista muito interessante.

Primeira. Numa república simples, todo o poder concedido pelo povo é submetido à administração de um governo único, e a usurpação é evitada por uma divisão do governo em braços independentes e separados. Na república composta da América, o poder concedido pelo povo é primeiro dividido entre dois governos distintos, e depois a porção que coube a cada um é subdividida por braços independentes e separados. Disso provém uma dupla segurança para os direitos do povo. Os diferentes governos vão se controlar um ao outro, ao mesmo tempo que cada um será controlado por si mesmo.

Segunda. É de grande importância numa república não apenas proteger a sociedade contra a opressão de seus governantes, mas proteger uma parte da sociedade contra a injustiça da outra. Existem necessariamente diferentes interesses em diferentes classes de cidadãos. Se uma maioria estiver unida por um interesse comum, os direitos da minoria ficarão ameaçados. Há apenas dois métodos para evitar esse mal: um envolve a criação, nessa comunidade, de um poder independente da maioria, isto é, um poder da própria sociedade; o outro insere na sociedade um número tão grande de categorias distintas de cidadãos que tornaria muito improvável, se não impraticável, o conluio injusto de uma maioria. O primeiro método prevalece em todos os governos que possuem uma autoridade hereditária ou autodesignada. Trata-se, na melhor das hipóteses, de uma garantia precária, porque um poder independente da sociedade pode tanto esposar as aspirações injustas da maioria como os interesses legítimos da minoria, e pode muito bem se voltar contra ambos os grupos. O segundo método será exemplificado na república federal dos Estados Unidos. Nela, enquanto toda a autoridade emanará da sociedade e dela dependerá, a própria sociedade estará fragmentada em tantas partes, interesses e categorias de cidadãos que os direitos dos indivíduos, ou da minoria, serão pouco ameaçados por combinações interesseiras da maioria. Num governo livre, é preciso dar aos direitos civis a mesma garantia que aos direitos religiosos. No primeiro caso, ela consiste na multiplicidade de interesses; no outro, na multiplicidade de seitas. Em ambos os casos, o grau de garantia dependerá do número de interesses e de seitas; e pode-se presumir que isso depende da extensão do país e do número de pessoas abrangidas sob o mesmo governo. Essa visão do problema deve evidenciar o valor de um sistema federal apropriado aos olhos de todos os adeptos sinceros e ponderados do governo republicano, pois mostra que, na exata medida em que o território da União viesse a ser dividido em Confederações ou Estados mais circunscritos, os conluios opressivos de uma maioria seriam facilitados. A melhor garantia, sob as formas republicanas, para os direitos de todas as classes de cidadãos ficaria reduzida; consequentemente, a estabilidade e a independência de alguns membros do governo, a única garantia adicional, seriam proporcionalmente aumentadas. A justiça é a finalidade do governo. É a finalidade da sociedade civil. Ela sempre foi e sempre será perseguida até ser alcançada, ou até que a liberdade seja perdida nessa busca. Numa sociedade sob cujas formas a facção mais forte é capaz de rapidamente se unir e oprimir a mais fraca, pode-se dizer que a anarquia reina tão completamente quanto num estado natural, em que o indivíduo mais fraco não tem proteção contra a violência do mais forte; e assim como, neste último estado, mesmo os indivíduos mais fortes, dada a incerteza de sua condição, são movidos a se submeter a um governo que possa proteger tanto aos fracos quanto a eles mesmos, assim também, no primeiro estado, as facções ou partidos mais poderosos serão gradualmente induzidos, por um motivo semelhante, a desejar um governo que proteja todas as partes, tanto a mais fraca como a mais poderosa. É quase certo que se o Estado de Rhode Island estivesse separado da Confederação e entregue à própria sorte, a insegurança dos direitos sob um governo popular em limites tão estreitos se manifestaria por tão reiterada prática de opressão por maiorias facciosas que algum poder inteiramente independente do povo logo seria exigido pela voz das próprias facções cuja desordem o tornara necessário. Na extensa república dos Estados Unidos, e em meio à grande variedade de interesses, partidos e seitas que ela abarca, o conluio de uma maioria de toda a sociedade raras vezes poderia ocorrer com base em outros princípios que não os da justiça e do bem geral. Havendo assim menor risco para partidos menores a partir do arbítrio de partidos maiores, haverá também menos pretexto para se prover a segurança dos primeiros pela introdução no governo de um arbítrio independente da própria sociedade. É igualmente certo e importante, a despeito das opiniões manifestadas em sentido contrário, que, quanto mais ampla for a sociedade, desde que ela abranja uma esfera viável, mais capaz de autogoverno ela será. E felizmente para a *causa republicana,* a esfera viável pode ser bastante ampliada por uma judiciosa modificação e composição do *princípio federativo.*

PUBLIUS [MADISON]

ARTIGO 52

Sobre a Câmara de Representantes do ponto de vista da qualificação dos eleitores e dos eleitos e da duração do mandato dos membros

Das investigações mais gerais empreendidas nos quatro últimos artigos, passo a um exame mais particular das várias partes do governo. Começarei pela Câmara dos Representantes.

O primeiro aspecto dessa parte do governo a ser considerado se liga à qualificação dos eleitores e dos eleitos. A dos primeiros deve ser a mesma dos eleitores da câmara mais numerosa dos legislativos estaduais. A definição do direito de sufrágio é muito justamente considerada um artigo fundamental do governo republicano. Cabia à convenção, portanto, definir e estabelecer esse direito na Constituição. Pela razão que acabamos de mencionar, deixá-lo em aberto para a eventual regulamentação do Congresso teria sido incorreto. Submetê-lo ao arbítrio legislativo dos Estados teria sido incorreto pela mesma razão, e ainda pela razão adicional de que tornaria demasiado dependente dos governos estaduais esse braço do governo federal, que deve depender unicamente do povo. Reduzir as diferentes qualificações exigidas nos diferentes Estados a uma regra uniforme teria sido provavelmente tão insatisfatório para alguns Estados quanto difícil para a convenção. O dispositivo criado pela convenção se mostra, portanto, a melhor escolha. Deverá ser satisfatório para todos os Estados, porque pode ser adaptado ao padrão que o próprio Estado já tiver estabelecido ou vier a estabelecer. Será seguro para os Estados Unidos porque, sendo fixado pelas constituições estaduais, não pode ser alterado pelos governos estaduais, e não se pode temer que o povo dos Estados vá alterar esta parte de suas constituições de modo a reduzir os direitos que lhe são assegurados pela Constituição federal.

A qualificação dos eleitos, sendo menos cuidadosa e apropriadamente definida pelas constituições estaduais, e sendo ao mesmo tempo mais suscetível de uniformidade, foi devidamente considerada e regulada pela convenção. Um representante dos Estados Unidos deve ter no mínimo 25 anos; deve ter sido cidadão dos Estados Unidos por sete anos; deve, no momento de sua eleição, habitar o Estado que representa; e, durante o prazo de seu mandato, não deve ocupar nenhum cargo no governo dos Estados Unidos. Sob essas limitações razoáveis, o governo federal está aberto a todo tipo de valor, seja nativo ou adotivo, jovem ou velho, sem considerar pobreza ou riqueza ou qualquer profissão particular de fé religiosa.

O prazo pelo qual os representantes serão eleitos constitui um segundo aspecto sob o qual esta câmara deve ser considerada. Para decidir sobre a propriedade deste artigo, é preciso considerar duas questões: a primeira, se eleições a intervalos de dois anos darão segurança; a segunda, se elas serão necessárias ou úteis. Vejamos.

Assim como é essencial para a liberdade que o governo em geral tenha o mesmo interesse que o povo, é particularmente essencial que este seu componente que estamos considerando mantenha-se na dependência imediata do povo e em íntima harmonia com ele. Eleições frequentes são inquestionavelmente a única conduta capaz de assegurar efetivamente essa dependência e harmonia. Mas o grau particular de frequência que pode ser absolutamente necessário para esse fim é algo que parece não poder ser definido por nenhum cálculo preciso, por estar na dependência de uma variedade de circunstâncias. Consultemos, pois, a experiência, o guia a ser seguido sempre que puder ser encontrado.

Uma vez que o esquema da representação como substituto do encontro pessoal dos cidadãos foi, na melhor das hipóteses, muito pouco conhecido pela política da Antiguidade, somente em tempos mais modernos podemos esperar encontrar exemplos instrutivos. Mesmo nestes, para evitar uma busca demasiado vaga e difusa, será conveniente nos limitarmos aos poucos exemplos que são mais bem conhecidos e apresentam maior analogia com nosso caso particular. O primeiro que se enquadra nessa categoria é a Câmara dos Comuns na Grã-Bretanha. A história dessa instituição da Constituição inglesa nos tempos anteriores à promulgação da Magna Carta é obscura demais para fornecer algum ensinamento. Sua própria existência foi discutida entre estudiosos da política antiga. Os registros mais remotos provam que os parlamentos deveriam se reunir apenas uma vez por ano; não que viessem a ser *eleitos* todo ano. E mesmo essas sessões anuais ficavam a tal ponto na dependência da decisão do monarca que, sob vários pretextos, longos e perigosos intervalos eram frequentemente urdidos pela ambição real. Para sanar essa falha, um estatuto definiu, no reinado de Carlos II, que os intervalos não poderiam se prolongar além de um período de três anos. Quando Guilherme III ascendeu ao trono e uma revolução eclodiu no governo, a questão foi ainda mais seriamente reconsiderada, e declarou-se que fazia parte dos direitos fundamentais do povo que os parlamentos se reunissem *frequentemente*. Por um outro estatuto, aprovado alguns anos depois no mesmo reinado, o termo "frequentemente", que era uma alusão ao período trienal estabelecido do tempo de Carlos II, ganhou um significado preciso, tendo sido expressamente promulgado que um novo parlamento deveria ser convocado num prazo de três anos após o término do anterior. É bem sabido que a última mudança, de três para sete anos, foi introduzida bem no início do presente século, sob a apreensão que cercava a sucessão hanoveriana. Esses fatos revelam que, nesse reino, a maior frequência de eleições, considerada necessária para comprometer os representantes com seus eleitores, não passou de uma periodicidade trienal. E se podemos fazer objeções ao grau de liberdade conservado mesmo sob eleições a intervalos de sete anos, e a todos os outros ingredientes viciosos da Constituição parlamentar, não podemos duvidar de que a redução do intervalo de sete para três anos, juntamente com as outras reformas necessárias, ampliaria a influência do povo sobre seus representantes a ponto de nos convencer de que eleições a intervalos de dois anos, sob o sistema federal, não representam risco algum para a necessária dependência da Câmara dos Representantes para com seus eleitores.

Na Irlanda, até recentemente, as eleições eram inteiramente reguladas pelo arbítrio da coroa e raras vezes se repetiam, exceto quando da ascensão de um novo príncipe ou de algum outro acontecimento contingente. O Parlamento que começou com Jorge II perdurou por todo o seu reinado, um período de quase 35 anos. A única dependência dos representantes para com o povo consistia no direito que tinha este de preencher eventuais vacâncias pela eleição de novos membros e na possibilidade de algum evento capaz de produzir nova eleição geral. Além disso, a capacidade do parlamento irlandês de preservar os direitos de seus eleitores, na medida em que tivesse essa disposição, era extremamente prejudicada pelo controle da coroa sobre as matérias que deliberava. Se não me engano, ultimamente esses impedimentos cessaram e, ademais, foram estabelecidos parlamentos com oito anos de duração. Só a experiência futura dirá que efeito essa reforma parcial poderá produzir. O exemplo da Irlanda, visto desse ângulo, pode lançar muito pouca luz sobre o assunto. Se podemos extrair dele alguma conclusão, deve ser a de que, se o povo desse país foi capaz, com todas essas desvantagens, de conservar algum grau de liberdade, a vantagem de eleições a intervalos de dois anos lhe proporcionaria toda a liberdade que possa depender de um vínculo adequado entre seus representantes e ele próprio.

Mas desloquemos nossas investigações para mais perto de nós. O exemplo destes Estados, quando eram colônias britânicas, exige uma atenção especial, sendo ao mesmo tempo tão bem conhecido que dispensa muitos comentários. O princípio da representação, pelo menos em uma câmara do legislativo, foi estabelecido em todos eles. Os intervalos entre as eleições, porém, eram diferentes, variando de um a sete anos. A partir do espírito e da conduta dos representantes anteriormente à Revolução, temos algum fundamento para inferir que eleições a intervalos de dois anos teriam sido perigosas para as liberdades públicas? O espírito que se manifestou por toda parte no início da luta, e que venceu os obstáculos à independência, é a melhor prova de que se gozava por toda parte de uma parcela de liberdade suficiente para inspirar tanto um sentido de seu valor como um empenho por sua devida ampliação. Isso se aplica tanto às então colônias em que as eleições eram menos frequentes como àquelas em que eram mais frequentes. A Virgínia foi a colônia que tomou a frente na resistência às usurpações parlamentares da Grã-Bretanha; foi também a primeira a se decidir, por um ato público, pela independência. No entanto, ao que eu saiba, as eleições na Virgínia sob o governo anterior se davam a intervalos de sete anos. Menciono esse exemplo particular não como prova de algum mérito peculiar, pois a precedência do Estado nesses casos foi provavelmente acidental; menos ainda como prova de alguma vantagem das eleições a intervalos de sete anos, pois comparadas a uma maior frequência elas são inadmissíveis; mas simplesmente como prova — que considero muito substancial — de que as liberdades do povo não são em nada ameaçadas por eleições a intervalos de dois anos.

A conclusão que resulta desses exemplos é consideravelmente reforçada pela evocação de três circunstâncias. A primeira é que o legislativo federal possuirá apenas uma parte daquela autoridade legislativa suprema que é completamente conferida ao Parlamento britânico e que, com poucas exceções, foi exercida pelas assembleias coloniais e o legislativo irlandês. De acordo com uma máxima aceita e procedente, na ausência do efeito de outras circunstâncias, quanto menor é o poder, com maior segurança pode sua duração ser alongada. Em segundo lugar, como se demonstrou em outra ocasião, o legislativo federal não será coibido apenas por sua dependência para com o povo, como ocorre com outros corpos legislativos, mas será, além disso, vigiado e controlado pelos vários legislativos colaterais, o que não ocorre com outros corpos legislativos. Em terceiro lugar, não há comparação possível entre os meios que os braços mais permanentes do governo federal terão, se estiverem dispostos a isso, para desviar a Câmara dos Representantes de seu dever para com o povo, e os meios de influência sobre o braço popular que possuirão os outros braços do governo acima citados. Com menos poder de abusar, portanto, os representantes federais sofrerão menos tentações, de um lado, e serão duplamente vigiados, de outro.

PUBLIUS [MADISON]

ARTIGO 53

Desenvolvimento do tema do ponto de vista da duração do mandato dos membros

Talvez venham me lembrar, a esta altura, a observação corrente de que "o fim das eleições anuais é o começo da tirania". Se é verdade, como muitas vezes se afirma, que as frases que se tornam proverbiais costumam ter um fundo de razão, não é menos verdade que, uma vez firmadas, elas são com frequência aplicadas a casos que sua razão não alcança. Não preciso procurar outra prova além da questão que temos diante de nós. Qual é o fundo de razão desta observação proverbial? Ninguém se exporia ao ridículo de pretender que existe alguma relação natural entre o Sol, ou as estações, e o período em que a virtude humana é capaz de resistir às tentações do poder. Felizmente para a humanidade, a liberdade não está, sob esse aspecto, limitada a um período fixo de tempo, situando-se entre extremos que proporcionam latitude suficiente para todas as variações que possam ser exigidas pelas várias situações e circunstâncias da sociedade civil. Se isso fosse considerado conveniente, a eleição de magistrados poderia ser, como por vezes realmente foi, diária, semanal ou mensal, tanto quanto anual; e se as circunstâncias podem exigir o desvio da regra em uma direção, por que não também na outra? Se considerarmos os intervalos estipulados entre nós para a eleição das câmaras mais numerosas dos legislativos estaduais, veremos que eles não divergem menos que os das eleições de outros magistrados civis. Em Connecticut e Rhode Island, os períodos são semestrais. Nos demais Estados, com exceção da Carolina do Sul, são anuais. Na Carolina do Sul são bienais — como se propõe para o governo federal. Há aqui uma diferença de quatro para um entre os períodos mais longos e os mais curtos; no entanto, não seria fácil demonstrar que Connecticut ou Rhode Island são mais bem governados, ou desfrutam de maior liberdade sensata, que a Carolina do Sul; ou que um ou outro desses Estados se distingue desse ponto de vista, e por essas razões, dos que têm eleições a intervalos diferentes.

Buscando as bases dessa doutrina, só consigo encontrar uma, e esta é inteiramente inaplicável a nosso caso. A importante distinção, tão bem compreendida na América, entre uma Constituição estabelecida pelo povo e inalterável pelo governo e uma lei estabelecida pelo governo e alterável pelo governo parece ter sido pouco compreendida e menos observada em qualquer outro país. Supõe-se neles que, onde quer que resida o poder de legislar, reside também pleno poder para alterar a forma do governo. Até na Grã-Bretanha, onde os princípios da liberdade política e civil mais foram discutidos, e onde mais se ouve falar dos direitos da Constituição, afirma-se que a autoridade do Parlamento é transcendente e ilimitável, em relação tanto à Constituição como às matérias usuais de deliberação legislativa. Assim é que, em várias circunstâncias, os parlamentares alteraram de fato, por atos legislativos, alguns dos mais fundamentais artigos do governo. Em particular, mudaram em várias ocasiões o intervalo entre as eleições; da última vez, não apenas introduziram eleições a intervalos de sete anos em lugar de eleições de três em três anos, mas, pelo mesmo ato, prolongaram seus próprios mandatos por quatro anos além do prazo para o qual tinham sido eleitos pelo povo. A observação dessas práticas perigosas produziu um alarme muito natural nos partidários do governo livre, cuja pedra de toque é a frequência das eleições, que os levou a buscar alguma garantia para proteger a liberdade, diante dos perigos a que está exposta. Uma vez que uma Constituição superior ao governo não existia nem podia ser obtida, nenhuma garantia constitucional semelhante àquela estabelecida nos Estados Unidos podia ser tentada. Era preciso, contudo, buscar alguma outra; e que garantia melhor poderia haver, nesse caso, que a escolha e o uso de um intervalo de tempo simples e conhecido como um padrão para medir o perigo de inovações, mobilizar o sentimento nacional e unir os esforços patrióticos? O intervalo mais simples e conhecido, aplicável ao caso, era o de um ano. Assim, num esforço louvável para opor alguma barreira às inovações graduais de um governo ilimitado, inculcou-se a doutrina de que o avanço rumo à tirania podia ser medido pelo grau de afastamento do ponto fixo das eleições anuais. Mas que necessidade pode haver de aplicar esse expediente a um governo limitado pela autoridade de uma Constituição suprema, como o será o governo federal? Ou quem afirmará que as liberdades do povo da América não estão mais asseguradas sob eleições a intervalos de dois anos, inalteravelmente fixados por essa Constituição, do que as de qualquer outra nação em que elas sejam anuais, ou até mais frequentes, mas sujeitas a alterações pelo poder ordinário do governo?

A segunda indagação formulada é se eleições de dois em dois anos seriam necessárias ou úteis. A justeza da resposta afirmativa a essa indagação se evidenciará a partir de várias considerações óbvias.

Ninguém pode ser um legislador competente a menos que a uma intenção reta e um discernimento judicioso some certo grau de conhecimento das matérias sobre as quais deve legislar. Parte desse conhecimento pode ser adquirida por meio de informações que estão ao alcance de homens que ocupem postos tanto privados como públicos. Outra parte só pode ser obtida, ou pelo menos inteiramente obtida, por meio da experiência efetiva no posto que requer seu uso. O mandato deve, portanto, em todos esses casos, guardar alguma proporção com a extensão do conhecimento prático exigido para seu bom desempenho. O período do mandato legislativo estabelecido na maioria dos Estados para a câmara mais numerosa é, como vimos, de um ano. A pergunta pode, portanto, ser expressa sob esta forma simples: o período de dois anos é ou não mais compatível com o conhecimento exigido para a legislação federal que o de um ano com o conhecimento exigido para a legislação estadual? A própria formulação da pergunta, nestes termos, sugere que resposta deve ser dada.

Num único Estado, o conhecimento exigido relaciona-se com as leis existentes, que são uniformes em todo o território e com as quais todos os cidadãos têm certa familiaridade, e com os assuntos gerais do Estado, que abrangem uma esfera restrita, não são muito diversificados e ocupam grande parte da atenção e da conversa de todas as classes de pessoas. O grande teatro dos Estados Unidos apresenta um cenário muito diverso. As leis, longe de uniformes, variam de um Estado para outro, enquanto os assuntos públicos da União se espalham por uma extensão muito ampla e são extremamente diversificados em função dos problemas locais a que se associam. Assim, dificilmente podem ser aprendidos em qualquer outro lugar que não os conselhos centrais a que um conhecimento deles será levado pelos representantes de cada parte do país. No entanto, os membros de cada um dos Estados têm que possuir algum conhecimento dos assuntos, e mesmo das leis, de todos os Estados. Como regular adequadamente o comércio exterior através de leis uniformes sem alguma familiaridade com o comércio, os portos, os usos e os regulamentos dos diferentes Estados? Como regular devidamente o comércio entre os diferentes Estados sem algum conhecimento de suas situações relativas, neste e em outros pontos? Como lançar impostos criteriosamente e arrecadá-los de forma eficaz sem adaptá-los às diferentes leis e circunstâncias locais relacionadas a esses itens nos diferentes Estados? Como estipular regulamentos uniformes para a milícia sem um conhecimento similar de algumas circunstâncias internas que distinguem os Estados entre si? Estas, que são as principais finalidades da legislação federal, já mostram convincentemente a amplitude da informação que os representantes devem adquirir. As demais finalidades subalternas exigirão um grau de informação proporcional.

É verdade que tais dificuldades serão, gradativamente, muito reduzidas. A tarefa mais laboriosa será a correta investidura do governo e a primeira formulação de um código federal. Os aperfeiçoamentos desse esboço inicial se tornarão a cada ano não só mais fáceis como menos numerosos. Atas antigas do governo serão uma fonte facilmente disponível e precisa de informação para novos membros. Os assuntos da União se tornarão, cada vez mais, objetos de curiosidade e conversa entre os cidadãos em geral. E o maior intercâmbio entre os cidadãos de diferentes Estados em muito contribuirá para difundir um conhecimento mútuo dos respectivos assuntos, o que por sua vez contribuirá para uma assimilação geral dos costumes e leis de cada um. Mesmo com todos esses descontos, porém, a atividade da legislação federal excederá a da legislação para um único Estado o bastante para justificar o mandato mais longo atribuído aos que devem realizá-la.

Um ramo de conhecimento que pertence ao domínio de um representante federal e que não foi mencionado é o das relações exteriores. Ao regulamentar nosso próprio comércio, ele deve estar a par não somente dos tratados entre os Estados Unidos e outras nações como também da política e das leis de comércio das outras nações. Não deve ignorar por completo a lei das nações, pois, na medida em que é um objeto próprio de legislação nacional, ela está submetida ao governo federal. E, embora a Câmara dos Representantes não deva participar imediatamente de negociações e acordos externos, em decorrência da necessária vinculação entre os vários ramos dos negócios públicos essas áreas específicas vão com frequência merecer atenção no curso ordinário da atividade legislativa e, por vezes, exigirão sanção e cooperação legislativa especial. Uma parcela desse conhecimento pode, sem dúvida, ser adquirido num gabinete; mas há também outra que só pode ser extraída das fontes públicas de informação; e seu conjunto será mais bem adquirido por meio de uma atenção prática ao assunto durante o período de trabalho efetivo na elaboração de leis.

Há outras considerações, talvez menos importantes, mas ainda assim dignas de atenção. A distância que muitos dos representantes serão obrigados a percorrer e as providências impostas por essa circunstância podem ser objeções muito mais sérias para homens dispostos a esse serviço se o mandato for de apenas um ano do que se for estendido para dois. Do caso dos delegados ao atual Congresso, não se pode extrair nenhum argumento sobre essa questão. Eles são eleitos anualmente, mas sua reeleição é considerada quase natural pelas assembleias legislativas. A eleição dos representantes pelo povo não seria governada pelos mesmos princípios.

Alguns dos membros, como acontece em todas as assembleias desse tipo, possuirão talentos superiores; tornar-se-ão, por frequentes reeleições, membros duradouros; serão mestres acabados nos negócios públicos e talvez não hesitem em tirar proveito próprio dessas vantagens. Quanto maior for a proporção de membros novos e menor a informação de grande parte dos membros, mais esta tenderá a cair nas ciladas que lhe forem armadas. Tal observação é aplicável à relação que subsistirá entre a Câmara dos Representantes e o Senado.

Um inconveniente que se mistura às vantagens de nossas eleições frequentes, mesmo num único Estado, quando elas são amplas e dão lugar a uma única sessão legislativa anual, é que eleições espúrias não podem ser investigadas e anuladas a tempo para que a decisão tenha o devido efeito. Se uma recondução for conseguida, não importa por que meios ilegais, o membro irregular, que está seguro de sua cadeira, sabe que poderá conservá-la por tempo suficiente para alcançar seus propósitos. Com isso, dá-se um incentivo muito pernicioso ao uso de meios ilegais para obter reeleições irregulares. Se as eleições para o legislativo federal viessem a ser anuais, essa prática poderia se tornar um abuso muito grave, especialmente nos Estados mais distantes. Cada câmara é, e necessariamente deve ser, o juiz das eleições, qualificações e reeleições de seus membros; e sejam quais forem os aperfeiçoamentos que a experiência possa sugerir para simplificar e acelerar o processo, em casos controvertidos, antes que um membro ilegítimo pudesse ser destituído de sua cadeira, já teria transcorrido uma parte tão grande do ano que essa possibilidade de pouco serviria para controlar o uso de meios injustos e ilícitos de obter uma cadeira.

Tais considerações, tomadas em conjunto, nos autorizam a afirmar que eleições a intervalos de dois anos serão tão úteis para os negócios públicos quanto, como vimos, seguras para as liberdades do povo.

PUBLIUS [MADISON]

ARTIGO 54

Desenvolvimento do tema do ponto de vista do coeficiente de representação

O próximo aspecto sob o qual vou considerar a Câmara dos Representantes liga-se à distribuição proporcional de seus membros entre os vários Estados, que será determinada pela mesma regra que preside a dos impostos diretos.

Não se discute que o número de habitantes dos vários Estados deve ser o padrão regulador da proporção dos que devem representar o povo de cada um. Provavelmente, o estabelecimento da mesma regra para o rateio dos impostos tampouco será muito contestado, embora a própria regra, neste caso, não se funde de modo algum no mesmo princípio. No primeiro caso, entende-se que a regra se refere aos direitos pessoais da população, com os quais ela tem um vínculo natural e universal. No segundo, ela se refere à riqueza proporcional, da qual não é de modo algum uma medida precisa, sendo comumente bastante inadequada. Mas, a despeito de sua imperfeição quando aplicada à riqueza relativa e às contribuições dos Estados, é evidente que a regra é, entre as viáveis, a menos objetável, tendo obtido tão recentemente a aprovação geral da América que não poderia ter deixado de merecer a pronta preferência da convenção.

Talvez se diga: admitimos tudo isso, mas da aceitação do número de habitantes como medida da representação, ou de escravos combinados com cidadãos livres como um coeficiente de tributação, será que se segue que os escravos devem ser incluídos na regra numérica da representação? Os escravos são considerados propriedade, não pessoas. Devem, portanto, ser incluídos em cálculos de tributação, que se fundam na propriedade, e ser excluídos da representação, que é regulada pelo censo das pessoas. Essa é a objeção, em sua expressão mais forte, tal como a entendo. Serei igualmente imparcial ao expressar a argumentação que pode ser apresentada em sentido contrário.

Um de nossos irmãos do Sul poderia argumentar desta forma:

"Aceitamos a doutrina de que a representação relaciona-se mais imediatamente com as pessoas, e a tributação, com a propriedade, e aceitamos a aplicação da distinção ao caso de nossos escravos. Devemos negar, porém, que os escravos sejam considerados meramente como propriedades e nunca como pessoas, sob nenhum aspecto. O que de fato ocorre é que eles participam dessas duas qualidades, sendo considerados por nossas leis, sob alguns aspectos, como pessoas e, sob outros, como propriedades. Por ser compelido a trabalhar não para si mesmo, mas para um senhor; por poder ser vendido por um senhor a outro; e por estar submetido todo o tempo à restrição da liberdade e ao castigo corporal, segundo o capricho de um terceiro, o escravo pode parecer estar degradado da condição humana e classificado entre aqueles animais irracionais que recaem na categoria legal de propriedades. Por outro lado, por estar protegido, em sua vida e em seus membros, contra a violência dos demais, mesmo do senhor de seu trabalho e de sua liberdade, e por ser passível de punição por toda violência que cometa contra terceiros, não menos evidentemente o escravo é considerado pelas leis como um membro da sociedade, e não uma parte do reino irracional; como uma pessoa moral, e não um mero artigo de propriedade. A Constituição federal, portanto, decide com muita propriedade no caso de nossos escravos quando os considera caráter misto de pessoas e propriedade. É este, de fato, seu verdadeiro caráter. É o caráter que lhes conferem as leis sob as quais vivem, e não se pode negar que essas são o critério adequado, pois é somente sob o pretexto de que as leis transformaram os negros em objetos de propriedade que se lhes tenta negar um lugar no cálculo da população; e admite-se que, se as leis restaurassem os direitos que lhes foram tirados, já não se poderia recusar aos negros uma participação igual à dos outros habitantes na representação.

Essa questão pode ser vista sob uma outra luz. Todos concordam que o número de habitantes é o melhor padrão da riqueza e da tributação, assim como é o único padrão adequado de representação. Teria a convenção sido imparcial, ou coerente, se tivesse eliminado os escravos da lista de habitantes ao calcular as cotas de representação, incluindo-os nas listas para definir a tarifa das contribuições? Seria sensato esperar que os Estados do Sul concordassem com um sistema que considerasse seus escravos até certo ponto como homens quando se tratasse de impor encargos, mas se recusasse a considerá-los sob a mesma luz na hora de conferir vantagens? Não é de se estranhar, também, que aqueles que censuram os Estados do Sul pela política bárbara de considerar como propriedades uma parte de seus irmãos humanos venham a afirmar, eles mesmos, que o governo de que todos os Estados deverão ser membros deve incluir essa raça infeliz na categoria antinatural de propriedade de forma ainda mais completa do que o fazem as próprias leis de que se queixam?

Pode-se replicar, talvez, que os escravos não são incluídos no coeficiente de representação de nenhum dos Estados que os possuem. Não votam nem aumentam os votos de seus senhores. Com base em que princípio, então, devem ser incluídos no cálculo federal da representação? Se os eliminasse por completo, a Constituição estaria seguindo, neste aspecto, as próprias leis que foram apresentadas como o guia adequado.

Essa objeção pode ser rebatida com uma única observação. É um princípio fundamental da Constituição proposta que uma lei federal baseada no número agregado de habitantes deve fixar o número total de representantes que os vários Estados terão. Assim, também o direito de escolher o número estabelecido em cada Estado deve ser exercido por aquela parcela dos habitantes que o próprio Estado designe. As qualificações de que depende o direito de voto não serão, talvez, iguais nem mesmo em dois Estados. Em alguns, a diferença é bastante considerável. Em todos eles, certa proporção dos habitantes é privada desse direito pela constituição estadual, que será levada em conta no censo pelo qual a Constituição estabelece o número de representantes. Desse ponto de vista, os Estados do Sul poderiam responder ao protesto enfatizando que o princípio estabelecido pela convenção deveria exigir que não fosse considerada a política dos vários Estados com relação a seus próprios habitantes, devendo os escravos, na qualidade de habitantes, ser incluídos no censo segundo seu número total, como todos os demais habitantes que, pela política dos outros Estados, tampouco desfrutam de todos os direitos de cidadãos. No entanto, os Estados, que ganhariam com a aderência rigorosa a este princípio, não a reclamam. Tudo que eles pedem é que a mesma moderação se manifeste do outro lado. Que o caso dos escravos seja considerado, já que é na verdade peculiar. Que se aceite mutuamente o expediente conciliatório da Constituição, que vê o escravo como habitante, mas lançado pela servidão abaixo do nível do habitante livre, que vê o *escravo* como esbulhado de dois quintos do *homem*.

Não seria possível, afinal, encontrar outra base em que este artigo da Constituição admitiria uma defesa ainda mais rápida? Até agora nos pautamos pela ideia de que a representação se relaciona somente com pessoas, e em nada com propriedades. Mas será essa ideia correta? O governo é instituído para proteger tanto a propriedade como as pessoas dos indivíduos. Ambas podem, portanto, ser consideradas como representadas pelos que estão incumbidos do governo. É com base nesse princípio que em vários Estados, em especial o de Nova York, um braço do governo destina-se mais especialmente à proteção da propriedade, sendo por isso eleito por aquela parte da sociedade mais interessada nessa finalidade. Na Constituição federal tal esquema não prevaleceu. Os direitos de propriedade são confiados às mesmas mãos que devem zelar pelos direitos pessoais. Por isso, na escolha dessas mãos, é preciso dar alguma atenção à propriedade.

Os votos que o legislativo federal atribui ao povo de cada Estado deveriam guardar certa proporção com a riqueza relativa dos Estados também por outra razão. Ao contrário dos indivíduos, os Estados não se influenciam mutuamente graças às vantagens de uma maior fortuna. Se a lei dá a um cidadão opulento um único voto na escolha de seu representante, o respeito e a ascendência que sua situação afortunada lhe proporciona dirigem com muita frequência os votos de outros para os objetos de sua escolha e, por esse canal imperceptível, os direitos de propriedade se transmitem à representação pública. Um Estado não tem influência semelhante sobre outros Estados. Não é provável que o mais rico Estado da Confederação venha jamais a influenciar a escolha de um único representante em qualquer outro. Tampouco os representantes dos maiores e mais ricos Estados possuem qualquer vantagem sobre os representantes de outros no legislativo federal, se não considerarmos a que resulta exclusivamente de sua superioridade numérica. Assim, como sua maior riqueza e peso podem lhes dar direito a alguma vantagem, esta lhes deve ser assegurada por uma cota maior de representação. Sob esse aspecto, a nova Constituição é muito diferente da atual Confederação, bem como daquela dos Países Baixos Unidos e de outras confederações similares. Em todas essas, o efeito das resoluções federais depende das resoluções subsequentes e voluntárias dos Estados que integram a União. Com isso os Estados, embora tendo igual voto nos conselhos públicos, têm uma influência desigual, correspondente à importância desigual

> dessas resoluções subsequentes e voluntárias. Sob a Constituição proposta, os atos federais terão efeito sem a necessária intervenção dos diversos Estados, dependendo apenas da maioria dos votos no legislativo federal. Em consequência, todo voto, quer proceda de um Estado maior ou menor, mais ou menos rico ou poderoso, terá igual peso e eficácia, assim como os votos individualmente dados num legislativo estadual pelos representantes de condados ou outros distritos desiguais têm valor e efeito exatamente iguais. Se houver alguma diferença neste caso, ela procederá mais da diferença do prestígio do representante que da extensão do distrito de onde vem."

Esse é o raciocínio que um defensor dos interesses sulistas poderia utilizar a este respeito. Embora possa parecer um pouco forçado em alguns pontos, devo confessar que, no todo, ele me reconcilia plenamente com o padrão de representação estabelecido pela convenção.

Sob um aspecto, a fixação de uma medida comum para a representação e a tributação terá um efeito muito salutar. Como a precisão do censo a ser realizado pelo Congresso dependerá necessariamente, em grau considerável, da disposição, se não da cooperação dos Estados, é de grande importância que estes tenham a menor propensão possível a inchar ou reduzir o montante de seus números. Se apenas a cota de representação fosse ser governada por essa regra, eles teriam interesse em exagerar o número de seus habitantes. Se a regra devesse decidir somente a cota de tributação, prevaleceria a tentação contrária. Com a extensão da regra a ambas as finalidades, cada Estado terá interesses opostos, que haverão de se controlar e equilibrar mutuamente e produzir a necessária imparcialidade.

PUBLIUS [MADISON]

ARTIGO 55

Desenvolvimento do tema no tocante ao número total de membros

O número de membros que deve compor a Câmara dos Representantes é outro aspecto muito interessante sob o qual esse órgão do legislativo federal pode ser contemplado. De fato, dificilmente outro artigo em toda a Constituição parece mais digno de atenção, dado o peso e a aparente força da argumentação com que foi atacado. As acusações feitas contra ele são, em primeiro lugar, que, reduzidos a um número tão pequeno, os representantes serão depositários inseguros dos interesses públicos; segundo, que não possuirão um conhecimento adequado das circunstâncias dos seus numerosos constituintes; terceiro, que serão extraídos daquela classe de cidadãos que menos compartilhará dos sentimentos da grande maioria do povo, tendendo antes a pretender a promoção permanente de poucos à custa do rebaixamento de muitos; quarto, que o número de membros, que já é insuficiente desde o início, ficará cada vez mais desproporcional em face do aumento da população e dos obstáculos que impedirão o aumento correspondente do número de representantes.

Em geral, pode-se observar acerca desse assunto que nenhum problema político é menos suscetível de uma solução precisa que este do número de membros mais adequado para um legislativo representativo; não há também nenhum ponto em que as normas dos Estados variem mais, quer comparemos as assembleias legislativas diretamente umas com as outras, quer consideremos as proporções que mantêm respectivamente com o número de seus eleitores. Deixando de lado a diferença entre os Estados menores e os maiores, como Delaware, cuja câmara mais numerosa reúne 21 representantes, e Massachusetts, onde eles somam entre trezentos e quatrocentos, constata-se uma diferença bastante considerável entre Estados de população quase igual. A Pensilvânia não tem mais que um quinto dos representantes do último Estado mencionado. Nova York, cuja população está para a da Carolina do Sul numa proporção de seis para cinco, tem pouco mais que um terço do número de representantes. Grande disparidade prevalece entre os Estados da Geórgia, Delaware e Rhode Island. Na Pensilvânia, a proporção entre representantes e eleitores não é de muito mais que um por quatro mil ou cinco mil. Em Rhode Island, a proporção é no mínimo de um por mil, e na Geórgia, cuja constituição estabelece que a proporção pode chegar até a um representante por dez eleitores, ela deverá inevitavelmente exceder em muito a que prevalece em qualquer dos outros Estados.

Outra observação geral a ser feita é que a razão entre os representantes e a população deve ser diferente caso esta última seja muito numerosa ou muito pequena. Se o número de representantes na Virgínia fosse regulado pelo padrão de Rhode Island, eles somariam a esta altura entre quatrocentos e quinhentos, e dentro de vinte ou trinta anos seriam mil. Por outro lado, se a proporção da Pensilvânia fosse aplicada ao Estado de Delaware, a assembleia legislativa deste último ficaria reduzida a sete ou oito membros. Nada pode ser mais falacioso que fundar nossos cálculos políticos em princípios aritméticos. É mais seguro confiar certo grau de poder a sessenta ou setenta homens que a seis ou sete. Disso não se segue, porém, que seiscentos ou setecentos seriam depositários proporcionalmente melhores. E se estendermos a hipótese a seis mil ou sete mil, todo o raciocínio torna-se suspeito. A verdade é que, seja qual for o caso, certo número mínimo parece necessário para assegurar os benefícios da livre reunião e discussão e resguardar contra um conluio demasiado fácil para fins indevidos; assim como, por outro lado, para evitar a confusão e a intemperança de uma multidão, o número deve ser mantido dentro de certo limite. Em todas as assembleias muito numerosas, independentemente das pessoas que as integram, a paixão inevitavelmente arrebata o cetro à razão. Ainda que todo cidadão de Atenas fosse um Sócrates, a assembleia ateniense teria sido sempre um tumulto.

É necessário lembrar também as observações feitas no caso das eleições bienais. Assim como os poderes limitados do Congresso e o controle exercido pelos legislativos estaduais justificam eleições menos frequentes do que, sob outras condições, o exigiria a segurança pública, também, pelas mesmas razões, os membros do Congresso precisam ser menos numerosos do que se detivessem o poder total de legislar e estivessem submetidos apenas às restrições que pesam sobre outros corpos legislativos.

Com essas ideias gerais em mente, ponderemos as objeções contra o número de membros proposto para a Câmara dos Representantes. Diz-se, antes de mais nada, que não se pode confiar com segurança tanto poder a tão poucas pessoas.

O número de membros que essa câmara do legislativo deverá comportar, quando do estabelecimento do governo, é 65. Dentro de três anos, deverá realizar-se um censo, podendo esse número ser aumentado para um por trinta mil habitantes; dentro de cada período sucessivo de dez anos, o censo deverá ser renovado, e o aumento poderá continuar sendo feito, observada a proporção acima. Não se consideraria extravagante a conjectura de que, obedecida a razão de um por trinta mil habitantes, o primeiro censo elevará o número de representantes a pelo menos cem. Estimando os negros na proporção de três quintos, é difícil duvidar que a população dos Estados Unidos chegará a essa altura, se ainda não chegou, a três milhões. Ao cabo de 25 anos, segundo a taxa de crescimento estimada, o número de representantes se elevará a duzentos e, passados cinquenta anos, a quatrocentos. Este é um número que, presumo, porá fim a todos os temores suscitados pela pequenez dessa câmara. Dou por certo aqui o que deverei mostrar adiante, ao responder à quarta objeção, isto é, que o número de representantes será aumentado de tempos em tempos segundo o modo estipulado pela Constituição. Caso se admita o contrário, deverei reconhecer que a objeção tem de fato grande peso.

A verdadeira questão a resolver é: a exiguidade do número, como norma temporária, representa ou não um perigo para a liberdade pública? Sessenta e cinco membros durante alguns anos e uma ou duas centenas por um período um pouco maior são um depositário seguro para o poder limitado e bem resguardado de legislar para os Estados Unidos? Devo confessar que, para partilhar desse temor, eu teria antes que apagar todas as impressões que recebi com relação ao atual ânimo do povo da América, ao espírito que move os legislativos estaduais e aos princípios que estão incorporados à índole política de todas as classes de cidadãos. Não posso conceber que o povo da América, em sua atual disposição, ou sob quaisquer circunstâncias que venham a se produzir rapidamente, escolherá, e a intervalos de dois anos voltará a escolher, 65 ou cem homens que estariam dispostos a formar e levar adiante um esquema de tirania ou traição. Não posso conceber que os legislativos estaduais, que devem ter tantos motivos para vigiar o legislativo federal e possuem tantos meios para neutralizá-lo, seriam incapazes de detectar ou de frustrar uma conspiração deste último contra as liberdades de seus eleitores comuns. Não posso conceber tampouco que haja neste momento, ou possa haver dentro em breve, nos Estados Unidos, 65 homens, ou uma centena deles, capazes de se impor à escolha do povo em geral e que teriam o desejo ou a ousadia de, no curto espaço de dois anos, trair a missão solene a eles confiada. Para prever que mudança de circunstâncias o tempo e um povoamento mais completo de nosso país poderiam produzir seria preciso um espírito profético que não está entre minhas pretensões. A julgar pelas circunstâncias que temos agora sob nossos olhos, porém, e a partir de seu provável estado dentro de um período razoável de tempo, devo declarar que as liberdades da América não podem estar em perigo no número de mãos proposto pela Constituição federal.

De onde pode vir o perigo? Temos medo do ouro estrangeiro? Se o ouro estrangeiro pudesse corromper tão facilmente nossos governantes federais e permitir-lhes enganar e trair seus eleitores, como teríamos podido nos tornar a nação livre e independente que agora somos? O Congresso que nos conduziu em meio à Revolução era um corpo menos numeroso que o será o próximo; seus membros não foram escolhidos por seus concidadãos em geral, nem eram responsáveis perante eles; embora fossem designados de ano para ano e estivessem sempre sujeitos a perder seus mandatos, eram em geral mantidos por três anos e, antes da ratificação dos artigos federais, por prazo ainda maior. Mantiveram suas reuniões sempre sob o véu do sigilo; eram os únicos responsáveis por nossos negócios com nações estrangeiras; ao longo de toda a guerra, controlaram o destino de seu país mais do que podemos esperar que jamais ocorra com nossos futuros representantes; e, considerando-se a grandiosidade do prêmio em jogo e a avidez da parte que o perdeu, poder-se-ia muito bem supor que eles não teriam hesitado em recorrer a outros meios além da força. No entanto, sabemos, por uma experiência bem-sucedida, que a confiança pública não foi traída; a probidade de nossos conselhos públicos também jamais foi atingida, nem sequer pelos sussurros da calúnia.

Devemos temer então que o perigo venha dos outros braços do governo federal? Mas de que meios poderiam se valer o presidente, ou o Senado, ou ambos? Seus emolumentos, ao que se presume, a menos que a Câmara dos Representantes fosse previamente corrompida, só bastariam para propósitos bem diversos; como todos deverão ser cidadãos americanos, suas fortunas pessoais não poderão representar perigo. Portanto, o único meio de que poderão dispor será a distribuição de nomeações. Será isso que suscita a desconfiança? Ora nos dizem que o presidente esgotará esse fundo de corrupção para subjugar o Senado; ora a vítima será a fidelidade da outra câmara. Para aplacar essa apreensão, deveria ser suficiente a impossibilidade dessa combinação mercenária e pérfida dos vários membros do governo, apoiados em bases tão diferentes quanto o admitem os princípios republicanos e obrigados ao mesmo tempo a prestar contas à sociedade acima da qual foram alçados. Felizmente, porém, a Constituição forneceu mais uma salvaguarda. Os membros do Congresso são declarados inelegíveis para quaisquer cargos civis que venham a ser criados ou cujos emolumentos possam ser aumentados enquanto durarem seus mandatos. Portanto, nenhum cargo pode ser negociado com os membros atuais, exceto os que fiquem vagos em decorrência de casualidades comuns. Ora, supor que estes seriam suficientes para comprar os guardiães do povo, escolhidos pelo próprio povo, é deixar de lado qualquer critério de previsão dos eventos em troca de uma desconfiança indiscriminada e ilimitada, diante da qual toda argumentação é inútil. Os que, sendo defensores sinceros da liberdade, se entregam às extravagâncias dessa paixão não têm consciência do quanto prejudicam sua própria causa. Assim como há na humanidade um nível de depravação que exige certo grau de cautela e suspeita, a natureza humana tem também outras qualidades, que justificam certa parcela de estima e confiança. O governo republicano pressupõe a existência dessas qualidades num grau mais alto que qualquer outra forma de governo. Se os quadros pintados pela desconfiança política de alguns de nós fossem reflexos fiéis do caráter humano, seríamos obrigados a inferir que não existe entre os homens virtude suficiente para o autogoverno, e que nada menos que os grilhões do despotismo os poderia impedir de se destruírem e se devorarem uns aos outros.

PUBLIUS [MADISON]

ARTIGO 56

Desenvolvimento do tema no tocante ao mesmo aspecto

A *segunda* acusação contra a Câmara dos Representantes é que ela será pequena demais para conhecer suficientemente os interesses de seus eleitores.

Como esta objeção procede evidentemente de uma comparação do número de representantes com a grande extensão dos Estados Unidos, o tamanho de sua população e a diversidade de seus interesses, sem levar em conta ao mesmo tempo as circunstâncias que distinguirão o Congresso de outros corpos legislativos, a melhor resposta que lhe pode ser dada é uma breve explanação dessas peculiaridades.

Segundo um princípio sólido e importante, o representante deve estar familiarizado com os interesses e as circunstâncias de seus constituintes. Este princípio não pode ser estendido, porém, além daquelas circunstâncias e interesses a que a autoridade e a responsabilidade dos representantes estão ligadas. A ignorância de uma variedade de itens pequenos e particulares que não estão no âmbito da legislação é compatível com todos os atributos necessários ao devido desempenho do encargo legislativo. Ao determinar a amplitude de informação exigida no exercício de uma autoridade particular, é preciso reportar-se às matérias que estão na esfera de ação dessa autoridade.

Quais são os objetos da legislação federal? Os mais importantes e que parecem exigir maior conhecimento local são: comércio, tributação e milícia.

Uma regulamentação adequada do comércio exige muita informação, como foi observado em outro artigo; mas, na medida em que essa informação se relaciona com as leis e a situação local de cada Estado, um número bem pequeno de representantes seria suficiente para transmiti-la aos conselhos federais.

A tributação consistirá, em grande parte, em taxas que estarão envolvidas na regulamentação do comércio. Nessa medida, a observação precedente aplica-se a esta matéria. Na medida em que possa envolver arrecadações internas, exigirá um conhecimento mais disperso das circunstâncias dos Estados. Mas um pequeno número de homens inteligentes, eleitos nas várias regiões do Estado, não o possuirá em grau suficiente? Se dividirmos o maior Estado em dez ou 12 distritos, constataremos que em nenhum destes haverá interesses locais peculiares que não sejam do conhecimento dos representantes do distrito. Além dessa fonte de informação, as leis do Estado, formuladas por representantes de todas as suas partes, são por si mesmas um guia quase suficiente. Em todos os Estados criaram-se, e continuam-se criando, regulamentações sobre esta matéria que, em muitos casos, deixam ao legislativo federal pouco mais a fazer que rever as diferentes leis e reduzi-las a um ato geral. Um indivíduo habilidoso, em seu gabinete, tendo diante de si todos os códigos, seria capaz de compilar uma lei sobre alguns objetos de tributação para toda a União, sem precisar se valer de nenhuma informação oral. Pode-se esperar também que, sempre que tributações externas venham a se tornar necessárias, particularmente em casos que exijam uniformidade em todos os Estados, serão preferidos os objetos mais simples. Para uma plena compreensão do auxílio que os códigos estaduais representarão para este setor da legislação, basta supor por um momento que o Estado de Nova York ou qualquer outro estivesse dividido em certo número de partes, cada qual tendo e aplicando internamente um poder de legislação local. Não é evidente que se encontraria, nos vários volumes de suas atas, certo grau de informação local e de trabalho prévio que simplificaria muito a tarefa do legislativo geral, e que permitiria a este limitar-se a um número muito menor de membros? Os conselhos federais extrairão grande vantagem de uma outra circunstância. Os representantes de cada Estado levarão consigo considerável conhecimento de suas leis e um conhecimento local de seus respectivos distritos. Além disso, provavelmente terão sido em todos os casos, e por vezes ainda o serão, membros do legislativo estadual, onde estão reunidos todos os interesses do Estado e todas as informações a ele referentes, e de onde elas podem ser facilmente transportadas, por poucas mãos, para o legislativo dos Estados Unidos.

No tocante à regulamentação da milícia, seriam muito poucas as circunstâncias em que se poderia considerar necessário um conhecimento local. A face geral do país, montanhosa ou plana, mais adequada às operações de infantaria ou cavalaria, é praticamente a única consideração dessa natureza que pode ocorrer. A arte da guerra ensina princípios gerais de organização, movimento e disciplina que se aplicam universalmente.

O leitor atento perceberá que a argumentação aqui empregada para provar a suficiência de um número moderado de representantes não contradiz em nenhum aspecto o que foi afirmado em outra ocasião a respeito da ampla informação que os representantes devem possuir, e o tempo que pode ser necessário para adquiri-lo. Essa informação, na medida em que possa se relacionar com matérias locais, é dificultada não pela diferença entre leis e circunstâncias locais dentro de um único Estado, mas por aquelas existentes entre os diferentes Estados. Em cada Estado, tomado isoladamente, as leis são as mesmas, e os interesses não variam muito. Um pequeno número de homens, portanto, possuirá todo o conhecimento necessário para representá-lo adequadamente. Se os interesses e assuntos de cada Estado fossem perfeitamente simples e uniformes, conhecê-los em uma dessas partes implicaria conhecê-los nas demais, e o Estado inteiro poderia ser competentemente representado por um único membro, extraído de qualquer região dele. Ao compararmos os diferentes Estados entre si, encontramos grande dessemelhança em suas leis e em muitas outras circunstâncias ligadas às matérias de legislação federal, devendo os representantes ter algum conhecimento de tudo isso. Assim, se alguns representantes de cada Estado podem levar consigo um conhecimento suficiente de seus Estados, todos os representantes terão muita informação a adquirir com relação a todos os demais Estados. Como se observou anteriormente, as mudanças que o tempo haverá de produzir na situação relativa dos diferentes Estados tenderão a reduzir as diferenças entre eles. Já o efeito do tempo sobre os assuntos internos dos Estados, tomados um a um, será exatamente oposto. Atualmente, alguns Estados são pouco mais que uma sociedade de agricultores. Poucos deles fizeram grande progresso naqueles ramos da indústria que conferem variedade e complexidade às atividades de uma nação. Tudo isso, porém, ocorrerá com o aumento da população e exigirá, da parte de cada Estado, uma representação mais completa. Atenta a isso, a previdência da convenção cuidou para que o aumento da população possa ser acompanhado de um aumento adequado do braço representativo do governo.

A experiência da Grã-Bretanha, que tantas lições políticas — a serem seguidas ou evitadas — proporciona à humanidade e que foi frequentemente consultada ao longo dessas investigações, corrobora a conclusão das reflexões que acabamos de fazer. O número de habitantes nos dois reinos da Inglaterra e da Escócia não pode ser estimado em menos de oito milhões. Os representantes desses oito milhões na Câmara dos Comuns chega a 558. Deles, um nono é eleito por 364 pessoas, e a metade por 5.723 pessoas.[1] Não se pode supor que a metade assim eleita, e que nem mesmo reside em meio ao conjunto do povo, possa acrescentar alguma coisa à proteção do povo contra o governo, ou ao conhecimento de suas circunstâncias e seus interesses nos conselhos legislativos. Ao contrário, é notório que esses membros atuam, na maior parte das vezes, mais como representantes e instrumentos do magistrado que como guardiães e defensores dos direitos populares. Podem, portanto, com muita propriedade, ser considerados como pouco mais que uma parcela a ser deduzida do número dos reais representantes da nação. Iremos, contudo, considerá-los como tais e não estenderemos a dedução a um número considerável de outros que não residem entre seus eleitores, têm escassas ligações com eles e possuem muito pouco conhecimento específico de seus assuntos. Feitas todas

1. *Political Disquisitions*, de Burgh.

essas concessões, apenas 279 pessoas podem ser consideradas depositárias da segurança, dos interesses e da felicidade de oito milhões — isto é, haverá apenas um representante para defender os direitos e explicar a situação de 28.670 eleitores, numa assembleia exposta a toda a força da influência do executivo e cuja autoridade abrange todos os objetos de legislação, numa nação cujos negócios são diversificados e complicados no mais alto grau. A despeito de todas essas circunstâncias, não há dúvida, no entanto, de que não só uma valiosa parcela de liberdade foi preservada como só uma proporção muito reduzida dos defeitos do código britânico pode ser atribuída à ignorância do legislativo acerca das circunstâncias do povo. Se atribuímos a esse caso o devido peso e o comparamos com o da Câmara dos Representantes, na forma acima exposta, ele parece oferecer a mais plena segurança de que representantes eleitos por *trinta mil habitantes* serão guardiães tão fidedignos como competentes dos interesses que lhes serão confiados.

PUBLIUS [MADISON]

ARTIGO 57

Desenvolvimento do tema no tocante à suposta tendência do plano da convenção a privilegiar a minoria em detrimento da maioria

A terceira acusação contra a Câmara dos Representantes é a de que seus membros serão extraídos daquela classe de cidadãos menos solidária com o conjunto do povo e com maior tendência a visar a um drástico sacrifício da maioria em prol da promoção de poucos.

Entre todas as objeções formuladas contra a Constituição federal, esta talvez seja a mais espantosa. A objeção em si mesma é dirigida contra uma pretensa oligarquia, mas seu princípio atinge também a própria raiz do governo republicano.

O objetivo de toda organização política é, ou deveria ser, em primeiro lugar, obter como governantes os homens dotados da maior sabedoria para discernir o bem comum e da maior virtude para promovê-lo; em segundo lugar, tomar as mais efetivas precauções para conservar tais homens virtuosos enquanto mantêm sua responsabilidade pública. A forma eletiva de obter governantes é o método característico do governo republicano. Nessa forma de governo, os meios a que se recorre para impedir sua degeneração são numerosos e variados. O mais efetivo deles é uma limitação do termo dos mandatos, de modo a preservar a devida responsabilidade para com o povo.

O que pergunto agora é: que elemento presente na estruturação da Câmara dos Representantes viola os princípios do governo republicano, ou favorece a promoção de poucos em detrimento da maioria? O que pergunto é: todos os elementos não estão, ao contrário, estritamente de acordo com esses princípios, sendo escrupulosamente imparciais em relação aos direitos e pretensões de todas as classes e categorias de cidadãos?

Quem serão os eleitores dos representantes federais? Não os ricos mais do que os pobres; não os letrados mais do que os ignorantes; não os altivos herdeiros de nomes distintos mais que os humildes filhos da sorte obscura e pouco propícia. Os eleitores serão a grande maioria do povo dos Estados Unidos. Serão os mesmos que exercem em cada Estado o direito de eleger a câmara correspondente do legislativo estadual.

Quem serão os objetos da escolha popular? Todo cidadão cujo mérito possa recomendá-lo à estima e confiança de seu país. Não se permite que nenhum requisito de riqueza, de nascimento, de fé religiosa ou de profissão civil restrinja o julgamento ou frustre a preferência do povo.

Se considerarmos a situação dos homens a que os sufrágios livres de seus concidadãos podem conferir o encargo representativo, veremos que ela envolve todas as formas que podem ser concebidas ou desejadas para assegurar sua fidelidade a seus eleitores.

Em primeiro lugar, como terão sido distinguidos pela preferência de seus concidadãos, devemos presumir que em geral se distinguirão também por aquelas qualidades que lhes valeram essa preferência, a qual promete uma consideração sincera e escrupulosa pela natureza de seus compromissos.

Em segundo lugar, eles ingressarão no serviço público sob circunstâncias que não podem deixar de produzir uma simpatia, pelo menos temporária, por seus eleitores. Há em todo peito uma sensibilidade a sinais de honra, privilégio, estima e confiança que, afora quaisquer considerações de interesse, dá certa garantia de retorno grato e benevolente. A ingratidão é um tópico comum em arengas contra a natureza humana, e cabe admitir que exemplos dela são demasiado frequentes e flagrantes, tanto na vida pública como na privada. Mas a indignação universal e extrema que ela inspira é por si só uma prova da força e da prevalência do sentimento contrário.

Em terceiro lugar, os laços que ligam o representante a seus eleitores são fortalecidos por motivos de natureza mais egoísta. O orgulho e a vaidade do representante o tornam apegado a uma forma de governo que favoreça suas pretensões e lhe confira uma parcela de honrarias e distinções. Sejam quais forem as esperanças ou projetos alimentados por algumas personalidades ambiciosas, em geral ocorrerá que grande proporção dos homens que devem a própria promoção a sua influência junto ao povo terá mais a esperar de uma preservação dessa predileção que de inovações no governo que subvertam a autoridade desse povo.

Todas essas garantias, contudo, seriam consideradas bastante insuficientes sem a barreira de eleições frequentes. Por isso, em quarto lugar, a Câmara dos Representantes é estruturada de modo a manter em seus membros a lembrança permanente de sua dependência para com o povo. Antes que os sentimentos impressos em suas mentes pela forma como foram promovidos ao cargo possam ser apagados pelo exercício do poder, eles serão compelidos a pensar no momento em que seu poder cessará, em que o modo como o exerceram será analisado, e em que poderão descer ao nível de que foram guindados, e no qual permanecerão para sempre, a menos que o desempenho confiável de seu mandato os tenha credenciado a sua renovação.

Acrescentarei, como quinta circunstância que tolhe a adoção de medidas opressivas pela Câmara dos Representantes, que seus membros não podem fazer nenhuma lei que não tenha seu pleno efeito sobre eles mesmos e seus amigos, tanto quanto sobre a grande maioria da sociedade. Esse sempre foi considerado um dos mais fortes elos que permitem à política humana unir governantes e povo. Cria entre eles aquela comunhão de interesses e afinidade de sentimentos de que poucos governos ofereceram exemplos, mas sem a qual todo governo degenera em tirania. Caso se pergunte "O que impedirá os membros da Câmara dos Representantes de fazer discriminações legais em favor de si mesmos e de uma classe da sociedade?", minha resposta será: a índole de todo o sistema; a natureza das leis justas e constitucionais e, acima de tudo, o espírito vigilante e varonil que move o povo da América — um espírito que alimenta a liberdade e é, em troca, alimentado por ela.

Se esse espírito vier jamais a ser degradado a ponto de tolerar uma lei que não se imponha ao legislativo do mesmo modo que aos cidadãos comuns, o povo estará preparado para tolerar qualquer coisa, menos a liberdade.

Será esta a relação entre a Câmara dos Representantes e seus constituintes. Dever, gratidão, interesse e a própria ambição são as cordas que atarão seus membros à fidelidade e à solidariedade com a grande maioria do povo. É possível que todas juntas sejam insuficientes para controlar o capricho e a perversidade dos homens. Mas não são elas tudo o que o governo pode admitir, e a prudência humana, conceber? Não são elas os meios genuínos e característicos com que o governo republicano busca assegurar a liberdade e a felicidade do povo? Não é de meios idênticos que todos os governos estaduais da União se valem para alcançar esses importantes fins? Que devemos entender, então, da objeção que este artigo contesta? Que devemos dizer a homens que professam o mais ardente zelo pelo governo republicano e, no entanto, recusam imprudentemente seu princípio fundamental? Que dizer aos que se pretendem paladinos do direito e da capacidade do povo de escolher os próprios representantes e, todavia, afirmam que este irá preferir apenas os que haverão, imediata e infalivelmente, de trair o mandato a eles confiado?

Se uma pessoa que desconhecesse o processo prescrito pela Constituição para a escolha dos representantes lesse a objeção, poderia supor simplesmente que haveria algum requisito de propriedade anexado ao direito de sufrágio; ou que o direito da elegibilidade estaria limitado a pessoas de determinadas famílias ou fortunas; ou, pelo menos, que teria havido um grande desvio, sob um ou outro aspecto, do modo prescrito pelas constituições estaduais. Vimos quanto tal suposição seria errônea no tocante aos dois primeiros pontos. Na verdade, não o seria menos com relação ao último. A única diferença discernível entre os dois casos é que cada representante dos Estados Unidos será eleito por cinco mil ou seis mil cidadãos, ao passo que nos vários Estados a eleição de um representante depende de um número aproximadamente igual de centenas. Alguém poderia alegar que essa diferença é suficiente para justificar uma simpatia pelos governos estaduais e uma aversão pelo governo federal? Se for este o eixo da objeção, ele merece ser examinado.

Tem ele amparo na *razão*? Não se pode afirmar isso sem afirmar também que cinco mil ou seis mil cidadãos são menos capazes de escolher um representante adequado ou mais sujeitos a ser corrompidos por um candidato inadequado do que cinco ou seis centenas. A razão nos assegura, ao contrário, que entre tantas pessoas seria mais provável encontrar um representante adequado, ficando assim a escolha menos sujeita a ser desviada dele pelas intrigas dos ambiciosos ou os subornos dos ricos.

Será a *consequência* desta doutrina admissível? Se dizemos que cinco ou seis centenas de cidadãos são o maior número que pode exercer conjuntamente o direito de voto, não será necessário privar o povo da escolha imediata de seus servidores públicos em todas as situações em que a administração do governo não os requer numa quantidade que corresponda a um servidor por esse mesmo número de cidadãos?

Será essa doutrina justificada pelos *fatos*? Foi mostrado no último artigo que a verdadeira representação na Câmara dos Comuns britânica excede em muito pouco a proporção de um para trinta mil habitantes. Além de uma variedade de causas poderosas que não existem aqui, e que favorecem naquele país as pretensões de classe e fortuna, ninguém é elegível como representante de um condado a menos que possua bens de raiz no valor líquido de seiscentas libras esterlinas por ano; tampouco pode alguém ser eleito representante de uma cidade ou burgo a menos que possua bens semelhantes de metade desse valor anual. Ao requisito a que os representantes dos condados devem atender acrescenta-se, para os eleitores do condado, outro que restringe o direito de sufrágio a pessoas que tenham propriedades livres e alodiais no valor anual de mais de vinte libras esterlinas, segundo a atual taxa do dinheiro. A despeito dessas circunstâncias desfavoráveis e da existência de algumas leis muito desiguais do código britânico, não se pode afirmar que os representantes da nação promoveram uma minoria em detrimento da maioria.

Mas não precisamos recorrer à experiência estrangeira nesse assunto. A nossa própria é explícita e decisiva. Os distritos de New Hampshire, em que os senadores são escolhidos diretamente pelo povo, têm quase a população necessária para escolher seus representantes no Congresso. Os de Massachusetts têm população maior que a necessária para esse fim, e os de Nova York ainda mais. Neste último Estado, os membros que representam na Assembleia os condados de Nova York e Albany são eleitos por um número de votantes muito próximo daquele que terá direito a escolher um representante no Congresso, tomando-se por base o número de apenas 65 representantes. Não faz diferença alguma que, nesses distritos e condados senatoriais, cada eleitor escolha ao mesmo tempo certo número de representantes. Se os mesmos eleitores são capazes de escolher ao mesmo tempo quatro ou cinco representantes, não podem ser incapazes de escolher um. A Pensilvânia é um exemplo a mais. Alguns de seus condados, que elegem seus representantes estaduais, têm quase as dimensões que terão seus distritos para eleger os representantes federais. Supõe-se que a cidade de Filadélfia abriga entre cinquenta mil e sessenta mil almas. Ela formará, portanto, quase dois distritos para a escolha de representantes federais; no entanto, constitui apenas um condado, em que todo eleitor vota em cada um de seus representantes no legislativo estadual. E, o que pode se revelar ainda mais ligado ao que nos interessa, a cidade toda elege efetivamente um *único membro* para o conselho executivo. O mesmo ocorre em todos os demais condados desse Estado.

Pode haver melhor prova da falácia que foi empregada contra o braço do governo federal que estamos considerando? Terá a experiência mostrado que os senadores de New Hampshire, Massachusetts e Nova York, ou o conselho executivo da Pensilvânia, ou os membros da Assembleia nestes dois últimos Estados revelaram qualquer disposição peculiar a sacrificar a maioria em prol de uma minoria, ou são sob algum aspecto menos dignos de seus cargos que os representantes e magistrados designados em outros Estados por parcelas muito pequenas da população?

Há, porém, casos mais eloquentes que todos os já citados. Uma das câmaras do legislativo de Connecticut é constituída de tal modo que cada um de seus membros é eleito pela totalidade do Estado. O mesmo ocorre com o governador desse Estado, com o de Massachusetts e o de Nova York, e com o presidente de New Hampshire. Deixo que cada um decida se o resultado de alguma dessas experiências pode corroborar a suspeita de que um método difuso de escolha de representantes do povo tende a promover traidores e a solapar a liberdade pública.

PUBLIUS [MADISON]

ARTIGO 58

Desenvolvimento do tema no tocante ao futuro aumento do número de membros

A acusação que resta contra a Câmara dos Representantes, e que passo a examinar, apoia-se na suposição de que o número de membros não será aumentado de tempos em tempos, segundo o exija o crescimento da população.

É preciso admitir que tal objeção, se tivesse bons fundamentos, teria grande peso. As observações que se seguem mostrarão que, como a maioria das outras objeções à Constituição, ela só pode ter origem numa visão parcial da matéria, ou numa desconfiança que mancha e desfigura todo objeto que contempla.

1) Os que insistem na objeção parecem não lembrar que a Constituição federal não fica aquém das constituições estaduais na garantia que oferece de um aumento gradual do número de representantes. O número que deve prevalecer de início é declarado temporário. Sua vigência é limitada ao curto prazo de três anos.

Dentro de cada período sucessivo de dez anos, um censo habitacional será repetido. As finalidades inequívocas desses dispositivos são, em primeiro lugar, reajustar, de tempos em tempos, a cota de representantes ao número de habitantes, com a única exceção de que cada Estado deve ter pelo menos um representante; em segundo lugar, aumentar o número de representantes nos mesmos intervalos, sob a única limitação de que o número total não exceda à proporção de um por trinta mil habitantes. Se examinarmos as constituições dos vários Estados, constataremos que algumas delas não contêm nenhuma regulamentação determinada a esse respeito, que a de outros corresponde bastante à Constituição federal, e que a garantia mais efetiva, presente em qualquer delas, resume-se a uma mera diretriz.

2) Na medida em que se acumulou experiência sobre essa questão, houve um aumento gradativo dos representantes sob as constituições estaduais. Ele, no mínimo, acompanhou o do número de eleitores, e verificou-se que os representantes se mostraram tão dispostos a colaborar com tais medidas como os eleitores a exigi-las.

3) Há na Constituição federal uma peculiaridade que assegura uma atenção vigilante da maioria, tanto do povo como de seus representantes, a um aumento constitucional do número destes. Trata-se do fato de que uma das câmaras do legislativo é uma representação dos cidadãos, ao passo que a outra representa os Estados. Em consequência disso, na primeira, os maiores Estados terão maior peso, enquanto na segunda, a vantagem estará do lado dos menores. A partir dessa circunstância, pode-se inferir com toda a certeza que os maiores Estados serão diligentes defensores do aumento do número total de membros e do peso da parte do legislativo em que sua influência predomina. As coisas são de tal modo que quatro dos maiores Estados já serão suficientes para obter a maioria de todos os votos na Câmara dos Representantes. Portanto, se os representantes do povo dos menores Estados se opuserem em qualquer momento a um aumento do número de membros, uma coalização de pequeno número de Estados será suficiente para anular a oposição. Tal coalização, apesar das rivalidades e dos preconceitos locais que poderiam impedi-la em ocasiões comuns, não deixaria de acontecer quando não fosse meramente estimulada pelo interesse comum, mas justificada pela equidade e os princípios da Constituição.

Pode-se alegar, talvez, que o Senado seria movido por motivos semelhantes a uma coalizão contrária, e que, como sua colaboração seria indispensável, os objetivos justos e constitucionais da outra câmara poderiam ser derrotados. Foi provavelmente essa dificuldade que gerou as mais sérias apreensões nos ciosos defensores de uma representação numerosa. Felizmente ela está entre as dificuldades que, sendo apenas aparentes, desaparecem quando corretamente examinadas de perto. Salvo engano meu, as reflexões que se seguem serão aceitas como conclusivas e satisfatórias quanto a este ponto.

A despeito da igual autoridade que subsistirá entre as duas câmaras no tocante a todas as matérias legislativas, exceto no que diz respeito a projetos de concessão de fundos, não se pode duvidar de que a câmara mais numerosa, quando apoiada pelos Estados mais poderosos, e expressando a opinião conhecida e definida da maioria do povo, terá considerável vantagem em questões que dependam da força relativa das duas câmaras.

Essa vantagem pode ser aumentada pela consciência, presente no mesmo lado, de ter em suas demandas o apoio do direito, da razão e da Constituição; e pela consciência, do outro lado, de estar lutando contra a força de todas essas considerações solenes.

Além disso, cabe considerar que, na gradação entre os Estados menores e maiores, há vários que, embora tendam em geral a situar-se entre os primeiros, estão tão pouco aquém dos últimos em extensão e população que não poderiam se somar a uma oposição a suas justas e legítimas pretensões. Por isso, nada pode garantir que a maioria dos votos, mesmo no Senado, seria contrária a aumentos corretos do número de representantes.

Não será descabido prever que os senadores de todos os novos Estados poderão ser ganhos para as justas ideias da Câmara dos Representantes por meio de um expediente óbvio demais para ser esquecido. Como terão, durante um longo tempo, um crescimento populacional peculiarmente rápido, estes Estados estarão interessados em frequentes reajustes do número de representantes ao de habitantes. Portanto, os grandes Estados, que prevalecerão na Câmara dos Representantes, precisarão apenas tornar as redistribuições e os aumentos condições um para o outro; e os senadores de todos os Estados de maior crescimento serão compelidos a lutar em favor dos grandes Estados, pelo interesse que os seus próprios terão nesses ajustes.

Tais considerações, que parecem proporcionar ampla segurança quanto a esta matéria, deveriam ser suficientes para dissipar todas as dúvidas e todos os temores alimentados a este respeito. No entanto, admitindo que sejam ainda insuficientes para dominar as pretensões injustas dos menores Estados, ou sua influência predominante nos conselhos do Senado, os maiores Estados possuirão ainda um recurso constitucional e infalível que lhes permitirá, a qualquer tempo, realizar seus justos objetivos. A Câmara dos Representantes, além de poder recusar verbas solicitadas para a manutenção do governo, é a única que as pode propor. Em uma palavra, ela segura os cordões da bolsa — esse poderoso instrumento graças ao qual assistimos, na história da Constituição britânica, a uma incipiente e humilde representação popular fazer crescer gradativamente a esfera de sua atividade e importância, até finalmente reduzir, tanto quanto o parece ter desejado, todas as prerrogativas exorbitantes dos outros braços do governo. Esse poder sobre a bolsa pode, de fato, ser considerado a arma mais completa e eficaz com que qualquer constituição pode fortalecer os representantes imediatos do povo, para obter a reparação de todas as injustiças e levar a efeito todas as medidas justas e salutares.

Mas a Câmara dos Representantes não estará tão interessada quanto o Senado em manter o governo em suas funções próprias, e isso não a tornará pouco disposta a pôr em jogo sua existência ou reputação, obrigando o Senado a se curvar? Pois, caso se arriscasse essa prova de firmeza com a outra câmara, não estaria correndo igual risco de ser obrigada a render-se? Essas perguntas não criarão embaraço para os que refletem que, em todos os casos, quanto menor for o número de homens no poder e mais duradoura e notória sua posição, mais forte será o interesse que terão individualmente em tudo que diz respeito ao governo. Aqueles que representam a dignidade de seu país aos olhos de outras nações serão particularmente sensíveis a toda perspectiva de perigo público ou de estagnação nos negócios públicos. A essas causas devemos atribuir o contínuo triunfo da Câmara dos Comuns britânica sobre os demais braços do governo, sempre que o instrumento de um projeto de concessão de fundos foi utilizado. Uma inflexibilidade absoluta da parte destes últimos, embora pudesse certamente envolver todos os setores do Estado na confusão geral, não foi temida nem experimentada. O máximo grau de firmeza que pode ser exibido pelo Senado federal ou pelo presidente não chegará a ser maior que as restrições que lhes serão impostas por princípios constitucionais e patrióticos.

Nesse exame da organização da Câmara dos Representantes, deixei de lado as circunstâncias da economia que, no atual estado de coisas, podem ter tido alguma influência na redução do número temporário de representantes; circunstâncias cuja desconsideração teria sido provavelmente uma fonte tão rica de protestos contra a Constituição como o foi a exiguidade do número proposto. Omito também quaisquer observações sobre a dificuldade que se poderia encontrar, nas atuais circunstâncias, em engajar no serviço federal um grande número de pessoas qualificadas, como as que o povo provavelmente elegerá. Permito-me, contudo, acrescentar uma observação a esse respeito, por julgá-la merecedora de muito séria atenção. É que, em toda assembleia legislativa, quanto maior for o número de membros, menos numerosos serão aqueles homens que irão de fato conduzir suas ações. Em primeiro lugar, quanto mais numerosa for uma assembleia, independentemente do gabarito dos homens que a componham, maior sabemos ser a ascendência da paixão sobre a razão. Em segundo, quanto maior for o número de membros, maior proporção deles terá informação limitada e pouca capacitação. Ora, sabe-se que é precisamente sobre pessoas desse tipo que a eloquência e a habilidade de uma minoria atuam com toda a força. Nas repúblicas antigas, onde todo o conjunto do povo se reunia pessoalmente em assembleia, via-se geralmente um único orador, ou um político ardiloso, exercer uma ascendência tão completa como se um cetro lhe tivesse sido posto na mão. Com base no mesmo princípio, quanto mais numerosa for uma assembleia representativa, mais ela partilhará das fraquezas próprias das multidões. A ignorância será vítima da astúcia e da paixão, escrava da sofística e da oratória. O povo não pode cometer erro maior que supor que, multiplicando seus representantes além de certo limite, fortalece a barreira contra o governo de uns poucos. A experiência mostrará sempre que, ao contrário, *após assegurar um número suficiente para os fins de segurança, informação local e ampla afinidade com o conjunto da sociedade,* todo acréscimo ao número de representantes significaria frustrar os próprios objetivos. A fisionomia do governo pode ficar mais democrática, mas a alma que o anima será mais oligárquica. A máquina será aumentada, mas seus movimentos serão dirigidos por menos molas, frequentemente mais secretas.

No tocante à objeção ao número de representantes, cabe considerar o que foi sugerido com relação ao número julgado adequado para as atividades legislativas. Foi dito que, para o *quorum*, deveria ser exigido mais do que a maioria; e em casos especiais, se não em todos, mais do que a maioria do *quorum* para a tomada de uma decisão. Que tal precaução produziria algumas vantagens é inegável. Talvez houvesse um escudo adicional contra certos interesses particulares e um obstáculo adicional a medidas precipitadas e parciais em geral. Essas considerações, porém, têm como contrapeso os inconvenientes que pesam no outro prato da balança. Sempre que a justiça e o bem geral exigissem a aprovação de novas leis, ou a prática de medidas ativas, o princípio fundamental do livre governo ficaria invertido. O governo já não seria exercido pela maioria: o poder seria transferido para a minoria. Se os privilégios defensivos fossem limitados a casos particulares, uma minoria interessada poderia tirar proveito deles para escapar de sacrifícios equitativos em prol do bem-estar geral, ou, em determinadas emergências, para extorquir favores. Por fim, isso facilitaria e incentivaria a prática perniciosa da dissidência, prática que se manifestou até em Estados em que só se exigia a maioria simples; prática que subverte todos os princípios de ordem e governo regular; prática que leva mais diretamente às convulsões públicas e à ruína dos governos populares que qualquer outra até hoje manifestada entre nós.

PUBLIUS [MADISON]

ARTIGO 59

Sobre a regulamentação das eleições

A ordem natural do tema nos leva a considerar agora aquele dispositivo da Constituição que autoriza o legislativo nacional a regulamentar, em última instância, a eleição de seus próprios membros. Ele está expresso nos seguintes termos: "As *datas,* os *locais* e o *modo* de realizar eleições para senadores e representantes deverão ser prescritos em cada Estado por seu legislativo; o Congresso, porém, poderá, a qualquer tempo, por lei, fazer ou alterar *tais regulamentos*, exceto no tocante aos *locais* para a escolha de senadores".[1] Esse dispositivo não foi atacado apenas pelos que condenam a Constituição em geral; foi censurado por aqueles cujas críticas são menos amplas e mais moderadas; e, em um caso, foi considerado reprovável por um cavalheiro que se declara defensor de todas as demais partes do sistema.

No entanto, ou muito me engano, ou em todo o plano não há artigo mais completamente defensável que este. Sua correção funda-se na evidência desta proposição simples: *todo governo deve conter em* si *mesmo os meios de sua própria preservação*. Todo homem que pense corretamente aprovará de imediato a adesão a esta regra no trabalho da convenção; e condenará todo desvio em relação a ela que não possa ser atribuído à necessidade de incorporar ao trabalho algum ingrediente particular com que a rígida conformidade com a regra fosse incompatível. Mesmo neste caso, ainda que podendo admitir

1. Artigo 1, seção 4, cláusula 1.

sua necessidade, ele não deixaria de ver a transgressão de um princípio tão fundamental como um elemento de imperfeição no sistema, uma possível semente de futuras debilidades e talvez de anarquia.

Não se pode pretender que a Constituição teria podido incluir uma lei eleitoral passível de ajuste a todas as mudanças prováveis na situação do país; não se negará, portanto, a necessidade de haver em algum lugar um poder irrestrito sobre as eleições. Presumo que se admitirá com igual facilidade que esse poder só poderia ser razoavelmente modificado e regulado de três maneiras; poderia ter sido confiado inteiramente ao legislativo nacional, ou inteiramente aos legislativos estaduais, ou primariamente a estes últimos e em última instância ao primeiro. O último modo foi, com razão, preferido pela convenção. Ela submeteu a regulamentação das eleições para o governo federal, em primeira instância, às administrações locais, o que, em casos ordinários, e quando não prevalecerem intenções impróprias, pode ser não só mais conveniente como mais satisfatório. Reservou, porém, à autoridade nacional o direito de intervir, sempre que circunstâncias extraordinárias possam tornar essa intervenção necessária a sua segurança.

É mais do que evidente que a atribuição do poder exclusivo de regulamentar as eleições para o governo nacional aos legislativos estaduais deixaria a existência da União inteiramente à mercê desses últimos. A qualquer momento eles poderiam destruí-la, deixando de promover a escolha de pessoas para administrar suas atividades. Pouco adianta dizer que uma negligência ou omissão desse tipo seria pouco provável. A possibilidade constitucional do fato, sem uma alternativa para o risco, é uma objeção irrespondível. Tampouco já se apresentou qualquer razão que justifique a exposição a esse risco. As conjecturas extravagantes de um zelo destemperado não merecem esse nome. Se nossa disposição é a de presumir abusos de poder, é tão justo presumi-los da parte dos governos estaduais como da parte do governo federal. E como está mais de acordo com as regras de uma teoria justa confiar à União o cuidado com sua própria existência que transferir esse cuidado a quaisquer outras mãos, se há riscos de abusos tanto de um lado como de outro, é mais racional corrê-los pondo-os onde naturalmente devem ser postos do que onde seria antinatural.

Suponhamos que se tivesse introduzido na Constituição um artigo dando aos Estados Unidos o poder de regulamentar as eleições para os diversos Estados. Alguém hesitaria em condená-lo, tanto por ser uma inversão injustificável de poder como por constituir um mecanismo premeditado para a destruição dos governos estaduais? A violação do princípio, neste caso, dispensaria comentários. Para um observador imparcial, ela não será menos manifesta no projeto de sujeitar a existência do governo nacional, num ponto semelhante, ao capricho dos governos estaduais. Uma visão imparcial da matéria não pode deixar de resultar na convicção de que, na medida do possível, cada um desses governos deve depender de si mesmo para sua própria preservação.

Em objeção a essa posição, pode-se observar que a organização do Senado nacional envolve, em sua plenitude, o perigo que dizemos poder resultar da atribuição aos legislativos estaduais do poder de regulamentar as eleições federais. Pode-se alegar que, deixando de designar os senadores, os legislativos estaduais poderiam a qualquer momento desferir um golpe fatal na União; e que disso se poderia inferir que, como a existência da União será assim posta na dependência dos legislativos estaduais em ponto tão essencial, não pode haver nenhuma objeção a deixá-la também na dependência deles no caso específico sob consideração. Pode-se acrescentar ainda que o interesse de cada Estado em manter sua representação nos conselhos nacionais seria uma completa garantia contra o abuso da confiança.

Essa argumentação, embora sutil, não resiste a um exame. É por certo verdade que os legislativos estaduais podem destruir o governo nacional deixando de designar senadores. Mas por terem eles o poder de fazê-lo em um caso não se segue que o deveriam ter também em todos os outros. Há casos em que a tendência perniciosa de tal poder pode ser muito mais decisiva, sem nenhum motivo tão convincente como o que deve ter norteado a convenção no tocante à organização do Senado para recomendar sua admissão no sistema. Na medida em que pode expor a União à possibilidade de injúria pelos Estados, essa organização é um mal; mas é um mal que não poderia ter sido evitado sem que os Estados, como entidades políticas, ficassem inteiramente excluídos da organização do governo nacional. Se isso tivesse sido feito, seria sem dúvida interpretado como absoluto abandono do princípio federativo, e certamente teria privado os governos estaduais dessa salvaguarda absoluta de que podem gozar sob este dispositivo. Por mais sábia, porém, que a convenção possa ter sido ao tolerar neste caso um inconveniente para alcançar uma vantagem necessária ou um bem maior, disso não se pode fazer nenhuma inferência em favor de um acúmulo do mal ali onde nenhuma necessidade o impõe ou nenhum bem maior o estimula.

É fácil perceber também que a atribuição aos legislativos estaduais de um poder final sobre as eleições para a Câmara dos Representantes seria muito mais perigosa para o governo nacional que a atribuição a eles feita de designar os membros do Senado. Os senadores serão escolhidos para períodos de seis anos; deverá haver uma rotatividade, pela qual as cadeiras de uma terça parte ficarão vagas e serão preenchidas de dois em dois anos; ademais, nenhum Estado terá direito a mais de dois senadores, e o *quorum* do corpo consistirá de 16 membros. O resultado conjunto dessas circunstâncias seria que uma combinação temporária entre alguns Estados para suspender a designação de senadores não poderia anular a existência do corpo nem prejudicar sua atividade, e não há razão alguma para temer uma combinação geral e permanente dos Estados. A primeira poderia ter origem em projetos sinistros dos líderes de alguns desses legislativos estaduais; a segunda suporia, na grande maioria do povo, uma deslealdade permanente e enraizada que ou jamais poderá existir, ou procederia com toda a probabilidade de uma experiência da inaptidão do governo federal para promover sua felicidade — caso em que nenhum bom cidadão poderia desejar a permanência do governo.

Com relação à Câmara dos Representantes federal, porém, pretende-se que haja uma eleição geral dos membros de dois em dois anos. Se os legislativos estaduais fossem investidos do poder exclusivo de regulamentar essas eleições, cada ocasião de realizá-las geraria na situação nacional uma crise delicada, que poderia resultar numa dissolução da União se os líderes de alguns Estados, ou dos mais importantes, tivessem conspirado previamente para impedi-las.

Não vou negar algum peso à observação de que os interesses dos vários Estados em ser representados nos conselhos federais será uma garantia contra o abuso, pelos legislativos estaduais, de um poder sobre as eleições. A garantia não será considerada tão completa, porém, por aqueles que estão atentos à força de uma distinção óbvia entre o interesse do povo no bem-estar público e o interesse de seus governantes locais no poder e influência de seus cargos. O povo da América pode ser ardorosamente fiel ao governo federal e, ao mesmo tempo, certos governantes particulares de certos Estados, estimulados pela rivalidade natural do poder e por esperanças de promoção pessoal, e apoiados por uma facção forte em cada um deles, podem estar numa disposição oposta. Essa diversidade de sentimento entre a maioria do povo e os integrantes mais preeminentes de seus conselhos tem exemplos neste momento mesmo, em alguns Estados, no tocante à questão que estamos examinando. O projeto de Confederações separadas, que multiplicaria sempre os espaços para a ambição, será uma isca infalível para todas aquelas figuras influentes das administrações estaduais capazes de sobrepor os próprios emolumentos e promoções ao bem-estar público. Tendo nas mãos arma tão eficaz quanto o poder exclusivo de regulamentar as eleições para o governo nacional, um conluio desses homens em alguns dos Estados mais consideráveis, onde a tentação será sempre mais forte, poderia produzir a destruição da União, usando-se alguma insatisfação casual entre o povo (e que poderia ter sido gerada por eles mesmos) como pretexto para suspender a escolha de membros para a Câmara dos Representantes federal. Não se deve esquecer nunca que a firme união deste país, sob um governo eficiente, tenderá a despertar a hostilidade crescente de mais de uma nação da Europa, que tentativas de subvertê-la terão por vezes origem nas intrigas de nações estrangeiras e raramente deixarão de contar com seu patrocínio e cumplicidade. Só quando inevitável, portanto, a preservação dessa união deve ser confiada à guarda de outrem que não aqueles cuja posição gera uniformemente um interesse imediato no desempenho fiel e vigilante do mandato.

PUBLIUS [HAMILTON]

ARTIGO 60

Desenvolvimento do tema

Vimos que não se poderia confiar sem risco aos legislativos estaduais um poder ilimitado sobre as eleições para o governo federal. Vejamos agora qual seria o perigo simétrico, isto é, o de confiar o direito final de regulamentar suas eleições à própria União. Ninguém afirma que esse direito viria algum dia a ser utilizado para excluir um Estado de sua parcela de representação. O interesse de todos seria, pelo menos a esse respeito, a segurança geral. Alega-se, porém, que ele poderia ser empregado de maneira tal a promover a eleição de uma classe especial de homens em detrimento de outras, restringindo os locais de eleição a determinados distritos e tornando impraticável para o comum dos cidadãos participar da escolha. Entre todas as suposições quiméricas, esta parece ser a mais quimérica. Por um lado, nenhuma estimativa racional de probabilidades nos levaria a imaginar que a disposição subjacente a uma conduta tão violenta e extraordinária poderia jamais penetrar os conselhos nacionais; por outro, pode-se concluir com certeza que se um espírito tão impróprio pudesse algum dia dominá-los, haveria de se manifestar de forma completamente diferente e muito mais decisiva.

A improbabilidade dessa tentativa pode ser satisfatoriamente inferida da simples reflexão de que ela jamais poderia ser feita sem provocar a revolta imediata da grande maioria do povo, encabeçada e comandada pelos governos estaduais. Não é difícil admitir que este direito característico à liberdade poderia ser violado por uma maioria vitoriosa, em certas épocas de turbulência e sedição, no tocante a uma classe particular de cidadãos. É totalmente inconcebível e inacreditável, porém, que um privilégio tão fundamental, num país situado e esclarecido como o nosso, poderia ser infringido pela ação deliberada do governo, em prejuízo da grande maioria do povo, sem ocasionar uma revolução popular.

Além dessa reflexão geral, considerações de natureza mais precisa excluem todo temor a esse respeito. A dessemelhança entre os ingredientes que comporão o governo nacional, e mais ainda nos modos como serão postos em ação em seus vários braços, formará um poderoso obstáculo a uma combinação de interesses em qualquer maquinação parcial envolvendo as eleições. Há diversidade suficiente na condição de fortuna, na índole, nas maneiras e nos costumes do povo das diferentes partes da União, de modo a gerar em seus representantes considerável diversidade de atitude em relação às diferentes posições e condições que integram a sociedade. Mesmo que relações íntimas sob o mesmo governo promovam uma gradual assimilação de índole e sentimentos, há ainda outras causas, tanto físicas quanto morais, capazes de alimentar permanentemente, em maior ou menor grau, diferentes propensões e tendências neste particular. Mas provavelmente a circunstância de maior influência nesta matéria serão as diferentes formas de nomear as várias partes componentes do governo. Como a Câmara dos Representantes é eleita diretamente pelo povo, o Senado pelos legislativos estaduais, o presidente por eleitores escolhidos pelo povo para esse fim, é pouco provável que um interesse comum aglutine esses diferentes braços numa predileção por qualquer classe particular de eleitores.

Quanto ao Senado, é impossível que algum regulamento de "prazo e modo" — que é tudo o que se pretende submeter ao governo nacional com relação a este corpo — possa afetar o espírito que presidirá à escolha de seus membros. O senso coletivo dos legislativos estaduais jamais poderá ser influenciado por circunstâncias externas como estas, consideração que deveria bastar para nos convencer de que a discriminação temida jamais seria tentada. Que motivo poderia levar o Senado a concordar com uma preferência em que ele próprio não estaria incluído? Com que objetivo essa preferência se estabeleceria com relação a uma câmara do legislativo, se não pudesse ser estendida à outra? Nesse caso, a composição de uma câmara contrabalançaria a da outra. E não podemos em absoluto supor que ela abarcaria as designações para o Senado, a menos que admitamos, ao mesmo tempo, a cooperação voluntária dos legislativos estaduais. Se admitirmos esta última hipótese, porém, a questão das mãos a que o poder é confiado — se às dos legislativos estaduais, se às da União — torna-se irrelevante.

Todavia, qual poderá ser o objetivo dessa parcialidade arbitrária nos conselhos nacionais? Deverá exercer-se na forma de uma discriminação entre os diferentes ramos da indústria, ou entre os diferentes tipos de fortuna, ou entre os diferentes graus de fortuna? Tenderá a beneficiar os interesses fundiários, ou os interesses financeiros, ou os interesses mercantis, ou os interesses manufatureiros? Ou ainda, para usar a linguagem em moda entre os adversários da Constituição, irá buscar a promoção dos "ricos e bem-nascidos", ignorando e degradando todo o resto da sociedade?

Se essa parcialidade for se exercer em favor dos que se incluem em qualquer categoria particular de atividade ou fortuna, presumo que se admitirá prontamente que será disputada entre proprietários rurais e comerciantes. E não hesito em afirmar que qualquer destas duas categorias tem uma possibilidade infinitamente menor de obter ascendência nos conselhos nacionais que nos conselhos locais. A conclusão é que uma conduta que tenda a privilegiar indevidamente qualquer das duas deve ser muito menos temida nos primeiros que nos segundos.

Os vários Estados se dedicam, em diferentes graus, à agricultura e ao comércio. Na maioria, predomina a agricultura. Em alguns, contudo, o comércio chega quase a dividir seu império, tendo em quase todos considerável parcela de influência. Na medida em que uma ou outra atividade prevaleça, isso se refletirá na representação nacional; e essa representação — pelo próprio fato de ser a emanação de uma maior diversidade de interesses, presentes em proporções muito mais variadas que as encontráveis num único Estado — terá muito menos tendência a esposar com nítida parcialidade qualquer desses interesses que a representação de um único Estado.

Num país formado sobretudo por agricultores, em que prevalecem as regras de uma representação equitativa, o interesse fundiário tende, em geral, a preponderar no governo. À medida que prevalecer na maioria dos legislativos estaduais, tal interesse manterá por certo uma superioridade correspondente no Senado nacional, que tenderá a ser uma cópia fiel da maioria dessas assembleias. Não se pode, portanto, presumir que o sacrifício da classe dos agricultores à dos comerciantes poderia vir a ser um objetivo especial dessa câmara do legislativo federal. Ao aplicar ao Senado uma observação geral, sugerida pela situação do país, oriento-me pela consideração de que os crédulos defensores do poder estadual não podem, com base em seus próprios princípios, suspeitar que os legislativos estaduais se deixariam desviar de sua missão por uma influência externa. Na realidade, porém, a mesma situação terá forçosamente o mesmo efeito, pelo menos na composição inicial da Câmara dos Representantes: uma preferência indevida pela classe mercantil é tão pouco provável ali como no Senado.

Para tentar dar algum suporte à objeção, poder-se-ia perguntar de qualquer maneira: não haveria perigo de existir no governo nacional uma tendência oposta, que o predisporia a tentar assegurar o monopólio da administração federal para as classes agrícolas? Como é pouco provável que a suposição de tal preferência provoque algum pânico nos que seriam diretamente prejudicados por ela, é dispensável dar uma resposta minuciosa a essa pergunta. Bastará observar, em primeiro lugar, que, pelas razões indicadas em outra passagem, é menos provável que uma nítida parcialidade prevaleça nos conselhos da União que nos de qualquer dos Estados. Em segundo, que não haveria tentação alguma de violar a Constituição em favor da classe agrícola porque esta classe já gozaria, naturalmente, de toda a preponderância que ela própria poderia desejar. E em terceiro lugar, que homens habituados a investigar as fontes da prosperidade pública em grande escala estarão suficientemente cônscios da utilidade do comércio para não tentar causar a essa atividade o grave dano que resultaria da completa exclusão, do controle dessas fontes, dos que melhor compreendem seus interesses. A importância do comércio do ponto de vista da receita já bastará para protegê-lo da hostilidade de um conselho que seria continuamente instado a favorecê-lo pelos reclamos urgentes da necessidade pública.

Prefiro ser breve ao discutir a probabilidade de uma preferência fundada numa discriminação entre diferentes tipos de indústria e propriedade, porque, pelo que posso entender, esses críticos se referem a outro tipo de discriminação.

Parecem ter em mente, como objetos da preferência com que tentam nos alarmar, aqueles a quem chamam de "ricos e bem-nascidos". Estes, ao que tudo indica, seriam guindados a uma odiosa preeminência sobre o restante de seus concidadãos. No entanto, denuncia-se essa promoção ora como consequência inevitável da exiguidade do corpo representativo, ora diz-se que será realizada privando-se o povo em geral da oportunidade de exercer seu direito de voto na escolha desse corpo.

Com base em que princípio, contudo, se faria a discriminação dos locais de eleição para atender a essa preferência? Acaso os chamados ricos e os bem-nascidos estão confinados em pontos particulares dos vários Estados? Terão, graças a um instinto ou previsão miraculosa, separado em cada um deles um lugar para sua residência? São encontráveis apenas nos burgos ou cidades? Ou estão, ao contrário, dispersos sobre toda a superfície do país, segundo a ganância ou o acaso tenha situado seu próprio quinhão ou o de seus predecessores? Nesta última hipótese (como todo homem inteligente sabe),[1] não é evidente que o estratagema de confinar os locais de eleições a determinados distritos seria tão contraproducente quanto reprovável em todos os sentidos? A verdade é que nenhum método, a não ser o de impor requisitos de fortuna tanto para votar como para ser votado, poderia assegurar aos ricos a preferência temida. Isso, porém, não faz parte do poder a ser conferido ao governo nacional. A autoridade deste estará expressamente restrita à fixação das *data*s, dos *locai*s e da *forma* das eleições. As qualificações das pessoas que podem escolher ou ser escolhidas, como foi assinalado em outras ocasiões, são definidas e fixadas na Constituição e não podem ser alteradas pelo legislativo.

Admitamos, porém, para efeito de raciocínio, que o expediente sugerido pudesse ter eficácia; e admitamos ao mesmo tempo que todos os escrúpulos que o senso do dever ou o temor do perigo que essa experiência pudesse gerar fossem sufocados no peito dos governantes nacionais. Mesmo assim, imagino que dificilmente se pode afirmar que eles poderiam jamais ter a esperança de levar a cabo tal tentativa sem a ajuda de uma força militar suficiente para reprimir a resistência da grande maioria do povo. A improbabilidade da existência de uma força à altura dessa tarefa foi discutida e demonstrada em diferentes partes destes artigos; mas, para que a inanidade da objeção em pauta possa se revelar com a máxima clareza, admitamos por um momento que tal força pudesse existir e que o governo nacional teria controle real sobre ela. Qual

1. Em particular nos Estados do Sul e em Nova York.

é a conclusão? É concebível que pessoas dispostas a violar os direitos essenciais da comunidade, e dispondo dos meios para fazê-lo, se divertiriam com a tarefa ridícula de engendrar leis eleitorais para assegurar preferência a uma classe favorita? Não é mais provável que optassem por uma conduta mais adaptada a sua própria promoção imediata? Não tenderiam seus autores a decidir ousadamente perpetuar-se em seus cargos por meio de um ato decisivo de usurpação, em vez de recorrer a expedientes precários que, a despeito de todas as precauções que os pudessem acompanhar, poderiam culminar em sua exoneração, desgraça e ruína? Não teriam medo de que os cidadãos, não menos obstinados que conscientes de seus direitos, afluíssem dos mais remotos rincões de seus Estados para os locais de eleição, prontos para derrubar seus tiranos e substituí-los por homens dispostos a vingar a majestade violada do povo?

PUBLIUS [HAMILTON]

ARTIGO 61

Desenvolvimento do tema e conclusão

Os opositores mais imparciais das cláusulas relativas às eleições contidas no plano da convenção, se desafiados numa discussão, admitirão por vezes a pertinência desta cláusula; com a ressalva, no entanto, de que ela deveria ter sido acompanhada por uma declaração de que todas as eleições deveriam ser realizadas nos condados em que os eleitores residem. Segundo eles, esta seria uma precaução necessária contra um abuso do poder. Uma declaração dessa natureza teria sido certamente inofensiva e, na medida em que teria o efeito de aplacar apreensões, talvez não fosse indesejável. Na verdade, porém, teria acrescentado pouca ou nenhuma segurança adicional contra o perigo temido; um analista imparcial e judicioso jamais verá sua ausência como uma falha grave, e menos ainda insuperável, do plano. As diferentes abordagens do problema feitas nos dois últimos artigos devem bastar para convencer todo homem moderado e perspicaz de que, se a liberdade pública vier um dia a ser vítima da ambição dos governantes nacionais, o poder que agora examinamos, pelo menos, estará isento de culpa pelo sacrifício.

Aqueles que tendem a só dar ouvidos a sua desconfiança, se a exercessem num exame cuidadoso das várias constituições estaduais, encontrariam tantos motivos de inquietação e alarme na liberdade que a maioria desses documentos tolera com relação às eleições quanto na que se pretende conferir ao governo nacional na mesma matéria. Uma revisão da situação nos Estados sob esse aspecto muito ajudaria a eliminar quaisquer impressões negativas que possam ter permanecido com relação à questão. Mas, como tal exame nos levaria a longos e entediantes detalhes, vou me contentar com um único exemplo, o do Estado em que escrevo. A Constituição de Nova York nada estabelece acerca da *localização* das eleições. Só estipula que os membros da Assembleia serão eleitos nos *condados*, e os do Senado, nos grandes distritos em que o Estado está ou pode ser dividido. Os atuais distritos são quatro, cada um dos quais compreende de dois a seis condados. Pode-se perceber de imediato que seria tão fácil para o legislativo de Nova York manipular os votos dos cidadãos do Estado, restringindo as eleições a determinados locais, como para o legislativo dos Estados Unidos fazer o mesmo com os votos dos cidadãos da União, usando igual expediente. Suponhamos, por exemplo, que a cidade de Albany fosse indicada como único local de eleição no condado e no distrito a que pertence; não iriam os habitantes dessa cidade tornar-se em pouco tempo os únicos eleitores dos membros tanto do Senado como da Assembleia desse condado e distrito? É possível imaginar que os eleitores residentes nas subdivisões remotas dos condados de Albany, Saratoga, Cambridge etc., ou em qualquer parte do condado de Montgomery, estariam mais dispostos a se deslocar até a cidade de Albany para votar em membros da Assembleia ou do Senado do que a viajar até a cidade de Nova York para participar da escolha dos membros da Câmara dos Representantes federal? A surpreendente indiferença que se pode detectar no exercício de tão inestimável privilégio sob as leis atuais, que o facilitam de todos os modos, fornece pronta resposta a essa questão. E, deixando de lado qualquer experiência sobre a questão, podemos afirmar com toda a segurança que, quando o local da eleição está a uma *distância inconveniente* do eleitor, isso terá igual efeito sobre sua conduta, seja essa distância de vinte ou de vinte mil milhas. Deve ficar claro, portanto, que as críticas à alteração específica do poder federal de regulamentar as eleições se aplicam em essência, com igual força, à forma do poder correspondente na constituição deste Estado, sendo por isso impossível aceitar uma e condenar a outra. Uma comparação similar levaria à mesma conclusão na maioria dos outros Estados.

Caso se objete que falhas nas constituições dos Estados não desculpam as que se detectam no plano proposto, respondo que, uma vez que nunca se acusaram as primeiras de desatenção à segurança da liberdade, quando se pode demonstrar que as imputações lançadas contra o plano se aplicam também a elas, o que se presume é que tais acusações são mais cavilações de uma oposição predeterminada que inferências fundadas numa busca imparcial da verdade. Nada pode ser dito aos que estão decididos a considerar como omissões inocentes das constituições estaduais aquilo mesmo que veem como vícios imperdoáveis no plano da convenção; no máximo, pode-se pedir que apontem alguma razão substancial para sua crença de que os representantes do povo de um único Estado seriam mais impermeáveis à sede de poder, ou a outros motivos funestos, que os representantes do povo dos Estados Unidos. Se não o puderem fazer, devem pelo menos nos provar que é mais fácil subverter as liberdades de três milhões de pessoas, que têm a vantagem de contar com governos locais para liderar sua oposição, que as de duzentas mil pessoas destituídas dessa vantagem. Com relação ao ponto central de nosso exame, deveriam nos convencer de que a probabilidade de uma facção predominante num único Estado, para conservar sua superioridade, tender a privilegiar determinada classe de eleitores é menor que a de um espírito similar tomar posse dos representantes de 13 Estados, espalhados por um vasto território, e diferenciados entre si por uma série de circunstâncias, opiniões e interesses locais.

Até agora minhas observações tiveram por único objetivo defender o dispositivo em questão com alegações teoricamente procedentes: a do perigo de depositar esse poder em outras mãos e a da segurança de depositá-lo da maneira proposta. Resta mencionar, porém, uma vantagem positiva que resultará desse dispositivo e que nenhum outro forneceria tão bem: refiro-me à circunstância da uniformidade da data das eleições para a Câmara dos Representantes. É bem provável que a experiência venha a mostrar a enorme importância dessa uniformidade para o bem público, seja como garantia contra a perpetuação das mesmas inclinações nesse corpo, seja como remédio para as doenças do facciosismo. Se cada Estado pudesse escolher as próprias datas de eleição, é possível que houvesse tantos períodos eleitorais quanto há meses no ano. As datas de eleição nos vários Estados, tal como atualmente fixadas para propósitos locais, variam entre extremos tão distantes quanto março e novembro. A consequência dessa diversidade seria que jamais poderia ocorrer, de uma só vez, a dissolução ou a renovação total da Câmara dos Representantes. Se uma mentalidade inadequada de qualquer tipo chegasse a prevalecer nela, estaria apta a se infundir nos novos membros, à medida que fossem sendo sucessivamente incorporados. A grande maioria tenderia a permanecer praticamente inalterada, assimilando constantemente para si mesma os acréscimos gradativos. O exemplo tem um poder de contágio a que poucos homens possuem força de espírito para resistir. Tendo a pensar que triplicar a duração do mandato, com a condição de uma dissolução total da assembleia de uma só vez, poderia ser uma ameaça menor à liberdade que estipular mandatos três vezes menores sujeitos a alterações graduais e sucessivas.

A uniformidade da data das eleições parece igualmente necessária para permitir a prática da ideia de uma rotação regular do Senado e reunir convenientemente o legislativo num período definido a cada ano.

Talvez se pergunte: por que então a Constituição não poderia ter fixado uma data? Como os mais fervorosos adversários do plano da convenção do Estado de Nova York são em geral admiradores igualmente fervorosos de sua constituição, podemos devolver a questão e perguntar: por que a constituição deste Estado não fixou uma data para o mesmo propósito? A melhor resposta que se pode dar é que se tratava de uma questão que poderia ser confiada com segurança ao arbítrio do legislativo; e que, como a experiência já mostrou, se houvesse uma data prefixada, ela poderia se mostrar menos conveniente que alguma outra. A mesma resposta pode ser dada no tocante à Constituição federal. Pode-se ainda acrescentar que, sendo meramente especulativo o suposto perigo de uma mudança gradual, dificilmente teria sido prudente estabelecer como ponto fundamental, com base nessa especulação, algo que privaria vários Estados da conveniência de fazer as eleições para o próprio governo e o governo nacional na mesma época.

PUBLIUS [HAMILTON]

ARTIGO 62

Sobre a organização do Senado no tocante à qualificação dos membros, a sua forma de escolha, à igualdade da representação, ao número dos senadores e à duração de seus mandatos

Uma vez que examinei a organização da Câmara dos Representantes e respondi às objeções contra ela que pareciam dignas de nota, passo em seguida a examinar o Senado. Os tópicos sob os quais este componente do governo será analisado são: 1) As qualificações dos senadores; 2) Sua designação pelos legislativos estaduais; 3) A igualdade de representação no Senado; 4) O número de senadores, a duração de seu mandato e os poderes conferidos ao Senado.

1) As qualificações propostas para os senadores diferem das exigidas dos representantes no que tange à idade e ao período de cidadania. Um senador deve ter pelo menos trinta anos de idade; um representante pode ter 25. Além disso, o primeiro deve ter sido cidadão por nove anos, quando do representante se requerem sete. A justeza dessas distinções é explicada pela natureza da missão senatória. Por exigir maior amplitude de informação e estabilidade de caráter, ela requer que o senador tenha alcançado uma etapa da vida que mais provavelmente proporcionará essas vantagens; e, por envolver participação direta em negociações com nações estrangeiras, não deve ser exercida por alguém que não tenha superado por completo as simpatias e os hábitos inerentes ao nascimento e à educação no estrangeiro. O prazo de nove anos parece ser um prudente meio-termo entre a total exclusão de cidadãos perfilhados, cujos méritos e talentos podem fazer jus a uma parcela da confiança pública, e sua admissão indiscriminada e açodada, que poderia criar um canal para a influência estrangeira nos conselhos nacionais.

2) É igualmente desnecessário que eu me estenda a respeito da designação dos senadores pelos legislativos estaduais. Entre os vários modos que poderiam ter sido concebidos para a formação desse braço do governo, aquele proposto pela convenção é provavelmente o que mais se harmoniza com a opinião pública. Recomenda-o a dupla vantagem de favorecer uma indicação selecionada e de, na formação do governo federal, dar aos governos estaduais um papel que deverá garantir sua autoridade, podendo constituir o elo conveniente entre os sistemas estadual e federal.

3) A igualdade de representação do Senado é outro ponto que, sendo evidentemente o fruto de uma conciliação das pretensões opostas dos Estados grandes e pequenos, não demanda muita discussão. Se é mesmo verdade que entre um povo plenamente incorporado numa única nação todo distrito deveria ter uma participação *proporcional* no governo, e que entre Estados independentes e soberanos, unidos por uma simples liga, as partes, por desiguais que sejam em tamanho, devem ter *igual* participação nos conselhos comuns, não parece insensato que, numa república compósita, que partilha tanto do caráter nacional como do federal, o governo deve ser fundado numa mescla dos princípios da representação proporcional e igual. É inútil, porém, avaliar pelo padrão da teoria uma parte da Constituição que todos concordam ser resultado não da teoria, mas "de um espírito de amizade e da deferência e condescendência mútuas que a peculiaridade de nossa situação política tornou indispensáveis". Um governo comum, com poderes à altura de suas finalidades, é uma exigência da voz da América, com mais veemência ainda, de sua situação política. Não é provável que se obtenha dos menores Estados um governo fundado em princípios mais consoantes com os desejos dos maiores. A única opção para estes últimos, portanto, situa-se entre o governo proposto e um governo ainda mais condenável. Diante dessa alternativa, a prudência aconselha aceitar o mal menor e, em vez de antecipar inutilmente os possíveis danos que podem se seguir, considerar as consequências vantajosas que podem compensar o sacrifício.

Nesse espírito, pode-se observar que o voto igual concedido a todos os Estados é tanto um reconhecimento constitucional da parcela de soberania conservada por todos eles quanto um instrumento para preservá-la. Nessa medida, a igualdade deve ser tão aceitável para os Estados grandes quanto para pequenos, pois interessa-lhes igualmente se proteger, por todos os expedientes possíveis, de uma consolidação indesejável dos Estados numa república simples.

Outra vantagem proporcionada por esse ingrediente na organização do Senado é o impedimento adicional que ele representará aos atos impróprios de legislação. Doravante, nenhuma lei ou resolução poderá ser aprovada sem a concordância, primeiro, da maioria do povo, e depois da maioria dos Estados. Deve-se reconhecer que este complicado controle sobre a legiferação pode em alguns casos ser tão prejudicial quanto benéfico; que a defesa peculiar dos menores Estados que envolve seria mais justificável se, na sua falta, os interesses comuns desses Estados e distintos daqueles dos outros estivessem expostos a um perigo especial. Mas, como os maiores Estados serão sempre capazes, graças a seu poder sobre a concessão de verbas, de frustrar usos desarrazoados dessa prerrogativa pelos Estados menores, e como a legiferação demasiado fácil e excessiva parece ser a doença que mais ameaça nossos governos, não é impossível que essa parte da Constituição venha a se mostrar, na prática, mais conveniente do que parece a muitos dos que a analisam.

4) O número de senadores e a duração de seu mandato são o próximo tópico a considerar. Para formar um juízo preciso sobre esses dois pontos convém indagar das finalidades que um Senado deve preencher; e, para defini-las, será preciso analisar os inconvenientes que uma república pode sofrer com a falta de tal instituição.

Primeiro. É uma desventura inerente ao governo republicano, embora em grau menor que a outros governos, que aqueles que o administram estão sujeitos a se esquecer de suas obrigações para com seus eleitores e se demonstrar desleais a sua importante missão. Desse ponto de vista, um Senado, como uma segunda câmara da assembleia legislativa, distinta da primeira e dividindo o poder com ela, será em todos os casos um controle salutar sobre o governo. Ele duplica a segurança do povo ao exigir a concordância de dois corpos distintos em esquemas de usurpação ou perfídia, quando de outro modo a ambição ou corrupção de um seria suficiente. Essa precaução se funda em princípios tão claros, e tão bem compreendidos nos Estados Unidos atualmente, que seria mais do que supérfluo alongar sua discussão. Observarei apenas que, como a improbabilidade de combinações funestas será proporcional à diferença na disposição dos dois corpos, convém distingui-los um do outro por todos os meios compatíveis com a devida harmonia em todas as medidas e com os princípios genuínos do governo republicano.

Segundo. A necessidade de um Senado é indicada igualmente pela tendência de todas as assembleias numerosas e únicas a ceder ao impulso de paixões súbitas e violentas, e a se deixar levar a resoluções descabidas e perniciosas por líderes facciosos. Inúmeros exemplos disso poderiam ser citados, tanto ocorridos nos Estados Unidos como tomados da história de outras nações. Mas não é preciso provar uma afirmação que ninguém contestaria. Basta observar que um corpo destinado a corrigir esta enfermidade deve estar ele próprio livre dela, devendo, consequentemente, ser menos numeroso. Deve, além disso, ter grande solidez, o que recomenda que seu poder seja conservado por um mandato de duração considerável.

Terceiro. Outra falha a ser suprida por um Senado é a carência do devido conhecimento das matérias e dos princípios da legislação. Uma assembleia de homens que em sua maioria se dedicavam a atividades de natureza privada, cujos mandatos terão curta duração e que não têm nenhum motivo permanente para dedicar os intervalos da função pública ao estudo das leis, dos assuntos e dos interesses abrangentes do país, não pode escapar, se entregue inteiramente a si mesma, de uma diversidade de erros consideráveis no exercício de sua missão legislativa. Pode-se afirmar com segurança que boa parcela dos atuais embaraços da América deve ser atribuída às asneiras de nossos governos, que tiveram origem mais na cabeça que no coração de seus autores. De fato, que são todas essas leis destinadas a revogar, explicar e emendar outras leis, que enchem e desgraçam nossos volumosos códigos, senão monumentos à falta de discernimento, impugnações feitas por cada legislatura à legislatura anterior, alertas feitos ao povo para o valor do auxílio que pode ser esperado de um Senado bem constituído?

Um bom governo implica duas coisas: primeiro, fidelidade ao objetivo do governo, que é a felicidade do povo; segundo, o conhecimento dos meios para melhor alcançar esse objetivo. Alguns governos carecem dessas duas qualidades; a maioria deles é deficiente na primeira. Não hesito em dizer que, nos governos americanos, muito pouca atenção foi dada à segunda. A Constituição federal evita esse erro e, o que merece especial destaque, atende à segunda finalidade de um modo que torna a primeira mais segura.

Quarto. A mutabilidade dos conselhos públicos em decorrência da rápida sucessão dos membros, por mais qualificados que sejam, aponta, com a máxima ênfase, para a necessidade de uma instituição estável no governo. Constata-se que cada nova eleição nos Estados muda a metade dos representantes em suas assembleias. Dessa mudança de homens decorre inevitavelmente uma mudança de opiniões, e desta, uma mudança de diretrizes. Ocorre que uma mudança contínua, mesmo das boas diretrizes, é incompatível com todas as regras da prudência e perspectivas de êxito. Essa observação, que já se confirma na vida privada, se torna ainda mais justa, bem como mais relevante, nos assuntos nacionais.

A recapitulação dos efeitos perniciosos de um governo mutável exigiria todo um volume. Indicarei apenas alguns, que se perceberá serem fonte de inumeráveis outros.

Em primeiro lugar, solapa o respeito e a confiança de outras nações e todas as vantagens associadas ao caráter nacional. Um indivíduo que se mostra inconstante em seus planos, ou mesmo carente de todo plano em suas atividades, é logo percebido por todas as pessoas prudentes como uma vítima certa de sua própria instabilidade e insensatez. Seus amigos mais chegados poderão ter pena dele, mas todos se recusarão a associar suas fortunas à dele, e não poucos aproveitarão a oportunidade para fazer fortuna a sua custa. Uma nação é para outra o que um indivíduo é para outro; com a lamentável diferença, talvez, de que as nações, sendo menos imbuídas que os indivíduos de sentimentos benevolentes, estão também mais livres para tirar proveito indevido umas das outras. Consequentemente, toda nação que conduz seus negócios revelando falta de sabedoria e estabilidade deve contar com as perdas que lhe serão infligidas pela política mais coerente de seus parceiros mais sábios. Infelizmente, porém, a melhor lição que a América pode receber a esse respeito lhe é dada por sua própria situação. Ela constata que não é considerada com nenhum respeito por seus amigos; que é objeto de escárnio para seus inimigos; e que é uma presa para toda nação interessada em apostar em seus conselhos flutuantes e negócios confusos.

Os efeitos internos de uma política mutável são ainda mais calamitosos. Os benefícios da própria liberdade são pervertidos. De pouco servirá ao povo que as leis sejam feitas por homens de sua própria escolha se estas forem tão volumosas que não possam ser lidas ou tão incoerentes que não possam ser compreendidas; se forem revogadas ou revistas antes de serem promulgadas, ou sofrerem alterações tão incessantes que já ninguém que saiba hoje o que é a lei possa adivinhar o que será ela amanhã. A lei é, por definição, uma norma de ação; mas como pode ser norma o que é pouco conhecido e ainda menos estável?

Outro efeito da instabilidade pública é a absurda vantagem que dá ao pequeno número dos espertos, dos audaciosos e endinheirados sobre a grande maioria do povo, industriosa e desinformada. Toda nova regulamentação referente ao comércio ou ao fisco, ou que afete de algum modo o valor de diferentes tipos de propriedade, proporciona nova safra para os que espreitam a mudança e são capazes de deduzir suas consequências; uma safra que não foi cultivada por eles próprios, mas pela labuta e o esforço da grande maioria de seus concidadãos. Este é um estado de coisas em que se pode dizer, com alguma verdade, que as leis são feitas para a *minoria*, não para a *maioria*.

Um governo instável gera também grandes malefícios de um outro ponto de vista. A falta de confiança nos conselhos públicos mina toda iniciativa útil cujos bons resultados e ganhos dependam da continuidade de condições existentes. Que comerciante prudente arriscaria sua fortuna em um ramo de comércio quando sua única certeza é que seus planos podem ser tornados ilegais antes que os possa pôr em prática? Que fazendeiro ou manufator se deixaria seduzir por incentivos dados a determinado cultivo ou estabelecimento, quando não tem nenhuma garantia de que seus esforços e investimentos preparatórios não o tornarão vítima de um governo inconstante? Em uma palavra, nenhum grande avanço ou empreendimento meritório que exija os auspícios de um sistema estável de política nacional poderá ter prosseguimento.

Mas o efeito mais deplorável de tudo isso é a perda de lealdade e reverência que se produz no coração das pessoas com relação a um sistema político que revela tantos sinais de enfermidade e desaponta tantas de suas agradáveis esperanças. Nenhum governo, como nenhum indivíduo, será respeitado por muito tempo sem que seja realmente respeitável; nem será verdadeiramente respeitável sem possuir certa parcela de ordem e estabilidade.

PUBLIUS [MADISON]

ARTIGO 63

Maior exame da organização do Senado no tocante à duração do mandato de seus membros

Um *quinto* desiderato que ilustra a utilidade de um Senado é a necessidade de um sentido adequado de caráter nacional. Sem um componente seleto e estável no governo, a estima de nações estrangeiras não será solapada apenas por uma política pouco esclarecida e variável, decorrente das causas já mencionadas; além disso, os conselhos nacionais não terão aquela sensibilidade à opinião do mundo que talvez seja necessária para merecer e obter respeito e confiança por parte desta.

Estar atento ao julgamento de outras nações é importante para todo governo por duas razões: a primeira é que, independentemente dos méritos de qualquer plano ou medida, é desejável, por vários motivos, que ela seja vista como fruto de uma política sábia e honrada; a segunda é que em casos duvidosos, especialmente aqueles em que os conselhos nacionais podem estar distorcidos por uma forte paixão ou interesse momentâneo, a opinião presumida ou conhecida do mundo imparcial pode ser o melhor guia a seguir. Quanto a América não perdeu por sua falta de caráter perante nações estrangeiras, e quantos erros e tolices não teria ela evitado se a justeza e a propriedade de suas medidas tivessem sido previamente examinadas sob o enfoque de como provavelmente apareceriam aos olhos da fração imparcial da humanidade?

É evidente, contudo, que, por mais necessário que seja, esse sentido de caráter nacional não pode medrar num corpo numeroso e mutável. Só pode ser encontrado num corpo suficientemente pequeno para que cada membro seja atingido, num grau sensível, pelo louvor e a condenação das medidas públicas; ou numa assembleia investida da confiança pública por um período longo o bastante para que o orgulho e a importância de seus membros possam ficar sensivelmente ligados à reputação e à prosperidade da comunidade. Quando tomaram medidas iníquas no Estado, os representantes de Rhode Island, com seu mandato de meio ano, provavelmente não se teriam impressionado com argumentos fundados no modo como elas seriam encaradas por nações estrangeiras, ou mesmo pelos Estados irmãos; por outro lado, é quase certo que, se tivesse sido necessária a concordância de um corpo seleto e estável, a consideração ao caráter nacional teria bastado para evitar as calamidades sob as quais esse povo mal conduzido está agora padecendo.

Acrescento, como *sexta* deficiência: a falta, em alguns casos importantes, da devida responsabilidade do governo para com o povo, fruto da mesma frequência de eleições que, em outros casos, gera tal responsabilidade. Talvez essa observação pareça não só inusitada como paradoxal. Quando explicada, porém, será por certo reconhecida como de inegável importância.

A responsabilidade, para ser razoável, deve estar limitada a assuntos que sejam da competência da parte responsável e, para ser efetiva, deve relacionar-se com aplicações dessa competência, para que os eleitores possam formar um julgamento rápido e adequado. Os assuntos de governo podem ser divididos em duas classes gerais: uma que depende de medidas que têm efeito imediato e perceptível; outra que abrange sucessões de medidas bem escolhidas e bem encadeadas, de efeito gradual e por vezes não observável. A importância desta última categoria de questões para o bem-estar coletivo e permanente de todo país dispensa explicação. É evidente, contudo, que uma assembleia eleita por período tão curto que a torne incapaz de acrescentar mais de um ou dois elos a uma cadeia de medidas essencial para o bem-estar geral poderá ser tão pouco responsabilizada pelo resultado final como um administrador ou arrendatário admitido por um ano poderia ser cobrado por tarefas ou melhoramentos só realizáveis em meia dúzia de anos. Não é possível para o povo avaliar a parcela de influência que suas assembleias anuais podem ter sobre os eventos resultantes de diversos procedimentos adotados ao longo de vários anos. De todo modo, já é difícil o bastante que os membros de um corpo *numeroso* preservem uma responsabilidade pessoal mesmo com relação a atos que tenham efeito imediato, nítido e palpável sobre seus eleitores.

O remédio adequado para essa falha é por certo incluir no poder legislativo um outro corpo que, tendo permanência suficiente para cuidar dos assuntos que exigem atenção continuada e uma sucessão de medidas, possa ser justa e efetivamente responsável por sua solução.

Até aqui considerei, entre as circunstâncias que indicam a necessidade de um Senado bem estruturado, apenas as que se ligavam aos representantes do povo. Para uma gente tão pouco ofuscada pelo preconceito ou corrompida pela bajulação como esta a que me dirijo, não hesito em acrescentar que tal instituição pode ser por vezes, para o povo, uma defesa necessária contra seus próprios erros e enganos temporários. Assim como nos governos livres a opinião serena e ponderada da comunidade deve, em última instância, prevalecer sobre as ideias de seus governantes, também há momentos especiais nos negócios públicos em que o povo, estimulado por uma paixão anormal, ou uma vantagem ilícita, ou iludido pelos embustes ardilosos de homens de má-fé, pode reclamar medidas que mais tarde ele próprio não hesitará em lamentar e condenar. Nesses momentos críticos, será salutar a interferência de um corpo moderado e respeitável de cidadãos, para deter essa corrida desorientada e evitar a desgraça que o povo prepara para si próprio, até que a razão, a justiça e a verdade possam recuperar seu poder sobre o espírito do povo. De quanta angústia pungente o povo de Atenas não teria sido poupado se seu governo contivesse tão prudente salvaguarda contra a tirania de suas próprias paixões? A liberdade popular teria nesse caso escapado à indelével censura de ter um dia sentenciado cidadãos a tomar cicuta para no dia seguinte erigir-lhes estátuas.

Poder-se-ia alegar que um povo disperso em tão vasto território, ao contrário da multidão formada pelos habitantes de um pequeno distrito, não pode estar sujeito ao contágio de paixões violentas ou ao perigo de conspirar para obter medidas injustas. Longe de mim negar a especial importância dessa distinção. Ao contrário, tentei mostrar, num artigo anterior, que essa é uma das principais qualidades de uma república confederada. Não se deve pensar, contudo, que essa vantagem dispensa precauções auxiliares. Pode-se até observar que a mesma dispersão que livrará o povo da América de alguns perigos inerentes a repúblicas menores o deixará exposto ao inconveniente de permanecer por um tempo maior sob a influência de ideias equivocadas que os esforços combinados de homens de má-fé possam conseguir distribuir entre eles.

Essas considerações ganham um peso considerável ao lembrarmos que não há registro na história de nenhuma república duradoura que não tivesse um Senado. Esparta, Roma e Cartago são, de fato, os únicos Estados a que esse atributo pode ser aplicado. Nos dois primeiros havia um Senado vitalício. A organização do Senado em Cartago é menos conhecida. Provas circunstanciais sugerem que não diferia dos outros dois nesse aspecto. É certo, pelo menos, que tinha alguma qualidade que fazia dele uma âncora contra flutuações populares e que um conselho menor, dele extraído, era não só designado vitaliciamente como preenchia as próprias vacâncias. Esses exemplos, considerados impróprios como modelo por serem incompatíveis com a índole da América, são, não obstante, quando comparados com a existência fugaz e turbulenta de outras repúblicas antigas, provas muito instrutivas da necessidade de alguma instituição que mescle estabilidade e liberdade. Não desconheço as circunstâncias que distinguem o governo americano de outros governos populares, tanto antigos como modernos, e que impõem extrema cautela na extrapolação de um caso para o outro. Mas, após conferir o devido peso a esta ressalva, ainda se pode afirmar que muitos pontos de semelhança tornam esses exemplos dignos de nossa atenção. Como vimos, vários dos defeitos que só podem ser sanados por uma instituição senatória são comuns a assembleias numerosas, eleitas com frequência, e ao próprio povo. Há outras deficiências, próprias das primeiras, que requerem o controle de tal instituição. O povo é incapaz de trair deliberadamente os próprios interesses; pode, porém, ser traído por seus representantes e, evidentemente, ali onde toda a responsabilidade legislativa está nas mãos de um único corpo de homens haverá maior perigo do que ali onde todo ato público exige a aprovação de corpos independentes e dessemelhantes.

A diferença mais apontada entre a América e outras repúblicas consiste no princípio de representação, que é o pivô sobre o qual a primeira se move e que supostamente teria sido ignorado pelas últimas, ou pelo menos pelas antigas. A forma como essa diferença foi usada em argumentações contidas em artigos anteriores terá deixado claro que não tendo a negar sua existência nem a subestimar sua importância. Sinto-me à vontade, portanto, para observar que a afirmação da ignorância dos governos antigos em matéria de representação não é verdadeira na amplitude que geralmente lhe é atribuída. Sem entrar numa investigação que estaria deslocada, mencionarei uns poucos fatos conhecidos em apoio ao que proponho.

Nas mais puras democracias da Grécia, muitas funções executivas eram desempenhadas não pelo próprio povo, mas por funcionários eleitos pelo povo, que o *representavam* em seu poder executivo.

Antes da reforma de Sólon, Atenas foi governada por nove arcontes, *eleitos anualmente pelo povo em geral*. O grau de poder a eles delegado parece ter ficado muito obscuro. Em período posterior, encontramos uma assembleia, primeiro com quatrocentos membros e mais tarde com seiscentos, anualmente *eleita pelo povo* e representando-o *parcialmente* em seu poder legislativo, pois seus membros não só se associavam ao povo na função de fazer leis como tinham o direito exclusivo de apresentar propostas legislativas ao povo. Verifica-se que também o Senado de Cartago, fosse qual fosse seu poder ou a duração do mandato de seus membros, era eleito pelo sufrágio do povo. Casos similares podem ser encontrados na maioria dos governos populares da Antiguidade, se não em todos.

Em Esparta encontramos os éforos, e em Roma, os tribunos. Eles compunham dois corpos bastante reduzidos, mas eram anualmente *eleitos por todo o povo* e considerados como seus *representantes* em caráter quase *plenipotenciário*. Os cosmos de Creta eram também anualmente *eleitos pelo povo*, e foram considerados por alguns autores uma instituição análoga às de Esparta e de Roma, com a única diferença de que na eleição desse corpo representativo o direito de sufrágio era conferido apenas a uma parte do povo.

Estes fatos, a que muitos outros poderiam ser acrescentados, deixam claro que o princípio da representação não era desconhecido pelos antigos, nem inteiramente desprezado em seus modos de organização política. A verdadeira distinção entre esses governos e o americano reside na total exclusão do povo, como coletividade, de qualquer participação neste último, e não na total exclusão dos representantes do povo na administração dos primeiros. Devemos admitir, contudo, que assim expressa essa distinção confere enorme vantagem aos Estados Unidos. Para assegurar pleno efeito a essa vantagem, porém, devemos ter o cuidado de não a separar de uma outra, a da extensão territorial. Pois não é concebível que qualquer forma de governo representativo pudesse ter tido êxito nos estreitos limites ocupados pelas democracias da Grécia.

Em resposta a todos esses argumentos, sugeridos pela razão, ilustrados por exemplos e provados por nossa própria experiência, o desconfiado adversário da Constituição provavelmente se contentará em repetir que um Senado não escolhido diretamente pelo povo, e por um prazo de seis anos, está fadado a adquirir gradualmente uma perigosa preeminência no governo, até ser transformado por fim numa aristocracia tirânica.

A essa resposta geral bastaria replicar que os abusos da liberdade podem ameaçá-la tanto quanto os abusos do poder; que os exemplos do primeiro caso são tão numerosos quanto os do segundo; e que os abusos da liberdade, mais que os do poder, constituem uma ameaça para os Estados Unidos. Mas é possível dar também uma resposta mais específica.

Cabe observar que, para promover uma revolução como essa, o Senado teria, em primeiro lugar, de corromper a si mesmo; em seguida, teria de corromper os legislativos estaduais para depois corromper a Câmara dos Representantes, e finalmente corromper o povo em geral. É evidente que o Senado teria que estar corrompido antes de tentar implantar uma tirania. Sem corromper os legislativos estaduais, não poderia levar a tentativa adiante, porque a mudança periódica de membros produziria a regeneração de todo o corpo. Se não empregasse os meios de corrupção com igual sucesso junto à Câmara dos Representantes, a oposição deste ramo do governo frustraria inevitavelmente a tentativa; e se não corrompesse o próprio povo, uma sucessão de novos representantes não tardaria a restaurar todas as coisas em sua ordem prístina. Haverá alguém capaz de se convencer seriamente de que o Senado proposto pode, por não importa que meios compatíveis com a habilidade humana, realizar uma ambição criminosa por sobre todas essas obstruções?

Se a razão condena essa suspeita, igual sentença é proferida pela experiência. A constituição de Maryland fornece o exemplo mais apropriado. O Senado desse Estado, tal como o será o Senado federal, é eleito indiretamente pelo povo, e para um período de apenas um ano a menos. Distingue-se também pela notável prerrogativa de preencher as próprias vacâncias dentro do prazo de sua legislatura, ao mesmo tempo livre do controle da rotação de membros, prevista para o Senado federal. Outras distinções menores exporiam o primeiro a objeções equivocadas, que não podem pesar contra o segundo. Portanto, se o Senado federal realmente envolvesse o perigo tão ardorosamente proclamado, o Senado de Maryland já teria a esta altura manifestado pelo menos alguns sintomas de perigo semelhante. No entanto, nenhum deles se revelou. Ao contrário, as suspeitas de início alimentadas por homens do naipe dos que se aterrorizam com a parte correspondente da Constituição federal foram gradualmente extintas com o avanço da experiência, e a cada dia, graças à salutar aplicação desta sua parte, a constituição de Maryland firma uma reputação que provavelmente a de nenhum outro Estado da União pode exibir.

Mas se algo é capaz de aplacar as desconfianças a esse respeito, deve ser o exemplo britânico. Ali o Senado, longe de ser eleito por um termo de seis anos, ou de não se restringir a determinadas famílias ou condições de fortuna, é uma assembleia hereditária de nobres opulentos. A Câmara dos Representantes, longe de ser eleita por dois anos, e por todo o povo, é eleita por sete anos, e, em sua grande parte, por parcela muito reduzida do povo. Neste caso, inquestionavelmente, deve-se ver a mais plena manifestação das usurpações aristocráticas e da tirania que os Estados Unidos estariam fadados a ilustrar num período futuro. Contudo, lamentavelmente para a argumentação antifederal, a história da Grã-Bretanha nos informa que essa assembleia hereditária não foi capaz de se defender das contínuas intromissões da Câmara dos Representantes, e que demorou tão pouco tempo para perder o apoio do monarca como para ser efetivamente esmagada pelo peso da câmara popular.

Na medida em que a Antiguidade pode nos instruir sobre tal matéria, seus exemplos corroboram nosso raciocínio. Em Esparta, verificou-se que os éforos, representantes anuais do povo, conseguiram sobrepujar o Senado vitalício, aumentaram continuamente sua autoridade e por fim açambarcaram todo o poder. É sabido que os tribunos de Roma, que eram representantes do povo, venceram quase todas as disputas com o Senado vitalício, acabando por obter sobre ele o mais completo triunfo. O fato é ainda mais notável porque se exigia unanimidade em todos os atos dos tribunos, mesmo após a elevação de seu número para dez. Isso prova a irresistível força do braço de um governo livre que tem o povo a seu lado. A esses exemplos se poderia acrescentar o de Cartago, cujo Senado, segundo o testemunho de Políbio, em vez de sugar todo o poder para seu vórtice, já perdera quase todo seu quinhão original quando a segunda Guerra Púnica começou.

Além da prova decisiva, fornecida por esse conjunto de fatos, de que o Senado federal jamais será capaz de se transformar, por usurpações graduais, num corpo independente e aristocrático, temos boas razões para crer que, se tal revolução viesse um dia a ocorrer por razões contra as quais a previdência humana não pode se proteger, a Câmara dos Representantes, com o povo a seu lado, seria sempre capaz de restabelecer a Constituição, em sua forma e seus princípios originais. Nada poderá sustentar nem mesmo a autoridade constitucional do Senado contra a força dos representantes diretos do povo senão uma tal demonstração de conduta esclarecida e apego ao bem público que leve o conjunto do próprio povo a dividir com essa câmara do legislativo sua afeição e seu apoio.

PUBLIUS [MADISON]

ARTIGO 64

Maior exame da organização do Senado no tocante ao poder de firmar tratados

É justa e antiga a observação de que inimigos de determinadas pessoas e opositores de determinadas medidas raramente limitam suas censuras ao que nelas de fato merece reprovação. Sem aceitar esse princípio, é difícil entender os motivos dos que condenam a Constituição proposta em seu todo e tratam com severidade alguns de seus artigos mais inatacáveis.

A segunda seção confere ao presidente o poder "*de fazer tratados pela e com a recomendação e a anuência do Senado, desde que dois terços dos senadores presentes estejam de acordo*".

O poder de fazer tratados — de grande importância, especialmente por se relacionar com a guerra e a paz e com o comércio — não deveria ser delegado senão de um tal modo e com tais precauções que forneçam a mais sólida garantia de que será exercido pelos homens mais qualificados para o propósito, e da maneira mais favorável ao bem público. A convenção demonstra ter sido atenta a ambos os pontos; recomendou que o presidente seja escolhido por corpos seletos de eleitores, que receberão delegação do povo para esse fim específico, e confiou a designação dos senadores aos legislativos estaduais. Tal procedimento tem, nesses casos, enorme vantagem sobre eleições pelo povo como coletividade, em que a ação do fervor partidário, tirando proveito da apatia, da ignorância e das esperanças e dos temores dos incautos e ambiciosos, consegue com frequência eleger homens pelos votos de pequena proporção dos eleitores.

Dado que as assembleias seletas para a escolha do presidente, bem como os legislativos estaduais que designarão os senadores, se comporão em geral dos mais esclarecidos e respeitáveis cidadãos, há razões para se presumir que sua atenção e seu voto se inclinarão para os homens que mais se tiverem destacado por suas capacidades e virtude, e em quem o povo percebe justos motivos para confiar. A Constituição confere uma atenção muito especial a esse assunto.

Ao excluir homens com menos de 35 anos do cargo máximo, e os de trinta do segundo, limita os eleitores a homens sobre quem o povo teve tempo para formar um juízo, e com relação aos quais não correm o risco de ser decepcionados por aquelas brilhantes aparências de talento e patriotismo que, como meteoros fugazes, por vezes enganam tanto quanto deslumbram. Se há verdade na observação de que reis sábios são sempre servidos por ministros hábeis, é justo afirmar que, como uma assembleia de eleitores possui, em grau maior que os reis, meios de obter informação ampla e precisa com relação aos homens e aos caracteres, as designações por elas feitas exibirão pelo menos iguais marcas de critério e discernimento. A inferência natural dessas considerações é que o presidente e os senadores assim escolhidos pertencerão sempre ao número dos que melhor compreendem nossos interesses nacionais, seja no tocante aos vários Estados ou às nações estrangeiras, dos que mais são capazes de promover esses interesses e cuja reputação de integridade inspira e merece confiança. A homens tais, o poder de fazer tratados pode ser confiado com segurança.

Embora a necessidade absoluta de método na condução de qualquer negócio seja universalmente conhecida e reconhecida, sua extrema importância nos negócios nacionais ainda não ficou suficientemente clara para o povo. Os que desejam submeter tal poder a uma assembleia popular composta de membros que entram e saem constantemente, em rápida sucessão, parecem não lembrar que um corpo assim será forçosamente inadequado para a consecução daqueles grandes objetivos que precisam ser contemplados com constância em todas as suas relações e circunstâncias, e que só podem ser abordados e concluídos por medidas cuja elaboração e execução exigem não só talento como informação exata e muitas vezes um longo tempo. A convenção foi sábia, portanto, ao dispor não só que o poder de fazer tratados deveria ser confiado a homens capazes e honestos, mas que estes deveriam também permanecer em seus cargos tempo suficiente para se familiarizar plenamente com nossos assuntos nacionais, formando e introduzindo um método para a administração desses assuntos. A duração prescrita é de molde a lhes dar oportunidade de ampliar enormemente suas informações políticas e tornar sua experiência acumulada cada vez mais benéfica para o país. A convenção não revelou menor prudência ao estipular eleições frequentes de senadores, de modo a anular o inconveniente de uma transferência periódica de assuntos tão relevantes a homens inteiramente novos. Ao deixar considerável remanescente dos velhos membros em suas cadeiras, assegurou a preservação da uniformidade e da ordem, bem como uma sucessão constante de informação oficial.

Poucos se recusarão a admitir que assuntos de comércio e navegação deveriam ser regulamentados por um sistema elaborado com cautela e aplicado com constância, e que tanto nossos tratados como nossas leis deveriam estar de acordo com ele e ser feitos para implementá-lo. A ciosa preservação dessa correspondência e conformidade é de extrema importância, e os que admitem isso verão e admitirão que ela é bem assegurada quando se exige a sanção do Senado tanto para os tratados como para as leis.

Na negociação de tratados, seja qual for sua natureza, não é raro haver necessidade de *sigilo* total e *aviamento* imediato. Há casos em que se pode obter informação de extrema utilidade se aqueles que a possuem puderem ser poupados do temor de se exporem. Esses temores atuarão sobre essas pessoas por motivos mercenários ou benevolentes; e certamente há nas duas categorias aquelas que confiariam na discrição do presidente, mas não na do Senado, e menos ainda na de uma grande assembleia popular. A convenção fez bem, portanto, ao depositar o poder de fazer tratados de tal modo que, embora o presidente deva agir, ao elaborá-los, segundo a orientação do Senado e com sua concordância, será ainda assim capaz de conduzir a questão da informação da maneira que sua prudência recomende.

Os que se mantêm atentos às atividades humanas terão por certo percebido que elas apresentam fluxos e refluxos. Sua duração e direção apresentam flutuações muito irregulares, que raramente ocorrem duas vezes da mesma maneira ou na mesma medida. Discernir essas marés nos negócios nacionais e tirar proveito delas é missão dos que os presidem; e aqueles que têm muita experiência nesse campo nos informam que são frequentes as ocasiões em que dias, ou mesmo horas, são preciosos. A perda de uma batalha, a morte de um príncipe, a remoção de um ministro, ou outras circunstâncias que intervêm para alterar a situação ou o aspecto atual dos negócios podem fazer a mais favorável maré tomar um curso oposto a nossos desejos. No campo de batalha ou no gabinete, há momentos que devem ser agarrados, e os que presidem a ambos devem ter o poder de aproveitá-los. Até hoje sofremos tantas vezes e tão profundamente em razão da falta de sigilo e rapidez que a Constituição seria indesculpavelmente falha se não tivesse dispensado nenhuma atenção a essas questões. As matérias cuja negociação requer em geral maior sigilo e rapidez são aquelas medidas preparatórias e auxiliares que só têm importância, do ponto de vista nacional, na medida em que ajudam a realizar as finalidades da negociação. O presidente não encontrará dificuldades em tomar tais medidas e, na ocorrência de circunstâncias que exijam o conselho e a anuência do Senado, poderá convocá-lo a qualquer momento. Vemos, pois, que a Constituição estabelece que nossas negociações para a feitura de tratados terão, por um lado, todas as vantagens que podem ser extraídas dos talentos, da informação e das investigações deliberadas e, por outro, do sigilo e da rapidez.

Mas também para essa parte do plano, como para a maioria das partes que foram apresentadas, engendram-se e proclamam-se objeções.

Alguns estão descontentes não por causa de algum erro ou falha que apresente, mas porque, como os tratados, uma vez firmados, deverão ter força de lei, consideram que só deveriam ser feitos por homens investidos de autoridade legislativa. Esses cavalheiros parecem não levar em conta que os julgamentos de nossos tribunais e as delegações constitucionalmente feitas por nosso governo são tão válidos quanto as leis aprovadas por nosso legislativo, e impõem-se com a mesma abrangência. Todos os atos constitucionais, seja do poder executivo ou do judiciário, têm tanta validade legal e força quanto se procedessem do legislativo. Portanto, seja qual for o nome dado ao poder de fazer tratados, e seja qual for o grau de obrigatoriedade a eles conferido quando firmados, o certo é que o povo poderia, com muita propriedade, confiá-lo a um corpo distinto do legislativo, do executivo ou do judiciário. Certamente, do fato de se ter conferido o poder de fazer leis ao legislativo não se segue que lhe deve ser igualmente concedido o poder de praticar todos os demais atos de soberania que deverão sujeitar e afetar os cidadãos.

Outros, embora satisfeitos com o modo proposto para a feitura dos tratados, não admitem que eles sejam as leis *supremas* da nação. Professam acreditar, e insistem nisso, que os tratados deveriam ser livremente revogáveis, como atos de assembleia. Essa ideia parece ser nova e peculiar a este país, mas erros novos, como verdades novas, aparecem com frequência. Esses cavalheiros fariam bem em refletir que tratado nada mais é que outro nome para contrato, e que seria impossível encontrar uma nação disposta a fazer qualquer contrato conosco que fosse *absolutamente* obrigatório para ela, mas para nós apenas enquanto nos parecesse conveniente segui-lo, e até o ponto que nos aprouvesse. Os que fazem leis podem, sem dúvida, emendá-las ou revogá-las; e não se discutirá que os que fazem tratados podem alterá-los ou revogá-los; convém não esquecer, porém, que os tratados não são feitos por apenas uma das partes contratantes, e sim por ambas; consequentemente, assim como o acordo de ambas foi essencial em sua primeira formulação, assim será sempre, posteriormente, para sua alteração e seu cancelamento. Vemos, pois, que a Constituição proposta não ampliou em nada a obrigatoriedade dos tratados.

A obrigatoriedade e legitimidade que têm agora é tão mais ampla que o alcance legal dos atos legislativos quanto sempre o foi e será em qualquer momento futuro, sob qualquer forma de governo.

Por mais útil que a desconfiança possa ser nas repúblicas, quando ela é excessiva no corpo político, como a bile no organismo, os olhos se tornam muito suscetíveis de se deixarem enganar pelas aparências ilusórias que essa doença empresta aos objetos circunstantes. É esta, provavelmente, a origem dos temores e apreensões de alguns de que o presidente e o Senado possam fazer tratados sem uma atenção equitativa aos interesses de todos os Estados. Outros suspeitam de que os dois terços haverão de oprimir o terço restante, e perguntam: estão esses cavalheiros suficientemente obrigados a prestar contas de sua conduta? Podem ser punidos, caso ajam de forma corrupta? E de que modo poderemos nos livrar de tratados desvantajosos que porventura venham a fazer?

Como todos os Estados estarão igualmente representados no Senado, e pelos homens mais capazes e mais dispostos a promover os interesses de seus eleitores, todos eles terão igual grau de influência nesse corpo, especialmente enquanto se conservarem cuidadosos na designação das pessoas apropriadas e insistirem em sua assiduidade. Quanto mais os Estados Unidos assumirem uma forma e um caráter nacional, mais o bem geral será objeto de atenção. O governo precisaria ser de fato muito fraco para esquecer que o bem do todo só pode ser promovido pelo fomento do bem de cada uma das partes ou membros que o compõem. Não estará no poder do presidente e do Senado fazer quaisquer tratados que não se imponham a eles mesmos, suas famílias e seus bens, tanto quanto ao resto da comunidade; e, não tendo nenhum interesse particular distinto daqueles da própria nação, eles não sofrerão a tentação de negligenciar esta última.

Quanto à corrupção, a hipótese é inconcebível. Deve ter sido muito infeliz em suas relações com o mundo, ou ser demasiado sensível a tais impressões, aquele que julga provável que o presidente e dois terços do Senado seriam capazes de tão indigna conduta. A ideia é demasiado torpe e repulsiva para ser alimentada. Mas se tal caso um dia ocorresse, o tratado assim obtido seria, como todos os outros contratos fraudulentos, írrito e nulo pelas leis das nações.

No tocante à responsabilidade do presidente e dos senadores, é difícil conceber como se poderia aumentá-la. Todas as considerações capazes de influenciar a mente humana, como honra, juramentos, reputações, consciência, amor ao país, afeições de família e lealdades reforçam sua fidelidade. Em suma, como a Constituição cuidou ao máximo para que sejam homens de talento e integridade, temos razões para acreditar que os tratados que vão firmar serão os mais vantajosos, consideradas as circunstâncias; e se o temor da punição e da desgraça é eficaz, esse estímulo ao bom comportamento é amplamente fornecido pelo artigo referente aos *impeachments*.

PUBLIUS [JAY]

ARTIGO 65

Maior exame da organização do Senado no tocante a seu caráter de tribunal para o julgamento de impeachments

Os demais poderes que o plano da convenção atribui ao Senado, numa condição distinta, consistem em sua participação, com o executivo, na nomeação para ministérios e, em seu caráter judicial, como tribunal para o julgamento de *impeachments*. Como na questão das designações o principal agente será o executivo, as medidas a elas referentes serão discutidas com mais propriedade quando examinarmos esse poder. Portanto, concluiremos este tópico com uma análise do caráter judicial do Senado.

Uma corte bem constituída para o julgamento de *impeachments* é algo tão desejável quanto difícil de obter num governo inteiramente eletivo. Os assuntos de sua jurisdição são aqueles crimes que procedem da má conduta de homens públicos, ou, em outras palavras, do abuso ou violação de um mandato público. São de uma natureza que pode, com peculiar propriedade, ser denominada política, pois que se relacionam sobretudo com danos causados diretamente à própria sociedade. Por essa razão, seu julgamento raras vezes deixará de agitar as paixões de toda a comunidade e de fragmentá-la em partes mais ou menos favoráveis ou hostis ao acusado. Em muitos casos, o próprio julgamento estará associado a facções preexistentes e absorverá todas as suas animosidades, parcialidades, influências e interesses de um lado ou de outro; nesses casos haverá sempre maior perigo de a decisão ser regulada mais pela força relativa das facções que pela demonstração real de inocência ou de culpa.

São evidentes a delicadeza e a magnitude de um encargo que envolve tão profundamente a reputação política e a existência de todo homem engajado na administração dos negócios públicos. A dificuldade de atribuí-lo a mãos corretas num governo inteiramente fundado em eleições periódicas é prontamente percebida quando se considera que as figuras de maior destaque desse governo serão, com enorme frequência, em razão dessa circunstância, os líderes ou os instrumentos da facção mais sagaz ou mais numerosa, não sendo muito de esperar, portanto, que possuam a exigida neutralidade em face daqueles cuja conduta possa ser submetida a escrutínio.

Constata-se que a convenção considerou o Senado o mais adequado depositário desse importante encargo. Os que melhor podem perceber a dificuldade intrínseca da coisa serão os menos apressados em condenar essa posição e os mais inclinados a dar o devido peso às razões que presumivelmente a produziram.

Qual é, pode-se perguntar, o verdadeiro espírito da própria instituição do *impeachment?* Não foi ele concebido como um método de *júri nacional* da conduta de homens públicos? Se é essa a sua finalidade, quem poderia exercer o papel de juízes em nome da nação com tanta propriedade como os próprios representantes da nação? Ninguém discute que o poder de dar origem ao inquérito, ou, em outras palavras, de propor o *impeachment,* deve ser entregue a uma das câmaras do corpo legislativo. Ora, as razões que indicam a propriedade desse arranjo não pesam fortemente em favor da participação da outra câmara do mesmo corpo no julgamento? O modelo de que se extraiu a ideia dessa instituição indicava esse caminho à convenção. Na Grã-Bretanha, é da competência da Câmara dos Comuns propor o *impeachment,* e cabe à Câmara dos Lordes decidi-lo. Várias constituições estaduais seguiram esse exemplo. Tanto nesses Estados como na Grã-Bretanha, a prática do *impeachment* parece ter sido encarada como uma rédea com que o corpo legislativo pode controlar os servidores executivos do governo. Não é esta a verdadeira luz sob a qual deve ser visto?

Onde, senão no Senado, se poderia encontrar um tribunal suficientemente honrado ou suficientemente independente? Que outro corpo tenderia a ter *confiança suficiente em sua própria situa*ção para preservar, impávida e imune a influências, a necessária imparcialidade entre um *indivíduo* acusado e os *representantes do povo, seus acusadores*?

É possível considerar que a Suprema Corte corresponde a essas exigências? É muito duvidoso que os membros desse tribunal detenham em todos os momentos a enorme parcela de coragem necessária para a execução de tão difícil tarefa; é ainda mais duvidoso que possuam o grau de credibilidade e autoridade que, por vezes, seria indispensável para levar o povo a aceitar uma decisão que poderia colidir com a acusação apresentada por seus representantes imediatos. A falta de credibilidade seria fatal para o acusado; de autoridade, perigosa para a tranquilidade pública. O risco, sob ambos os aspectos, só poderia ser evitado, na melhor das hipóteses, tornando-se esse tribunal mais numeroso do que o compatível com a atenção à economia. A necessidade de um tribunal numeroso para o julgamento de *impeachments* é igualmente ditada pela natureza do caso. Este jamais poderá ficar preso — seja na formulação do crime pelos demandantes, seja em sua interpretação pelos juízes — a regras tão estritas como as que, em casos comuns, servem para limitar o grau de liberdade do tribunal em defesa da garantia pessoal. Nenhum júri se interporá entre os juízes que deverão pronunciar a sentença legal e a parte que a deverá receber ou sofrer. A tremenda liberdade de que um tribunal de *impeachments* deve necessariamente gozar para determinar a honra ou a infâmia das figuras mais respeitadas e destacadas da comunidade proíbe a entrega dessa missão a um pequeno número de pessoas.

Estas considerações, por si só, parecem autorizar uma conclusão: a de que a Suprema Corte teria sido um substituto inadequado do Senado como tribunal de *impeachments*. Resta, porém, uma consideração adicional, que em muito reforçará essa conclusão. É esta: a punição que pode decorrer da convicção sobre os *impeachments* não deve cessar no castigo do acusado. Após ter sido sentenciado a um perpétuo ostracismo da estima, da confiança, das honras e dos emolumentos de seu país, ele estará também sujeito a processo e punição no curso da justiça comum. Seria apropriado que pessoas que perderam, em um julgamento, sua reputação e seus mais valiosos direitos de cidadão pudessem perder, em outro julgamento pelo mesmo crime, sua vida e sua fortuna? Não haveria a maior das razões para temer que o erro na primeira sentença seria o pai do erro na segunda? Que o forte peso de uma decisão seria capaz de sobrepujar a influência de quaisquer novas revelações que pudessem ser apresentadas para alterar a feição de uma outra decisão? Os que conhecem um pouco a natureza humana não hesitarão em responder afirmativamente a essas perguntas; tampouco terão dificuldade em perceber que, caso se fizesse das mesmas pessoas juízes em ambos os casos, os que viessem a ser objeto de processo estariam, em grande medida, privados da dupla garantia que o duplo julgamento visa lhes proporcionar. A perda da vida e dos bens estaria com frequência virtualmente incluída numa sentença que, em seus termos, implica tão somente a demissão da função e a desqualificação para funções futuras. Poder-se-ia dizer que a intervenção de um júri, na segunda instância, eliminaria o perigo. Mas os júris são com frequência influenciados pelas opiniões dos juízes. Por vezes, são induzidos a proferir veredictos especiais, que remetem a questão principal à decisão do tribunal. Quem se disporia a apostar sua vida e sua fortuna no veredicto de um júri que atua sob os auspícios de juízes que prejulgaram sua culpa?

Se o plano tivesse unido a Suprema Corte ao Senado na composição do tribunal de *impeachments*, teria isso sido um aperfeiçoamento? Sem dúvida tal união acarretaria várias vantagens; não seriam elas, porém, anuladas pela notória desvantagem, já apontada, oriunda da atuação dos mesmos juízes no duplo processo a que o acusado estará sujeito? Até certo ponto, os benefícios dessa união serão obtidos fazendo do presidente da Suprema Corte o presidente do tribunal de *impeachments*, tal como o propõe o plano da convenção, evitando essencialmente os inconvenientes da total incorporação da primeira ao segundo. Talvez este seja o meio-termo prudente. Abstenho-me de comentar o pretexto adicional de clamor contra o judiciário que um aumento tão considerável de seu poder forneceria.

Teria sido desejável que o tribunal para o julgamento de *impeachments* fosse composto por pessoas inteiramente alheias aos demais poderes do governo? Há fortes argumentos tanto contra como a favor dessa ideia. Para alguns espíritos, não parecerá banal a objeção de que isso tenderia a aumentar a complexidade da máquina política, e a acrescentar ao governo mais uma mola, de utilidade no mínimo questionável. Mas eis uma objeção que ninguém poderá considerar indigna de atenção: um tribunal composto com base nessa ideia ou bem seria extremamente dispendioso ou estaria sujeito a uma variedade de casualidades e inconvenientes. Teria de ser formado por funcionários permanentes, estáveis em seus cargos no governo e evidentemente com direito a estipêndios fixos e regulares, ou por certos funcionários dos governos estaduais, convocáveis sempre que houvesse realmente um *impeachment* a julgar. Não é fácil imaginar um terceiro modo, substancialmente diferente, que pudesse ser sensatamente proposto. Como o tribunal, por razões já apresentadas, deve ser numeroso, o primeiro esquema será reprovado por todo homem capaz de comparar a extensão das necessidades públicas e os recursos para supri-las. O segundo será acatado com cautela pelos que considerarem seriamente a dificuldade de reunir homens dispersos por toda a União; o dano que os inocentes sofreriam com o adiamento da determinação das acusações que lhe tivessem sido feitas; a vantagem que os culpados poderiam obter desse adiamento, que favoreceria a intriga e a corrupção; em alguns casos, o prejuízo que o Estado teria, em decorrência da prolongada inação de homens que, pelo exercício firme e confiante de sua missão, poderiam ter sido vítimas da perseguição de uma maioria descontrolada ou mal-intencionada na Câmara dos Representantes. Embora esta última suposição possa parecer sombria e seja pouco provável, convém não esquecer que o demônio do facciosismo haverá, em certas ocasiões, de estender seu cetro sobre todas as assembleias numerosas de homens.

Mesmo que um ou outro dos substitutos examinados, ou um terceiro que se pudesse conceber, fosse considerado preferível à proposta feita a este respeito pela convenção, isso não seria razão para rejeitar a Constituição. Se a humanidade resolvesse rejeitar toda instituição governamental até que todas as suas partes tivessem sido ajustadas ao mais exato padrão de perfeição, a sociedade logo se transformaria numa arena de anarquia, e o mundo, num deserto. Onde encontrar o padrão de perfeição? Quem tentará unir as opiniões discordantes de toda uma comunidade numa igual avaliação desse padrão, e conseguir que um presunçoso idealizador abra mão de seu critério infalível em troca do critério falível de seu mais presunçoso vizinho? Para atingir seus propósitos, não basta aos adversários da Constituição provar que os dispositivos específicos desta não são os melhores que se poderiam imaginar, mas que o plano em seu conjunto é mau e pernicioso.

PUBLIUS [HAMILTON]

ARTIGO 66

Desenvolvimento do tema

Um exame das principais objeções manifestadas contra o tribunal proposto para o julgamento de *impeachments* provavelmente erradicará os resquícios de todas as impressões desfavoráveis ainda existentes com relação a essa matéria.

De acordo com a *primeira* dessas objeções, o dispositivo em questão confunde os poderes legislativo e judiciário no mesmo corpo, violando a máxima importante e bem estabelecida que exige a separação dos diferentes braços do poder. O verdadeiro significado dessa máxima foi discutido e definido em outro artigo, quando se mostrou ser ele inteiramente compatível com certa mistura desses poderes para fins especiais, desde que permaneçam, no essencial, distintos e separados. Essa mistura parcial é mesmo, em alguns casos, não só adequada como necessária à defesa dos diversos braços do governo uns contra os outros. Os mais capazes conhecedores da ciência política admitem que o poder de veto, absoluto ou qualificado, do executivo sobre os atos do corpo legislativo é uma barreira indispensável contra abusos deste último em relação ao primeiro. Talvez se possa afirmar também, com igual razão, que os poderes relacionados com os *impeachments* são, como antes se sugeriu, um controle essencial nas mãos do legislativo contra os abusos do executivo. A divisão desses poderes entre as duas câmaras do legislativo, sendo a uma atribuído o direito de acusar e à outra o direito de julgar, evita o inconveniente de fazer com que as mesmas pessoas sejam acusadores e juízes ao mesmo tempo e protege contra o perigo da perseguição, da prevalência de um espírito faccioso em ambas as câmaras. A condenação exigirá a aprovação de dois terços do Senado, circunstância adicional que dá ao inocente uma garantia tão completa quanto ele próprio poderia desejar.

É curioso observar a veemência com que esta parte do plano é atacada, com base no princípio a que nos referimos, por homens que professam admirar sem restrições a constituição do Estado de Nova York. No entanto, esta faz do Senado, juntamente com o presidente e os juízes da Suprema Corte, não apenas um tribunal de *impeachments* como a mais alta judicatura do Estado em todos os casos, civis e criminais. A proporção numérica entre o presidente e os juízes de um lado e os senadores de outro é tão insignificante que se pode dizer, sem fugir à verdade, que a autoridade judiciária de Nova York pertence em última instância ao Senado. Se o plano da convenção pode ser acusado de se desviar, neste aspecto, da celebrada máxima tantas vezes mencionada, e que parece ser tão pouco compreendida, quão mais condenável não seria a constituição de Nova York?[1]

Uma *segunda* objeção ao Senado como tribunal de *impeachments* é a de que isso contribui para um indevido acúmulo de poder nesse corpo, tendendo a dar ao governo uma fisionomia demasiado aristocrática. O Senado, diz-se, terá um poder complementar ao do executivo na elaboração de tratados e designação de ministros; se a estas prerrogativas se acrescentar a da decisão em todos os casos de *impeachments*, a influência senatoria ganhará uma evidente predominância. Não é fácil encontrar resposta muito precisa para uma objeção ela mesma tão pouco precisa. Onde está a medida ou critério de que podemos lançar mão para avaliar o que daria ao Senado um grau de influência grande demais, pequeno demais, ou exatamente o devido? Não seria mais seguro, além de mais simples, deixar de lado esses cálculos vagos e incertos, para examinar cada poder em si mesmo e decidir, com base em princípios gerais, onde ele pode ser depositado com mais vantagem e menos inconvenientes?

Esse caminho, se o adotarmos, nos levará a um resultado mais inteligível, se não mais certo. Nesse caso, salvo engano, o modo como o plano da convenção dispôs o poder de fazer tratados parecerá plenamente justificado pelas considerações expressas no artigo anterior e por outras que serão feitas sob o próximo tópico de nossa investigação. Acredito que a conveniência da junção do Senado com o executivo no poder de designar ministros será também satisfatoriamente esclarecida nas análises que serão feitas sob o mesmo tópico. Espero também que as observações de meu último artigo tenham contribuído consideravelmente para provar que não é fácil, e talvez nem viável, encontrar um depositário mais adequado para o poder de decidir *impeachments* que aquele escolhido. Se isso for mesmo verdade, nossos raciocínios deveriam descartar o perigo hipotético do peso excessivo dado ao Senado.

---

1. Também em Nova Jersey a suprema autoridade judicial se ramifica a partir da legislativa. Em New Hampshire, Massachusetts, Pensilvânia e Carolina do Sul, a corte que julga os *impeachments* é um ramo do próprio legislativo.

Ocorre que essa hipótese, por infundada que seja, já foi refutada pelas observações referentes à duração dos mandatos dos senadores. Mostrou-se naquela ocasião, tanto por exemplos históricos como pela análise da questão, que a câmara mais *popular* de todo o governo, por partilhar do caráter republicano, por ser estimada pelo conjunto do povo, será em geral um concorrente à altura de qualquer outro braço do governo, se não o suplantar.

Mas, não obstante esse princípio extremamente ativo e operativo, o plano da convenção estipulou, para assegurar o equilíbrio da Câmara dos Representantes, vários contrapesos importantes para os poderes adicionais a serem conferidos ao Senado. A proposta de leis que concedam fundos ao governo é privilégio exclusivo da Câmara dos Representantes. A mesma casa possuirá o direito exclusivo de instituir *impeachments*; não é este um completo contrapeso ao poder de julgá-los? A mesma casa será árbitro em todas as eleições para presidente que não alcancem os sufrágios da maioria absoluta dos eleitores. Não se pode duvidar de que isso ocorrerá por vezes, se não frequentemente, e essa possibilidade constante será uma frutífera fonte de influência para esse corpo. Quanto mais a considerarmos, mais importante se revelará esta última ponderação ligada ao poder de decidir as competições entre os mais ilustres cidadãos da União por seu cargo mais elevado. Talvez não seja temerário prever que ele se provará, como meio de influência, um contrapeso, para todos os atributos peculiares do Senado.

Uma *terceira* objeção ao Senado como tribunal de *impeachments* está ligada à atuação que ele deverá ter nas designações para os ministérios. Imagina-se que seriam juízes demasiado indulgentes da conduta de homens de cuja designação oficial participaram. O princípio dessa objeção condenaria uma prática que pode ser vista em todos os governos estaduais de que temos conhecimento; refiro-me à de tornar os que ocupam cargos por indicação dependentes da vontade dos autores da indicação. Com igual plausibilidade, poder-se-ia alegar que o favoritismo destes últimos seria sempre uma proteção para a conduta indevida dos primeiros. Porém, em contradição com esse princípio, essa prática se baseia no pressuposto de que a responsabilidade dos que nomeiam pela adequação e competência dos contemplados com sua escolha e seu interesse na administração respeitável e próspera dos negócios públicos lhes incutirão disposição suficiente para eliminar da participação nessa administração todos os que, por sua conduta, se mostrem indignos da confiança neles depositada. Embora os fatos possam nem sempre corresponder a esse pressuposto, se ele for essencialmente correto destruirá a suposição de que o Senado, que irá apenas sancionar a escolha do executivo, tenderia a favorecer os beneficiários a ponto de ficar cego a provas de culpa notáveis o bastante para levar os representantes da nação a atuar como seus acusadores.

Se algum outro argumento fosse necessário para mostrar a improbabilidade desse favorecimento, ele poderia ser encontrado na natureza da ação do Senado no tocante a designações. Será função do presidente *nomear* e, com o conselho e a anuência do Senado, *designar*. Não haverá, evidentemente, nenhum exercício de *escolha* da parte do Senado. Seus membros podem recusar uma escolha do executivo e obrigá-lo a fazer outra; mas não podem *escolher* eles mesmos — cabe-lhes apenas ratificar ou rejeitar a escolha já feita. Podem até nutrir uma preferência por uma outra pessoa no próprio momento em que estão acatando a que foi proposta, por não haver fundamentos positivos para recusá-la; além disso, nada lhes asseguraria que, se negassem a aprovação, a escolha subsequente recairia sobre seu próprio favorito ou sobre uma terceira pessoa que julgassem mais merecedora que a recusada. Assim, seria muito improvável que a maioria do Senado sentisse, pelo objeto de uma designação, mais que aquela complacência que a aparência de mérito pode inspirar e que as provas de sua ausência destroem.

Uma *quarta* objeção ao Senado em sua qualidade de corte de *impeachments* deriva de sua união com o executivo no poder de fazer tratados. Ao que se diz, isso faria dos senadores seus próprios juízes em todos os casos de aplicação corrupta ou traiçoeira dessa missão. Após ter tramado com o executivo a traição dos interesses da nação num tratado ruinoso, que perspectiva haveria, pergunta-se, de que lhes fosse imposta a punição merecida, já que caberia a eles mesmos decidirem quanto à justa acusação por traição apresentada contra eles?

Tal objeção foi propagada com mais boa-fé e maior sensatez que qualquer outra apresentada contra esta parte do plano. No entanto, ou muito me engano, ou se funda num equívoco.

A garantia essencial que a Constituição pretendeu fornecer contra a corrupção no estabelecimento de tratados deve ser buscada no número e na qualificação dos encarregados da missão. A *ação conjunta* do primeiro magistrado da União e de dois terços dos membros de um corpo escolhido pela sabedoria coletiva dos legislativos dos vários Estados foi considerada o penhor da fidelidade dos conselhos nacionais neste particular. A convenção teria podido cogitar, com propriedade, da punição do executivo por desvio em relação às instruções do Senado; ou por falta de integridade na condução das negociações a ele confiadas; teria também podido admitir a punição de alguns membros de destaque do Senado que tivessem traficado sua influência nesse corpo como instrumentos mercenários de corrupção estrangeira; a convenção não podia, porém, ter aventado a possibilidade do *impeachment* e punição de dois terços do Senado que consentissem num tratado impróprio, exatamente como não a poderia ter aventado, caso essa ou a outra câmara do legislativo nacional aprovasse uma lei perniciosa ou inconstitucional — tal princípio, acredito, jamais foi admitido em nenhum governo. De fato, como poderia a maioria da Câmara dos Representantes aprovar seu próprio *impeachment*? Não estaria em melhor condição, evidentemente, que dois terços do Senado se julgassem a si próprios. Por que razão, então, a maioria da Câmara dos Representantes que sacrificasse os interesses da sociedade por um ato legislativo tirânico e injusto deveria ter mais impunidade que dois terços do Senado que sacrificasse os mesmos interesses num tratado danoso com uma nação estrangeira? A verdade é que, em todos esses casos, é essencial para a liberdade e para a necessária independência das deliberações do corpo que ele esteja isento de punições por atos praticados em caráter coletivo. A segurança da sociedade dependerá do cuidado que toma para entregar o mandato em mãos adequadas, para fazer com que seja do interesse delas cumpri-lo com fidelidade, e para tornar tão difícil quanto possível para elas unirem-se em torno de qualquer interesse contrário ao bem público.

No tocante a um mau procedimento do executivo, deturpando as instruções do Senado ou contrariando suas opiniões, não precisamos temer que falte a esse corpo a disposição de punir o abuso de sua confiança ou de fazer valer a própria autoridade. Até esse ponto, podemos contar com seu orgulho, se não com sua virtude. E mesmo que tenha chegado a ocorrer a corrupção de lideranças que com sua arte e influência tenham induzido a maioria a tomar medidas odiosas para a comunidade, se as provas dessa corrupção forem satisfatórias, a tendência usual da natureza humana nos permite concluir que o corpo não deixará de afastar de si o ressentimento popular por meio do pronto sacrifício dos responsáveis por sua má conduta e desgraça.

PUBLIUS [MADISON]

ARTIGO 67

Sobre a escolha do presidente: identificação de uma tentativa grosseira de desvirtuar essa parte do plano

A organização do poder executivo do governo proposto é o próximo tópico a exigir nossa atenção.

Dificilmente alguma outra parte do sistema poderia oferecer mais dificuldade que esta quanto a seu arranjo; e talvez nenhuma tenha sido condenada com menos imparcialidade e criticada com menor critério.

Em relação a esse ponto, os autores contrários à Constituição parecem ter se esmerado em demonstrar seu talento para a deturpação. Confiando na aversão do povo à monarquia, tentaram jogar todas as suas desconfianças e apreensões contra o presidente dos Estados Unidos, na forma proposta, como se ele fosse não apenas o embrião, mas a progênie plenamente desenvolvida daquela odiada mãe. Para demonstrar essa pretensa afinidade, não hesitaram em buscar recursos até nas regiões da ficção. Ampliaram os poderes desse magistrado — de fato por vezes maiores, por vezes menores que os de um governador de Nova York — até os tornar maiores que prerrogativas reais. Adornaram-no com atributos de maior dignidade e esplendor que os de um rei da Grã-Bretanha. Exibiram-no para nós com a fronte cingida pelo diadema cintilante, arrastando atrás si a púrpura imperial. Instalaram-no num trono cercado de lacaios e amantes, a dar audiência aos enviados de potentados estrangeiros em toda a arrogante pompa da majestade. Para coroar o exagero da cena, por pouco não faltaram imagens de despotismo e voluptuosidade asiáticos. Chegaram quase a ponto de nos fazer tremer ante as faces terrificantes de janízaros assassinos e enrubescer perante os mistérios desvelados de um futuro harém.

Tentativas assim tão extravagantes de desfigurar, ou melhor, de metamorfosear o objeto tornam necessário um exame apurado de suas reais natureza e forma. É necessário definir precisamente seu aspecto verdadeiro e sua aparência genuína, para desmascarar a má-fé e expor a falácia das falsas semelhanças, que têm sido propagadas tão ansiosa quanto industriosamente.

Na execução dessa tarefa, o esforço tanto para examinar com moderação como para tratar com seriedade os estratagemas, não menos fracos que perversos, arquitetados para perverter a opinião pública com relação a este assunto, pareceria árduo a qualquer homem. Eles excedem a tal ponto as licenças usuais, embora injustificáveis, do artifício partidário que, mesmo imbuídos da mais desapaixonada e tolerante disposição, sentimentos propícios a uma interpretação indulgente da conduta dos adversários políticos tendem a dar lugar a uma indignação voluntária e incontida. É impossível não acusar de impostura deliberada e logro a grosseira afirmação de semelhança entre o rei da Grã-Bretanha e um magistrado da espécie que se pretende para a presidência dos Estados Unidos. É ainda mais impossível não fazer a mesma acusação ante os expedientes atrevidos e impudentes usados na tentativa de assegurar o êxito dessa impostura.

Em um caso, que cito como amostra do espírito geral, o atrevimento foi a ponto de atribuir ao presidente dos Estados Unidos um poder que, pelo instrumento que estamos discutindo, está expressamente reservado aos executivos dos vários Estados. Refiro-me ao poder de preencher vacâncias casuais no Senado.

Essa insolente experimentação com o discernimento de seus compatriotas foi ousada por um autor que (seja qual for seu mérito real) contou com considerável parcela de aplausos de seu partido,[1,2] e que, com base em sua sugestão falsa e infundada, construiu uma série de argumentações igualmente falsas e infundadas. Que ele seja agora confrontado com a prova do fato, e que justifique ou amenize, se for capaz, o vergonhoso ultraje que fez aos ditames da verdade e às regras do jogo limpo.

A segunda cláusula da segunda seção do artigo dois dá ao presidente dos Estados Unidos o poder

> (...) de nomear e, pelo e com o conselho e aprovação do Senado, designar diplomatas, outros embaixadores e cônsules, juízes da Suprema Corte e todos os demais servidores dos Estados Unidos cujas designações não

---

1. Ver Cato, nº V.
2. "Cato" foi George Clinton (1739-1812), governador de Nova York e principal opositor da Constituição nesse Estado. Entre setembro de 1787 e janeiro de 1788, publicou sete cartas sob esse pseudônimo no *New York Journal*. (N. do E.)

> estejam previstas de outra forma na Constituição, *e que serão estabelecidas por lei.*

A esta cláusula segue-se imediatamente uma outra, nos seguintes termos:

> O presidente terá poder para preencher todas as *vacâncias* que ocorram durante *o recesso do Senado*, conferindo delegações que expirarão *ao final da sessão seguinte deste.*

Foi deste último dispositivo que se deduziu o pretenso poder que teria o presidente de preencher vacâncias no Senado. Uma ligeira atenção à conexão das cláusulas e ao sentido óbvio dos termos basta para nos convencer de que a dedução não é nem sequer plausível.

A primeira das duas cláusulas, é claro, apenas estipula um modo de eleger servidores "cujas designações *não estejam previstas de outra forma* na Constituição, e que *serão estabelecidas por lei*". Evidentemente, ela não pode incluir a designação de senadores, pois esta se encontra *prevista de outra forma* na Constituição,[3] está *estabelecida pela Constituição* e não exigirá futuro estabelecimento por lei. Esse ponto de vista dificilmente será contestado.

A segunda das duas cláusulas, é igualmente claro, não pode ser compreendida como abrangendo o poder de preencher vacâncias do Senado, pelas seguintes razões:

> *Primeira.* A relação em que está com a outra, que declara o modo geral de designação de servidores dos Estados Unidos, indica que não passa de um suplemento desta última com a finalidade de estabelecer um método auxiliar de designação em casos em que o método geral for inadequado. O poder ordinário de designar é confiado ao presidente e ao Senado conjuntamente, só podendo, portanto, ser exercido durante a sessão do Senado; mas como teria sido inconveniente obrigar este corpo a estar permanentemente em sessão para a designação de servidores, e como *em seu recesso* podem ocorrer vacâncias cujo rápido preenchimento seja exigido pelo serviço público, a cláusula ulterior pretende, evidentemente, autorizar o presidente, *isoladamente*, a fazer designações temporárias "durante o recesso do Senado, conferindo delegações que expirarão ao final da sessão seguinte deste".

3. Artigo 1, seção 3, cláusula 1.

Segunda. Se devemos considerar esta cláusula suplementar à que a precede, as *vacâncias* de que fala devem ser entendidas como relacionadas aos "servidores" mencionados na primeira; e estes, como vimos, não abrangem os membros do Senado.

Terceira. O tempo em que o poder deve ser exercido, "durante o recesso do Senado", e a duração das designações, "até o final da sessão seguinte" desse corpo, conspiram para elucidar o sentido do dispositivo que, se tivesse a intenção de abranger os senadores, teria naturalmente vinculado o poder temporário de preencher vacâncias aos recessos dos legislativos estaduais, que serão os responsáveis pelas designações permanentes, e não ao recesso do Senado nacional, que não terá nenhuma participação nessas designações; teria também estendido a permanência no cargo dos senadores temporários até a sessão seguinte do legislativo do Estado em cuja representação tivesse ocorrido a vacância, em vez de fazê-la expirar no final da sessão seguinte do Senado nacional. As circunstâncias do corpo autorizado a fazer as designações permanentes teriam, evidentemente, de orientar a alteração de um poder relacionado a designações temporárias, e como o Senado nacional é o único corpo cuja situação é contemplada na cláusula em que se baseia a objeção sob exame, só podemos pensar que as vacâncias a que esta alude se relacionam com aqueles funcionários em cuja designação esse corpo colabora com o presidente. Mas, *finalmente*, a primeira e a segunda cláusulas da terceira seção do artigo primeiro não apenas eliminam toda a possibilidade de dúvida como destroem o pretexto da falsa interpretação. A primeira estabelece que "o Senado dos Estados Unidos será composto por dois senadores de cada Estado, escolhidos *pelo legislativo deste* por seis anos"; e o segundo estipula que

> (...) se ocorrerem vacâncias nesse corpo, por renúncia ou outras razões, *durante o recesso do legislativo de algum Estado*, o executivo *deste* pode fazer designações temporárias até a *próxima reunião do legislativo*, que preencherá então tais vacâncias.

Vemos aqui conferido, em termos claros e inambíguos, aos executivos estaduais o poder expresso de preencher vacâncias no Senado por designações temporárias, o que não só invalida a suposição de que a cláusula antes considerada poderia ter pretendido conferir esse poder ao presidente dos Estados Unidos, mas prova que essa suposição, destituída como é até do mérito da plausibilidade, deve ter tido origem numa intenção de enganar o povo, intenção óbvia demais para ser obscurecida pela sofística, atroz demais para ser mitigada pela hipocrisia.

Dei-me ao trabalho de escolher esse exemplo de deturpação e de expô-lo a uma luz clara e forte como prova inequívoca das artes injustificáveis que são praticadas para impedir um julgamento justo e imparcial dos reais méritos da Constituição submetida à consideração do povo. Tampouco hesitei, em caso tão flagrante, em me permitir uma censura severa, pouco condizente com o espírito geral desses artigos. Não hesitei em deixar que todo adversário imparcial e honesto do governo proposto resolva se a língua fornece epítetos excessivamente ásperos para tentativa tão vergonhosa e tão vil de enganar os cidadãos da América.

PUBLIUS [HAMILTON]

ARTIGO 68

Continuação do exame da escolha do presidente no tocante à forma de designação

O modo de designação do primeiro magistrado dos Estados Unidos foi praticamente a única parte de alguma relevância do sistema que escapou de uma crítica severa de seus opositores; na verdade, recebeu deles até um ligeiro sinal de aprovação. A mais enganosa dessas críticas, entre as que foram publicadas, digna-se a admitir que a eleição do presidente está bastante bem resguardada.[1] Arrisco-me a ir além, e não hesito em afirmar que a maneira prevista, se não é perfeita, é pelo menos excelente. Ela une em grau elevado todas as vantagens da União a que se poderiam almejar.

1. *Letters from the Federal Farmer*, Richard Henry Lee.

Era desejável que o julgamento do povo atuasse na escolha da pessoa a quem tão importante missão seria confiada. Tal finalidade será atendida entregando-se o direito de fazê-la não a um corpo preestabelecido, mas a homens escolhidos pelo povo para esse objetivo específico, numa conjuntura particular.

Era igualmente desejável que a eleição direta fosse feita pelos homens mais capazes de analisar as qualidades adequadas à posição, agindo sob circunstâncias favoráveis à deliberação e a uma combinação judiciosa de todas as razões e motivos próprios para orientar sua escolha. Um pequeno número de pessoas, escolhidas por seus concidadãos a partir do conjunto da população, terá a máxima probabilidade de possuir a informação e o discernimento exigidos por tão complicada investigação.

Era também particularmente desejável dar tão pouca oportunidade quanto possível ao tumulto e à desordem. Este não era o menor dos males a temer na eleição de um magistrado que teria papel tão importante na administração do governo como o presidente dos Estados Unidos. Mas as precauções previstas de modo tão feliz no sistema sob consideração prometem uma segurança efetiva contra esse mal. A escolha de várias pessoas para compor um corpo intermediário de eleitores tenderá muito menos a convulsionar a comunidade com quaisquer movimentos extraordinários ou violentos que a escolha de uma pessoa que fosse ela própria o objeto das aspirações públicas. E como os eleitores escolhidos em cada Estado deverão se reunir e votar no Estado em que foram escolhidos, essa situação isolada e dividida os exporá muito menos a paixões e fermentações que poderiam ser comunicadas a eles pelo povo que se devessem reunir-se todos ao mesmo tempo, num único lugar.

Nada era mais desejável que opor todos os obstáculos possíveis ao conluio, à intriga e à corrupção. Seria natural esperar que esses adversários implacáveis do governo republicano atacassem por mais de um lado, mas sobretudo a partir do desejo das nações estrangeiras de obter uma ascendência indevida sobre nossos conselhos. Que forma melhor teriam elas de satisfazer tal desejo que alçar à primeira magistratura da União uma pessoa a seu serviço? A convenção, no entanto, evitou todo perigo desse tipo com a mais previdente e judiciosa atenção. Não pôs a designação do presidente na dependência de um corpo preexistente de homens, que poderiam ser previamente convencidos a prostituir seus votos; ao contrário, associou-a em primeira instância a um ato direto do povo da América, a ser exercido na escolha de pessoas para o propósito temporário e exclusivo de fazer a designação. Além disso, tornou inelegíveis para esse cargo todos aqueles que, em razão de sua posição, poderiam ser suspeitos de excessiva devoção ao presidente em exercício. Nenhum senador, representante ou qualquer outra pessoa que detenha um cargo de confiança ou remunerado no governo dos Estados Unidos pode ser incluído entre os eleitores. Assim, sem corromper a grande maioria do povo, os agentes imediatos da eleição deverão pelo menos iniciar a tarefa livres de qualquer tendência funesta. Sua existência efêmera e sua situação isolada, já assinaladas, oferecem uma perspectiva satisfatória de que continuarão assim, até concluí-la. A atividade da corrupção, quando precisa envolver número tão considerável de homens, requer não só tempo como recursos. Tampouco seria fácil envolver subitamente todos eles, dispersos como estariam por mais de 13 Estados, em qualquer combinação fundada em motivos que, mesmo que não pudessem ser propriamente tachados de corruptos, fossem de natureza tal que os desviassem de seu dever.

Outro desiderato, não menos importante, era que o chefe do executivo só dependesse, para sua permanência no cargo, do próprio povo. Do contrário, ele poderia ser tentado a sacrificar seu dever à complacência por aqueles cujos favores fossem necessários ao prolongamento de seu mandato oficial. Essa garantia também foi assegurada quando se manteve sua reeleição na dependência de um corpo especial de representantes, comissionado pela sociedade para o único propósito de fazer essa importante escolha.

Todas essas vantagens combinam-se de maneira feliz no plano concebido pela convenção. Segundo ele, o povo de cada Estado escolherá várias pessoas como eleitores, em número igual ao de senadores e representantes daquele Estado no governo nacional, devendo elas se reunir dentro do Estado e votar em alguém adequado como presidente. Seus votos, assim conferidos, deverão ser transmitidos à sede do governo nacional, e aquele que venha a obter a maioria do número total de votos será o presidente. Mas, como nem sempre a maioria dos votos se concentrará num único homem, e como poderia ser arriscado permitir que um número menor que a maioria dos votos fosse conclusivo, previu-se que, em tal contingência, a Câmara de Representantes deverá eleger, entre os cinco candidatos mais votados, aquele que, em sua opinião, seria o mais bem qualificado para o cargo.

Esse processo de eleição proporciona a certeza moral de que o cargo de presidente raramente será alcançado por um homem não dotado, em grau eminente, das qualificações necessárias. O talento para a intriga rasteira e as artes mesquinhas da popularidade podem ser suficientes para elevar um homem às dignidades supremas de um único Estado; mas outros talentos e um tipo diferente de mérito serão necessários para torná-lo um candidato vitorioso ao eminente cargo de presidente dos Estados Unidos. Não será exagero dizer que haverá uma probabilidade constante de ver o lugar preenchido por personalidades preeminentes por sua capacidade e virtude. Os que são capazes de avaliar a parcela que necessariamente caberá ao executivo na boa ou má administração de qualquer governo verão nisso um mérito não desprezível da Constituição. Mesmo que não possamos concordar com a heresia política do poeta que diz

For forms of government let fools contest
That which is best administered is best[1]

podemos afirmar com segurança que a verdadeira prova de um bom governo é sua capacidade e tendência a produzir uma boa administração.

O vice-presidente deverá ser escolhido da mesma maneira que o presidente, com a diferença de que, neste caso, caberá ao Senado fazer o que, no caso do presidente, é feito pela Câmara dos Representantes.

A designação especial de uma pessoa como vice-presidente foi contestada como supérflua, se não nociva. Alegou-se que teria sido preferível autorizar o Senado a escolher em seu próprio corpo um membro que tivesse as qualidades especificadas.[2] Duas considerações, porém, parecem justificar as ideias da convenção a esse respeito. Uma é que, para assegurar permanentemente a possibilidade de decisões definitivas do Senado, seria necessário que seu presidente tivesse apenas um voto de Minerva. E retirar um senador de qualquer Estado de sua cadeira de senador para pô-lo na de presidente do Senado seria, para o Estado de onde veio, trocar um voto constante por um voto contingente. A outra consideração é que, como o vice-presidente poderá ocasionalmente vir a substituir o presidente na suprema magistratura executiva, todas as razões que recomendam o modo de eleição prescrito para um aplicam-se com grande força, se não com a mesma, à maneira de designar o outro. É digno de nota que, neste caso, como na maioria dos outros, a objeção feita atingiria também a Constituição de Nova York. Temos um vice-governador, escolhido pelo povo em geral, que preside o Senado e é o substituto constitucional do governador em casualidades semelhantes às que autorizariam o vice-presidente a exercer os poderes e desempenhar as tarefas do presidente.

PUBLIUS [HAMILTON]

---

1. O poeta é Alexander Pope (1688-1744), em seu *Essay on Man*, escrito em 1733 e 1734. Hamilton errou no segundo verso. O correto seria: "*Whate'er is best administered, is best*." A tradução é: "Quanto às formas de governo, que discutam os tolos / A mais bem administrada é a melhor". (N. do E.)

2. Tal pessoa seria o presidente do Senado e o vice-presidente. (N. do E.)

ARTIGO 69

Continuação do exame, com comparação entre o presidente e o rei da Grã-Bretanha por um lado e o governador de Nova York por outro

Passo agora a investigar as verdadeiras características do executivo proposto, tal como estão delineadas no plano da convenção. Isso servirá para evidenciar a injustiça das afirmações feitas a seu respeito.

A primeira coisa que nos chama a atenção é que a autoridade executiva, com poucas exceções, deverá ser atribuída a um único magistrado. Dificilmente, contudo, esse ponto seria considerado base possível para qualquer comparação. Pois, se há nesse detalhe alguma semelhança com o rei da Grã-Bretanha, não há menos com o Grão Senhor, o cã da Tartária, o Homem das Sete Montanhas ou o governador de Nova York.

O magistrado deverá ser eleito por *quatro* anos e poderá ser reeleito tantas vezes quantas o povo dos Estados Unidos o julgue merecedor de sua confiança. Há nessas circunstâncias uma total diferença entre ele e o rei da Grã-Bretanha, que é um monarca *hereditário* que possui a coroa como patrimônio transmissível a seus herdeiros para sempre; há, no entanto, íntima analogia entre ele e um governador de Nova York, que é eleito por *três* anos e reelegível sem limitação ou intervalo. Se considerarmos quanto menos tempo seria necessário para estabelecer uma influência perigosa num único Estado do que para fazer o mesmo em toda a extensão dos Estados Unidos, teremos de concluir que a duração de quatro anos para o mandato do primeiro magistrado da União é prazo muito menos temível que o de *três* anos para mandato correspondente em um Estado isolado.

O presidente dos Estados Unidos estaria sujeito a sofrer *impeachment*, ser julgado e, se condenado por traição, suborno ou outros crimes ou contravenções graves, afastado do cargo; posteriormente, estaria sujeito a processo e punição pela justiça comum. A pessoa do rei da Grã-Bretanha é sagrada e inviolável; não há tribunal constitucional a que ele possa ser conduzido; não há punição a que possa ser sujeito sem que acarrete a crise de uma revolução nacional. Nessa circunstância delicada e importante da obrigação de responder pessoalmente por seus atos, a posição do presidente da América Confederada não seria melhor que a de um governador de Nova York e seria pior que a dos governadores da Virgínia ou de Delaware.

O presidente dos Estados Unidos deverá ter o poder de devolver para reexame projetos que tenham passado pelas duas câmaras do legislativo. O projeto assim devolvido, porém, poderá se tornar lei, desde que, com base nesse reexame, seja aprovado por dois terços de ambas as casas. O rei da Grã-Bretanha, em contrapartida, tem um poder de veto absoluto sobre os atos das duas casas do Parlamento. A não utilização desse poder por um tempo considerável não afeta a realidade de sua existência e deve ser atribuída unicamente ao fato de a coroa ter encontrado meios de substituir a autoridade pela influência, ou de substituir a necessidade de exercer uma prerrogativa, o que raramente deixaria de envolver o risco de gerar algum grau de agitação nacional, pela arte de obter maioria numa ou noutra das duas casas. O veto qualificado do presidente difere amplamente deste veto absoluto do soberano britânico e corresponde exatamente à autoridade revisória do conselho de revisão do Estado de Nova York, de que o governador é parte integrante. Sob esse aspecto, o poder do presidente excederia o do governador de Nova York, porque o primeiro deteria, sozinho, o que o segundo partilha com o chanceler e os juízes; seria, no entanto, precisamente igual ao do governador de Massachusetts, cuja constituição, neste tópico, parece ter sido a fonte em que a convenção se inspirou.

O presidente será o

> (...) comandante em chefe do exército e da marinha dos Estados Unidos e das milícias dos vários Estados, quando convocadas ao serviço efetivo dos Estados Unidos. Terá o poder de conceder comutação de penas e perdão por crimes contra os Estados Unidos, *exceto em casos de impeachment*; de recomendar à consideração do Congresso as medidas que julgue necessárias e convenientes para: reunir em ocasiões extraordinárias ambas as casas do legislativo ou qualquer delas e, em caso de desacordo entre elas *com relação ao momento do recesso*, estipulá-lo na ocasião que lhe pareça própria; zelar para que as leis sejam fielmente cumpridas; nomear os servidores dos Estados Unidos.

Na maioria desses itens, o poder do presidente se assemelhará tanto ao do rei da Grã-Bretanha quanto ao do governador de Nova York. Os pontos de diferença mais significativos são estes:

Primeiro. O presidente terá apenas o comando ocasional daquela parte da milícia da nação que, por medida legislativa, possa ser convocada para o serviço efetivo da nação. O rei da Grã-Bretanha e o governador de Nova York têm permanentemente o pleno comando de toda a milícia de suas várias jurisdições. Neste tópico, portanto, o poder do presidente seria inferior tanto ao do monarca como ao do governador.

Segundo. O presidente deverá ser o comandante em chefe do exército e da marinha dos Estados Unidos. Sob esse aspecto sua autoridade seria nominalmente igual à do rei da Grã-Bretanha, mas em substância seria muito menor. Não equivaleria a mais que ao comando e direção supremos das forças militares e navais, como primeiro-general e primeiro-almirante da Confederação; em contrapartida, a autoridade do rei da Grã-Bretanha abrange a declaração de guerra e o *recrutamento* e *regulamentação* de frotas e exércitos — poderes que, sob a Constituição em exame, pertencerão todos ao legislativo.[1] O governador de Nova York, por outro lado, é investido pela constituição do Estado unicamente do comando da milícia e da marinha. No entanto, a constituição de vários Estados declara expressamente que seus governadores são comandantes em chefe tanto do exército como da marinha, podendo-se sem dúvida indagar se as de New Hampshire e Massachusetts, em particular, não conferem a seus governadores, neste caso, poderes ainda maiores que os atribuídos ao presidente dos Estados Unidos.

Terceiro. O poder do presidente no tocante a perdões se estenderia a todos os casos, *exceto os de impeachment.* O governador de Nova York pode perdoar em todos os casos, mesmo os de *impeachment,* exceto por traição e assassínio. Não é o poder do governador neste item maior que

1. Um escritor afirmou num jornal da Pensilvânia, sob o pseudônimo de Tamony, que o rei da Grã-Bretanha deve sua prerrogativa de comandante em chefe a um projeto anual de lei contra motins. A verdade é, ao contrário, que sua prerrogativa a esse respeito é imemorial, só tendo sido contestada, "contrariando toda razão precedente" — como o expressou Blackstone, v. I, p. 262 —, pelo Parlamento Longo de Carlos I. Pelo estatuto 13º de Carlos II, cap. 6, porém, ela foi declarada pertencente unicamente ao rei, pois que o governo e o comando supremo exclusivo de toda a milícia dentro dos reinos e domínios de sua Majestade, e de todas as forças em terra e no mar, e de todos os fortes e praças de guerra, sempre foram e são direito inconteste de Sua Majestade e de seus predecessores reais, reis e rainhas da Inglaterra, não podendo nem devendo as casas do Parlamento a ele aspirar, nem conjunta nem isoladamente.

o do presidente em termos de alcance político? Todos os complôs e as conspirações contra o governador que não chegaram a resultar numa clara traição podem ser resguardados de qualquer tipo de punição pela interposição da prerrogativa do perdão. Portanto, um governador de Nova York que estivesse à frente de uma conspiração desse tipo poderia, desde que o plano não tivesse chegado a gerar hostilidade declarada, assegurar total impunidade a seus cúmplices e adeptos. Um presidente da União, em contrapartida, embora possa perdoar até a traição, quando julgada pela justiça comum, não poderia dar nenhum grau de proteção a nenhum infrator contra os efeitos do *impeachment* e da subsequente condenação. A perspectiva de total imunidade em todos os passos preliminares não geraria maior tentação de desencadear um ataque à liberdade pública e perseverar nele do que a mera perspectiva de escapar da morte e do confisco em caso de malogro da execução final do plano, com apelo às armas? Poderia esta última possibilidade ter alguma influência quando se contasse com a probabilidade de a pessoa capaz de conceder essa isenção estar ela própria envolvida nas consequências, ficando, portanto, incapacitada por essa participação de conceder a desejada impunidade? Para melhor julgar tal questão, será necessário recordar que, pela Constituição proposta, o crime de traição está limitado a "iniciar guerra contra os Estados Unidos e aderir a seus inimigos, dando-lhes ajuda e assistência", sendo igualmente circunscrito pelas leis de Nova York.

Quarto. O presidente só pode determinar o recesso do legislativo nacional no caso exclusivo de discordância sobre seu momento. O monarca britânico pode prorrogar ou até dissolver o Parlamento. O governador de Nova York pode também prorrogar a legislatura desse Estado por um tempo limitado, poder que, em certas situações, pode ser empregado para objetivos de grande importância.

O presidente deverá ter o poder de fazer tratados, com a orientação e a aprovação do Senado, que deve ser dada por dois terços dos senadores presentes. O rei da Grã-Bretanha é o representante único e absoluto da nação em todas as negociações externas. Pode fazer por decisão própria tratados de paz, de comércio, de aliança e de qualquer outro tipo. Foi insinuado que sua autoridade neste plano não é decisiva e que os acordos que estabelece com nações estrangeiras estão sujeitos a revisão e requerem a ratificação do

Parlamento. Acredito, porém, que nunca se ouviu falar dessa doutrina antes de a ligarem a nossa atual situação. Todos os juristas[1] daquele reino e todos os que conhecem sua Constituição sabem, como um fato estabelecido, que a coroa tem a prerrogativa de fazer tratados em sua máxima plenitude; e que os pactos de que a autoridade participa têm a mais completa validade e perfeição legal, independentemente de qualquer outra aprovação. É verdade que, por vezes, vemos o Parlamento empenhar-se em alterar as leis existentes para adequá-las ao que é estipulado num novo tratado, e talvez seja essa a origem da suposição de que sua cooperação seria necessária para a eficácia compulsória do tratado. No entanto, essa interferência parlamentar tem outra causa: a necessidade de ajustar um sistema extremamente artificial e intrincado de leis tributárias e comerciais às mudanças nelas introduzidas pela ação do tratado; e de adotar novos dispositivos e precauções adaptados ao novo estado de coisas, de modo a evitar que o funcionamento da máquina fique perturbado. Sob esse aspecto, portanto, não há comparação possível entre o poder que se pretende conferir ao presidente e o poder efetivo do soberano britânico. Um pode realizar por conta própria o que o outro só pode fazer com a aprovação de uma casa do legislativo. É preciso admitir que, neste caso, o poder do executivo federal suplantaria o de qualquer executivo estadual. Mas isso é uma decorrência natural do fato de a União ter a posse exclusiva da parcela do poder soberano relacionada com tratados. Se a Confederação viesse a ser dissolvida, seria preciso discutir se os executivos dos vários Estados seriam ou não os únicos depositários dessa delicada e importante prerrogativa.

O presidente deverá também ser autorizado a receber embaixadores e outros diplomatas. Essa questão, embora tenha dado ensejo a muito falatório, é mais de dignidade que de autoridade. É uma circunstância sem consequências para a administração do governo, e essa solução é de longe mais conveniente que uma alternativa que tornasse necessário convocar o legislativo, ou uma de suas casas, a cada chegada de um ministro estrangeiro, mesmo que este viesse apenas substituir um predecessor que tivesse partido.

O presidente deverá nomear, e, *com a orientação e a aprovação do Senado*, designar embaixadores e outros diplomatas, juízes da Suprema Corte, e em geral todos os diplomatas dos Estados Unidos estabelecidos por lei, e aqueles cujas designações não estiverem estipuladas de outro modo pela Constituição. O rei da Grã-Bretanha é enfática e verdadeiramente chamado de a fonte da

1. Ver *Commentaries*, de Blackstone, v. I, p. 257.

honra. Não somente nomeia para todos os cargos como pode criá-los. Pode conferir títulos de nobreza a seu bel-prazer e distribuir um imenso número de cargos eclesiásticos honoríficos. Sob esse aspecto, o poder do presidente é evidentemente inferior ao do rei britânico; não se iguala tampouco ao do governo de Nova York, se interpretarmos a constituição do nosso Estado a partir da prática que tem gerado. Aqui, o poder de designar é atribuído a um conselho, composto pelo presidente e quatro membros do Senado escolhidos pela Assembleia. O governo *reivindica*, e frequentemente tem *exercido*, o direito de nomear, e *tem* voto de Minerva da designação. Se de fato ele tem o direito de nomear, sua autoridade nesta questão é igual à do presidente, excedendo-a no tocante ao voto de Minerva. No governo nacional, se o Senado viesse a ficar dividido, nenhuma designação poderia ser feita; no governo de Nova York, se o conselho ficasse dividido, o governo poderia, com seu voto qualificado, confirmar a própria nomeação.[1] Se compararmos a publicidade que acompanhará necessariamente o modo de designação do que envolve o presidente e toda uma câmara do legislativo nacional com a privacidade do modo como o governador de Nova York faz designações, com quatro pessoas, e frequentemente apenas duas, fechadas num gabinete secreto, e se considerarmos ao mesmo tempo quanto deverá ser mais fácil influenciar o pequeno número de pessoas que compõem o conselho de designação do que o número considerável dos membros do Senado nacional, não poderemos hesitar em concluir que o poder do primeiro magistrado deste Estado, no tocante ao preenchimento de cargos, é, na prática, enormemente superior ao que terá o primeiro magistrado da União.

A partir disso se verifica que, exceto com relação à autoridade concorrente do presidente na questão dos tratados, seria difícil determinar se esse magistrado possuiria, no conjunto, mais ou menos poder que o governador de Nova York. Verifica-se também, de maneira ainda mais inequívoca, que não há fundamento algum para o paralelo que se tentou traçar entre ele e o rei da Grã-Bretanha. Para tornar o contraste a esse respeito ainda mais notável, talvez seja útil especificar mais concisamente os principais elementos de diferença.

1. É um dever de honestidade, contudo, admitir que não julgo procedente a reivindicação, pelo governador, do direito de nomear. No entanto, é sempre justificável raciocinar a partir da prática de um governo enquanto sua correção não tiver sido constitucionalmente questionada. Ademais, independentemente dessa reivindicação, quando levamos em conta as outras considerações e acompanhamos suas consequências, somos levados praticamente à mesma conclusão.

O presidente dos Estados Unidos seria um servidor eleito pelo povo por *quatro* anos; o rei da Grã-Bretanha é um príncipe perpétuo e *hereditário*. Um seria passível de julgamento e desonra pessoais; a pessoa do outro é sagrada e inviolável. Um teria um poder de veto *qualificado* sobre os atos do corpo legislativo; o outro tem um poder de veto *absoluto*. Um teria o direito de comandar as forças militares e navais da nação; o outro possui, além deste, o direito de *declarar* guerra e de *recrutar* e *regulamentar* frotas e exércitos por sua própria autoridade. Um partilharia com uma casa do legislativo o poder de fazer tratados; o outro é o *único detentor* do poder de fazer tratados. Um teria uma autoridade partilhada semelhante de designar servidores; o outro é o autor exclusivo de todas as nomeações. Um não pode conferir nenhum tipo de privilégio; o outro pode transformar estrangeiros em cidadãos, plebeus em nobres; pode criar corporações com todos os direitos próprios dos corpos organizados. Um não pode abolir quaisquer normas referentes ao comércio ou à moeda da nação; o outro é, sob vários aspectos, o árbitro do comércio, podendo nessa condição instituir mercados e feiras, regular pesos e medidas, impor embargos por tempo limitado, cunhar dinheiro, autorizar ou proibir a circulação de dinheiro estrangeiro. Um não tem a menor jurisdição espiritual; o outro é o chefe supremo e o dirigente da Igreja nacional! Que resposta devemos dar aos que nos querem convencer de que coisas tão diferentes se parecem uma com a outra? A mesma que deve ser dada aos que nos dizem que um governo cujo poder deverá ser inteiramente entregue nas mãos de servidores eletivos e periódicos do povo é uma aristocracia, uma monarquia, e um despotismo.

PUBLIUS [HAMILTON]

ARTIGO 70

Continuação do exame no tocante à singularidade do Executivo, com análise do projeto de um conselho executivo

Existe a ideia, a que não faltam advogados, de que um executivo forte é incompatível com a índole do governo republicano. Os simpatizantes esclarecidos dessa espécie de governo devem pelo menos ter a esperança de que essa suposição seja destituída de fundamento, pois jamais poderiam admiti-la como verdadeira sem ao mesmo tempo condenar os próprios princípios em que se baseiam. A força do executivo é uma característica central na definição de um bom governo. É essencial para proteger a comunidade de ataques externos; não é menos essencial para a administração resoluta das leis; para proteger a propriedade daqueles conluios irregulares e arbitrários que por vezes interrompem o curso regular da justiça; para a garantia da liberdade contra as investidas e assaltos da ganância, do facciosismo e da anarquia. Todo homem minimamente versado na história romana sabe com que frequência essa república foi obrigada a se submeter ao poder absoluto de um único homem, sob o temível título de ditador, para se proteger tanto das intrigas de indivíduos ambiciosos que aspiravam à tirania, das sedições de classes inteiras da comunidade cuja conduta punha em risco a existência de todo o governo, como das invasões de inimigos externos que ameaçavam conquistar e destruir Roma.

Não há necessidade alguma, contudo, de multiplicar argumentos ou exemplos a esse respeito. Um executivo fraco implica um fraco exercício do governo. Um fraco exercício do governo não é outra coisa que um mau exercício, e um governo mal exercido, seja ele o que for em teoria, é forçosamente, na prática, um mau governo.

Supondo, pois, que todo homem sensato concordará com a necessidade de um executivo vigoroso, resta apenas indagar: quais são os ingredientes que constituem esse vigor? Até que ponto eles podem se combinar com aqueles outros ingredientes que proporcionam a segurança no sentido republicano? E até que ponto essa combinação caracteriza o plano apresentado pela convenção?

Os ingredientes que constituem a força do executivo são: unidade; duração; condições adequadas de apoio; e poderes adequados.

Os ingredientes que constituem a segurança num sentido republicano são a devida dependência para com o povo e a devida obrigação de prestar contas.

Os políticos e estadistas mais celebrados pela solidez de seus princípios e pela justeza de suas ideias declararam-se favoráveis a um executivo singular e um legislativo numeroso. Consideraram, com grande propriedade, o vigor como a mais necessária qualidade do primeiro e julgaram que ele seria mais compatível com o poder exercido por uma só mão. Por outro lado, consideraram, com igual propriedade, que um legislativo numeroso é mais propício à deliberação e à sabedoria e mais capacitado a granjear a confiança do povo e assegurar privilégios e interesses deste.

Que a unidade favorece a energia é ponto pacífico. Decisão, atividade, sigilo e celeridade serão em geral as características das ações de um único homem em grau muito mais elevado que as de qualquer outro número de pessoas. E na medida em que esse número aumentar, essas qualidades diminuirão.

Essa unidade pode ser anulada de duas maneiras: ou pela atribuição do poder a dois ou mais magistrados de igual dignidade e autoridade, ou por sua atribuição aparente a um único homem que estará, total ou parcialmente, submetido ao controle e cooperação de outros, na condição de seus conselheiros. Os dois cônsules de Roma servem de exemplo do primeiro caso; para o segundo, encontraremos exemplos nas constituições de vários Estados. Nova York e Nova Jersey, se não me falha a memória, são os únicos Estados que confiaram a autoridade executiva em sua totalidade a um único homem.[1] Ambos os métodos de anular a singularidade do executivo têm seus defensores, mas os adeptos de um conselho executivo são mais numerosos. Sendo os dois passíveis de objeções, se não iguais pelo menos semelhantes, podem ser examinados em conjunto sob a maioria dos aspectos.

A experiência de outras nações não tem muito a ensinar sobre este tópico. Se nos ensina alguma coisa, porém, é a não nos enamorarmos demais da pluralidade no executivo. Vimos que os aqueus, após uma experiência com dois

---

1. Nova York não tem conselho algum, exceto para o fim único de prover cargos; Nova Jersey tem um conselho que o governador pode consultar, mas penso, com base nos termos de sua constituição, que ele não está obrigado a cumprir suas resoluções.

pretores, foram compelidos a abolir um deles. A história romana registra muitos casos de danos à república em consequência de dissensões entre os cônsules e entre os tribunos militares que por vezes os substituíam. Em contrapartida, não nos oferece nenhuma amostra de qualquer vantagem peculiar que o Estado tivesse auferido da circunstância da pluralidade desses magistrados. Causa espécie que as desavenças entre eles não fossem mais frequentes ou mais fatais, até que atentamos para a posição singular em que a república se encontrava quase continuamente, e para a política prudente, indicada pelas circunstâncias do Estado e buscada pelos cônsules, de fazer uma divisão do governo entre si. Estando os patrícios engajados numa luta perpétua com os plebeus pela conservação de seus antigos poderes e dignidades, os cônsules, em geral escolhidos entre eles, costumavam estar unidos pelo seu interesse pessoal na defesa dos privilégios de sua categoria. Além desse motivo de união, depois que as forças militares da república expandiram consideravelmente os limites de seu império, estabeleceu-se entre os cônsules o costume de dividir a administração entre si por quinhões: um deles permanecia em Roma para governar a cidade e seus arredores, e os outros assumiam o comando das províncias mais distantes. Esse expediente deve, sem dúvida, ter contribuído muito para evitar os choques e rivalidades que de outra forma poderiam ter perturbado a paz da república.

Se deixarmos de lado a tênue luz lançada pela investigação histórica e nos prendermos unicamente aos ditames da razão e do bom senso, haveremos de descobrir muito mais motivos para rejeitar do que para aprovar a ideia da pluralidade no executivo, não importando que modificações ela sofra.

Quando duas ou mais pessoas estão envolvidas em alguma iniciativa ou empreendimento, há sempre o perigo da diferença de opinião. Se estiverem investidas, com igual dignidade e autoridade, de um mandato ou cargo público, há um perigo peculiar de competição pessoal e até de animosidade. Dessas duas causas, e especialmente de sua soma, podem brotar os mais ásperos conflitos. Estes, sempre que ocorrem, reduzem a respeitabilidade, enfraquecem a autoridade e perturbam os planos e ações dos antagonistas. Se por desgraça atingissem a suprema magistratura de um país, integrada por uma pluralidade de pessoas, poderiam impedir ou frustrar as mais importantes medidas do governo nas mais críticas emergências do Estado. E, o que é ainda pior, poderiam dividir a comunidade nas mais violentas e irreconciliáveis facções, que adeririam diferentemente aos diversos indivíduos integrantes da magistratura.

Muitas vezes os homens se opõem a alguma coisa por não terem tido nenhuma participação em seu planejamento, ou porque ela foi concebida por pessoas a quem não apreciam. Mas naqueles casos em que foram consultados e eventualmente reprovaram, a oposição se torna, a seus olhos, um dever de autoestima. Parecem se considerar obrigados por uma questão de honra, e para preservar um sentimento de infalibilidade pessoal, a destruir o sucesso daquilo que foi decidido contrariamente a suas opiniões. Aos homens honrados e de temperamento benevolente não faltam oportunidades de observar, com horror, a que medida escandalosa chega por vezes essa tendência, e com que frequência os grandes interesses da sociedade são sacrificados à vaidade, à arrogância e à teimosia de indivíduos que gozam de crédito suficiente para que suas paixões e seus caprichos sejam do interesse da humanidade. Talvez a questão que está sendo agora apresentada ao público possa, em suas consequências, fornecer deploráveis provas dos efeitos dessa ignóbil fraqueza, ou antes, desse detestável vício do caráter humano.

Com base nos princípios de um governo livre, os transtornos oriundos da fonte que acabamos de mencionar devem ser necessariamente tolerados na formação do legislativo; é desnecessário, contudo — e, portanto, insensato —, introduzi-los na composição do executivo. É aqui também que eles podem ser mais perniciosos. No legislativo, a rapidez na decisão é mais frequentemente um mal que um benefício. As diferenças de opinião e o entrechoque das partes nesse setor do governo, embora possam eventualmente obstruir planos salutares, favorecem muitas vezes a ponderação e a circunspecção, servindo para controlar excessos da maioria. Além disso, para que uma decisão seja tomada, a oposição deve estar esgotada. Essa decisão torna-se lei, e a oposição a ela é passível de punição. Nenhuma circunstância favorável, porém, ameniza ou compensa as desvantagens da discórdia no poder executivo. Aqui elas são puras e sem mistura. Não há um ponto em que cessem de operar. Servem para atrapalhar e enfraquecer a execução do plano ou medida a que se relacionam, desde o seu primeiro passo até a conclusão. Constantemente, neutralizam aquelas qualidades do executivo que são os ingredientes mais necessários em sua composição: força e presteza, e isso sem nenhum bem que o compense. Na condução da guerra, em que a energia do executivo é o baluarte da segurança nacional, essa pluralidade dá lugar a todos os temores.

É preciso admitir que essas observações se aplicam com força especial ao primeiro caso aventado, isto é, o de uma pluralidade de magistrados com igual dignidade e autoridade, esquema cujos defensores não tendem a formar uma seita numerosa. Mas aplicam-se também, com força se não igual ainda considerável, ao projeto de um conselho cuja participação seja definida como constitucionalmente necessária para as ações do aparente chefe do executivo. Um conluio ardiloso nesse conselho pode ser capaz de confundir e debilitar todo o sistema de administração. Na inexistência de um conluio desse tipo, a simples diversidade de ideias e opiniões seria suficiente para conferir à autoridade executiva um espírito de constante fraqueza e indolência.

No entanto, uma das objeções de maior peso à pluralidade no executivo, que se aplica tanto ao segundo quanto ao primeiro caso, é que ela tende a ocultar erros e a abolir a responsabilidade. Há dois tipos de responsabilidade: a que expõe a censura e a que expõe a punição. A primeira é a mais importante, sobretudo num cargo eletivo. Homens com mandato público agem com muito mais frequência de maneira a se tornarem indignos de uma confiança renovada do que passíveis de punição legal. A multiplicação dos que exercem o poder executivo, porém, torna mais difícil detectar ambos os tipos de conduta. Frequentemente torna-se impossível, em meio a acusações mútuas, determinar a quem se deveria realmente atribuir a culpa ou a punição por uma medida perniciosa ou por uma série delas. Ela é deslocada de uma pessoa para outra com tal destreza, e sob aparências tão plausíveis, que a opinião pública fica na dúvida quanto ao verdadeiro autor. As circunstâncias que podem conduzir a algum fracasso ou desgraça nacional são por vezes tão complexas que, quando há um grande número de atores que podem ter tido diferentes graus e tipos de interferência, mesmo que possamos ver claramente que houve má administração no todo, talvez seja impossível afirmar quem pode ser verdadeiramente acusado pelo mal praticado.

"Fui dominado por meu conselho." "O conselho estava tão dividido em suas opiniões que foi impossível obter qualquer resolução melhor sobre a matéria." Esses pretextos e outros similares estão sempre à mão, quer sejam verdadeiros, quer falsos. E quem haveria de se dar ao trabalho ou de se expor ao risco de uma inspeção rigorosa das fontes secretas da transação? Ainda que existisse um cidadão zeloso a ponto de empreender essa tarefa pouco promissora, se por acaso houvesse uma trama entre as partes envolvidas, seria facílimo mascarar as circunstâncias com ambiguidade suficiente para tornar duvidoso afirmar qual fora a conduta precisa de qualquer dessas partes.

No único caso em que o governador do Estado de Nova York se associa a um conselho — isto é, na nomeação para cargos — vimos os males do sistema do ponto de vista que agora consideramos. Alguns casos, de fato, foram tão flagrantes que *todos os partidos* concordaram quanto à indecência da coisa. Quando se investigou, o governo lançou a culpa sobre os membros do conselho, que, por sua vez, a lançaram sobre ele. Enquanto isso, o povo permanece inteiramente incapaz de concluir por influência de quem seus interesses foram entregues a mãos tão desqualificadas e tão manifestamente inadequadas. Por delicadeza com os indivíduos, abstenho-me de entrar em detalhes.

A partir dessas considerações, é evidente que a pluralidade do executivo tende a privar o povo de duas das maiores garantias que ele pode ter do exercício consciencioso de qualquer poder delegado: primeiro, dos freios representados pela opinião pública, que perdem sua eficácia, tanto porque a condenação de medidas prejudiciais é dividida entre muitas pessoas como porque não se sabe a quem ela realmente caberia; e, segundo, a oportunidade de descobrir com facilidade e clareza a má conduta das pessoas em que confiaram, para removê-las do cargo ou puni-las efetivamente, nos casos que o permitam.

Na Inglaterra, o rei é um magistrado perpétuo e, em nome da paz pública, implantou-se o preceito de que ele não tem de prestar contas por sua administração e sua pessoa é sagrada. Num tal reino, portanto, nada pode ser mais sábio que vincular ao rei um conselho constitucional que possa responder à nação pelos conselhos que dá. Sem isso, o poder executivo não seria passível de nenhum controle — ideia inadmissível num governo livre. Mesmo ali, porém, o rei não está obrigado a cumprir as resoluções do conselho, embora seus membros sejam responsáveis pelos conselhos que dão. Ele é o senhor absoluto de sua própria conduta no exercício de sua função, e depende apenas de seu arbítrio observar ou desconsiderar o conselho que lhe é dado.

Numa república em que todo magistrado deve estar obrigado a responder pessoalmente por seu comportamento no cargo, porém, a razão que dita, na Grã-Bretanha, a conveniência de um conselho não apenas deixa de se aplicar como se volta contra a existência de tal instituição. Na monarquia da Grã-Bretanha, ela propicia um substituto para o dever de prestar contas, de que o primeiro-magistrado é isento, servindo até certo ponto como uma garantia de seu bom comportamento perante a justiça nacional. Na república americana, serviria para destruir, ou reduzir enormemente, a pretendida e necessária responsabilidade do primeiro magistrado em pessoa.

A ideia de um conselho para o executivo, que se impôs de maneira tão generalizada nas constituições estaduais, foi derivada daquela máxima da desconfiança republicana segundo a qual o poder está mais seguro nas mãos de muitos homens que nas de um só. Na eventualidade de se admitir que essa máxima é aplicável ao caso, eu contestaria que a vantagem nesse lado não contrabalançaria as numerosas desvantagens do lado oposto. Considero, contudo, que a máxima não se aplica em absoluto ao poder executivo. Partilho claramente, sob esse aspecto, da opinião de um escritor — qualificado pelo celebrado Junius[1] de "profundo, sólido e engenhoso" — de que "o poder executivo pode ser mais facilmente limitado quando é singular";[2] que é muito mais seguro que haja um único alvo para a desconfiança e a vigilância do povo; e, numa palavra, que toda multiplicação do executivo é mais perigosa que propícia à liberdade.

Uma pequena consideração nos convencerá de que o tipo de segurança que se busca por meio da multiplicação do executivo é inatingível. Ou o número terá de ser grande a ponto de tornar difíceis os conluios, ou será mais fonte de perigo que de segurança. O crédito e a influência somados de vários indivíduos podem torná-los mais temíveis para a liberdade que o crédito e a influência deles em separado. Portanto, quando o poder é posto nas mãos de um número de homens pequeno a ponto de admitir que seus interesses e ideias se combinem facilmente numa ação comum pela ação de um líder habilidoso, ele se torna mais sujeito ao abuso, e mais perigoso quando objeto de abuso, do que se estivesse confiado a um único homem. Este, pela própria circunstância de estar sozinho, seria mais rigorosamente vigiado e despertaria suspeitas mais depressa, além de não poder unir um volume de influência tão grande como o que teria se associado a outros. Em Roma, havia mais razões para temer a usurpação dos decênviros, cujo nome denota seu número,[3] do que para temer a de qualquer um deles. Não ocorreria a ninguém propor um executivo muito mais numeroso que esse corpo; os números sugeridos para o conselho têm variado de seis a 12. O maior deles não é grande o bastante para impedir um fácil conluio, e a América teria mais a temer de tal conluio que da ambição de qualquer indivíduo isolado. Um conselho para um magistrado que está ele próprio obrigado a prestar contas pelo que faz em geral não passa de um estorvo para suas boas intenções, com frequência é instrumento e cúmplice das más e quase sempre serve para acobertar seus erros.

---

1. "Junius" foi o pseudônimo de um escritor político radical de Londres no fim dos anos 1760 e início dos anos 1770. Há muitos candidatos, mas a identidade certa de "Junius" continua ignorada. (N. do E.)
2. Jean Louis de Lolme (1740-1806), natural de Genebra, passou grande parte de sua vida na Inglaterra, onde escreveu *Constitution de l'Angleterre*, em 1791. (N. do E.)
3. Dez.

Abstenho-me de repisar a questão da despesa, embora seja evidente que, se o conselho for suficientemente numeroso para atender à principal finalidade pretendida com sua instituição, os salários dos membros, que terão de deixar suas casas para residir na sede do governo, comporia no catálogo das despesas públicas um item oneroso demais para um fim de utilidade duvidosa.

Acrescentarei apenas que, antes da divulgação da Constituição, raramente encontrei um homem inteligente de algum Estado que não admitisse, em decorrência da experiência, que a *singularidade* do executivo do Estado de Nova York era uma das melhores características distintivas de nossa Constituição.

PUBLIUS [HAMILTON]

ARTIGO 71

Continuação do exame no tocante à duração do mandato

O tempo de permanência no cargo foi mencionado como o segundo requisito para a força da autoridade executiva. Isso está associado a dois elementos: a firmeza pessoal do magistrado executivo no exercício de seus poderes constitucionais e a estabilidade do sistema administrativo que possa ter sido adotado sob seus auspícios. Com relação ao primeiro ponto, é evidente que, quanto maior for a permanência no cargo, maior a probabilidade de se obter tão importante vantagem. Segundo um princípio geral da natureza humana, o homem se interessa pelo que possui na medida da solidez ou precariedade dessa posse; será menos apegado ao que detém a título momentâneo ou incerto do que àquilo de que pode desfrutar por um prazo duradouro ou certo; e, é claro, estará disposto a arriscar mais pelo primeiro que pelo segundo. Essa observação não é menos aplicável a um privilégio, honra ou cargo político que a qualquer artigo de propriedade comum. O que se infere disso é que um homem que exerça a condição de primeiro magistrado sabendo que, dentro de um breve prazo, deixará *necessariamente* o cargo, poderá não se interessar por este o suficiente para se expor a alguma crítica de vulto ou causar perplexidade pelo exercício independente de seus poderes, ou para enfrentar a má vontade, mesmo que passageira, que poderia prevalecer em parte considerável da própria sociedade, ou até numa facção predominante do corpo legislativo. Caso se tratasse apenas da *possibilidade* de deixar o cargo, se não fosse a ele reconduzido por nova escolha, e se esse homem estivesse desejoso de permanecer, seus desejos, conspirando com seus temores, tenderiam de maneira ainda mais forte a corromper sua integridade ou solapar sua força. Em ambos os casos, a debilidade e a indecisão seriam as características da situação.

Há quem tenda a ver na maleabilidade servil do executivo a uma corrente dominante da comunidade ou do legislativo sua melhor recomendação. Os que assim pensam, contudo, têm ideias muito falhas, tanto dos fins para os quais o governo foi instituído quanto dos meios pelos quais a felicidade pública pode ser promovida. O princípio republicano exige que a opinião ponderada da comunidade governe a conduta daqueles a quem ela confia a administração de seus assuntos; não requer, porém, uma complacência incondicional a todo sopro súbito de paixão, a todo ímpeto passageiro que possa ser insuflado no povo pelas artes dos homens, que lhes bajulam as simpatias para lhes trair os interesses. É justa a observação de que o povo em geral *visa* ao *bem público.* Frequentemente isso se aplica a seus próprios erros. Mas o bom senso do próprio povo haveria de desprezar o adulador que afirmasse que ele sempre *tem razão* quanto aos *meios* de promovê-lo. O povo sabe, com base na experiência, que por vezes erra; e o que espanta é que erre tão pouco, envolvido como continuamente está pelos estratagemas de parasitas e sicofantas, pelas armadilhas dos ambiciosos, dos avarentos, dos temerários, pelos artifícios de homens que possuem sua confiança em grau maior que o merecido, e dos que estão mais interessados em conquistá-la do que em merecê-la. Quando se apresentam oportunidades em que os interesses do povo divergem de suas inclinações, é dever das pessoas que ele designou como guardiãs desses interesses resistir à ilusão temporária e lhe dar tempo e oportunidade para uma reflexão mais fria e serena. Seria possível citar casos em que uma conduta desse tipo salvou o povo de consequências extremamente desastrosas de seus próprios erros, proporcionando monumentos duradouros aos homens que tiveram suficiente coragem e magnanimidade de correr o risco de descontentá-lo para servi-lo.

No entanto, por mais que se queira insistir numa complacência incondicional do executivo para com as inclinações do povo, não se pode, sob pretexto algum, defender igual complacência deste para com os humores do legislativo. Certas vezes, o legislativo poderá estar em oposição ao povo, e em outras o povo poderá estar inteiramente neutro. Em ambos os casos, é certamente desejável que o executivo esteja em condições de ousar pôr em prática seu próprio pensamento com vigor e decisão.

A mesma regra que ensina a adequação de uma partilha do poder entre vários setores ensina também que essa partilha deve ser arquitetada de modo tal a tornar um setor independente do outro. De que serviria separar o executivo ou o judiciário do legislativo, se tanto o executivo como o judiciário fossem concebidos de modo a dever obediência absoluta ao legislativo? Esta seria uma separação meramente nominal, incapaz de produzir os objetivos para os quais foi estabelecida. Estar subordinado às leis é uma coisa, ser dependente do corpo legislativo é outra. A primeira é compatível com os princípios fundamentais do bom governo, e a segunda os viola, e, sejam quais forem as fórmulas usadas numa constituição, une todo o poder nas mesmas mãos. A tendência da autoridade legislativa a absorver todas as outras foi plenamente demonstrada e ilustrada com exemplos em alguns artigos anteriores. Em governos puramente republicanos, essa tendência é quase irresistível. Os representantes do povo, numa assembleia popular, parecem por vezes ter a ilusão de que são o próprio povo, e revelam fortes sintomas de impaciência e descontentamento ao menor sinal de oposição, venha de onde vier; como se o exercício, pelo executivo ou pelo judiciário, de seus próprios direitos fosse uma violação de seu privilégio e um ultraje à sua dignidade. Frequentemente esses representantes se mostram dispostos a exercer um controle despótico sobre os outros poderes e, como geralmente têm o povo a seu favor, agem sempre com um ímpeto que torna muito difícil para os outros componentes do governo manter o equilíbrio da constituição.

Talvez se pergunte como a brevidade da permanência no cargo poderia afetar a independência do executivo em relação ao legislativo, a menos que um detivesse o poder de designar ou remover o outro. Uma resposta a essa indagação pode ser extraída do princípio já assinalado — isto é, do frágil interesse que um homem tende a ter por uma vantagem passageira, e quanto isso o estimula pouco a se expor, por causa dela, a qualquer inconveniente ou risco considerável. Outra resposta, talvez mais óbvia, embora não mais conclusiva, resulta da consideração da influência do corpo legislativo sobre o povo, que poderia ser empregada para evitar a reeleição de um homem que, por uma honrosa resistência a qualquer projeto sinistro desse corpo, tivesse ferido seus melindres e se tornado odioso a seus olhos.

Pode-se perguntar também se a duração de quatro anos atenderia ao fim proposto; e em caso negativo, se um período menor — recomendável ao menos para maior garantia contra projetos ambiciosos — não seria preferível a um período maior que fosse, ao mesmo tempo, breve demais para o propósito de inspirar a desejada firmeza e independência do magistrado.

Não se pode afirmar que uma duração de quatro anos, ou qualquer outra duração limitada, atenderia completamente à finalidade proposta; mas contribuiria para isso num grau que teria considerável influência sobre o espírito e o caráter do governo. Entre o início e o término de tal período haveria sempre um intervalo considerável em que a perspectiva do término seria suficientemente remota para não ter um efeito inadequado sobre a conduta de um homem imbuído de razoável força. Nesse intervalo, ele poderia afirmar sensatamente para si mesmo que haveria, até o fim do mandato, tempo suficiente para convencer a comunidade da correção das medidas que estivesse propenso a tomar. Com a aproximação do momento em que o povo fosse, por meio de nova eleição, expressar seu julgamento sobre sua conduta, sua confiança, e com ela sua firmeza, provavelmente declinaria. Todavia, tanto uma quanto a outra encontrariam reforço nas oportunidades, oferecidas pela permanência prévia no cargo, de conquistar a estima e a boa vontade de seus eleitores. Nesse caso, poderia arriscar-se com segurança, na medida das provas que tivesse dado de sua sensatez e integridade, e do direito que tivesse adquirido ao respeito e à afeição de seus concidadãos. A duração de quatro anos, se por um lado contribuirá para a firmeza do executivo em grau suficiente para torná-lo um ingrediente muito valioso da composição, não é, por outro lado, longa o bastante para justificar qualquer temor pela liberdade pública. Se a Câmara dos Comuns da Inglaterra, a partir do mais fraco dos inícios, *a partir do mero poder de concordar ou discordar da determinação de um novo imposto*, conseguiu, a passos largos e rápidos, reduzir as prerrogativas da coroa e os privilégios da nobreza aos limites que julgava compatíveis com os princípios de um governo livre, ao mesmo tempo que se alçava à categoria e importância de uma casa coigual do legislativo; se ela foi capaz, uma vez, de abolir tanto a realeza como a aristocracia, e derrubar todas as instituições antigas, tanto na Igreja como no Estado; se conseguiu, numa ocasião recente, fazer o monarca tremer ante a perspectiva de uma inovação[1] que tentou — que haveria a temer de um magistrado eleito por um período de quatro anos, com os poderes limitados que tem um presidente dos Estados Unidos? O que, senão que ele pudesse não estar à altura da tarefa que a Constituição lhe atribui? Acrescentarei apenas que, se a duração do cargo for de molde a deixar dúvida quanto a sua firmeza, a dúvida é incompatível com a temor de que cometa abusos.

PUBLIUS [HAMILTON]

ARTIGO 72

Continuação do exame no tocante à reelegibilidade do presidente

A administração governamental, em seu sentido mais geral, compreende todas as ações do corpo político, seja legislativo, executivo ou judiciário; em sua significação mais usual e talvez mais precisa, porém, limita-se às particularidades executivas e recai peculiarmente no domínio do poder executivo. A condução efetiva de negociações externas, os anteprojetos orçamentários, a aplicação e o dispêndio do dinheiro público em conformidade com as destinações gerais do legislativo, a organização do exército e da marinha, a direção das operações de guerra — esses assuntos, e outros de natureza semelhante, constituem o que parece ser mais propriamente entendido por administração governamental. Portanto, as pessoas a cuja gestão imediata estão confiados esses diferentes assuntos devem ser consideradas assistentes ou delegados do primeiro magistrado, e por isso devem ser conduzidas a seus cargos por designação dele, ou pelo menos por nomeação dele, e devem estar sujeitas a sua superintendência. Essa visão do assunto nos revelará de imediato a íntima

1. Foi o que aconteceu com relação ao projeto para a Índia, do sr. Fox, que passou na Câmara dos Comuns e foi rejeitado na Câmara dos Lordes, para a completa satisfação do povo, ao que se diz.

conexão existente entre o tempo de permanência do magistrado executivo no cargo e a estabilidade do sistema de administração. Alterar por completo e desfazer o que foi feito por um predecessor é muitas vezes considerado a melhor prova que se pode dar da própria capacidade e merecimento; além dessa tendência, quando a troca resultou de uma escolha pública, o novo escolhido tem razões para supor que seu predecessor foi afastado porque suas medidas não agradavam, e que, quanto menos se assemelhar a ele, mais se credenciará à estima de seus eleitores. Tais considerações, além da influência de confianças e lealdades pessoais, tenderiam a induzir todo novo presidente a promover uma mudança de nomes para preencher os postos subordinados; e o conjunto dessas causas haveria de gerar inevitavelmente uma mutabilidade desastrosa e ruinosa na administração do governo.

A um mandato de duração considerável associado às circunstâncias da reelegibilidade. O primeiro é necessário para dar ao próprio mandatário a propensão e a decisão de desempenhar bem seu papel, e à comunidade tempo e vagar para observar a tendência de suas medidas, para depois chegar a uma avaliação experimental de seus méritos. A reelegibilidade é necessária para permitir ao povo, quando vê motivos para aprovar a conduta do mandatário, estender sua permanência no cargo de modo a prolongar a utilidade de seus talentos e virtudes e assegurar ao governo a vantagem da permanência num sistema sensato de administração.

Nada parece mais plausível à primeira vista, nem mais destituído de fundamento a um exame mais detido, que um projeto relacionado a este ponto que contou com alguns defensores respeitáveis — refiro-me ao de manter o primeiro magistrado no cargo por certo período, para depois excluí-lo, ou por determinado intervalo, ou para sempre. Essa exclusão, seja temporária, seja perpétua, teria praticamente os mesmos efeitos, e estes seriam em sua maior parte mais perniciosos que salutares.

Um efeito pernicioso dessa exclusão seria a redução dos estímulos à boa conduta. Poucos homens não tenderiam a ter muito menos zelo no desempenho de uma missão se soubessem que as prerrogativas do cargo a ela associado teriam de ser necessariamente abandonadas em determinado momento do que se pudessem alimentar a esperança de *obter*, por *mérito*, a própria permanência. Contestar esse ponto de vista seria negar que o desejo de recompensa é um dos mais fortes incentivos da conduta humana; ou que a melhor forma de assegurar a fidelidade dos homens é fazer com que seu interesse coincida com seu dever. Até o amor à fama, a paixão dominante das mentes mais nobres, que, para um homem que pudesse alimentar a esperança de poder terminar o que começasse, o disporia a conceber e encetar, para o benefício público, projetos amplos e árduos, cuja maturação e aperfeiçoamento exigissem um tempo considerável, iria, ao contrário, demovê-lo dessa iniciativa, caso antevisse a necessidade de deixar a cena antes de poder concluir o trabalho, tendo de entregá-lo, juntamente com sua própria reputação, a mãos que poderiam ser incapazes da tarefa ou hostis a ela. O máximo a esperar da generalidade dos homens em tal situação seria o mérito negativo de não fazer mal, em vez do mérito positivo de fazer bem.

Outro efeito adverso da exclusão seria a propensão a ideias sórdidas, ao peculato e, em alguns casos, à usurpação de poder. Um homem ganancioso que viesse a ocupar o cargo, na expectativa de um momento em que seria obrigado de todo modo a abrir mão das vantagens de que gozasse, teria dificuldade em resistir à tentação de tirar o máximo proveito de suas oportunidades enquanto durassem, e talvez não hesitasse em recorrer aos mais corruptos expedientes para tornar a colheita tão abundante quanto transitória. No entanto, o mesmo homem, em face de uma perspectiva diferente, provavelmente poderia se contentar com os privilégios regulares de sua posição e talvez até não se dispusesse a correr o risco das consequências de um abuso de suas oportunidades. Sua ganância poderia servir de proteção contra sua ganância. Acrescente-se a isso que o mesmo homem poderia ser, além de ganancioso, vaidoso e ambicioso, e talvez sacrificasse seu apetite pelo ganho a seu apetite por honrarias, caso pudesse ter a esperança de prolongá-las com sua boa conduta. Tendo, porém, diante de si a perspectiva da extinção inevitável e cada vez mais próxima do mandato, sua ganância tenderia a derrotar sua cautela, sua vaidade ou sua ambição.

Não bastasse, um homem ambicioso, vendo-se instalado no topo das honrarias de seu país, antevendo o momento em que deve apear para sempre dessa magnífica eminência, e refletindo que nenhuma demonstração de mérito de sua parte poderia salvá-lo desse indesejado revés, seria muito mais violentamente tentado a aproveitar uma conjuntura favorável para tentar prolongar seu poder, correndo todo risco pessoal, do que se tivesse a possibilidade de alcançar a mesma finalidade pelo cumprimento de seu dever.

Seria benéfico para a paz da comunidade ou a estabilidade do governo se meia dúzia de homens com crédito suficiente para se elevar ao posto de primeiro magistrado perambulassem em meio ao povo como fantasmas desgostosos, a suspirar pelo cargo que estariam condenados a nunca mais possuir?

Um terceiro efeito nefasto da exclusão seria privar a comunidade da vantagem da experiência adquirida pelo primeiro magistrado no exercício de seu cargo. Que a experiência é a mãe da sabedoria é um adágio cuja verdade é reconhecida tanto pelos mais sábios como pelos mais simples dos homens. O que poderia ser mais desejável ou mais essencial que essa qualidade nos governantes das nações? Em quem poderia ser mais desejável ou mais essencial que no primeiro magistrado de uma nação? Como poderia ser sensato pôr essa qualidade desejável e essencial sob a proibição da Constituição, e declarar que, tão logo a experiência seja adquirida, seu detentor deve ser compelido a abandonar a posição em que a adquiriu e à qual ela se adapta? É exatamente a isso, contudo, que correspondem todas essas normas que impedem um homem de servir a seu país, pela escolha de seus concidadãos, depois que se prepararam, por um período de serviço, a fazê-lo com maior grau de utilidade.

O quarto efeito adverso da exclusão seria banir homens de posições em que, em certas emergências do Estado, sua presença seria da maior relevância para o interesse ou a segurança do povo. Não há nação que não tenha, num período ou noutro, experimentado uma necessidade absoluta — talvez não seja exagero dizer que para a própria preservação de sua existência política — dos serviços de determinado homem em determinadas situações. Como seria insensato, portanto, esse preceito excludente que serve para proibir uma nação de se valer de seus próprios cidadãos da maneira mais adequada a suas exigências e circunstâncias! Mesmo sem supor que um homem seja pessoalmente essencial, é evidente que a substituição de um primeiro magistrado no início de uma guerra, ou em qualquer crise semelhante, por um outro, mesmo de igual mérito, seria inevitavelmente prejudicial à comunidade, pois isso seria pôr a inexperiência no lugar da experiência e tenderia a perturbar e desgovernar o curso já estabelecido da administração.

Um quinto efeito pernicioso da exclusão seria atuar como uma interdição constitucional da estabilidade na administração. Ao *impor* uma mudança de homens no cargo supremo da nação, imporia uma mutabilidade de medidas. Em geral, não é de esperar que os homens variem e as medidas permaneçam uniformes. O que usualmente acontece é o contrário. E não precisamos temer excessiva estabilidade quando há pelo menos a opção de mudança; nem precisamos querer proibir o povo de continuar depositando sua confiança ali onde julga que o pode fazer com segurança, ou quando, por sua constância, pode evitar os inconvenientes fatais de conselhos vacilantes e uma política instável.

Essas são algumas das desvantagens que decorreriam do princípio da exclusão. Elas se aplicam com mais força ao projeto de uma exclusão perpétua; quando consideramos, porém, que mesmo uma exclusão temporária tornaria sempre remota e precária a possibilidade de readmissão da pessoa, vemos que as observações feitas se aplicam quase tão completamente a um caso como a outro.

Que vantagens são prometidas para contrabalançar essas desvantagens? Afirma-se que são as seguintes: 1) maior independência do magistrado; 2) maior garantia para o povo. A menos que a exclusão seja perpétua, nada autoriza a inferência da primeira vantagem. Mesmo nesse caso, porém, não poderia o presidente ter algum objetivo além do cargo atual a que poderia sacrificar sua independência? Não poderia ter relações, amigos, pelos quais a sacrificaria? Não teria menos coragem para fazer inimigos pessoais com uma conduta firme, sabendo que se aproxima rapidamente o momento em que não somente poderá como terá de se expor a seus ressentimentos em pé de igualdade, se não de inferioridade? Não é fácil concluir se sua independência seria mais favorecida ou prejudicada por esse dispositivo.

Quanto à segunda suposta vantagem, há ainda mais razão para pô-la em dúvida. Se a exclusão fosse perpétua, um homem de ambição excepcional — e de todo modo só se teria razão para temer um homem assim — relutaria infinitamente em se render à necessidade de abandonar para sempre um posto em que sua paixão pelo poder e pela preeminência tivesse adquirido a força do hábito. Se tivesse tido a felicidade ou a habilidade suficiente para conquistar a boa vontade do povo, poderia induzi-lo a considerar uma coerção odiosa e injustificável sobre o próprio uma medida destinada a privá-lo do direito de dar uma prova renovada de sua lealdade a um favorito. Podemos imaginar circunstâncias em que essa frustração do povo, secundando a ambição contrariada de tal favorito, poderia gerar um perigo maior para a liberdade do que o que se poderia sensatamente temer da possibilidade de uma perpetuação no cargo pelos sufrágios voluntários da comunidade, no exercício de um privilégio constitucional.

A ideia de inabilitar o povo de manter no cargo homens que mereceram, em sua opinião, aprovação e confiança, é ardilosa; suas vantagens, na melhor das hipóteses especulativas e equívocas, são contrabalançadas por desvantagens muito mais certas e decisivas.

PUBLIUS [HAMILTON]

ARTIGO 73

Continuação do exame no tocante à cláusula referente aos proventos e ao poder de veto

O terceiro ingrediente do vigor da autoridade executiva é a estipulação adequada de seus proventos. É evidente que, sem a devida atenção a este item, a separação entre os poderes executivo e legislativo seria meramente nominal e ineficaz. Tendo um poder irrestrito sobre o salário e os emolumentos do primeiro magistrado, o legislativo poderia torná-lo tão subserviente a sua vontade quanto julgasse desejável. Na maior parte dos casos, poderia obrigá-lo pela fome, ou tentá-lo pela magnanimidade, a preferir submeter o próprio julgamento a suas inclinações. Essas expressões, se tomadas em seu sentido mais amplo, certamente transmitiriam mais do que se pretende. Há homens que não poderiam ser constrangidos nem persuadidos a sacrificar seu dever; essa virtude inquebrantável é, porém, o fruto de poucos solos e, no geral, se constatará que o poder sobre o sustento de um homem é um poder sobre sua vontade. Se fosse necessário comprovar com fatos uma verdade tão elementar, não faltariam exemplos, mesmo neste país, da intimidação ou sedução do executivo pelos terrores ou encantos das disposições pecuniárias do corpo legislativo.

Nunca será demais, portanto, louvar a judiciosa atenção dada a este assunto pela Constituição proposta. Está estipulado ali que

> (...) o presidente dos Estados Unidos receberá, em momentos definidos, por seus serviços, uma remuneração que não será aumentada nem diminuída durante o período para o qual tiver sido eleito; e não receberá dentro desse período nenhum outro emolumento dos Estados Unidos ou de qualquer dos Estados.

É impossível imaginar algum dispositivo preferível a esse. Quando da designação de um presidente, o legislativo declarará de uma vez por todas qual será a remuneração por seus serviços durante o tempo para o qual ele tiver sido eleito. Isso feito, seus membros não terão nenhum poder para alterá-lo, seja para aumentá-lo, seja para reduzi-lo, até que, por novas eleições, se inicie novo período de serviço. Não podem nem debilitar sua força agindo sobre suas necessidades, nem corromper sua integridade valendo-se de sua ganância. Nem a União, nem qualquer de seus membros, será livre para dar, nem ele será livre para receber, qualquer outro emolumento além do que tiver sido determinado pelo primeiro ato. Não poderá, portanto, ter nenhum estímulo pecuniário para desistir ou abrir mão da independência que a Constituição pretendeu lhe conferir.

O último dos requisitos para a energia que enumeramos são poderes adequados. Passemos a considerar os que se pretende atribuir ao presidente dos Estados Unidos.

A primeira coisa que se oferece a nossa observação é o veto qualificado do presidente sobre os atos ou resoluções das duas casas do legislativo; ou, em outras palavras, seu poder de devolver todos os projetos a que faça objeções, com o efeito de impedir que se tornem leis, a menos que sejam posteriormente ratificados por dois terços de cada uma das casas que compõem o corpo legislativo.

A tendência do poder legislativo a usurpar os direitos e absorver os poderes dos outros setores já foi sugerida mais de uma vez. A insuficiência de uma mera delimitação no papel dos limites de cada poder também já foi assinalada, e a necessidade de dotar cada um de armas constitucionais para a própria defesa foi inferida e provada. Desses princípios claros e indubitáveis resulta a adequação da posse pelo executivo de um poder de veto, seja absoluto ou qualificado, sobre os atos das câmaras do legislativo. Sem um ou outro, o executivo ficaria absolutamente incapaz de se defender das usurpações do legislativo. Poderia ser gradualmente despojado de seus poderes por sucessivas resoluções, ou aniquilado por um único voto. De uma maneira ou de outra, os poderes legislativo e executivo poderiam vir rapidamente a se misturar nas mesmas mãos. Mesmo que nunca se tivesse revelado no corpo legislativo qualquer tendência a usurpar os direitos do executivo, as regras do raciocínio correto e da coerência teórica nos ensinariam por si sós que um não deve ser deixado à mercê do outro, e sim possuir um poder constitucional e efetivo de autodefesa.

Mas o poder em questão tem ainda um outro uso. Não apenas serve como escudo contra o executivo como fornece uma garantia adicional contra a promulgação de leis impróprias. Estabelece um salutar controle sobre o corpo legislativo, apto a proteger a comunidade contra os efeitos do facciosismo, da precipitação, ou de qualquer impulso adverso ao bem público que possa vir a influenciar a maioria desse corpo.

A justeza do direito de veto foi por vezes contestada com base na alegação de que não se pode presumir que um único homem possua mais virtude e sabedoria que muitos homens, e que sem essa presunção seria inadequado dar ao magistrado executivo qualquer tipo de controle sobre o corpo legislativo. Essa observação, porém, quando examinada, se mostrará mais ardilosa do que sólida. A justeza da coisa não se funda na suposição de uma sabedoria ou virtude superior do executivo, mas na suposição de que o legislativo não será infalível; que o amor pelo poder poderá por vezes induzi-lo a uma disposição de violar os direitos dos outros membros do governo; que um facciosismo poderá por vezes perverter suas deliberações; que impressões de momento poderão por vezes pressioná-lo a tomar medidas que ele próprio condenaria após uma reflexão mais madura. O motivo primordial para conferir ao executivo o poder em questão é capacitá-lo a se defender; o secundário é reduzir, em benefício da comunidade, a possibilidade da aprovação de leis más por pressa, inadvertência ou cálculo. Quanto mais frequentemente a medida for levada a exame, quanto maior for a diversidade das posições dos que a examinam, menor será o perigo desses erros que decorrem da falta da devida ponderação, ou desses passos em falso que resultam do contágio de alguma paixão ou interesse comum. É pouco provável que ideias condenáveis de qualquer tipo contaminem todas as partes do governo ao mesmo tempo, no tocante ao mesmo objeto; bem mais provável é que controlem e desencaminhem alternadamente cada uma delas.

Talvez se possa dizer que o poder de evitar as leis más inclui o de evitar as boas, podendo ser usado tanto para um fim como para o outro. Mas essa objeção terá pouco peso para os que são capazes de avaliar adequadamente os malefícios dessa inconstância e mutabilidade das leis que constitui o maior vício do caráter e da índole de nossos governos. Haverão de considerar toda instituição destinada a coibir o excesso de legiferação e manter as coisas no estado em que estejam por um dado período como prometendo ser muito mais benéfica que prejudicial, porque ela favorece a maior estabilidade do sistema legislativo. O dano que poderia talvez ser causado pela anulação de algumas leis boas será amplamente compensado pela vantagem de impedir a promulgação de várias leis más.

E isso ainda não é tudo. A superioridade de força e influência de que goza o corpo legislativo num governo livre e o risco que corre o executivo numa prova de força com esse corpo fornecem uma garantia satisfatória de que o direito de veto seria, em geral, empregado com grande cautela, e que o executivo se exporia com muito mais frequência à acusação de timidez que à de temeridade ao exercê-lo. Um rei da Grã-Bretanha, com toda a sua série de atributos soberanos, e com toda a influência que extrai de um milhar de fontes, haveria hoje de hesitar em apor um veto às resoluções conjuntas das duas casas do Parlamento. Não deixaria de apelar aos recursos extremos de sua influência para sustar uma medida que lhe fosse desagradável antes que ela chegasse ao trono, evitando o dilema de permitir que tivesse efeito ou correr o risco de desagradar a nação inteira ao se opor à opinião do corpo legislativo. Tampouco é provável que ousasse finalmente exercer sua prerrogativa, salvo em caso de manifesta adequação ou extrema necessidade. Todo homem bem informado desse reino concordará com a justeza dessa observação. Já se passou um tempo considerável desde que a coroa exerceu seu direito de veto.

Se um magistrado tão poderoso e amparado como um monarca britânico hesitaria em exercitar o poder em questão, quanto maior não é a cautela que se pode sensatamente esperar de um presidente dos Estados Unidos, investido pelo curto período de quatro anos da autoridade executiva de um governo inteira e puramente republicano?

É evidente que haveria maior perigo de que ele não usasse seu poder quando necessário do que o fizesse com demasiada frequência, ou em excesso. De fato, um argumento contra a eficácia desse poder foi extraído exatamente desta fonte. Nessa visão, ele foi apresentado como um poder odioso na aparência e inútil na prática. Do fato de que poderia ser raramente exercido não se segue, no entanto, que nunca o seria. No caso para o qual foi especialmente concebido, o de um ataque direto aos direitos constitucionais do executivo, ou num caso em que o bem público seria evidente e obviamente sacrificado, um homem com tolerável firmeza se valeria de seus meios constitucionais de defesa e daria ouvidos às admoestações do dever e da responsabilidade. Na primeira hipótese, sua força seria estimulada por seu interesse imediato pelo poder de seu cargo; na segunda, pela provável aprovação de seus eleitores, que, embora tendam naturalmente a favorecer o corpo legislativo em caso duvidoso, dificilmente permitiriam que sua parcialidade os enganasse num caso muito óbvio. Digo isso tendo em mente um magistrado dotado apenas de uma parcela comum de firmeza. Há homens que, não importa sob que circunstâncias, terão a coragem de cumprir seu dever a qualquer preço.

A convenção, no entanto, buscou nessa questão um meio-termo que facilitará o exercício do poder atribuído neste aspecto ao magistrado executivo, ao mesmo tempo que colocou sua eficácia na dependência do julgamento de parte considerável do corpo legislativo. Em vez de um direito absoluto de veto, propõe que se dê ao executivo o direito de veto qualificado, já descrito. Esse poder tende a ser muito mais prontamente exercido que o outro. Um homem que poderia temer invalidar uma lei com seu simples veto pode não hesitar em devolvê-la para reconsideração, expondo-a à rejeição absoluta somente na eventualidade de mais de um terço das duas casas concordarem com a suficiência de suas objeções. Seria estimulado pela ideia de que sua objeção, caso prevalecesse, teria sido endossada por uma proporção muito respeitável do corpo legislativo, cuja influência se somaria à dele na defesa da correção de sua conduta perante a opinião pública. Um veto direto e categórico parece algo mais duro, mais tendente a irritar, que a mera apresentação de objeções argumentativas, a serem aprovadas ou não por aqueles a quem se dirigem. Na mesma medida em que seria menos apto a ofender, esse veto seria mais apto a ser exercitado, e exatamente por isso talvez se mostre mais efetivo na prática. Podemos esperar que ideias errôneas não dominarão com frequência e simultaneamente ambas as câmaras do legislativo, na grande proporção de dois terços, inclusive no desafio ao contrapeso do executivo. De todo modo, a probabilidade de isso acontecer é bem menor que a de tais ideias contaminarem as decisões e a conduta de uma maioria simples. Um poder dessa natureza nas mãos do executivo terá muitas vezes uma ação silenciosa e despercebida, mas incisiva. Quando homens que visam a fins injustificáveis sabem que talvez surjam obstruções de um flanco que não podem controlar, muitas vezes esse simples temor os coíbe de tentar o que fariam com ávida precipitação na ausência de tais impedimentos externos.

No Estado de Nova York, como já se observou em outra passagem, o direito de veto qualificado é atribuído a um conselho composto pelo governador, com o chanceler e os juízes da Corte Suprema, ou com o primeiro ou os segundos. Foi livremente empregado numa variedade de ocasiões, frequentemente com sucesso. Sua utilidade tornou-se tão manifesta que pessoas que foram seus veementes opositores quando da elaboração da Constituição tornaram-se, a partir da experiência, seus admiradores declarados.[1]

---

1. O sr. Abraham Yates, ardoroso opositor do plano da convenção, está entre eles.

Em outra passagem observei que a convenção, ao formular esta parte do plano, afastou-se da constituição deste Estado e tomou como modelo a de Massachusetts. Podemos atribuir essa preferência a duas fortes razões. Uma é que os juízes, que devem ser os intérpretes da lei, poderiam incorrer numa tendenciosidade imprópria por terem dado uma opinião prévia a seu respeito em sua condição revisionista; a outra é que a associação frequente dos juízes ao executivo talvez os induzisse a se envolver em excesso com as ideias políticas desse magistrado, o que poderia dar lugar à formação gradual de uma perigosa combinação entre os poderes executivo e judiciário. É impossível manter os juízes muito afastados de qualquer outra atividade que não a de interpretar as leis. É peculiarmente perigoso colocá-los numa situação que os exponha a serem corrompidos ou influenciados pelo executivo.

PUBLIUS [HAMILTON]

ARTIGO 74

Continuação do exame no tocante ao comando das forças nacionais e ao poder de perdão

O presidente dos Estados Unidos deverá ser "comandante em chefe do exército e da marinha dos Estados Unidos e das milícias dos vários Estados, *quando convocadas ao serviço efetivo* dos Estados Unidos". A propriedade deste dispositivo é tão evidente por si só, e ao mesmo tempo tão consoante aos precedentes das constituições estaduais em geral, que pouco precisa ser dito para explicá-lo ou reforçá-lo. Mesmo aquelas constituições que sob outros aspectos associaram o primeiro magistrado a um conselho concentraram em sua maioria a autoridade militar apenas nele. Entre todas as incumbências ou cuidados do governo, a condução da guerra é a que mais peculiarmente demanda aquelas qualidades que distinguem o exercício do poder por uma única mão. A condução da guerra implica a condução da força comum; e o poder de dirigir e empregar a força comum é parte usual e essencial da definição da autoridade executiva. "O presidente pode requisitar a opinião, por escrito, da principal autoridade de cada ministério sobre qualquer assunto relacionado com os deveres de seus respectivos cargos." Isso a meu ver é uma mera redundância no plano, pois o direito de que provém resultaria por si mesmo do cargo.

Ele está também autorizado "a conceder comutação de penas e perdão por crimes contra os Estados Unidos, *exceto em casos de impeachment*". A humanidade e a boa política conspiram para ditar que a benigna prerrogativa do perdão deve ser tão pouco coibida ou complicada quanto possível. O código criminal de todos os países partilha tal grau de necessária severidade que, sem um fácil acesso a exceções em favor da culpa deplorável, a justiça exibiria um semblante demasiado sanguinário e cruel. Como o senso de responsabilidade é sempre tanto mais forte quanto menos partilhado, pode-se inferir que um único homem estaria mais disposto a atentar para a força dos motivos que poderiam indicar a mitigação do rigor da lei, e menos propenso a ceder a considerações destinadas a proteger um objeto próprio para a vingança desta. O pensamento de que o destino de uma criatura dependeria *unicamente* de sua *ordem* iria naturalmente inspirar escrúpulo e cautela; o temor de ser acusado de fraqueza ou conivência geraria igual circunspecção, embora de tipo diferente. Por outro lado, como os homens geralmente extraem confiança de seu número, agindo em conjunto poderiam muitas vezes encorajar-se mutuamente num ato de obstinação, e poderiam ser menos sensíveis aos temores de suspeita ou censura por uma clemência não judiciosa ou exagerada. Por essas razões, parece ser preferível entregar o poder governamental de perdoar a um único homem que a uma assembleia de homens.

A conveniência da atribuição do poder de perdoar ao presidente só foi contestada, se não me engano, com relação ao crime por traição. Afirmou-se que isso deveria depender da aprovação de uma das câmaras do corpo legislativo, ou de ambas. Não vou negar que fortes razões podem ser aduzidas para a exigência, neste caso, da participação desse corpo ou de parte dele. Como a traição é um crime que atinge diretamente o ser da sociedade, parece adequado, uma vez que as leis tiverem determinado a culpa do criminoso, referir ao legislativo o julgamento da conveniência de um ato de clemência para com ele. E isso deveria acontecer com mais razão ainda porque a suspeita de conivência do magistrado não deveria ser inteiramente excluída. Mas há também fortes objeções a essa ideia. Não se pode duvidar que um único homem dotado de prudência e bom senso está mais apto para ponderar, em conjunturas delicadas, os motivos que podem pesar pró e contra o cancelamento da punição que qualquer corpo numeroso. É preciso considerar, em particular, que a traição estará muitas vezes associada a sedições que abrangem grande parcela da comunidade, como aconteceu recentemente em Massachusetts. Em todos os casos desse tipo, poderíamos esperar que a representação popular estivesse contaminada pelo mesmo espírito que dera origem ao crime. E quando as partes estivessem praticamente equilibradas, a simpatia secreta dos adeptos e partidários dos condenados poderia frequentemente, valendo-se da boa índole e da fraqueza dos outros, produzir o perdão em casos em que seria necessária a intimidação do exemplo. Por outro lado, quando a sedição fosse fruto de causas que tivessem despertado o ressentimento da maioria, ela poderia com frequência mostrar-se inflexível e inexorável, em casos em que a prudência exigiria uma conduta de indulgência e clemência. Mas o principal argumento em prol da entrega do poder de perdoar ao magistrado nesse caso é este: em períodos de insurreição ou rebelião, há com frequência momentos críticos em que o oferecimento de perdão na hora certa aos insurgentes ou rebeldes pode restaurar a tranquilidade da nação; se não aproveitada, essa possibilidade talvez jamais se renove posteriormente. Os processos dilatórios de convocação do legislativo, ou de uma de suas casas, com a finalidade de obter sua aprovação para a medida fariam com que muitas vezes se deixasse escapar a valiosa oportunidade. A perda de uma semana, de um dia, de uma hora, poderia por vezes ser fatal. Caso se sugira que um poder ilimitado poderia ser ocasionalmente conferido ao presidente, em face de contingências como essa, podemos responder, em primeiro lugar, que é duvidoso que, numa Constituição limitada, esse tipo de poder pudesse ser delegado por lei; em segundo, que geralmente seria imprudente tomar de antemão qualquer passo que pudesse prometer a perspectiva de impunidade. Um procedimento desse tipo, fora do curso usual, seria provavelmente interpretado como prova de intimidação e fraqueza e tenderia a estimular os culpados.

PUBLIUS [HAMILTON]

ARTIGO 75

Continuação do exame no tocante ao poder de firmar tratados

O presidente deverá ter poder "de fazer tratados pela e com a recomendação e a anuência do Senado, desde que dois terços dos senadores presentes estejam de acordo". Embora esse dispositivo tenha sido atacado, sob diferentes alegações, com considerável veemência, não hesito em declarar minha firme convicção de que é uma das partes mais bem amadurecidas e incontestáveis do plano. Uma base de objeção é o redundante tópico da mistura de poderes: alguns sustentando que o presidente deveria deter sozinho o poder de fazer tratados, outros querendo confiá-lo exclusivamente ao Senado. Outra objeção funda-se no pequeno número de pessoas suficiente para fazer um tratado. Entre os que esposam essa objeção, uma parte é de opinião que a Câmara dos Representantes deveria ter sido associada ao processo, enquanto outra parece pensar que bastaria ter substituído dois terços dos senadores *presentes* por dois terços de *todos* os membros do Senado. Tenho a pretensão de julgar que as observações que fiz num artigo anterior sobre essa parte do plano foram suficientes para situá-lo, para um olhar perspicaz, sob uma luz muito favorável. Vou me limitar aqui a propor apenas algumas observações suplementares, principalmente com relação às objeções que acabo de mencionar.

Com relação à mistura dos poderes, vou confiar nas explicações já fornecidas em outras passagens sobre o verdadeiro sentido da regra em que essa objeção se fundamenta. Partirei do pressuposto, como inferência delas, de que a união do executivo com o Senado, no que diz respeito aos tratados, em nada infringe essa regra. Ouso acrescentar que a natureza particular do poder de fazer tratados indica uma propriedade particular dessa união. Embora vários autores que tratam do governo situem esse poder na categoria dos poderes executivos, esta é evidentemente uma classificação arbitrária, pois, se examinarmos cuidadosamente sua ação, veremos que partilha mais do caráter legislativo que do executivo, embora não pareça se encaixar estritamente na definição de nenhum dos dois. A essência da autoridade legislativa é promulgar leis, ou, em outras palavras, prescrever normas para a regulação da sociedade; em contrapartida, a aplicação das leis e o emprego da força comum, seja para este fim ou para a defesa comum, parecem abranger todas as funções do magistrado executivo. Claramente, o poder de fazer tratados não é uma coisa nem outra. Não se relaciona nem com a aplicação de leis preexistentes, nem com a promulgação de novas leis, e menos ainda com um emprego da força comum. Seu objeto são *contratos* com nações estrangeiras que têm força de lei, mas essa força provém das obrigações da boa-fé. Não são normas prescritas pelo soberano ao súdito, mas acordos entre soberanos. O poder em questão parece, portanto, formar um setor à parte, que não pertence propriamente nem ao legislativo, nem ao executivo. As qualidades que mencionamos em outra passagem como indispensáveis ao trato de negociações externas indicam o executivo como o agente mais adequado para essas transações; por outro lado, a enorme importância do valor e ação de lei que têm os tratados recomenda fortemente a participação de todo o corpo legislativo ou parte dele na tarefa de realizá-los.

Por mais adequado ou seguro que possa ser entregar ao magistrado executivo o poder total de fazer tratados quando ele é um monarca hereditário, seria absolutamente inseguro e inconveniente confiar esse poder a um magistrado eletivo com mandato de quatro anos. Observou-se em outra oportunidade, com inquestionável propriedade, que um monarca hereditário, embora seja frequentemente o opressor de seu povo, está pessoalmente comprometido demais com o governo para que sua corrupção por nações estrangeiras represente um perigo considerável. Por outro lado, um homem alçado da condição de cidadão comum ao posto de primeiro magistrado, possuidor de uma fortuna apenas módica ou exígua, e com os olhos voltados para um momento não muito remoto em que poderá ser obrigado a retornar a sua condição anterior, teria de possuir uma virtude superlativa para resistir a possíveis tentações de sacrificar seu dever a seu interesse. Um homem ganancioso poderia fazer de seu próprio enriquecimento, com a ajuda de uma nação estrangeira, o preço de sua traição a seus eleitores. A história da conduta humana não caucionа essa ideia exaltada da virtude humana por força da qual seria prudente para uma nação confiar interesses tão delicados e relevantes como os que se ligam a suas relações com o resto do mundo à administração exclusiva de um magistrado constituído como o seria o presidente dos Estados Unidos e nas condições que lhe seriam próprias.

Confiar o poder de fazer tratados exclusivamente ao Senado seria abdicar dos benefícios da ação constitucional do presidente na condução de negociações externas. É verdade que, nesse caso, o Senado teria a opção de utilizá-lo nessa condição, mas teria também a opção de deixá-lo de lado, e o ressentimento ou conluio poderiam favorecer mais a última que a primeira possibilidade. Além disso, não se poderia esperar que o presidente, atuando a serviço do Senado, gozasse do mesmo grau de confiança e respeito de nações estrangeiras que na qualidade de representante constitucional da nação, e, é claro, não seria capaz de atuar com a mesma força ou eficácia. Enquanto a União perderia com isso uma considerável vantagem na administração de seus interesses externos, o povo perderia a garantia adicional que resultaria da cooperação do executivo. Ainda que fosse imprudente confiar exclusivamente a ele tão importante missão, não há dúvida de que sua participação nela aumentaria consideravelmente a segurança da sociedade. De fato, deve ser evidente que a posse conjunta do poder em questão pelo presidente e o Senado proporcionaria maior perspectiva de segurança que a posse separada desse poder por um ou outro. E todos que tiverem ponderado maduramente as circunstâncias que acompanham a designação do presidente estarão convencidos de que o cargo promete ser sempre ocupado por homens de caráter tal a tornar peculiarmente desejável essa colaboração na elaboração de tratados, tanto por sua sabedoria como por sua integridade.

Observações feitas num artigo anterior e já aludidas em outra passagem deste aplicam-se com força conclusiva contra a participação da Câmara dos Representantes na elaboração de tratados. A composição flutuante e — considerando-se seu futuro aumento — numerosa desse corpo nos impede de esperar dele as qualidades essenciais ao adequado desempenho de tal tarefa. Conhecimento preciso e abrangente de política externa; adesão estável e sistemática às mesmas ideias; apurada e uniforme sensibilidade ao caráter nacional; decisão, *sigilo* e celeridade — são todas coisas incompatíveis com a índole de uma assembleia tão variável e numerosa. A própria complicação da atividade, caso se introduzisse a necessidade da participação de tantos corpos diferentes, seria por si só uma sólida objeção. A maior frequência de convocações da Câmara dos Representantes, ou a necessidade de mantê-la reunida por mais tempo para obter sua aprovação nas etapas progressivas de um tratado, geraria tantos transtornos e despesas que por si só condenaria a ideia.

Só resta por discutir a sugestão de substituir a proporção de dois terços dos membros *presentes* pela de dois terços dos membros componentes do

Senado. Foi demonstrado, no segundo tópico de nossas investigações, que todas as medidas que exigem mais do que a maioria de um corpo para sua decisão tendem diretamente a atrapalhar a ação do governo e, indiretamente, a submeter o pensamento da maioria ao da minoria. Tal consideração parece suficiente para determinar nossa opinião de que a convenção foi, na tentativa de assegurar a vantagem do número da formulação de tratados, até o ponto em que era possível conciliá-la com a atividade dos conselhos públicos ou com uma consideração razoável pelo pensamento predominante na comunidade. A exigência de dois terços do número total de membros corresponderia em muitos casos, dada a ausência de uma parte, a uma necessidade de unanimidade. E a história de toda instituição política em que esse princípio prevaleceu é uma história de impotência, perplexidade e desordem. Provas disso poderiam ser tomadas dos exemplos do Tribunato romano, do Congresso polonês e dos Estados Gerais dos Países Baixos, se um exemplo dentro de casa não dispensasse precedentes estrangeiros.

Com toda probabilidade, exigir uma proporção fixa de todo o corpo não representaria nenhuma vantagem sobre a mera exigência de uma proporção dos membros presentes. No primeiro caso, aumentando-se a dificuldade de decisões indesejadas por uma minoria, reduzem-se os motivos para um comparecimento pontual. No segundo, tornando-se a competência do corpo dependente de uma *proporção* que pode se alterar segundo a ausência ou presença de um único membro, obtém-se o efeito contrário. E como, ao favorecer a pontualidade, ela tende a manter o corpo completo, há grande probabilidade de que suas resoluções sejam ditadas por um número tão grande neste caso como no outro, ao mesmo tempo que haveria muito menos ocasiões para adiamentos. Não se deve esquecer que sob a Confederação atual dois membros *podem* representar um Estado, e frequentemente *o fazem;* por isso acontece que o Congresso, que hoje está exclusivamente investido de *todos os poderes* da União, raramente abriga maior número de pessoas que o Senado proposto abrigaria. Se acrescentarmos a isso que os membros do atual Congresso votam por Estado, e que seu voto é perdido quando apenas um único membro de um Estado está presente, justifica-se a suposição de que o número de vozes ativas no Senado, cujos membros votarão individualmente, raramente ficará aquém do número de vozes ativas no Congresso atual. Quando, além dessas considerações, levamos em conta a cooperação do presidente, não podemos hesitar em inferir que, sob a nova Constituição, o povo da América estaria mais bem garantido contra um uso indevido do poder de fazer tratados do que sob a Confederação. E se dermos mais um passo adiante e pensarmos no provável aumento do número de membros do Senado pela criação de novos Estados, não só nos veremos com amplas razões para confiar na suficiência do número de membros a cujo cuidado esse poder será confiado como seremos provavelmente levados a concluir que um corpo mais numeroso que aquele que o Senado provavelmente se tornará seria muito pouco apto para o adequado desempenho da missão.

PUBLIUS [HAMILTON]

ARTIGO 76

Continuação do exame no tocante à designação de servidores do governo

O presidente deverá

> (...) nomear e, pelo e com o conselho e a aprovação do Senado, designar embaixadores, outros diplomatas e cônsules, juízes da Corte Suprema e todos os demais servidores dos Estados Unidos cujas designações não estejam previstas de outra forma na Constituição, e que serão estabelecidas por lei; mas o Congresso pode, por lei, atribuir a designação desses servidores subordinados, segundo julgue mais adequado, ao presidente sozinho, ou aos tribunais de justiça, ou aos ministros. O presidente terá poder para preencher *todas as vacâncias* que possam ocorrer *durante o recesso do Senado,* conferindo delegações que *expirarão* ao final da sessão seguinte deste.

Foi observado, num artigo anterior, "que a verdadeira prova de um bom governo é sua capacidade e tendência a produzir uma boa administração". Caso se admita a justeza dessa observação, o modo de designar os servidores dos Estados Unidos previsto nas cláusulas acima se revela, quando examinado, merecedor de especial aplauso. Não é fácil conceber um plano mais apropriado que este para produzir uma escolha judiciosa de homens para preencher os cargos da União; e não será preciso provar que disso dependerá essencialmente o caráter de sua administração.

Todos admitirão que o poder de designar, nos casos comuns, só pode ser corretamente estabelecido de três maneiras alternativas. Pode ser conferido a um único homem, ou a uma assembleia *escolhida* de número moderado, ou a um único homem com a colaboração de tal assembleia. Será prontamente admitido que o exercício desse poder pelo conjunto do povo seria impraticável; deixando de lado outras considerações, isso lhe deixaria pouco tempo para fazer qualquer outra coisa. Portanto, quando se menciona, nas considerações subsequentes, uma assembleia ou corpo de homens, o que é dito deve ser compreendido como referindo-se a um corpo ou assembleia escolhida do tipo já definido. As pessoas, coletivamente, em razão de seu número e de sua dispersão, não podem ser reguladas em seus movimentos por aquele espírito sistemático de conluio e intriga que se apresentaria como principal objeção a confiar o poder em pauta a um corpo de homens.

Aqueles que refletiram por si mesmos sobre o assunto, ou atentaram para as observações feitas em outras passagens desses artigos com relação à designação do presidente, haverão de concordar, presumo, com a ideia de que haveria sempre grande probabilidade de se ter o lugar ocupado por um homem de capacidades no mínimo respeitáveis. Com base nessa premissa, proponho como regra que um homem de discernimento está mais apto a analisar e avaliar as qualidades peculiares adaptadas a cargos específicos que um corpo de homens de discernimento igual ou mesmo superior.

A responsabilidade una e indivisa de um homem engendrará um senso mais forte do dever e uma atenção mais enfática à reputação. Por isso, ele se sentirá mais comprometido, e terá maior interesse em investigar com cuidado as qualidades necessárias para os cargos a serem preenchidos, e a preferir com imparcialidade as pessoas que possam ter as mais justas pretensões a eles. Terá *menos* ligações pessoais a atender que um corpo cujos membros poderiam ter, cada um, igual número, e será, na mesma medida, menos passível de ser desencaminhado por sentimentos de amizade e afeição. Nada tende a agitar as paixões da humanidade mais que considerações pessoais, sejam elas relacionadas a nós mesmos ou a outros, que devem ser objeto de nossa escolha ou preferência. Por isso, toda vez que o poder de preencher cargos é exercido por uma assembleia, podemos esperar ver uma completa exposição de todos os afetos e desafetos pessoais e partidários, simpatias e antipatias, fidelidades e animosidades alimentados pelos que compõem a assembleia. Sob essas circunstâncias, qualquer escolha que se faça em qualquer momento será evidentemente o resultado ou da vitória obtida por um partido sobre outro, ou de um acordo entre os partidos. Em ambos os casos, o mérito intrínseco do candidato será com grande frequência desconsiderado. No primeiro, as qualificações mais propícias a unir os votos do partido serão mais valorizadas que aquelas que adequam a pessoa ao cargo. No segundo, a coalizão se fará em geral com base em alguma troca interesseira: "Deem-nos o homem que queremos para este cargo e terão o que querem para aquele outro". Essa será a condição usual da barganha. E raramente a melhoria do serviço público será o objetivo básico, seja das vitórias, seja das negociações partidárias.

A verdade dessas afirmações parece ter sido compreendida pelos homens mais inteligentes entre os que criticaram o dispositivo feito a esse respeito pela convenção. Segundo eles, o presidente deveria ser o único autorizado a fazer designações no governo federal. É fácil mostrar, porém, que todas as vantagens que se poderiam esperar de tal arranjo proviriam, em essência, do poder de *nomear*, que se pretende conferir a ele; por outro lado, várias desvantagens que poderiam acompanhar a entrega do poder absoluto de designar a suas mãos seriam evitadas. No ato de nomeação, somente seu julgamento interviria; e como seria tarefa exclusivamente sua indicar os nomes que, com a aprovação do Senado, deveriam preencher um cargo, sua responsabilidade seria igual à de quem fizesse a designação final. Desse ponto de vista, não pode haver nenhuma diferença entre nomear e designar. Os mesmos motivos que influenciaram um desempenho correto de seu dever em um caso existiriam no outro. E como ninguém pode ser designado a menos que tenha sido previamente nomeado, todos que poderiam ser designados seriam, de fato, escolha sua.

Não resta dúvida de que essa nomeação pode ser rejeitada; no entanto, isso só pode ocorrer para dar lugar a outra nomeação feita pelo próprio presidente. A pessoa finalmente designada será necessariamente objeto de sua preferência, embora talvez não da preferência máxima. Não é muito provável, tampouco, que sua nomeação seja rejeitada com frequência. Os senadores não poderiam se sentir tentados a rejeitar a pessoa proposta em razão de sua preferência por outra, porque nada lhes asseguraria que a pessoa que acaso desejassem seria apontada numa segunda nomeação ou em qualquer outra subsequente. Não poderiam sequer ter certeza de que uma nomeação futura apresentaria um candidato mais aceitável em algum grau; e como sua rejeição poderia lançar um estigma sobre o indivíduo rejeitado e poderia ter a aparência de um descrédito em relação ao julgamento do primeiro magistrado, não é provável que recusassem com frequência sua aprovação na ausência, quando inexistissem razões especiais e fortes para tanto.

Nesse caso, com que finalidade se requer a cooperação do Senado? Respondem que sua participação teria uma ação poderosa, embora em geral silenciosa. Seria um excelente controle sobre um eventual espírito de favoritismo do presidente, e contribuiria enormemente para evitar a designação de pessoas inadequadas por causa do Estado de que provêm, por força de relações pessoais, ou com vistas à popularidade. Além disso, seria uma fonte eficaz de estabilidade na administração.

É fácil compreender que um homem que tivesse controle total sobre os cargos seria muito mais governado por suas inclinações e interesses pessoais do que se fosse obrigado a submeter a adequação de sua escolha à discussão e decisão de um corpo diferente e independente, sendo esse corpo toda uma casa do legislativo. A possibilidade de rejeição seria um forte incentivo à cautela na proposição. O perigo que sua própria reputação e, no caso de um magistrado eleito, sua existência política correriam se revelasse um espírito de favoritismo ou uma busca inadequada de popularidade a um corpo dotado de grande peso na formação da opinião pública não poderia deixar de atuar como barreira contra uma coisa e outra. Ele teria ao mesmo tempo vergonha e medo de apresentar, para os cargos mais eminentes ou lucrativos, candidatos que não tivessem outro mérito senão o de provir do mesmo Estado a que ele particularmente pertencesse, ou de estar de um modo ou de outro pessoalmente ligados a ele, ou de ser nulos e subservientes a ponto de se tornarem os obsequiosos instrumentos de sua vontade.

A esse raciocínio objetou-se que o presidente, por força do poder de nomear, poderia assegurar a complacência do Senado com suas ideias. A suposição de venalidade universal na natureza humana é quase tão errônea no raciocínio político quanto a da retidão universal. A instituição do poder delegado implica a existência na humanidade de uma parcela de virtude e honra que pode constituir uma base sensata para a confiança. A experiência justifica a teoria. Verificou-se a existência dessa parcela nos mais corruptos períodos dos mais corruptos governos. Por muito tempo, a Câmara dos Comuns britânica foi acusada de venalidade, tanto em seu país como neste; e não há dúvida de que a acusação é em boa medida bem fundada. Mas é igualmente indubitável que há sempre uma grande proporção desse corpo composta por homens independentes e dotados de espírito público que têm considerável peso nos conselhos da nação. Por isso (e o atual reinado não é exceção) é que vemos com tanta frequência a sensatez desse corpo controlar as tendências do monarca, em relação tanto a homens como a medidas. Portanto, embora seja admissível supor que o executivo poderia ocasionalmente influenciar alguns indivíduos no Senado, a suposição de que poderia em geral comprar a integridade de todo o corpo seria forçada e improvável. Um homem disposto a ver a natureza humana como ela é, sem exaltar-lhe as virtudes ou exagerar-lhe os vícios, encontrará, para confiar na probidade do Senado, razões bastantes para convencê-lo não só de que será impraticável para o executivo corromper a maioria de seus membros, mas que a necessidade de sua cooperação na atividade de fazer designações será um freio considerável e salutar sobre a conduta do magistrado. Ademais, a integridade do Senado não é a garantia única. A Constituição estipulou algumas importantes salvaguardas contra o perigo de influência do executivo sobre o corpo legislativo. Ela declara que

> (...) nenhum senador ou representante será designado, durante o tempo *para o qual foi eleito*, para qualquer cargo público nos Estados Unidos que tenha sido criado ou cujos emolumentos tenham sido aumentados durante esse período; e nenhuma pessoa que detenha qualquer cargo nos Estados Unidos pode ser membro de qualquer das casas durante sua permanência no cargo.

PUBLIUS [HAMILTON]

ARTIGO 77

Conclusão do exame da designação do presidente, com maior consideração do poder de nomear e breve avaliação de seus demais poderes

Foi mencionado, como uma das vantagens a se esperar da cooperação do Senado na questão das designações, que ela contribuiria para a estabilidade na administração. A aprovação desse corpo seria necessária para exonerar tanto quanto para nomear.[1] A mudança do primeiro magistrado, portanto, não ocasionaria uma revolução tão violenta ou geral dos servidores do governo como se poderia esperar se ele tivesse controle exclusivo sobre os cargos. Quando um homem tivesse dado provas satisfatórias de sua adequação a qualquer cargo, um novo presidente seria impedido de tentar uma mudança em benefício de uma pessoa que lhe fosse mais agradável por temor de que uma reprovação do Senado pudesse lhe frustrar a tentativa e lançar algum grau de descrédito sobre ele próprio. Os mais capazes de avaliar o valor de uma administração mais estável estarão mais dispostos a apreciar uma medida que vincula a existência oficial de homens públicos à aprovação ou reprovação desse corpo que, em razão da permanência mais longa de seus próprios membros, será com toda probabilidade menos sujeito à inconstância que qualquer outro componente do governo.

Sugeriu-se, algumas vezes, que essa união do Senado com o presidente na questão das designações serviria para dar a este último uma influência indevida sobre o Senado e, outras vezes, que teria a tendência oposta — prova bastante forte de que nenhuma das duas sugestões é verdadeira.

Fazer a primeira afirmação em sua forma correta é refutá-la. Equivale ao seguinte: o presidente teria uma influência *indevida sobre* o Senado porque este teria o poder de *coibi-lo.* Isso é um absurdo nos termos. É indubitável

1. A afirmação de Hamilton de que o consentimento do Senado seria necessário tanto para a demissão quanto para a designação se provaria equivocada. (N. do E.)

que dispor do poder total de designar o capacitaria muito mais efetivamente a estabelecer um império perigoso sobre esse corpo do que o mero poder de nomear sujeito ao controle deste.

Examinemos a proposição inversa: "O Senado influenciaria o executivo". Como tive várias outras oportunidades de observar, a indistinção da objeção impede uma resposta precisa. De que maneira essa influência se exerceria? Em relação a quê? O poder de influenciar uma pessoa, no sentido em que é usado aqui, deve implicar o poder de lhe conceder algum benefício. Como poderia o Senado beneficiar o presidente pela maneira de empregar o direito de veto a suas nomeações? Caso se diga que poderia por vezes agradar-lhe concordando com uma escolha favorita, quando razões públicas poderiam ditar uma conduta diversa, respondo que os casos em que o presidente poderia estar pessoalmente interessado no resultado seriam muito poucos para permitir que ele fosse consideravelmente afetado pelas anuências do Senado. Além disso, é evidente que o *poder* capaz de *originar* a concessão de honrarias e emolumentos tem maior probabilidade de atrair o poder que pode apenas obstruir seu curso do que de ser por ele atraído. Caso se pense, quando se fala de influência sobre o presidente, em *restrição* a ele, pensa-se precisamente no que se pretendeu. Já se mostrou que essa restrição seria salutar, ao mesmo tempo que não tenderia a destruir uma só vantagem que pudesse estar ligada à atuação irrestrita desse magistrado. O direito de nomear produziria todo o bem, sem o mal.

Comparando-se o plano para a designação dos servidores do governo proposto com o que está estabelecido na constituição de Nova York, deve-se dar clara preferência ao primeiro. Nele, o poder de nomear é inequivocamente conferido ao executivo. E como haverá necessidade de submeter cada nomeação ao julgamento de uma casa do legislativo, as circunstâncias ligadas a uma designação, a partir do modo de sua condução, se tornariam naturalmente assuntos notórios, e o público não teria dificuldade em determinar que papel teria sido desempenhado pelos diferentes atores. A culpa por uma má nomeação recairia única e exclusivamente sobre o presidente. A desaprovação ou rejeição de uma boa caberia inteiramente ao Senado, com o agravante de que ele teria frustrado as boas intenções do executivo. Se uma má designação fosse feita, o executivo, por nomear, e o Senado, por aprovar, partilhariam, embora em graus diferentes, o opróbrio e a desgraça.

O inverso de tudo isso caracteriza o modo como se fazem as designações neste Estado. O conselho de designações compõe-se de três a cinco pessoas, entre as quais está sempre o governador. Esse pequeno corpo, fechado numa sala privada, impenetrável ao olhar público, desempenha a missão a ele confiada. Sabe-se que o governador reivindica o direito de nomear com base em algumas expressões ambíguas da constituição; não se sabe, porém, em que medida ou de que modo ele o exerce; nem em que ocasiões o contradiz ou contraria. A censura a uma má designação não tem força nem durabilidade, dada a incerteza quanto a seu autor e a falta de um alvo determinado. Toda ideia de responsabilidade se perde, enquanto permanece aberto um campo sem limites para o conluio e a intriga. O máximo que o público pode saber é que o governador reivindica o direito de nomeação; que dois do número insignificante de *quatro* homens podem ser com frequência manobrados sem muita dificuldade; que, quando alguns membros de um conselho dão mostras de inflexibilidade, com frequência não é impossível escapar de sua oposição determinando os horários de reunião de modo a dificultar seu comparecimento; e que, seja por que causa for, grande número de designações inadequadíssimas são feitas ocasionalmente. Se um governador deste Estado se vale da influência que deve necessariamente ter nessa parte delicada e importante da administração para preferir para os cargos os homens mais qualificados ou se prostitui essa vantagem em prol de pessoas cujo maior mérito seja sua devoção implícita a sua vontade e à manutenção de um perigoso sistema de influência são questões que, infelizmente para a comunidade, só podem ser objeto de especulação e conjectura.

Todo conselho meramente designativo, seja qual for sua composição, será um conclave em que o conluio e a intriga terão campo aberto. Sem um aumento inviável dos gastos, o número de seus membros não pode ser grande o suficiente para evitar a facilidade dos conluios. E como cada membro terá seus amigos e parentes para atender, o desejo de assegurar a mútua satisfação produzirá um escandaloso comércio de votos e de barganha por lugares. As relações particulares de um homem podem ser facilmente atendidas, mas o atendimento das de uma dúzia de homens, ou das de vinte, ocasionaria um monopólio de todos os principais empregos do governo por um pequeno número de famílias, o que levaria mais diretamente a uma aristocracia ou oligarquia que qualquer medida concebível. Se, para evitar um acúmulo de cargos, os componentes desse conselho devessem mudar com frequência, os danos de uma administração mutável se produziriam em sua totalidade. Um conselho deste tipo seria também mais sujeito à influência do executivo que o Senado, porque seria menos numeroso, e sua ação estaria menos diretamente exposta à vigilância pública. Tal conselho, em suma, como substituto para o que propõe a convenção, haveria de gerar aumento de gastos, multiplicação dos males decorrentes do favoritismo e da intriga na distribuição de honrarias públicas, redução da estabilidade da administração governamental e menor garantia contra uma influência indevida do executivo. No entanto, um conselho nesses moldes foi calorosamente defendido como emenda essencial à Constituição proposta.

Não poderia concluir adequadamente minhas observações sobre a questão das designações sem considerar um esquema que encontrou alguns defensores, embora poucos. Refiro-me ao de unir a Câmara dos Representantes no poder de fazê-las. Pouco mais farei, no entanto, que mencioná-lo, pois não posso imaginar que tenda a ganhar a adesão de qualquer parte considerável da comunidade. Um corpo tão flutuante e ao mesmo tempo tão numeroso jamais pode ser considerado próprio para o exercício desse poder. Sua inadequação parecerá manifesta a todos quando for lembrado que, dentro de meio século, ele poderá abrigar trezentas ou quatrocentas pessoas. Todas as vantagens da estabilidade, tanto do executivo como do Senado, seriam destruídas por essa união, com a geração de infinitos adiamentos e embaraços. O exemplo da constituição da maioria dos Estados nos incentiva a reprovar a ideia.

Os únicos poderes remanescentes do executivo consistem em dar informação ao Congresso sobre o estado da União; recomendar a sua consideração as medidas que julgue aconselháveis; convocá-lo, ou qualquer das duas casas, em ocasiões extraordinárias; determinar seu recesso quando seus próprios membros não puderem se pôr em acordo quanto ao momento deste; receber embaixadores e outros diplomatas; cumprir fielmente as leis e empossar todos os servidores dos Estados Unidos.

Com exceção de algumas cavilações sobre o poder de convocar *uma ou outra* casa do legislativo, e o de receber embaixadores, nenhuma objeção foi feita a essa classe de poderes; nem elas poderiam admiti-las. Seria preciso, de fato, uma avidez insaciável de crítica para inventar restrições às partes que escaparam incólumes. Quanto ao poder de convocar uma ou outra das casas do legislativo, observarei simplesmente que, pelo menos no tocante ao Senado, podemos rapidamente descobrir uma boa razão para isso. Como esse corpo tem um poder complementar ao do executivo no tocante aos tratados, muitas vezes pode vir a ser necessário convocá-lo para atender a esse assunto, em ocasiões em que seria desnecessário e impróprio convocar a Câmara dos

Representantes. Quanto à recepção dos embaixadores, o que foi dito num artigo anterior é resposta suficiente.

Completamos agora um exame da estrutura e dos poderes do setor executivo, que, como procurei mostrar, combina, tanto quanto o permitem os princípios republicanos, todos os requisitos para a energia. O que resta investigar é: combina ele também os requisitos para a segurança, no sentido republicano — a devida dependência para com o povo, a devida obrigação de prestar contas? A resposta a essa pergunta foi antecipada na investigação de suas outras características e pode ser satisfatoriamente deduzida das seguintes circunstâncias: o presidente será eleito a intervalos de quatro anos por pessoas diretamente escolhidas pelo povo para esse fim e estará todo o tempo sujeito a *impeachment*, julgamento, demissão do cargo, incapacitação para servir em qualquer outro e perda da vida e da fortuna por julgamento posterior pela justiça comum. Essas precauções, porém, embora rigorosas, não são as únicas que o plano da convenção previu em favor da segurança pública. Nas únicas situações em que haveria razão para temer o abuso do poder executivo, o primeiro magistrado dos Estados Unidos estaria, por seu plano, sujeito ao controle de uma casa do corpo legislativo. Que mais pode um povo esclarecido e sensato desejar?

PUBLIUS [HAMILTON]

ARTIGO 78

Exame da organização do poder judiciário no tocante à condição do bom comportamento para a permanência no cargo

Passamos agora a um exame do poder judiciário do governo proposto. Quando expusemos os defeitos da Confederação atual, a utilidade e a necessidade de uma judicatura federal foram claramente indicadas.

É desnecessário recapitular as considerações ali feitas, pois a propriedade da instituição em abstrato não é contestada, só se tendo levantado questões relativas à maneira de organizá-la e a sua extensão. Nossas observações se restringirão, portanto, a esses pontos.

O modo de organizá-la parece abranger os seguintes tópicos: modo de designar os juízes; as condições em que deterão seus postos; a partilha da autoridade judiciária entre diferentes tribunais e suas relações mútuas.

Quanto ao modo de designar os juízes: é o mesmo utilizado na designação dos servidores da União em geral, tão amplamente discutido nos dois últimos artigos que tudo o que poderíamos dizer aqui seria repetição inútil.

Quanto às condições em que os juízes deterão seus postos: diz respeito sobretudo a seu tempo de permanência no cargo, os dispositivos para sua remuneração, as precauções quanto a sua responsabilidade.

De acordo com o plano da convenção, todos os juízes que venham a ser designados pelos Estados Unidos conservarão seus cargos *enquanto exibirem bom comportamento*, o que está de acordo com as mais aprovadas das constituições estaduais, entre as quais a de Nova York. O fato de sua propriedade ter sido posta em questão pelos adversários desse plano é um sintoma bastante forte do furor de criticar que lhes perturba a imaginação e o julgamento. O critério do bom comportamento para a vitaliciedade no cargo da magistratura judicial é certamente um dos mais valiosos aperfeiçoamentos ocorridos na prática do governo. Numa monarquia, ele é uma excelente barreira contra o despotismo do príncipe; numa república, é uma barreira não menos excelente contra os abusos e opressões do corpo representativo. Em qualquer governo, é o melhor recurso que se poderia conceber para assegurar uma administração das leis equilibrada, íntegra e imparcial.

Todo aquele que considerar atentamente os diferentes poderes perceberá que, num governo em que eles estão separados, o judiciário, pela natureza de suas funções, será sempre o menos perigoso para os direitos políticos da Constituição, por ser o menos capaz de transgredi-los ou violá-los. O executivo não só dispensa as honras como segura a espada da comunidade. O legislativo não só controla a bolsa como prescreve as regras pelas quais os deveres e direitos de todos os cidadãos serão regulados. O judiciário, em contrapartida, não tem nenhuma influência sobre a espada nem sobre a bolsa; nenhum controle sobre a força nem sobre a riqueza da sociedade, e não pode tomar nenhuma resolução ativa. Pode-se dizer que não tem, estritamente, força nem vontade, mas tão somente julgamento, estando em última instância na dependência do auxílio do braço executivo até para a eficácia de seus julgamentos.

Esse simples quadro da matéria sugere várias consequências importantes. Prova sem sombra de dúvida que o judiciário é incomparavelmente mais fraco que os dois outros poderes;[1] que jamais pode atacar com sucesso qualquer dos dois; e que todo o cuidado possível é necessário para capacitá-lo a se defender contra os ataques dos outros. Prova igualmente que, embora a opressão individual possa esporadicamente provir dos tribunais de justiça, a liberdade geral do povo jamais poderá ser ameaçada a partir dessa frente; isso, desde que o judiciário permaneça verdadeiramente distinto tanto do legislativo como do executivo, pois concordo que "não há liberdade se o poder de julgar não for separado dos poderes legislativo e executivo".[2] E prova, enfim, que a liberdade nada tem a temer do judiciário isoladamente, mas tem tudo a temer de sua união com qualquer dos outros poderes; que todos os efeitos de tal união decorreriam forçosamente de uma dependência do judiciário para com um dos últimos, a despeito de uma separação nominal e aparente; que, em razão de sua debilidade natural, o judiciário está continuamente exposto a ser dominado, acuado ou influenciado pelos poderes coordenados; e que, como nada pode contribuir tanto para sua firmeza e independência como a vitaliciedade dos juízes em seus cargos, essa qualidade deve ser justamente considerada um ingrediente indispensável em sua constituição e, em grande medida, a cidadela da justiça e da segurança públicas.

A completa independência dos tribunais de justiça é peculiarmente essencial numa Constituição limitada. Por Constituição limitada entendo uma que contenha certas exceções especificadas ao poder legislativo, como, por exemplo, a de que ele não aprovará decretos de perda de direitos civis, leis *ex post facto,* ou coisas semelhantes. Na prática, limitações desse tipo não podem ser preservadas senão por meio dos tribunais de justiça, cuja missão deverá ser declarar nulos todos os atos contrários ao sentido manifesto da Constituição. Sem isso, todas as restrições a direitos ou privilégios particulares equivaleriam a nada.

O direito que têm os tribunais de declarar a nulidade de atos legislativos, por serem contrários à Constituição, gerou alguma perplexidade, a partir da

---

1. Diz a seu respeito o celebrado Montesquieu: "Dos três poderes acima mencionados, o judiciário é quase nada". *O Espírito das Leis,* v. I, p. 186.
2. Idem, p. 181.

suposição de que tal doutrina implicaria uma superioridade do poder judiciário sobre o legislativo. Afirma-se que o poder autorizado a declarar nulos os atos de outro deve ser necessariamente superior a este. Como esta doutrina é de grande importância em todas as constituições estaduais americanas, uma breve discussão de seus fundamentos não é fora de propósito.

Não há posição fundada em princípios mais claros que aquela de que todo ato de um poder delegado que contrarie a mandato sob o qual é exercido é nulo. Portanto, nenhum ato legislativo contrário à Constituição pode ser válido. Negar isso seria afirmar que o delegado é maior que o outorgante; que o servidor está acima do senhor; que os representantes do povo são superiores ao próprio povo; que homens que atuam em virtude de poderes a eles confiados podem fazer não só o que estes autorizam, mas o que proíbem.

Caso se diga que os membros do corpo legislativo são eles mesmos os juízes constitucionais dos próprios poderes e que a interpretação que lhes conferem impõe-se conclusivamente aos outros setores, pode-se responder que esta não pode ser a presunção natural a menos que pudesse ser deduzida de cláusulas específicas da Constituição. De outro modo, não há por que supor que a Constituição poderia pretender capacitar os representantes do povo a substituir a *vontade* de seus eleitores pela sua própria. É muito mais sensato supor que os tribunais foram concebidos para ser um intermediário entre o povo e o legislativo, de modo a, entre outras coisas, manter este último dentro dos limites atribuídos a seu poder. A interpretação das leis é o domínio próprio e particular dos tribunais. Uma Constituição é, de fato, uma lei fundamental, e como tal deve ser vista pelos juízes. Cabe a eles, portanto, definir seu significado tanto quanto o significado de qualquer ato particular procedente do corpo legislativo. Caso ocorra uma divergência irreconciliável entre ambos, aquele que tem maior obrigatoriedade e validade deve, evidentemente, ser preferido. Em outras palavras, a Constituição deve ser preferida ao estatuto, a intenção do povo à intenção de seus agentes.

Essa conclusão não supõe de modo algum uma superioridade do poder judiciário sobre o legislativo. Supõe apenas que o poder do povo é superior a ambos, e que, quando a vontade do legislativo, expressa em suas leis, entra em oposição com a do povo, expressa na Constituição, os juízes devem ser governados por esta última, e não pelas primeiras. Devem regular suas decisões pelas leis fundamentais, não pelas que não são fundamentais.

O exercício do discernimento judicial na decisão entre duas leis contrárias é exemplificado por uma situação conhecida. Não raro acontece existirem ao mesmo tempo dois estatutos que conflitam no todo ou em parte um com o outro, sem que nenhum dos dois contenha uma cláusula ou expressão revogatória. Num caso assim, é da competência dos tribunais esclarecer e determinar o sentido e a ação de ambos. Na medida em que possam, por uma interpretação correta, ser mutuamente compatibilizados, a razão e a lei conspiram para ditar que isso é o que deve ser feito; quando isso é impraticável, torna-se imprescindível dar efeito a um e anular o outro. A norma que tem prevalecido nos tribunais para determinar a validade relativa de estatutos legais é dar preferência ao mais recentemente promulgado. Esta é, porém, uma mera regra de interpretação, que resulta não de alguma lei positiva, mas da natureza e razão da coisa. Não é uma norma imposta aos tribunais por uma medida do legislativo, mas adotada por eles mesmos, como consoante com a verdade e a correção, para dirigir sua conduta como intérpretes da lei. Pareceu-lhes razoável que, entre atos conflitantes de uma mesma autoridade, o que fosse a última indicação de sua verdade deveria ter preferência.

Em relação a atos conflitantes de uma autoridade superior e uma subordinada, de um poder original e um derivado, a natureza e a razão da coisa indicam que o mais correto é seguir o inverso dessa regra. Ensinam-nos que o ato anterior de uma autoridade superior deve ser preferido ao ato subsequente de uma autoridade inferior e subordinada. Assim, sempre que determinado estatuto contradiz a Constituição, será dever dos tribunais judiciais ater-se a esta última e desconsiderar o primeiro.

Não se pode dar nenhum peso à afirmação de que os tribunais podem, a pretexto de uma incompatibilidade, substituir as intenções constitucionais do legislativo por seus próprios desejos. Isso poderia acontecer tanto no caso de duas leis contraditórias como no caso de toda adjudicação sobre uma única lei. Os tribunais devem especificar o sentido da lei; e, caso se dispusessem a exercer a *vontade* em vez do *julgamento*, isso levaria igualmente à substituição do desejo do corpo legislativo pelo seu próprio. Se essa observação provasse alguma coisa seria que não deve haver nenhum juiz além do próprio legislativo.

Nesse caso, se os tribunais de justiça devem ser considerados os bastiões de uma Constituição limitada contra abusos legislativos, essa consideração ofereceria um forte argumento para o caráter vitalício dos cargos judiciais, uma vez que nada contribuirá tanto quanto isso para a conservação pelos juízes desse espírito independente que será essencial para o desempenho consciencioso de tão árdua missão.

Essa independência dos juízes é igualmente necessária para proteger a Constituição e os direitos dos indivíduos dos efeitos daquela irritação que as artes de designar homens, ou a influência de conjunturas particulares, disseminam entre o próprio povo, e que, embora logo cedam lugar a uma melhor informação e a uma reflexão mais ponderada, tendem, nesse meio-tempo, a gerar perigosas inovações no governo e graves opressões da minoria da comunidade. Creio que os defensores da Constituição proposta jamais se unirão a seus inimigos[1] para questionar o princípio fundamental do governo republicano pelo qual o povo tem o direito de alterar ou abolir a Constituição estabelecida sempre que a considere incompatível com a própria felicidade; não se pode inferir desse princípio, contudo, que os representantes do povo, sempre que se apossasse da maioria de seus eleitores uma inclinação momentânea incompatível com dispositivos da Constituição vigente, estariam por isso autorizados a violar esses dispositivos; ou que os tribunais estariam mais obrigados a ser coniventes com infrações desse tipo do que com as que resultam inteiramente de conluios do corpo representativo. Até que o povo tenha, por um ato solene e oficial, anulado ou mudado a forma estabelecida, tanto seu conjunto como os indivíduos que o compõem estarão submetidos a ela. Antes de tal ato, nenhuma presunção, ou mesmo conhecimento, do sentimento do povo pode autorizar seus representantes a se desviar dela. É fácil ver, no entanto, que os juízes precisariam ter uma parcela incomum de força para cumprir seu dever como fiéis guardiães da Constituição quando violações dela pelo legislativo fossem instigadas pela voz da maioria da comunidade.

Mas não é apenas no que diz respeito a infrações da Constituição que a independência dos juízes pode ser uma salvaguarda essencial contra os efeitos de irritações ocasionais da sociedade. Por vezes estas não envolvem mais que a violação de direitos privados de determinadas classes de cidadãos por leis injustas ou parciais. Também neste caso, a firmeza da magistratura judicial é de enorme importância para mitigar a severidade e restringir a ação de tais leis. Isso não só permite moderar os danos imediatos das leis que possam ter sido aprovadas como opera como um controle sobre o legislativo ao aprová-las: percebendo que os escrúpulos dos tribunais poderão opor obstáculos ao êxito de uma intenção iníqua, seus membros são de certo modo compelidos, em razão da própria injustiça que pretendem, a moderar suas tentativas. Esta é uma circunstância fadada a ter mais influência sobre o caráter de nosso governo

1. Ver *The Dissent of the Minority of the Convention of Pennsylvania*, discurso de Martin etc.

do que a maioria das pessoas pode imaginar. Os benefícios da integridade e moderação do judiciário já se fizeram sentir em mais de um Estado e, embora possam ter desagradado àqueles que viram assim frustradas suas expectativas funestas, certamente granjearam a estima e o aplauso de todos os virtuosos e desinteressados. Homens ponderados de todas as categorias devem valorizar tudo que tenda a gerar ou fortalecer essa têmpera nos tribunais, pois nenhum homem pode ter certeza de que amanhã não será a vítima de um espírito de injustiça que hoje o beneficia. E todo homem deve compreender, desde já, que a tendência inevitável desse espírito é solapar as bases da confiança pública e privada e introduzir em seu lugar a desconfiança e o infortúnio.

Essa adesão inflexível e uniforme aos direitos da Constituição e dos indivíduos, que percebemos ser indispensável nos tribunais de justiça, não pode ser esperada de juízes que detêm seus cargos por um mandato temporário. Designações periódicas, não importa como sejam reguladas ou quem as faça, seriam fatais, de uma maneira ou de outra, a sua necessária independência. Quer o poder de fazê-las fosse confiado ao executivo, quer ao legislativo, haveria o perigo de uma complacência indevida para com o setor que o possuísse; se fosse entregue a ambos, haveria pouca disposição a arriscar o descontentamento dos dois; se pertencesse ao povo, ou a pessoas escolhidas por ele para essa finalidade específica, haveria uma disposição grande demais a atentar para a popularidade para justificar a confiança de que só a Constituição e as leis seriam consideradas.

Uma outra razão, e poderosa, para a vitaliciedade dos cargos judiciais pode ser deduzida da natureza das qualificações que exigem. Já foi observado várias vezes, com grande propriedade, que um código de leis muito extenso é um dos inconvenientes necessariamente associados às vantagens de um governo livre. Para evitar um julgamento arbitrário dos tribunais, é indispensável que eles estejam submetidos a regras e precedentes estritos, que servem para definir e indicar seu dever em cada caso particular que lhes é apresentado. Além disso, dada a variedade das controvérsias que nascem da insensatez e da iniquidade humanas, logo se compreenderá que os registros desses precedentes tendem inevitavelmente a ganhar um volume considerável, cujo conhecimento competente exigirá longo e laborioso estudo. É por isso que só pode haver na sociedade um pequeno número de homens com tal mestria das leis que os qualifique para a posição de juízes. Além disso, se fizermos as deduções corretas no tocante à depravação comum na natureza humana, o número daqueles que unirão ao necessário conhecimento a necessária integridade será ainda menor. Essas considerações nos indicam que talvez o governo não tenha grande margem de escolha entre personalidades adequadas; ademais, uma permanência temporária no cargo, que naturalmente desestimularia essas pessoas a abandonarem uma atividade lucrativa para aceitar uma cadeira no tribunal, tenderia a lançar a administração da justiça em mãos menos capacitadas e menos qualificadas para conduzi-la com proveito e dignidade. Nas atuais circunstâncias deste país, e nas que provavelmente persistirão ainda por longo tempo, as desvantagens resultantes disso seriam maiores do que pode parecer à primeira vista. É preciso admitir, no entanto, que são muito menores que as que se apresentariam sob os outros aspectos da questão.

No geral, não há como duvidar que a convenção agiu sabiamente ao tomar por modelo aquelas constituições que estabeleceram o bom comportamento como a condição para a conservação de seus cargos judiciais; e que, longe de ser condenável por isso, seu plano teria sido imperdoavelmente falho se carecesse dessa importante característica do bom governo. A experiência da Grã-Bretanha constitui uma ilustre confirmação da excelência dessa instituição.

PUBLIUS [HAMILTON]

ARTIGO 79

Maior exame do poder judiciário no tocante às cláusulas relativas aos proventos e à responsabilidade dos juízes

Depois da vitaliciedade no cargo, nada pode contribuir mais para a independência dos juízes que uma estipulação definitiva de seus proventos. A observação feita com relação ao presidente aplica-se igualmente aqui. No curso geral da natureza humana, *o poder sobre o sustento de um homem equivale ao poder sobre sua vontade*. Além disso, jamais poderíamos esperar ver realizada na prática a separação completa entre o poder judiciário e o poder legislativo em qualquer sistema que deixe o primeiro na dependência do segundo para ocasionais concessões de recursos pecuniários. Os adeptos esclarecidos do bom governo em todos os Estados encontraram motivo para lamentar a falta, nas constituições estaduais, de precauções precisas e explícitas sobre essa questão. De fato, algumas delas declaram que salários *permanentes*[1] deveriam ser estabelecidos para os juízes; em certos casos, porém, a experiência mostrou que essa expressão não era suficientemente precisa para evitar subterfúgios do legislativo. Algo ainda mais positivo e inequívoco provou-se necessário. Assim, o plano da convenção estabeleceu que os juízes dos Estados Unidos "receberão por seus serviços, em *momentos definidos,* uma remuneração que não será *reduzida* enquanto permanecerem no cargo".

Consideradas todas as circunstâncias, este é o melhor dispositivo que poderia ter sido concebido. Será prontamente compreendido que as flutuações do valor do dinheiro e das condições da sociedade tornariam inadmissível um valor de remuneração fixado na Constituição. O que hoje pareceria extravagante poderia tornar-se, dentro de meio século, insuficiente ou inadequado. Era necessário, portanto, deixar ao arbítrio do legislativo sua estipulação segundo as variações das circunstâncias, mas sob restrições tais que tirassem desse corpo o poder de alterar a condição dos indivíduos para pior. Isso proporciona ao homem segurança quanto ao chão em que pisa, e ele jamais será dissuadido do cumprimento de seu dever pelo temor de se ver colocado numa situação menos aceitável. A cláusula que citamos combina tais vantagens. Os salários dos cargos judiciais podem ser ocasionalmente alterados, segundo a ocasião o exija, mas de modo a nunca reduzir o valor que determinado juiz recebia ao assumir o cargo. Cabe observar que a convenção fez uma diferença entre a remuneração do presidente e a dos juízes. A do primeiro não pode ser aumentada nem diminuída; a dos últimos só não pode ser diminuída. Isso decorreu provavelmente da duração de seus respectivos cargos. Como o presidente será eleito por não mais que quatro anos, raramente um salário adequado, estipulado no início desse período, deixará de sê-lo até sua conclusão. Mas em relação aos juízes, que, desde que se comportem corretamente, terão o cargo assegurado por toda a vida, pode certamente acontecer, sobretudo nas primeiras fases do governo, que um estipêndio bastante suficiente no momento da designação se torne exíguo demais no curso de sua atividade.

---

1. Ver *Constitution of Massachusetts*, capítulo 2, seção 1, artigo 13.

Esse dispositivo relacionado à remuneração dos juízes exibe todas as marcas da prudência e da eficácia. Pode-se afirmar com segurança que, juntamente com a vitaliciedade de seus cargos, ele lhes proporciona melhor perspectiva de independência que as constituições de qualquer dos Estados com relação a seus próprios juízes.

As precauções quanto a sua responsabilidade estão compreendidas no artigo referente aos *impeachments*. Eles são passíveis de *impeachment* por má conduta pela Câmara dos Representantes e de julgamento pelo Senado; se declarados culpados, podem ser exonerados de seus cargos e desqualificados para ocupar qualquer outro. Esse seria o único dispositivo a esse respeito compatível com a necessária independência da missão judicial, e é o único que encontramos na constituição de Nova York com relação a nossos próprios juízes.

Houve quem deplorasse a ausência de um dispositivo para a demissão de juízes por razão de incapacidade. Todo homem sensato, porém, compreenderá que tal dispositivo, ou não seria posto em prática, ou seria mais um convite ao abuso do que o instrumento para assegurar qualquer bom propósito. A mensuração das faculdades da mente não faz parte, creio eu, do catálogo das artes conhecidas. Uma tentativa de fixar o limite entre os domínios da capacidade e da incapacidade abriria campo com mais frequência a ligações e inimizades pessoais e partidárias do que a avanços no interesse da justiça ou do bem público. O resultado, exceto no caso de insanidade, será por força arbitrária na maioria dos casos; e a insanidade, mesmo na ausência de qualquer cláusula formal ou expressa, pode ser seguramente declarada uma desqualificação virtual.

Para evitar investigações que serão sempre vagas e perigosas, a constituição de Nova York adotou uma idade particular como critério de incapacidade. Nenhum homem pode ser juiz após os sessenta anos. Acredito que, atualmente, poucas pessoas deixariam de discordar dessa cláusula. Para nenhum outro cargo ela seria tão imprópria quanto para o de juiz. As faculdades de deliberação e comparação geralmente conservam sua força muito além dessa idade, nos homens que a ultrapassam. Quando consideramos, além disso, como são poucos os que sobrevivem à estação do vigor intelectual e quanto é improvável que uma parcela considerável dos juízes, maior ou menor, esteja em tal situação ao mesmo tempo, concluiremos rapidamente que limitações desse tipo têm pouco a recomendá-las. Numa república em que as fortunas não são opulentas e as aposentadorias não são adequadas, demitir homens de cargos em que serviram longa e proveitosamente a seu país, de que dependem para sua subsistência, num momento em que seria tarde demais para recorrer a qualquer outra ocupação como meio de vida, exigiria uma justificativa melhor que o perigo imaginário de um corpo de juízes excessivamente idoso.

PUBLIUS [HAMILTON]

ARTIGO 80

Maior exame do poder judiciário no tocante à extensão de seus poderes

Para determinar com precisão a extensão adequada da judicatura federal será preciso considerar, antes de mais nada, quais são suas finalidades próprias.

Parece ser praticamente incontestável que a autoridade judiciária da União deve abranger estes vários tipos de caso: todos os que decorrem das leis dos Estados Unidos, examinadas no tocante a seus poderes justos e constitucionais de legislação; todos os que se relacionam com a execução dos dispositivos expressamente contidos nos artigos da União; todos de que os Estados Unidos sejam parte; todos que envolvam a paz da *Confederação*, quer digam respeito às relações entre os Estados Unidos e nações estrangeiras, quer entre os próprios Estados; todos que têm origem em alto-mar e pertencem à jurisdição do direito marítimo; finalmente, todos aos quais não se pode atribuir imparcialidade ou isenção aos tribunais estaduais.

O primeiro ponto está ligado à consideração óbvia de que deve sempre haver um método constitucional de dar eficácia aos dispositivos constitucionais. De que valeriam, por exemplo, restrições ao poder dos legislativos estaduais sem algum modo constitucional de impor a observância delas? Pelo plano da convenção, os Estados estão proibidos de fazer uma variedade de coisas, das quais algumas são incompatíveis com os direitos da União e outras, com os princípios do bom governo. A imposição de taxas sobre artigos importados e a emissão de papel-moeda são exemplos dos dois tipos. Nenhum homem sensato acreditará que tais proibições seriam escrupulosamente obedecidas sem que o governo tivesse algum poder efetivo de restringir ou corrigir suas infrações. Esse poder pode ser exercido pelo veto imediato das leis estaduais ou pela atribuição aos tribunais federais da autoridade de revogar aquelas que estejam em contradição manifesta com os artigos da União. Não consigo imaginar uma terceira possibilidade. A segunda foi julgada preferível à primeira pela convenção, o que será, ao que me parece, muito do agrado dos Estados.

Quanto ao segundo ponto, nenhum argumento ou comentário pode torná-lo mais claro do que é por si mesmo. Se existem axiomas políticos, a justeza da coextensão entre o poder judicial e o poder legislativo de um governo deve ser incluída entre eles. A mera necessidade de uniformidade na interpretação das leis nacionais decide a questão. Treze tribunais independentes de jurisdição definitiva sobre as mesmas causas, oriundas das mesmas leis, comporiam no governo uma hidra capaz de gerar apenas contradição e confusão.

Menos ainda precisa ser dito com relação ao terceiro ponto. Controvérsias entre a nação e seus membros ou cidadãos só podem ser apropriadamente remetidas aos tribunais nacionais. Qualquer outro plano seria contrário à razão, ao precedente e ao decoro.

O quarto ponto funda-se na simples proposição de que a paz do todo não pode ser deixada à mercê de uma *parte*. A União terá indubitavelmente que responder perante nações estrangeiras pela conduta de seus membros. E a responsabilidade por uma infração deve ser sempre acompanhada pela faculdade de evitá-la. Como a recusa ou perversão da justiça por sentenças de tribunais, bem como de qualquer outro modo, está com razão incluída entre as causas justas de guerra, segue-se que todas as causas que envolvam cidadãos de outros países devem ser da competência do judiciário federal. Isso é essencial para a preservação tanto da fé pública como da tranquilidade pública. Talvez se possa imaginar uma distinção entre casos que surjam a partir de tratados ou da lei das nações e aqueles que se situam no nível do mero direito municipal. O primeiro tipo pode ser considerado adequado para a jurisdição federal, e o último, para a estadual. É pelo menos duvidoso, porém, que uma sentença injusta contra um estrangeiro, quando a questão da controvérsia fosse inteiramente relativa à *lex loci*, não poderia, se não corrigida, constituir uma agressão a seu soberano, tanto quanto uma sentença que violasse as cláusulas de um tratado ou a lei geral das nações. Uma objeção ainda maior a essa distinção resultaria da imensa dificuldade, se não impossibilidade, de uma discriminação prática entre os casos de um caráter e do outro. Casos em que estrangeiros são partes envolvem questões nacionais numa proporção tão elevada que é de longe mais seguro e aconselhável referir todos eles aos tribunais nacionais.

O poder de decidir causas entre dois Estados, entre um Estado e os cidadãos de outro e entre cidadãos de diferentes Estados talvez seja tão essencial para a paz da União quanto o que acabamos de examinar. A história nos mostra um quadro medonho das dissensões e guerras internas que convulsionaram e devastaram a Alemanha antes da criação, por Maximiliano, da *Câmara Imperial,* no final do século XV, ao mesmo tempo que nos revela a ampla influência dessa instituição na conciliação dos distúrbios e no estabelecimento da tranquilidade do império. Esse tribunal foi investido do poder de decidir em última instância todas as divergências entre os membros do corpo germânico.

Um método para encerrar disputas territoriais entre os Estados, sob a autoridade do governo federal, estava previsto mesmo no sistema imperfeito que até o momento nos manteve unidos. Mas além de conflitos de fronteira, pode haver muitas outras fontes de conflitos e animosidade entre os membros da União. Fomos testemunhas da ação de algumas em nossa experiência passada. Logo se perceberá que aludo às leis fraudulentas aprovadas num número excessivo de Estados. E embora a Constituição proposta estabeleça salvaguardas especiais contra a repetição dos casos que já se manifestaram até agora, há razões para temer que o espírito que as gerou assuma novas formas que não se podem prever ou evitar especificamente. Toda e qualquer prática que tenda a perturbar a harmonia entre os Estados é objeto próprio de controle e da superintendência federal.

Pode-se considerar que a base da União está no preceito de que "os cidadãos de todos os Estados terão direito a todos os privilégios e imunidades dos cidadãos dos vários Estados". E se o princípio de que todo governo *deve possuir os meios de executar suas próprias medidas por sua própria autoridade* é justo, segue-se que, para manter inviolável essa igualdade de privilégios e imunidades a que todos os cidadãos da União têm direito, o judiciário nacional deve presidir todos os casos em que um Estado ou seus cidadãos se oponham a outro Estado ou seus cidadãos. Para assegurar que o pleno efeito de dispositivo tão fundamental não será comprometido por nenhuma evasão ou subterfúgio é necessário que sua interpretação seja confiada àquele tribunal que, não tendo ligações locais, tenda a ser imparcial entre os diferentes Estados e seus cidadãos e que, devendo sua existência oficial à União, nunca estará propenso a qualquer tendenciosidade nefasta aos princípios em que ela se fundamenta.

O quinto ponto exigirá poucos comentários. Nem os mais fanáticos idólatras da autoridade dos Estados mostraram até agora disposição para negar a competência do judiciário nacional nas causas ligadas ao direito marítimo. Elas dependem em tão grande medida das leis das nações, e afetam com tanta frequência os direitos dos estrangeiros, que se incluem nas considerações relativas à paz pública, que a atual Confederação submete em sua maior parte à jurisdição federal.

A justeza da atuação dos tribunais nacionais em casos em que os tribunais estaduais não podem ser considerados imparciais é evidente. Certamente nenhum homem deve ser juiz em causa própria, ou em nenhuma causa em relação à qual tenha o mínimo interesse ou predisposição. Esse princípio, que tem considerável peso na designação dos tribunais federais como o foro adequado para a decisão de controvérsias entre diferentes Estados e entre seus cidadãos, deve ter igual ação no tocante a alguns casos entre cidadãos do mesmo Estado. Entre elas incluem-se reivindicações de terras cedidas por diferentes Estados, com base em presunções discordantes quanto a suas fronteiras. Não se poderia esperar imparcialidade dos tribunais de nenhum dos Estados cedentes. As leis podem ter até prejulgado a questão, restringindo os tribunais a decisões em favor dos direitos do Estado a que pertencem. E mesmo que isso não tenha sido feito, seria natural que os juízes, como homens que são, sentissem forte predileção pelas reivindicações do próprio governo.

Tendo exposto e discutido os princípios que devem regular a constituição do judiciário federal, passaremos a avaliar, com base neles, os poderes particulares de que ele deverá se compor, segundo o plano da convenção. Sua competência se estenderá a

> (...) todos os casos que surjam em direito e equidade sob a Constituição, sob as leis dos Estados Unidos e os tratados feitos ou que venham a ser feitos sob sua autoridade; a todos os casos que afetem embaixadores, outros diplomatas e cônsules; a todos os casos de direito e jurisdição marítimos; a todas as controvérsias de que os Estados Unidos sejam parte; a controvérsias entre dois ou mais Estados; entre um Estado e cidadãos de outro Estado; entre cidadãos de diferentes Estados; entre cidadãos do mesmo Estado que reivindiquem terras cedidas por diferentes Estados; e entre um Estado ou seus cidadãos e Estados, cidadãos e súditos estrangeiros.

Esta é a totalidade da autoridade judicial da União. Passemos agora a examiná-la em detalhe. Como vimos, ela deve se estender:

Primeiro. A todos os casos que surjam em direito e equidade *sob a Constituição e sob as leis dos Estados Unidos*. Isso corresponde às duas primeiras classes de causas enumeradas como próprias para a jurisdição dos Estados Unidos. Foi perguntado o que se entende por "casos que surjam sob a Constituição", como distintos dos que surgem "sob as leis dos Estados Unidos". A diferença já foi explicada. Todas as restrições à autoridade dos legislativos estaduais são exemplos disso. Eles não devem, por exemplo, emitir papel-moeda, mas a interdição resulta da Constituição e não terá nenhum vínculo com qualquer lei dos Estados Unidos. Se houvesse, não obstante, tal emissão de papel-moeda, as controvérsias referentes a isso surgiriam sob a Constituição e não sob as leis dos Estados Unidos, segundo o significado usual dos termos. Isso pode servir como uma amostra do todo.

Perguntou-se também: que necessidade havia da palavra "equidade"? Que questões de equidade podem surgir da Constituição e das leis dos Estados Unidos? Dificilmente haverá uma matéria de litígio entre indivíduos que não possa envolver aqueles ingredientes de *fraude, acidente, confiança* ou *penúria* que a tornariam mais uma questão de equidade que uma questão legal, tal como a distinção é conhecida e estabelecida em vários Estados. É competência peculiar de um tribunal de equidade desobrigar dos chamados acordos implacáveis: estes são contratos em que, embora possa não ter havido fraude ou dolo suficientes para invalidá-los num tribunal legal, pode, contudo, ter havido uma exploração indevida e injusta das necessidades ou dos infortúnios de uma das partes que um tribunal de equidade não toleraria. Em tais casos, quando houvesse estrangeiros envolvidos dos dois lados, seria impossível para as judicaturas federais fazer justiça sem jurisdição tanto equitativa quanto legal. Acordos de transferência de posse de terras cedidas por diferentes Estados podem fornecer outro exemplo dessa necessidade de atribuir jurisdição equitativa aos tribunais federais. Talvez esse raciocínio não seja tão óbvio naqueles Estados em que a distinção formal e técnica entre *lei e equidade* não é mantida como no de Nova York, onde a prática diária o exemplifica.

A autoridade judiciária da União deve se estender:

Segundo. A tratados feitos, ou que venham a ser feitos, sob a autoridade dos Estados Unidos e a todos os casos que afetem embaixadores, outros diplomatas e cônsules. Estes casos pertencem à quarta classe enumerada, pois têm evidente conexão com a preservação da paz nacional.

Terceiro. A casos de direito e jurisdição marítimos. Estes esgotam toda a quinta classe enumerada de causas próprias para a competência dos tribunais nacionais.

Quarto. A controvérsias de que os Estados Unidos sejam parte. Estas constituem a terceira daquelas classes.

Quinto. A controvérsias entre dois ou mais Estados; entre um Estado e cidadãos de outro Estado; entre cidadãos de diferentes Estados. Estes pertencem à quarta daquelas classes e, até certo ponto, partilham da natureza da última.

Sexto. A casos entre cidadãos do mesmo Estado que *reivindiquem terras cedidas por diferentes Estados.* Estes recaem na última classe e *são as únicas situações em que a Constituição proposta considera diretamente a jurisdição de disputas entre cidadãos de um mesmo Estado.*

Sétimo. A casos entre um Estado e seus cidadãos e Estados, cidadãos ou súditos estrangeiros. Como já foi explicado, estes pertencem à quarta das classes enumeradas, constituindo, de maneira peculiar, matéria própria para a judicatura nacional.

A partir dessa revisão dos poderes específicos do judiciário federal, tal como demarcados na Constituição, manifesta-se que estão todos em conformidade com os princípios que devem governar a estrutura desse poder e que eram necessários para a perfeição do sistema. Caso se revele que a incorporação de algum deles ao plano acarreta alguns inconvenientes parciais, cabe lembrar que o legislativo nacional terá ampla autoridade para fazer tais exceções e prescrever as regulações próprias para reduzir ou eliminar esses inconvenientes. A possibilidade de danos particulares nunca pode ser vista por uma mente bem informada como objeção sólida a um princípio geral destinado a evitar danos gerais e promover vantagens gerais.

PUBLIUS [HAMILTON]

ARTIGO 81

Maior exame do poder judiciário no tocante à distribuição de sua autoridade

Retornemos agora à distribuição da autoridade judiciária entre diferentes tribunais e a relação destes entre si.

"O poder judiciário dos Estados Unidos será [pelo plano da convenção] conferido a uma Corte Suprema e àquelas cortes inferiores que o Congresso venha ocasionalmente a ordenar e estatuir."[1]

Que deve haver uma corte de jurisdição suprema e final é algo que não foi contestado e provavelmente não o será. As razões para isso foram apontadas em outro artigo e são demasiado óbvias para exigirem repetição. A única questão que parece ter sido suscitada a seu respeito é se tal tribunal deve ser um corpo distinto ou uma câmara do legislativo. Repete-se neste caso a mesma contradição já notada em vários outros. Os próprios homens que contestam a atuação do Senado como tribunais de *impeachments*, vendo nisso uma mistura indevida de poderes, defendem, pelo menos por implicação, a propriedade de se confiar a decisão final de todas as causas a todo o corpo legislativo ou parte dele.

Os argumentos, ou melhor, as sugestões em que essa investida se fundamenta equivalem ao seguinte:

> A autoridade da Corte Suprema proposta para os Estados Unidos, que será um corpo autônomo e independente, será superior à do legislativo. O poder de interpretar as leis segundo o *espírito* da Constituição capacitará esse tribunal a moldá-las segundo lhes pareça conveniente, em especial porque suas decisões não estarão sujeitas à correção do corpo legislativo. Isso é tão inaudito quanto perigoso. Na Grã-Bretanha o poder judiciário pertence, em última instância, à Câmara dos Lordes,

---

1. Artigo 3, seção 1.

que é uma casa do legislativo. Ademais, o governo britânico foi imitado nesse aspecto pelas constituições estaduais em geral. O Parlamento da Grã-Bretanha e os legislativos dos vários Estados podem a qualquer momento retificar, por lei, as decisões objetáveis de seus respectivos tribunais. Os erros e abusos da Corte Suprema dos Estados Unidos, ao contrário, serão incontroláveis e irremediáveis.

Se examinada, essa crítica se reduzirá por inteiro a um falso raciocínio acerca de um fato mal compreendido.

Em primeiro lugar, não há uma sílaba no plano em discussão que confira *diretamente* aos tribunais nacionais o poder de interpretar as leis segundo o espírito da Constituição, ou que lhes dê a este respeito maior liberdade que a que pode ser reivindicada pelos tribunais de todos os Estados. Admito que a Constituição deve ser o padrão para a interpretação das leis, e que quando houver oposição evidente, as leis devem ceder lugar à Constituição. Essa doutrina, porém, pode ser inferida não de alguma circunstância peculiar ao plano da convenção, mas da teoria geral de uma constituição limitada, e esta, sendo verdadeira, é igualmente aplicável à maioria dos governos estaduais, se não a todos. Não se pode, portanto, fazer à judicatura federal, com esse fundamento, nenhuma objeção que não se volte contra as judicaturas locais em geral, e que não tenha o efeito de condenar toda e qualquer constituição que tente impor limites ao arbítrio legislativo.

Talvez se pense que a força da objeção consiste na organização particular da Corte Suprema proposta: no fato de ser composta de um corpo distinto de magistrados, e não de uma das câmaras do legislativo, como no governo da Grã-Bretanha e deste Estado. Para poderem insistir neste ponto, os autores da objeção serão obrigados a renunciar ao sentido que tentaram atribuir à celebrada máxima que exige uma separação entre os poderes. Admito em favor deles, no entanto, que, segundo a interpretação conferida a essa máxima ao longo destes artigos, ela não é violada quando se atribui o poder final de julgar a uma *parte* do corpo legislativo. Mas, ainda que não se trate de uma violação absoluta dessa excelente norma, está tão próxima disso que apenas por isso já seria um modo menos adequado que aquele proposto pela convenção. Dificilmente poderíamos esperar de um corpo que tivesse tido um papel, mesmo que parcial, na aprovação de leis más uma disposição a mitigá-las e moderá-las na aplicação. O mesmo espírito que atuou em sua feitura tenderia a atuar em sua interpretação. Seria menos ainda de esperar que homens que tivessem infringido a Constituição na condição de legisladores se dispusessem a sanar a falha no papel de juízes. E isso ainda não é tudo. Todas as razões que recomendam a condição do bom comportamento para a conservação dos cargos judiciais militam contra a entrega do poder judiciário, em última instância, a um corpo de homens escolhido para um período limitado. Seria uma incongruência referir o julgamento de causas em primeira instância a juízes vitalícios, e em última, a juízes de condição temporária e mutável. Maior absurdo ainda é sujeitar as decisões de homens escolhidos por seu conhecimento das leis, adquirido por meio de longo e laborioso estudo, à revisão e controle de homens que, carecendo da mesma vantagem, não podem senão ser deficientes nesse conhecimento. Os membros do legislativo raramente serão escolhidos com base naquelas qualificações que tornam um homem apto para a posição de juiz; e assim, como isso dará maior motivo para temer as consequências nefastas da informação deficiente, haverá também, dada a propensão natural desses corpos a divisões partidárias, igual motivo para temer que o hálito pestilento do facciosismo envenene as fontes da justiça. À força de serem continuamente levadas de um lado para outro, tanto a lei quanto a equidade acabarão por ter suas vozes sufocadas.

Tais considerações nos levam a aplaudir a sabedoria dos Estados que confiaram o poder judiciário, em última instância, não a parte do legislativo, mas a corpos distintos e independentes. Contrariando a suposição dos que o apontaram como sendo, sob esse aspecto, inédito e sem precedentes, o plano da convenção não passa de cópia das constituições de New Hampshire, Massachusetts, Pensilvânia, Delaware, Maryland, Virgínia, Carolina do Norte e Geórgia; e a preferência dada a esses modelos é digna de grande louvor.

Não é verdade, em segundo lugar, que o Parlamento da Grã-Bretanha ou os legislativos dos vários Estados têm o poder de retificar as decisões contestáveis de seus respectivos tribunais, em qualquer sentido diverso daquele em que o futuro legislativo dos Estados Unidos o poderá fazer. Nem a teoria da constituição britânica, nem a das constituições estaduais, autoriza a revisão de uma sentença judicial por um ato legislativo. Não há tampouco na Constituição proposta nada que o proíba, além do que está também contido nas precedentes. Em todas elas, o único obstáculo é a impropriedade da coisa, com base em princípios gerais do direito e da razão. Um legislativo não pode, sem ultrapassar seu domínio, inverter a determinação já tomada num caso particular, embora possa prescrever uma nova norma para casos futuros. O princípio é este, e ele se aplica, com todas as suas consequências, exatamente da maneira e em igual extensão tanto aos governos estaduais como ao governo nacional que agora examinamos. Nenhum outro ponto de vista permite apontar alguma diferença.

Pode-se observar, finalmente, que o suposto perigo de usurpações da autoridade legislativa pelo judiciário, reiterado em muitas ocasiões, é na realidade um fantasma. De vez em quando poderão ocorrer certos erros de interpretação, ou deturpações da vontade do legislativo, mas nunca de modo tão considerável a ponto de constituir um transtorno ou de afetar em grau sensível a ordem do sistema político. Isso pode ser inferido com segurança da natureza geral do poder judiciário, das finalidades com que se relaciona e do modo como é exercido, de sua fraqueza relativa e de sua total incapacidade de garantir suas usurpações por meio da força. Essa inferência é enormemente fortalecida quando se considera o importante controle constitucional que o poder de instaurar *impeachments*, por um lado, e de julgá-los, por outro, dará ao corpo legislativo sobre os membros do poder judiciário. Isso é por si só uma garantia completa. Nunca haverá perigo de que os juízes se arrisquem a provocar, por uma série de usurpações deliberadas da autoridade do legislativo, o ressentimento comum desse corpo enquanto este detiver os meios de punir sua presunção removendo-os de seus postos. Ao mesmo tempo que deve eliminar toda apreensão nessa matéria, isso fornece um convincente argumento para a constituição do Senado como tribunal de *impeachments*.

Tendo agora examinado e, acredito eu, eliminado as objeções à organização distinta e independente da Corte Suprema, passo a considerar a propriedade do poder de constituir cortes inferiores,[1] bem como as relações que subsistirão entre elas e a primeira.

O poder de constituir tribunais inferiores tem evidentemente o propósito de dispensar a necessidade do recurso à Corte Suprema em todos os casos de competência federal. Visa capacitar o governo nacional a instituir ou *autorizar*, em cada Estado ou em distritos dos Estados Unidos, um tribunal competente para o julgamento de matérias de jurisdição nacional dentro de seus limites.

Mas por que, pergunta-se, não se fazer uso dos tribunais estaduais para atender a essa mesma finalidade? Isso admite diferentes respostas.

---

1. Este poder foi absurdamente apresentado como destinado a abolir todos os tribunais de condado dos vários Estados, em geral chamados de cortes inferiores. Mas a Constituição fala da instituição de "tribunais inferiores à Corte Suprema", e a intenção evidente do dispositivo é permitir a instituição de cortes locais, subordinadas à Corte Suprema, seja em Estados, seja em distritos maiores. É ridículo imaginar que se estivesse cogitando de cortes de condado.

Reconhecemos plenamente a idoneidade e competência desses tribunais; no entanto, a substância do poder em questão poderia ser considerada parte necessária do plano mesmo que meramente autorizasse o legislativo nacional a confiar a eles a jurisdição de causas oriundas da Constituição nacional. Conferir o poder de julgar essas causas aos tribunais já existentes nos vários Estados talvez equivalesse tanto a "estatuir tribunais" como a criar novos tribunais com o mesmo poder. Mas não deveria ter sido feita uma cláusula mais direta e explícita em favor dos tribunais estaduais? Em minha opinião, há razões substanciais contra uma cláusula com esse teor: nem os mais perspicazes podem supor até que ponto se verifica que a prevalência de um espírito local desqualifica os tribunais locais para a jurisdição de causas nacionais; ao mesmo tempo, é óbvio para todos que tribunais constituídos como os de alguns Estados seriam canais impróprios para a autoridade judiciária da União. Juízes estaduais que conservam o cargo enquanto o desejarem, ou são eleitos anualmente, serão muito pouco independentes para que se possa deles esperar o cumprimento inflexível das leis nacionais. E caso houvesse necessidade de confiar a eles a competência em primeira instância sobre as causas surgidas sob tais leis, haveria uma necessidade correspondente de deixar a porta do recurso o mais aberta possível. A facilidade ou dificuldade dos recursos deve ser proporcional às razões para se confiar ou desconfiar dos tribunais subordinados. Como me parece que a propriedade da jurisdição apelada se esgota nas várias classes de causas que o plano da convenção previu, devo considerar que tudo que pretenda conferir na prática um curso *irrestrito* a apelações é fonte de transtorno público e privado.

Suspeito que se julgará extremamente recomendável e útil dividir os Estados Unidos em quatro, cinco ou meia dúzia de distritos e instituir um tribunal federal em cada um, e não em cada Estado. Os juízes desses tribunais poderão, com o auxílio dos juízes estaduais, percorrer as várias partes de seus respectivos distritos para o julgamento de causas. Por meio deles, a justiça poderá ser administrada com facilidade e rapidez, e os recursos poderão ser circunscritos com segurança a um âmbito estreito. Esse esquema me parece no momento preferível a qualquer outro que se pudesse adotar. E para que se implante, o poder de estatuir tribunais inferiores precisa existir com toda a extensão que a Constituição proposta lhe confere.

Tais razões parecem suficientes para convencer uma mente imparcial de que a ausência desse poder seria uma grande falha do plano. Passemos agora a examinar de que modo a autoridade judiciária deve ser distribuída entre a Corte Suprema e os tribunais inferiores da União.

A Corte Suprema será investida da jurisdição em primeira instância apenas "em casos que afetem embaixadores, outros diplomatas e cônsules, e aqueles de que um *Estado* seja parte". Diplomatas de todas as classes são os representantes diretos de seus soberanos. Todas as questões que os envolvem estão tão diretamente ligadas com a paz pública que, tanto para a preservação desta como por respeito às soberanias que representam, é tão aconselhável como adequado que tais questões sejam submetidas em primeira instância à mais elevada judicatura da nação. Os cônsules, embora não tenham uma condição estritamente diplomática, são agentes públicos das nações a que pertencem, e por isso a mesma observação se aplica a eles em grande medida. Nos casos em que um Estado seja parte, estaria em desacordo com sua dignidade remetê-lo a um tribunal inferior.

Embora isso talvez seja uma digressão, aproveito para mencionar aqui uma suposição que despertou certo alarme por razões extremamente equivocadas. Foi sugerido que a cessão de títulos públicos de um Estado a cidadãos de outro permitiriam a estes cobrar desse Estado nos tribunais federais o valor desses títulos. As considerações que se seguem mostrarão que essa sugestão carece de fundamento.

É inerente à natureza da soberania não poder ser processada por um indivíduo *a menos que consinta nisso*. Esse é o entendimento geral e a prática geral da humanidade, e todos os Estados da União gozam atualmente dessa isenção como um dos atributos da soberania. Portanto, a menos que o plano da convenção cancele essa imunidade, os Estados a conservarão e o perigo insinuado será mera especulação. As circunstâncias necessárias para produzir a alienação da soberania estadual foram discutidas quando examinado o tópico da tributação, e não precisam ser repetidas aqui. Se recorrermos aos princípios ali estabelecidos, nos convenceremos de que não há fundamento para pretender que os governos estaduais seriam, pela adoção do plano, destituídos do privilégio de pagar os próprios débitos a sua própria maneira, livres de qualquer coerção salvo as decorrentes das obrigações da boa-fé. Os contratos entre uma nação e indivíduos só comprometem a consciência do soberano, não pretendendo uma força compulsória. Não conferem nenhum direito de ação independente da vontade do soberano. De que serviria autorizar ações contra os Estados por dívidas destes? Como se poderiam impor os veredictos favoráveis ao impetrante? É evidente que isso não poderia ser feito sem se travar uma guerra contra o Estado contratante; ademais, atribuir aos tribunais federais, por mera implicação, e destruindo um direito preexistente dos governos estaduais, um poder que geraria tal consequência seria inteiramente artificial e injustificável.

Retomemos o curso de nossas observações. Vimos que a jurisdição em primeira instância da Corte Suprema ficaria restrita a duas classes de casos, sendo eles de natureza rara. Em todos os outros casos de competência federal, a jurisdição original pertenceria aos tribunais inferiores, não restando à Corte Suprema mais que uma jurisdição apelada "com as *exceções* e sob as *regulações* que o Congresso fará".

A justeza dessa jurisdição apelada praticamente não foi posta em questão no tocante a aspectos legais; ouviu-se grande clamor contra ela, porém, no tocante a questões de fato. Alguns homens bem-intencionados deste Estado, adotando as noções e o linguajar que prevalecem em nossos tribunais, foram induzidos a vê-la como uma preterição implícita do tribunal do júri pelo modo de julgamento do direito civil, que prevalece em nossos tribunais de direito marítimo, de sucessões e de equidade. Atribuiu-se ao termo "apelado" um sentido técnico que, em nosso linguajar jurídico, é comumente usado em relação a apelações no curso do direito civil. Mas, se não estou mal informado, não se atribuiria a ele o mesmo sentido em parte alguma da Nova Inglaterra. Ali, a apelação de um júri para outro é bem conhecida tanto na linguagem como na prática, sendo até considerado natural que se tenham obtido dois veredictos de um lado. A palavra "apelado", portanto, não será entendida na Nova Inglaterra do mesmo modo que em Nova York, o que mostra a impropriedade de uma interpretação técnica extraída da jurisprudência de qualquer Estado particular. A expressão, tomada em abstrato, não denotando nada além do poder que tem um tribunal de rever os procedimentos de outro, no tocante à lei, ao fato ou a ambos. O modo de fazê-lo pode se fundar no costume estabelecido ou em estipulação legislativa (num governo novo, tem de se fundar na última), podendo requerer ou dispensar o auxílio de um júri, conforme se considere aconselhável. Portanto, se o reexame de um fato já julgado por um júri vier a ser admitido em algum caso sob a Constituição proposta, poderá ser regulado de modo a ser feito por um segundo júri, quer devolvendo-se a causa ao tribunal inferior para um segundo julgamento do fato, quer demandando-se imediatamente uma solução da Corte Suprema.

Disso não se segue, porém, que se permitirá à Corte Suprema reexaminar um fato já determinado por júri. Por que não se poderia dizer, com a mais estrita propriedade, quando uma notificação de erro é levada de um tribunal de justiça inferior a um superior neste Estado de Nova York, que o último tem jurisdição[1] tanto do fato quanto da lei? É verdade que ele não pode instituir novo inquérito concernente ao fato, tomando conhecimento dele tal como se revela segundo o registro, pronunciando sobre ele a lei aplicável. Isso é jurisdição tanto do fato como da lei, não sendo sequer possível separá-los. Os tribunais de direito consuetudinário deste Estado, embora determinem fatos em litígio por meio de júri, têm inquestionavelmente jurisdição tanto do fato como da lei; assim, quando o fato é reconhecido nos pronunciamentos da defesa, eles não recorrem a júri, passando imediatamente ao julgamento. Afirmo, portanto, com base nisso, que a expressão "jurisdição apelada, com relação tanto à lei quanto ao fato" não implica necessariamente um reexame pela Corte Suprema dos fatos estabelecidos por júris nos tribunais inferiores.

O raciocínio que se segue talvez tenha influenciado a convenção no tocante a este dispositivo específico. A jurisdição apelada da Corte Suprema (talvez tenham pensado) abrangerá causas passíveis de julgamento sob modos diferentes, algumas pelo *direito consuetudinário,* outras pelo *direito civil.* No primeiro, o domínio próprio da Corte Suprema será, em geral, apenas a revisão da lei; no segundo, o reexame do fato está de acordo com os usos, e em alguns casos, de que as causas de presas marítimas são exemplo, pode ser essencial à paz pública. É necessário, portanto, que a jurisdição apelada seja, em certos casos, estendida, no sentido mais amplo, a matérias de fato. Fazer uma exceção expressa dos casos que tenham sido originalmente julgados por júri não seria satisfatório porque nos tribunais de alguns Estados *todas as causas* são julgadas desse modo,[2] e tal exceção impediria a revisão de matérias de fato tanto nos casos em que seria imprópria como naqueles em que seria própria. Para evitar todos os problemas, o mais seguro será declarar, em geral, que a Corte Suprema possuirá jurisdição apelada tanto da lei quando do *fato* e que essa jurisdição estará sujeita às *exceções* e regulações que o legislativo nacional possa prescrever. Isso permitirá ao governo modificá-la do modo que melhor atenda às finalidades da justiça e da segurança públicas.

Seja como for, essa visão do assunto torna indubitável que a suposta *abolição* do julgamento por júri pela ação desse dispositivo é falaciosa e inverídica. O legislativo dos Estados Unidos teria certamente pleno poder para decidir que, em apelações à Corte Suprema, não haveria reexame dos fatos quando

1. Esta palavra compõe-se de *jus* e *dicto, juris, dictio*, isto é, falar ou pronunciar a lei.
2. Sustento que os Estados terão jurisdição simultânea à das judicaturas federais subordinadas em muitos casos de competência federal, como explicarei no próximo artigo.

estes tivessem sido julgados em primeira instância por júris. Esta seria certamente uma exceção autorizada; mas se, pela razão já sugerida, ela fosse considerada demasiado ampla, poderia ser qualificada como limitada unicamente a casos julgados pelo direito consuetudinário segundo essa forma de julgamento.

As observações feitas até o momento sobre a autoridade do poder judiciário significam: que ele foi cuidadosamente restrito àquelas causas que são manifestamente próprias para a competência da judicatura nacional; que na distribuição dessa autoridade uma porção muito pequena da jurisdição de primeira instância foi reservada à Corte Suprema, tendo o restante sido atribuído aos tribunais subordinados; que a Corte Suprema possuirá uma jurisdição apelada, com relação tanto à lei quanto ao fato, em todos os casos a ela remetidos, estando porém sujeita a quaisquer *exceções* e *regulações* que possam ser consideradas aconselháveis; que essa jurisdição apelada não *abole,* em nenhum caso, o julgamento por júri; e que um grau comum de prudência e integridade nos conselhos nacionais nos proporcionará vantagens substanciais a partir da instituição do poder judiciário proposto, sem nos expor a nenhum dos inconvenientes que se previu que ele geraria.

PUBLIUS [HAMILTON]

ARTIGO 82

Maior exame do poder judiciário no tocante a questões diversas

A implantação de um novo governo, a despeito de todo o cuidado ou sabedoria que possam distinguir o trabalho, gera inevitavelmente questões de natureza complicada e sutil. Em especial, pode-se esperar que elas surjam do estabelecimento de uma constituição fundada na incorporação total ou parcial de várias soberanias distintas. Apenas o tempo pode amadurecer e aperfeiçoar um sistema tão complexo, revelar o significado de todas as suas partes componentes, ajustá-las entre si num todo harmonioso e coerente.

Assim, o plano proposto pela convenção suscitou questões dessa natureza, particularmente com referência ao poder judiciário. A principal delas diz respeito à situação dos tribunais estaduais em relação àquelas causas que devem ser submetidas à jurisdição federal. Deve esta ser exclusiva, ou terão esses tribunais uma jurisdição simultânea? Neste segundo caso, que relação manterão com os tribunais nacionais? Estas são indagações feitas por homens sensatos e que por certo merecem atenção.

Segundo princípios estabelecidos num artigo anterior,[1] os Estados conservarão todas as autoridades *preexistentes* que não sejam delegadas exclusivamente ao governo federal; essa delegação exclusiva só pode existir em três casos alternativos: quando uma autoridade exclusiva é expressamente conferida à União; quando uma autoridade particular é conferida à União e o exercício de autoridade semelhante é proibido aos Estados; ou quando é conferida à União uma autoridade com que a posse pelos Estados de autoridade semelhante seria inteiramente incompatível. Embora esses princípios possam não se aplicar ao poder judiciário com a mesma força com que se aplicam ao legislativo, inclino-me a pensar que, em substância, são tão justos em relação ao primeiro quanto ao segundo. Sob essa impressão, estabelecerei como norma que os tribunais estaduais *conservarão* a jurisdição que hoje possuem, a menos que se revele que ela lhes foi retirada de um dos três modos enumerados.

A única passagem da Constituição proposta que parece limitar as causas de competência federal aos tribunais federais é a seguinte: *"O poder judiciário* dos Estados Unidos *será conferido* a uma Corte Suprema e *àquelas* cortes inferiores que o Congresso venha ocasionalmente a ordenar e estatuir". Isso pode ser interpretado seja como significando tanto que os tribunais supremo e subordinados da União devem ser os únicos a possuir o poder de julgar essas causas a que sua autoridade é estendida, seja como denotando simplesmente que os órgãos do judiciário nacional devem ser uma Corte Suprema e tantas cortes subordinadas quantas o Congresso julgue adequado indicar; em outras palavras, que os Estados Unidos devem exercer o poder judiciário de que serão investidos por meio de um tribunal supremo e de certo número de tribunais inferiores a serem instituídos por eles. A primeira interpretação exclui a jurisdição simultânea dos Estados, e a segunda a admite, e, como a

---

1. Artigo 32.

primeira corresponderia a uma alienação do poder estadual por implicação, a última interpretação parece a mais natural e defensável.

Essa doutrina da jurisdição simultânea, porém, só é claramente aplicável àquelas categorias de causas que eram previamente da competência dos tribunais estaduais. Não é igualmente evidente em relação a casos que possam surgir da Constituição a ser estabelecida ou que possam ser *peculiares* a ela. Pois a não concessão de direito de jurisdição aos tribunais estaduais nesses casos dificilmente poderia ser considerada como redução de uma autoridade preexistente. Portanto, não é minha intenção afirmar que os Estados Unidos, ao legislar sobre as matérias confiadas a seu controle, não possam referir o julgamento de causas oriundas de determinada regulação unicamente aos tribunais federais, se tal medida for julgada aconselhável. Sustento, contudo, que os tribunais estaduais não serão destituídos de nenhuma parcela de sua jurisdição original salvo no tocante à apelação. Sou mesmo da opinião de que, em todos os casos em que eles não forem expressamente excluídos pelos atos futuros do legislativo nacional, terão natural competência sobre as causas que esses atos possam suscitar. Infiro isso da natureza do poder judiciário e da índole geral do sistema. O poder judiciário de todo governo considera mais as próprias leis locais ou municipais, e nos casos civis abarca em sua jurisdição todas as matérias de litígio entre partes, ainda que as causas da disputa se relacionem com as leis da parte mais distante do globo. As leis do Japão, não menos que as de Nova York, podem fornecer os objetos de discussão jurídica a nossos tribunais. Quando, além disso, vemos os governos estaduais e o governo nacional como verdadeiramente são, como sistemas análogos e partes de *um todo*, parece tornar-se conclusiva a inferência de que os tribunais estaduais teriam uma jurisdição paralela em todos os casos oriundos das leis da União em que isso não fosse expressamente proibido.

A esta altura ocorre outra questão. Que relação subsistiria entre os tribunais estaduais e nacionais nos casos de jurisdição paralela? Respondo que as apelações se fariam certamente das primeiras para a Corte Suprema. A Constituição faz da Suprema Corte uma jurisdição de apelação em todas as causas mencionadas de competência federal em que esta não terá competência em primeira instância, sem que haja uma única expressão que limite sua tramitação aos tribunais federais inferiores. Só foram contemplados os alvos de apelação, não os tribunais a partir dos quais ela deve ser feita. A partir desta circunstância e da razão da coisa, seria o caso de entender que ela se estende aos tribunais estaduais. Ou isso deve ocorrer, ou os tribunais locais terão de ser excluídos de uma jurisdição simultânea em matérias de interesse nacional; de outro modo, a autoridade judiciária da União poderia ser evitada ao bel-prazer de todo queixoso ou demandante. Nenhuma dessas consequências deve ser levada em conta, salvo por evidente necessidade. A última seria inteiramente inadmissível, uma vez que anularia uma das intenções mais importantes e declaradas do governo proposto e embaraçaria consideravelmente suas medidas. Tampouco consigo perceber qualquer fundamento para tal suposição. Como já foi observado, os sistemas nacional e estadual devem ser considerados como um todo. Os tribunais deste último serão por certo auxiliares naturais na aplicação das leis da União, e uma apelação a partir deles se destinará, com a mesma naturalidade, àquele tribunal destinado a unir e integrar os princípios da justiça nacional com as normas das decisões nacionais. O que o plano da convenção evidentemente pretendeu foi que todas as causas das classes especificadas recebam, por razões públicas ponderáveis, sua determinação original ou final nos tribunais da União. Portanto, restringir as expressões gerais que dão jurisdição apelada à Corte Suprema a apelações a partir dos tribunais federais subordinados, em vez de estendê-las aos tribunais estaduais, seria reduzir a latitude dos termos, numa subversão da intenção contrária a todas as boas regras de interpretação.

Mas poderia uma apelação ser feita dos tribunais estaduais para as judicaturas federais subordinadas? Esta é mais uma das questões que foram levantadas, e bem mais difícil que a anterior. As considerações que se seguem autorizam uma resposta positiva. Em primeiro lugar, o plano da convenção autoriza o legislativo nacional "a constituir tribunais inferiores à Corte Suprema".[1] Em segundo lugar, declara que "o *poder judiciário* dos Estados Unidos *será conferido* a uma Corte Suprema e àquelas cortes inferiores que o Congresso venha a (...) ordenar e estatuir", passando então a enumerar os casos a que esse poder judiciário deve se estender. Posteriormente, divide a jurisdição da Corte Suprema em original e apelada, mas não dá nenhuma definição da jurisdição dos tribunais subordinados. As únicas diretivas delineadas para eles é que serão "inferiores à Corte Suprema" e não ultrapassarão os limites especificados do judiciário federal. Não é declarado se essa autoridade será original ou apelada, ou ambas as coisas. Tudo isso parece ter sido deixado ao arbítrio do legislativo. Se for esse o caso, não percebo no momento nenhum impedimento a que se possam fazer apelações dos tribunais estaduais para os

---

1. Artigo 1, seção 8.

tribunais nacionais subordinados, e podemos imaginar que tal possibilidade se faria acompanhar de muitas vantagens. Isso reduziria os motivos para a multiplicação de tribunais federais e daria lugar a arranjos destinados a reduzir a jurisdição apelada da Corte Suprema. Os tribunais estaduais poderiam então arcar com uma parcela maior das causas federais; por outro lado as apelações, na maioria dos casos em que possam ser consideradas próprias, em vez de serem dirigidas à Corte Suprema, poderiam ser encaminhadas dos tribunais estaduais para as cortes distritais da União.

PUBLIUS [HAMILTON]

ARTIGO 83

Maior exame do poder judiciário no tocante ao julgamento por júri

A objeção ao plano da convenção que alcançou maior sucesso neste Estado, e talvez em vários outros, é *aquela relacionada à falta da estipulação constitucional* do julgamento por júri em casos civis. A forma dissimulada em que esta objeção é em geral expressa foi várias vezes assinalada e denunciada, mas continua em curso em todas as conversas e escritos dos opositores do plano. O mero silêncio da Constituição no tocante às *causas civis* é apresentado como uma abolição do julgamento por júri, e as arengas a que isso forneceu pretexto são astuciosamente feitas para inspirar a certeza de que essa pretensa abolição é completa e universal, estendendo-se não apenas a toda espécie de causa civil, mas até as *criminais*. Discutir com relação a estas últimas seria, contudo, tão inútil e infrutífero quanto tentar seriamente provar a *existência* da *matéria* ou demonstrar qualquer daquelas proposições que, por sua própria evidência interna, impõem convicção quando expressas em linguagem apropriada para transmitir seu significado.

Com relação às causas civis, adotaram-se astúcias que quase repugna refutar para apoiar a presunção de que uma coisa que apenas *não foi estipulada* está inteiramente *abolida*. Todo homem de discernimento percebe de imediato a enorme diferença entre *silêncio* e *abolição*, mas como os inventores dessa falácia tentaram sustentá-la por meio de certas *máximas jurídicas* de interpretação, cujo verdadeiro sentido perverteram, talvez não seja de todo inútil explorar a base de que se valeram.

As máximas em que se fundam são da seguinte natureza: "A especificação de particulares é uma exclusão de generalidades"; ou: "A expressão de uma coisa é a exclusão de outra". Portanto, dizem eles, como a Constituição estabeleceu o julgamento por júri em casos criminais e silenciou a respeito dos civis, esse silêncio é uma proibição implícita de julgamento por júri no caso destes últimos.

As regras da interpretação jurídica são normas do *senso comum* adotadas pelos tribunais na interpretação das leis. A verdadeira prova, portanto, de sua aplicação correta é sua conformidade com a fonte de que foram extraídas. Sendo esse o caso, permitam-me perguntar se é compatível com qualquer razão ou senso comum supor que um dispositivo que obriga o poder legislativo a entregar o julgamento de causas criminais a júris o priva do direito de autorizar ou permitir esse modo de julgamento em outros casos. É natural supor que a instrução para fazer uma coisa é a proibição para fazer outra, não incompatível com ela? Se tal suposição é artificial e absurda, não pode ser razoável sustentar que a imposição do julgamento por júri em certos casos equivalha a uma interdição deste em outros.

O poder para constituir tribunais envolve o poder de estipular o modo de julgamento; consequentemente, se nada fosse dito na Constituição a respeito de júris, o legislativo estaria livre para adotar essa instituição ou deixá-la de lado. No tocante às causas criminais, essa liberdade é reduzida pela imposição expressa do julgamento por júri em todas elas; mas resta, claramente, uma larga margem de liberdade em relação às causas civis, já que há total silêncio a esse respeito. É verdade que a especificação da obrigação de julgar todas as causas criminais de um modo particular exclui a obrigação ou necessidade de empregar o mesmo modo nas causas civis, mas não reduz *o poder* do legislativo de empregar esse modo se ele for considerado apropriado. Portanto, a alegação de que o legislativo nacional não seria plenamente livre para submeter todas as causas civis de competência federal a julgamento por júri é destituída de qualquer fundamento justo.

Dessas observações resulta a seguinte conclusão: o julgamento por júri em casos civis não estaria abolido; o uso que se tentou fazer das máximas citadas é contrário à razão e ao senso comum, não sendo, pois, admissível. Mesmo que essas máximas tivessem um sentido técnico preciso, correspondente às ideias dos que as utilizaram na presente ocasião — o que, aliás, não é o caso —, elas não seriam aplicáveis a uma constituição de governo. Em relação a um objeto como esse, o verdadeiro critério de interpretação é o sentido natural e óbvio de suas proposições, independentemente de quaisquer regras técnicas.

Após termos visto que as máximas usadas como fundamento não admitem o uso que delas foi feito, tentemos agora determinar seu significado próprio e verdadeiro. Isso será feito por meio de exemplos. O plano da convenção declara que o poder do Congresso, ou, em outras palavras, do legislativo nacional, se estenderá a certos casos explicitados. Essa especificação de particulares exclui evidentemente toda pretensão a uma autoridade legislativa geral, porque a concessão afirmativa de poderes especiais seria tão absurda quanto inútil se a intenção fosse conferir tal autoridade geral.

De maneira análoga, a Constituição declara que a autoridade judiciária das judicaturas federais abrange certos casos particularmente especificados. A explicitação desses casos traça os limites precisos além dos quais os tribunais federais não podem estender sua jurisdição, porque as matérias de sua competência são enumeradas, e essa especificação seria inútil se não excluísse toda ideia de uma autoridade mais ampla.

Esses exemplos devem ser suficientes para elucidar as máximas mencionadas e apontar o modo como deveriam ser usadas. Mas, para que não haja nenhuma possibilidade de mal-entendido sobre a questão, acrescentarei mais um, para demonstrar o uso próprio dessas máximas e o abuso que delas foi feito.

Suponhamos que, pelas leis do Estado de Nova York, uma mulher casada fosse impedida de transferir seus bens, e que o legislativo, considerando isso um mal, promulgasse que ela poderia dispor de seu patrimônio por um ato executado na presença de um magistrado. Nesse caso, não pode haver dúvida de que a especificação equivaleria à exclusão de qualquer outro modo de transmissão, porque, como a mulher não tinha nenhum poder prévio de alienar seu patrimônio, a especificação determina o modo particular de que deve se servir para esse fim. Mas suponhamos ainda que, numa parte subsequente do mesmo ato legislativo, seja declarado que nenhuma mulher pode dispor de qualquer bem de determinado valor sem o consentimento de três de seus parentes mais próximos, expresso pelas assinaturas destes no ato. Seria possível inferir dessa regulação que uma mulher estaria impedida de obter a aprovação de seus parentes a um ato de transferência de uma propriedade de valor inferior? A ideia é absurda demais para merecer refutação e, no entanto, esse é precisamente o ponto de vista que deve ser sustentado por aqueles que afirmam que o julgamento por júri em casos civis está abolido por ter sido expressamente prescrito para casos de natureza criminal.

A partir dessas observações deve ficar inquestionavelmente claro que o julgamento por júri não foi de modo algum abolido pela Constituição proposta, sendo igualmente verdadeiro que nas disputas entre indivíduos que tendam a interessar à grande maioria do povo essa instituição permanecerá situada precisamente do mesmo modo como o foi nas constituições estaduais, e não será alterada ou influenciada em nenhum grau pela adoção do plano que ora examinamos. O fundamento dessa afirmação é que o judiciário nacional não terá nenhuma competência sobre elas, que evidentemente continuarão a só poder ser julgadas, como até hoje o foram, pelos tribunais estaduais, da maneira prescrita pelas constituições e leis estaduais. Todas as questões fundiárias, exceto quando estiverem envolvidas reivindicações de terras cedidas por diferentes Estados, e todas as outras controvérsias entre cidadãos do mesmo Estado, a menos que se liguem a violações positivas dos artigos da União por atos dos legislativos estaduais, pertencerão exclusivamente à jurisdição dos tribunais estaduais. Acrescente-se a isso que causas de direito marítimo, e quase todas as de jurisdição de equidade, são passíveis de julgamento por nosso próprio governo estadual, sem intervenção de júri. Desse conjunto se infere que a instituição do julgamento por júri, tal como existe no Estado de Nova York atualmente, não poderá ser afetada em nenhuma medida considerável pela alteração proposta de nosso sistema de governo.

Os defensores e adversários do plano da convenção, se não estão de acordo em mais nada, pelo menos coincidem no valor que atribuem ao julgamento por júri. Se há alguma divergência entre eles, trata-se da seguinte: os primeiros o veem como uma valiosa salvaguarda da liberdade; os segundos o concebem como o próprio paládio do governo livre. De minha parte, quanto mais pude observar a ação dessa instituição, mais razões descobri para conservá-la em alta estima; e seria de todo supérfluo examinar em que medida ela merece ser considerada útil ou essencial numa república representativa, ou quanto ela teria mérito ainda maior como defesa contra as opressões de um monarca hereditário do que como barreira contra a tirania de magistrados populares num governo popular. Discussões desse tipo seriam mais curiosas que benéficas, uma vez que todos estão convencidos da utilidade da instituição e de seu aspecto propício à liberdade. Devo admitir, porém, que não sou capaz de discernir de imediato o vínculo inseparável entre a existência de liberdade e o julgamento por júri em casos civis. Impugnações arbitrárias, métodos arbitrários de processar pretensos crimes e punições arbitrárias com base em convicções arbitrárias sempre me pareceram os grandes mecanismos do despotismo judiciário; e tudo isso tem relação com processos criminais. O que parece estar em questão, portanto, é o julgamento por júri em casos criminais, auxiliado pelo instituto do *habeas corpus*. E ambos foram previstos da maneira mais ampla no plano da convenção.

Foi observado que o julgamento por júri é uma salvaguarda contra o exercício opressivo do poder de tributar. Essa observação merece exame.

É evidente que não pode haver nenhuma influência sobre o legislativo no tocante ao *volume* de tributos a serem lançados, aos *itens* sobre os quais devem incidir, ou à *regra* pela qual devem ser distribuídos. Se pode haver alguma influência, portanto, é sobre a forma de cobrança e a conduta dos funcionários encarregados de aplicar as leis da receita.

No tocante ao modo de arrecadação no Estado de Nova York, sob nossa própria Constituição o julgamento por júri não é usado na maioria dos casos. Os tributos são em geral cobrados pelos processos mais sumários de arresto e venda, como em casos de arrendamento. E todos reconhecem que isso é essencial para a eficácia das leis fiscais. O curso dilatório de um julgamento em juízo para cobrar os tributos devidos por indivíduos não atenderia às exigências do público nem seria vantajoso para os cidadãos. Muitas vezes, daria lugar a um acúmulo de custos, mais oneroso que a soma original do imposto a ser cobrado.

No tocante à conduta dos funcionários da receita, o dispositivo em favor de julgamento por júri em casos criminais fornece a segurança pretendida. Abusos deliberados de uma autoridade pública para a opressão do cidadão e toda espécie de extorsão por funcionários são crimes contra o governo, o que, por conseguinte, sujeita as pessoas que os cometem a ser indiciadas e punidas segundo as circunstâncias do caso.

A excelência do julgamento por júri em casos civis revela-se dependente de circunstâncias alheias à preservação da liberdade. O mais forte argumento a seu favor é constituir uma garantia contra a corrupção. Como há sempre mais tempo e melhor oportunidade para tentar subornar um corpo permanente de magistrados que um júri convocado para a ocasião, há lugar para se supor que uma influência corrupta poderia se exercer mais facilmente sobre o primeiro que sobre o segundo. A força dessa consideração é, contudo, reduzida por outras. O xerife, que é o encarregado de convocar os júris comuns, e os funcionários dos tribunais, são eles próprios funcionários permanentes, podendo-se supor que, como agem individualmente, seriam mais acessíveis ao toque da corrupção que os juízes, que formam um corpo coletivo. Não é difícil ver que esses funcionários teriam a possibilidade de escolher jurados que serviriam ao propósito da parte tanto quanto os juízes de um tribunal. Em segundo lugar, é razoável supor que haveria menos dificuldade em cooptar alguns dos jurados escolhidos indiscriminadamente do conjunto do povo que em cooptar homens escolhidos pelo governo por sua probidade e seu caráter. Mas, fazendo todas as deduções possíveis desta Constituição, o julgamento por júri continua sendo um valioso controle sobre a corrupção, pois multiplica amplamente os obstáculos a seu êxito. Tal como as coisas estão postas agora, seria necessário corromper tanto o tribunal quanto o júri; visto que, quando este tivesse cometido erro evidente, o tribunal asseguraria em geral um novo julgamento, e na maioria dos casos de pouco serviria tentar manobrar o júri, a menos que o tribunal pudesse ser igualmente subornado. Há aqui, portanto, uma dupla segurança, e prontamente se perceberá que essa complicada operação tende a preservar a pureza de ambas as instituições. Aumentando os obstáculos a seu sucesso, desestimula tentativas de perverter a integridade de ambos. As tentações à venalidade que os juízes poderiam ter de superar são por certo muito menores quando a cooperação de um júri é necessária do que poderiam ser caso eles próprios tivessem poder absoluto para julgar todas as causas.

Portanto, a despeito das dúvidas que expressei no tocante à essencialidade, para a liberdade, do julgamento por júri em casos civis, admito que, na maioria dos casos, sob regulações adequadas, ele é um excelente método para o julgamento de questões patrimoniais. Só essa razão já lhe daria direito a um dispositivo constitucional em seu favor, se fosse possível fixar os limites de sua abrangência. Isso envolve, no entanto, grande dificuldade em todos os casos, e os que não estejam cegos pelo entusiasmo haverão de compreender que num governo federal, que é uma composição de sociedades cujas ideias e instituições com relação ao assunto variam consideravelmente de uma para outra, essa dificuldade não suporta nenhum acréscimo. De minha parte, a cada exame que faço do assunto, mais me convenço da realidade dos obstáculos que, estou certo, impedem a inserção de um dispositivo desse teor no plano da convenção.

A grande diferença entre os limites do julgamento por júri nos diferentes Estados não goza de compreensão geral. Como isso terá considerável influência na sentença que deveremos lavrar sobre a omissão que teria ocorrido a este respeito, faz-se necessária uma explicação. Em Nova York, temos instituições judiciárias que se assemelham mais que as de qualquer outro Estado às da Grã-Bretanha. Temos tribunais de direito consuetudinário, tribunais de sucessões (análogos, sob certos aspectos, aos tribunais eclesiásticos da Inglaterra), um tribunal de direito marítimo e um tribunal de equidade. O julgamento por júri prevalece unicamente nos tribunais de direito consuetudinário, e isso com algumas exceções. Em todos os outros, um único juiz preside e atua em geral de acordo com o curso do cânone ou do direito civil, sem a ajuda de um júri.[1] Em Nova Jersey, há um tribunal de equidade que atua como o nosso, mas não há tribunais de direito marítimo nem de sucessões, no sentido em que estes últimos estão estabelecidos entre nós. Nesse Estado, os tribunais de direito consuetudinário têm competência sobre aquelas causas que aqui são julgadas nos tribunais de direito marítimo e de sucessões, e evidentemente o julgamento por júri é muito mais amplo em Nova Jersey que em Nova York. Na Pensilvânia, isso acontece em grau ainda maior, pois nesse Estado não há tribunal de equidade, e são os tribunais de direito consuetudinário que têm jurisdição de equidade. Ele tem um tribunal de direito marítimo, mas não de sucessões, pelo menos no plano do nosso. Sob tais aspectos, Delaware imitou a Pensilvânia. Maryland se aproxima mais de Nova York, e o mesmo ocorre com a Virgínia, com a exceção de que este Estado tem uma pluralidade de chanceleres. A Carolina do Norte tem maior afinidade com a Pensilvânia; a Carolina do Sul, com a Virgínia. Acredito, no entanto, que, em alguns dos Estados que têm cortes autônomas de direito marítimo, as causas que deles dependem são passíveis de julgamento por júri. Na Geórgia existem apenas tribunais de direito consuetudinário, e as apelações, evidentemente, são feitas a partir do veredicto de um júri para outro, que é chamado de júri especial, e para o qual está prescrito um modo particular de designação. Em Connecticut, não há tribunais distintos de equidade nem de direito marítimo, e seus tribunais de sucessões não têm jurisdição de causas. Seus tribunais de

---

1. Foi erroneamente insinuado, com relação ao tribunal de equidade, que ele julga em geral fatos em litígio por júri. A verdade é que, nesse tribunal, referências a júri raramente ocorrem, não sendo em nenhum caso necessárias, exceto quando entra em questão a validade de uma divisa de terras.

direito consuetudinário têm jurisdição de equidade e, até certo ponto, de direito marítimo. Em casos importantes, sua Assembleia Geral é o único tribunal de equidade. Em Connecticut, portanto, o julgamento por júri é *na prática* mais abrangente que em qualquer dos Estados já mencionados. Sob tal aspecto, acredito que Rhode Island esteja em situação bastante semelhante à de Connecticut. Massachusetts e New Hampshire encontram-se em situação semelhante no tocante à mistura das jurisdições legal, de equidade e marítima. Nos quatro Estados dos Leste, o julgamento por júri não só se funda em bases mais amplas que nos demais Estados como é acompanhado de uma peculiaridade que nenhum desses conhece plenamente. Há uma apelação natural de um júri para outro, até que dois veredictos em um sentido tenham sido obtidos de três júris.

Esse esboço revela que há considerável diversidade, tanto na alteração como na extensão da instituição do julgamento por júri em casos civis nos vários Estados. Desses fatos decorrem as seguintes reflexões óbvias: primeiro, que a convenção não teria podido estabelecer nenhuma regra geral que fosse correspondente às circunstâncias de todos os Estados; e segundo, que o risco seria mais ou menos igual caso tomasse como padrão o sistema de um Estado qualquer ou se tivesse confiado a matéria, como se fez, à regulação legislativa.

As propostas feitas para sanar a pretensa omissão serviram mais para evidenciar que para evitar a dificuldade da coisa. A minoria da Pensilvânia propôs para esse fim o seguinte modo de expressão: "O julgamento por júri permanecerá como foi até agora" — algo que, eu garanto, seria absolutamente desprovido de sentido e utilidade. Todos os dispositivos da Constituição devem ser necessariamente interpretados como tendo por *objeto* os Estados Unidos, em sua condição unida ou coletiva. Ora, é evidente que, embora o julgamento por júri seja conhecido, com várias limitações, em cada Estado individualmente, nos Estados Unidos, no entanto, a instituição é neste momento inteiramente desconhecida, porque o atual governo federal não tem nenhum poder judiciário. Consequentemente, não há nenhum antecedente próprio ou estabelecimento prévio a que a expressão *até agora* pudesse se referir. Ela careceria, portanto, de sentido preciso e seria inoperante em razão de sua indefinição.

Assim como, por um lado, a forma desse dispositivo não preencheria a intenção dos que o propuseram, também, por outro, se percebo corretamente sua intenção, ele seria em si mesmo desaconselhável. Presumo que se pretenda que as causas devam ser julgadas por júri nos tribunais federais quando, no Estado em que estes estão instalados, esse modo de julgamento prevaleceria, em caso similar, nos tribunais estaduais. Ou seja, causas de direito marítimo deveriam ser julgadas em Connecticut por júri, em Nova York não. A ação caprichosa de um método de julgamento tão dissimilar para casos iguais, sob o mesmo governo, é por si só suficiente para indispor contra ele todo julgamento sensato. O julgamento de uma causa por júri ou sem júri ficaria na dependência, em grande número dos casos, da situação acidental do tribunal e das partes.

Mas esta não é, a meu ver, a maior objeção. Tenho uma convicção profunda e ponderada de que há muitos casos em que o julgamento por júri é impraticável. Penso isso, em particular, com relação aos casos que envolvem a paz pública com nações estrangeiras. São dessa natureza, entre outras, todas as causas de presas marítimas. Não se pode atribuir a júris competência para investigações que exigem completo conhecimento das leis e dos usos das nações; ademais, eles estarão por vezes sob a influência de impressões que não lhes permitirão atentar o suficiente para aquelas considerações de segurança pública que deveriam orientar suas investigações. Evidentemente, haveria sempre perigo de que os direitos de outras nações fossem infringidos por suas decisões, de modo a fornecer ocasiões para retaliação e guerra. Embora o domínio próprio do júri seja julgar questões de fato, na maioria dos casos consequências legais se misturam ao fato, de maneira a tornar a separação impraticável.

Essa observação referente às causas de presas marítimas ganha grande peso se mencionamos que o método de julgá-las foi considerado merecedor de regulação particular em vários tratados entre diferentes nações da Europa, e que, segundo tais tratados, elas são julgadas na Grã-Bretanha, em última instância, pelo próprio rei, em seu conselho privado, onde o fato, tanto quanto a lei, sofrem reexame. Isso demonstra por si só a imprudência de inserir na Constituição uma cláusula fundamental que faria dos sistemas estaduais um padrão para o governo nacional nesta matéria, e o perigo de embaraçar o governo com quaisquer dispositivos constitucionais cuja pertinência não é indiscutível.

Tenho convicções igualmente fortes de que grandes vantagens resultam da separação entre a jurisdição de equidade e legal, e que as causas que pertencem à primeira seriam impropriamente confiadas a júris. A utilidade importante e fundamental de um tribunal de equidade é relaxar normas gerais *em casos extraordinários*, que são *exceções*.[1] Unir a jurisdição de tais casos com a jurisdição comum favoreceria a perturbação das normas gerais e tenderia a sujeitar todo caso que surgisse a um julgamento *especial*. A separação de ambos, por outro lado, teria o efeito contrário de fazer de um o vigilante do outro, e de manter cada qual nos limites aconselháveis. Afora isso, as circunstâncias que constituem casos próprios para tribunais de equidade são em muitos casos tão sutis e intricadas que se tornam incompatíveis com a índole dos julgamentos por júri. Elas exigem com frequência uma investigação tão longa, meticulosa e crítica que seria impraticável para homens retirados de suas ocupações e obrigados a julgar antes de poder retomá-las. A simplicidade e rapidez que são as características distintivas desse modo de julgamento exigem que a matéria a ser julgada possa ser reduzida a um ponto simples e óbvio, ao passo que os litígios frequentes no tribunal de equidade compreendem uma longa série de particularidades minuciosas e desconexas.

É verdade que a separação entre a jurisdição legal e de equidade é peculiar ao sistema inglês de jurisprudência, que é o modelo seguido por vários dos Estados. Mas é igualmente verdade que o julgamento por júri foi ignorado em todos os casos em que as duas foram unidas, sendo a separação essencial para a preservação dessa instituição em sua pureza prístina. A natureza de um tribunal de equidade admitirá prontamente a extensão de sua jurisdição a matérias legais; mas não há a menor dúvida de que a tentativa de estender a jurisdição das cortes legais a matérias de equidade não só não produzirá as vantagens que podem ser obtidas de tribunais de equidade, no plano em que estão estabelecidos em Nova York, como tenderá gradualmente a mudar a natureza das cortes legais e solapar o julgamento por júri, introduzindo questões demasiado complicadas para uma decisão segundo esse modo.

Essas razões se mostram conclusivas contra a incorporação dos sistemas de todos os Estados na formação do judiciário nacional, segundo o que podemos presumir que a minoria da Pensilvânia pretendeu. Passemos agora a examinar até que ponto a proposta de Massachusetts é apta a sanar a suposta falha.

Ela tem a seguinte forma: "Em ações civis entre cidadãos de diferentes Estados, toda questão de fato que surja em *ações de direito consuetudinário* pode ser julgada por júri caso as partes, ou uma delas, o solicitem".

---

1. É verdade que os princípios pelos quais o relaxamento é governado estão agora reduzidos a um sistema regular; mas não é menos verdade que eles são em sua maioria aplicáveis a circunstâncias especiais, que foram exceções a regras gerais.

Isto é, na melhor das hipóteses, uma proposição limitada a uma categoria de causas; e justifica-se a inferência de que, ou a convenção de Massachusetts considerou essa a única classe de causas federais em que o julgamento por júri seria adequado, ou, embora desejosos de uma cláusula mais ampla, julgaram impraticável formular uma que atendesse devidamente à finalidade. Na primeira hipótese, a omissão de uma regulação relativa a um tópico tão parcial jamais poderia ser considerada uma imperfeição relevante do sistema. Na segunda, fornece forte corroboração da extrema dificuldade da coisa.

Mas isso não é tudo: se atentarmos para a observação já feita com relação aos tribunais que subsistem nos vários Estados da União, e para os diferentes poderes por eles exercidos, verificaremos que não há expressões mais vagas e indeterminadas que as que foram empregadas para caracterizar *essa* espécie de causa a que se pretende conferir o direito de julgamento por júri. No Estado de Nova York, os limites entre ações de direito consuetudinário e ações de jurisdição de equidade são definidas segundo as regras que prevalecem na Inglaterra a esse respeito. Em muitos outros, as fronteiras são menos precisas. Em alguns, toda causa deve ser julgada num tribunal de direito consuetudinário, e com base nesse fundamento toda ação pode ser considerada ação de direito consuetudinário, a ser julgada por júri, se as partes, ou alguma delas, o escolherem. Portanto, se essa proposta fosse acatada seriam introduzidas a mesma irregularidade e confusão que, como assinalei, resultariam da regulação sugerida pela minoria da Pensilvânia. Em um Estado, uma causa obteria seu julgamento por júri se as partes, ou uma delas, o solicitassem; em outro, porém, uma causa exatamente similar seria julgada sem a intervenção de um júri porque as judicaturas estaduais variam quanto à jurisdição de direito consuetudinário.

É óbvio, portanto, que a proposta de Massachusetts sobre esta matéria não pode funcionar como regulação geral, até que um plano uniforme com relação aos limites das jurisdições de direito consuetudinário e equidade fosse adotado pelos vários Estados. Conceber um plano desse tipo seria uma tarefa árdua por si mesma, cuja maturação exigiria muito tempo e reflexão. Seria dificílimo, se não impossível, sugerir qualquer regulação geral que fosse aceitável por todos os Estados da União ou que se ajustasse perfeitamente às várias instituições estaduais.

Pode-se perguntar: por que não poderia ter sido feita uma referência à constituição do Estado de Nova York, tomando-se o que admito ser uma boa constituição como padrão para os Estados Unidos? Respondo que não é muito provável que os demais Estados teriam sobre nossas instituições a mesma opinião que nós. É natural supor que conservam-se até agora mais apegados às suas próprias, e que todos lutariam pela preferência. Se a ideia de tomar um Estado como modelo para o todo tivesse ocorrido à convenção, é de presumir que sua adoção nesse corpo teria sido dificultada pela predileção de cada representação por seu próprio governo; e não sabemos qual dos Estados teria sido tomado por modelo. Foi mostrado que muitos deles seriam modelos impróprios. E deixo à conjectura se, consideradas todas as circunstâncias, seria mais provável que Nova York fosse preferido, ou algum outro Estado. Admito, porém, que uma seleção judiciosa poderia ter sido realizada na convenção, ainda que isso envolvesse grande perigo de ciúme e desagrado de outros Estados ante a parcialidade que fosse demonstrada pelas instituições de um deles. Os inimigos do plano teriam ganhado um excelente pretexto para suscitar, contra ele, um sem-número de preconceitos que poderiam ter posto em risco, em grau considerável, sua implantação final.

Para evitar os embaraços de uma definição dos casos que o julgamento por júri deveria abranger, homens de temperamento impetuoso sugerem por vezes que poderia ter sido incluída uma cláusula para estabelecê-lo em todo e qualquer caso. Acredito que não se encontrará nenhum precedente disso em nenhum membro da União; e as considerações formuladas quando da discussão da proposta da minoria da Pensilvânia devem convencer toda mente sóbria de que o estabelecimento do julgamento por júri em todos os casos teria sido um erro imperdoável do plano.

Em suma, quanto mais a consideramos, mais árdua se mostra a tarefa de moldar um dispositivo de forma a não expressar muito pouco para atender à finalidade, ou demais para ser aconselhável; ou de modo a não abrir outras fontes de oposição ao grande e essencial objetivo de introduzir um governo nacional firme.

Por outro lado, vejo-me compelido à convicção de que as diferentes luzes sob as quais a questão foi colocada no curso dessas observações terão contribuído consideravelmente para eliminar da mente daqueles de boa-fé os temores que podiam ter alimentado quanto a esse ponto. Elas tenderam a mostrar que a garantia da liberdade está envolvida, de modo considerável, apenas no julgamento por júri de casos criminais, o qual está prescrito da maneira mais ampla no plano da convenção; que, mesmo na esmagadora maioria dos casos civis, e naqueles que interessem à maior parte da comunidade, esse modo de julgamento permanecerá em sua plena força, tal como estabelecido nas constituições estaduais, intocado e inatingido pelo plano da convenção; que ele não foi em absoluto abolido por esse plano;[1] que dificuldades de vulto, se não insuperáveis, se opõem à formulação de qualquer dispositivo preciso e próprio com relação a ele numa Constituição para os Estados Unidos.

Os que têm melhor compreensão da matéria estarão menos ansiosos por um estabelecimento constitucional de julgamento por júri em casos civis, e estarão mais dispostos a admitir que as mudanças que estão continuamente ocorrendo nos assuntos da sociedade podem tornar um modo diferente de julgar questões patrimoniais preferível em muitos casos em que atualmente prevalece o julgamento por júri. De minha parte, admito estar convencido de que, mesmo neste Estado, ele poderia ser vantajosamente estendido a alguns casos a que atualmente não se aplica, assim como poderia, de modo igualmente vantajoso, ser reduzido em outros. Todo homem sensato admite que o julgamento por júri não deve prevalecer em todos os casos. Os exemplos de inovações que restringem seus antigos limites, tanto nestes Estados como na Grã-Bretanha, reforçam a presunção de que sua extensão anterior foi considerada inconveniente e dá lugar à suposição de que a experiência futura pode revelar a propriedade e utilidade de outras exceções. Suspeito ser impossível, pela natureza da coisa, fixar o ponto ideal em que a ação do instituto do julgamento por júri deveria cessar, e esse é para mim um forte argumento para deixar a matéria ao arbítrio do legislativo.

Este é hoje claramente o caso na Grã-Bretanha, e também no Estado de Connecticut; no entanto, pode-se afirmar com segurança que o julgamento por júri — embora prescrito por um artigo positivo de nossa Constituição — foi objeto de mais abusos no Estado de Nova York desde a Revolução que em Connecticut ou na Grã-Bretanha no mesmo período. Pode-se acrescentar que esses abusos foram causados em geral por homens que tentavam convencer o povo de que eram os mais ardorosos defensores da liberdade popular, mas que raramente admitiam que obstáculos constitucionais os detivessem na sua carreira favorita. A verdade é que só podemos nos fiar, para efeitos permanentes, na índole geral de um governo. Medidas particulares, embora não de todo inúteis, têm muito menos virtude e eficácia do que em geral se lhes atribui. E sua falta nunca será, entre homens de discernimento, uma objeção decisiva a qualquer plano que exiba as características fundamentais de um bom governo.

1. Ver Artigo 81, em que a hipótese de sua abolição pela atribuição à Corte Suprema da jurisdição apelada em matérias de fato é examinada e refutada.

Soa certamente muito implacável e estranho afirmar que não há garantia para a liberdade numa Constituição que estabelece explicitamente o julgamento por júri em casos criminais, porque não o faz também nos civis, quando é fato notório que Connecticut, que sempre foi considerado o Estado mais popular da União, não pode se vangloriar de um dispositivo constitucional para nenhum dos dois.

PUBLIUS [HAMILTON]

ARTIGO 84

Sobre outras objeções diversas

No decorrer desta revisão da Constituição, levei em conta e procurei responder à maior parte das objeções que se manifestaram contra ela. Restam, contudo, algumas que não recaíram naturalmente sob nenhum tópico particular ou foram esquecidas em seus devidos lugares. Passo a discuti-las agora, mas, como o assunto já se estendeu enormemente, devo fazê-lo com brevidade tal que me permita incluir todas as minhas observações sobre esses diversos pontos num único artigo.

A mais considerável dessas objeções remanescentes é que o plano da convenção não contém uma carta de direitos. Entre outras respostas dadas a isso, foi observado em diferentes ocasiões que as constituições de vários Estados estão em igual situação. Acrescento que a de Nova York está entre elas. No entanto, os opositores do novo sistema neste Estado, que professam ilimitada admiração por sua constituição, estão entre os mais arrebatados defensores de uma carta de direitos. Para justificar seu zelo nessa matéria, alegam duas coisas: uma é que, embora a constituição de Nova York não tenha nenhuma carta de direitos anexa, contém, em seu corpo, várias cláusulas em favor de privilégios e direitos particulares que, em substância, equivalem à mesma coisa; a outra é que essa constituição adota, em sua plena extensão, os direitos consuetudinário e estatutário da Grã-Bretanha, pelos quais muitos outros direitos não expressos são igualmente assegurados.

À primeira alegação respondo que a Constituição proposta pela convenção contém, como a deste Estado, várias dessas cláusulas.

Afora as que se relacionam com a estrutura do governo, encontramos as seguintes: Artigo 1, seção 3, cláusula 7:

> A sentença em casos de *impeachment* não deve se estender além da remoção do cargo e da desqualificação para conservar e desfrutar qualquer cargo honorário, de confiança ou remunerado sob o governo dos Estados Unidos; mas a parte condenada deve, no entanto, ser passível e sujeita a indiciação, julgamento e punição de acordo com a lei.

Seção 9 do mesmo artigo, cláusula 2: "O privilégio do mandado de *habeas corpus* não será suspenso, exceto quando, em casos de rebelião ou invasão, a segurança pública possa requerê-lo". Cláusula 3: "Não será promulgado nenhum decreto de perda de direitos civis ou lei *ex post facto*". Cláusula 7:

> Nenhum título de nobreza será concedido pelos Estados Unidos; e nenhum detentor de qualquer cargo remunerado ou de confiança sob seu governo aceitará, sem o consentimento do Congresso, cargo ou título de qualquer natureza de nenhum rei, príncipe ou Estado estrangeiro.

Artigo 3, seção 2, cláusula 3:

> O julgamento de todos os crimes, exceto em casos de *impeachment*, será feito por júri; e esse julgamento será realizado no Estado em que os ditos crimes tiverem sido cometidos; mas quando não cometidos em nenhum Estado, o julgamento ocorrerá no local ou nos locais que o Congresso tenha determinado por lei.

Seção 3 do mesmo artigo:

> A traição contra os Estados Unidos consistirá unicamente em iniciar guerra contra os Estados Unidos e aderir a seus inimigos, dando-lhes ajuda e assistência. Pessoa alguma será condenada por traição senão sob o depoimento de duas testemunhas do mesmo ato patente, ou sob confissão em tribunal aberto.

E cláusula 3 da mesma seção:

> O Congresso terá o poder de declarar a punição da traição, mas nenhum decreto de perda de direitos civis por traição produzirá degradação ou confisco dos bens da descendência, salvo durante a vida da pessoa que perdeu seus direitos civis.

Pode-se sem dúvida perguntar se essas cláusulas têm ou não o mesmo valor das que se encontram na constituição deste Estado. O estabelecimento do mandado de *habeas corpus*, a proibição de leis *ex post facto* e de *títulos de nobreza, para os quais não há dispositivos correspondentes em nossa constituição*, talvez sejam garantias mais efetivas para a liberdade e o republicanismo que qualquer um dos contidos nela. A criação de crimes após a ocorrência do fato, ou, em outras palavras, a sujeição de homens a punição por coisas que, quando feitas, não violavam nenhuma lei, e a prática de prisões arbitrárias foram, em todas as épocas, os instrumentos prediletos e mais terríveis da tirania. As observações do judicioso Blackstone[1] em relação a este último merecem ser citadas:

> Despojar um homem da vida ou confiscar seus bens pela violência, sem acusação ou julgamento, seria um ato tão brutal e notório de despotismo que deve de imediato fazer soar o alarme da tirania por toda a nação; mas confinar a pessoa, arrastando-a secretamente para a prisão, onde seus sofrimentos são ignorados ou esquecidos, é um expediente menos público, menos chocante, e, portanto, *mais perigoso* do governo arbitrário.

E como remédio para essa iniquidade fatal, ele é sempre peculiarmente enfático em seus louvores ao ato do *habeas corpus*, que qualifica numa passagem de "o *baluarte* da Constituição britânica".[2]

Nada precisa ser dito para ilustrar a importância da proibição de títulos de nobreza. Ela pode ser verdadeiramente chamada de a pedra angular do governo republicano, pois, enquanto tais títulos estiverem excluídos, jamais poderá haver sério perigo de que o governo venha a ser outra coisa senão o governo do povo.

Quanto ao segundo ponto, isto é, o pretenso estabelecimento pela constituição de Nova York dos direitos consuetudinário e estatutário, respondo: "[eles passaram a ser expressamente sujeitos] às alterações e aos dispositivos que o legislativo fizer ocasionalmente com relação a estes". Estão, portanto, sujeitos a qualquer momento à revogação pelo poder legislativo ordinário, não

1. Ver *Commentaries of the Laws of England*, de William Blackstone, v. I, p. 136.
2. Idem, v. 4, p. 438.

gozando evidentemente de nenhuma sanção constitucional. A única utilidade da declaração foi reconhecer o direito antigo e eliminar dúvidas que poderiam ter sido ocasionadas pela Revolução. Consequentemente, isso não pode ser considerado de modo algum como parte de uma declaração de direitos que pretendesse, sob nossa constituição, limitar os poderes do próprio governo.

Várias vezes foi observado, com razão, que as cartas de direitos são, em sua origem, estipulações entre reis e seus súditos, reduções da prerrogativa em favor do privilégio, reservas de direitos a que não se renuncia em favor do príncipe. Assim foi a *Magna Carta* obtida pelos barões, espada na mão, do rei João. Assim foram as subsequentes confirmações dessa carta por príncipes subsequentes. Assim foi a *Petição de Direito* aceita por Carlos I no início de seu reinado. Assim foi, também, a Declaração de Direitos apresentada pelos lordes e comuns ao príncipe de Orange em 1688, e posteriormente promulgada na forma de um ato do Parlamento chamado Carta de Direitos. É evidente, portanto, que, segundo seu significado primitivo, elas não têm nenhuma aplicação a constitucionais professamente fundadas no poder do povo e executadas por seus representantes e servidores imediatos. Aqui, no sentido estrito, o povo não renuncia a nada; e como conserva tudo, não tem necessidade de reservas particulares; "*Nós, o povo* dos Estados Unidos, para assegurar as bênçãos da liberdade para nós mesmos e nossa posteridade, *ordenamos* e *estabelecemos* esta Constituição para os Estados Unidos da América." Há nisso um melhor reconhecimento dos direitos populares que em volumes inteiros desses aforismos que dão o tom de várias de nossas cartas estaduais de direitos e que soariam muito melhor num tratado de ética que numa constituição de governo.

Mas um detalhamento minucioso de direitos particulares é muito menos aplicável a uma Constituição como a que estamos examinando, que pretende simplesmente regular os interesses políticos gerais da nação, que a uma constituição que trata da regulação de toda espécie de assuntos pessoais e privados. Se, portanto, os veementes clamores feitos por isso contra o plano da convenção tiverem bons fundamentos, nenhum epíteto de reprovação será forte demais para a constituição de Nova York. A verdade, porém, é que ambas contêm tudo o que se poderia razoavelmente desejar em relação a seus objetivos.

Vou além, e afirmo que cartas de direitos, no sentido e na medida em que são reclamadas, não só são desnecessárias à Constituição proposta como seriam até perigosas. Conteriam várias exceções a poderes que não são assegurados e, por isso mesmo, dariam falso pretexto a exigir mais do que o assegurado. Pois, por que declarar que não se devem fazer coisas quando não há o poder de fazê-las? Por que, por exemplo, seria dito que a liberdade da imprensa não deve ser restringida quando não é concedido nenhum poder pelo qual se poderiam impor restrições? Não afirmo que tal estipulação conferiria um poder regulador, mas é evidente que forneceria, a homens dispostos a usurpar, uma desculpa plausível para reivindicar tal poder. Poderiam insistir, com aparente razão, que a Constituição não deveria ser acusada do absurdo de estipular medidas contra o abuso de uma autoridade que não foi concedida, e que, portanto, a medida contra a restrição da liberdade da imprensa implicava claramente que houvera a intenção de conferir ao governo nacional o poder de prescrever regulações próprias com relação a isso. Isso pode servir de amostra das muitas armas que seriam dadas à doutrina dos poderes construtivos pela indulgência de um entusiasmo insensato por cartas de direitos.

Sobre a questão da liberdade da imprensa, por mais que já tenha sido dito, não posso me abster de acrescentar uma ou duas observações: em primeiro lugar, assinalo que não há uma sílaba a seu respeito na constituição deste Estado; em segundo, afirmo que tudo que possa ter sido dito a seu respeito na de qualquer outro Estado não tem nenhum valor. O que significa uma declaração de que "a liberdade da imprensa será inviolavelmente preservada"? O que é a liberdade da imprensa? Quem poderia dar alguma definição dela que não deixasse enorme margem de evasão? Afirmo que isso é impraticável, do que infiro que a segurança dessa liberdade, em que pesem as excelentes declarações que possam ser inseridas a seu respeito em qualquer constituição, dependerá forçosa e completamente da opinião pública e do espírito geral do povo e do governo.[1] Afinal de contas, como já foi sugerido em outra ocasião, é somente aí que devemos buscar a única base sólida de todos os nossos direitos.

1. Para mostrar que há na Constituição um poder pelo qual a liberdade da imprensa pode ser afetada, recorreu-se ao poder de tributar. Foi dito que se poderiam impor sobre as publicações impostos tão elevados que corresponderiam a uma proibição. Não sei por que lógica se poderia sustentar que as declarações das constituições estaduais em favor da liberdade da imprensa seriam um impedimento constitucional à imposição de taxas sobre as publicações pelos legislativos estaduais. Certamente não se pode pretender que qualquer grau de tributação, ainda que baixo, seria uma redução da liberdade da imprensa. Sabemos que jornais são taxados na Grã-Bretanha, e no entanto é notório que em lugar algum a imprensa goza de maior liberdade do que neste país. E se impostos de qualquer tipo podem ser lançados sem violação dessa liberdade, é evidente que o volume deve depender do arbítrio legislativo, regulado pela opinião pública; de tal modo que, afinal de contas, declarações gerais com relação à liberdade da imprensa não lhe darão nenhuma garantia maior do que a que teria sem elas. Os mesmos abusos podem ser praticados tanto sob as constituições estaduais que contêm essas declarações por intermédio dos instrumentos da tributação como sob a Constituição proposta, que não contém nada do gênero. Teria tanto sentido declarar que os governos devem ser livres, que os impostos não devem ser excessivos etc., como declarar que a liberdade da imprensa não deve ser restringida.

Resta apenas uma outra concepção deste assunto para concluir este tópico. A verdade, a despeito de todas as arengas que ouvimos, é que a própria Constituição é ela mesma, em todos os sentidos admissíveis, e para todos os fins úteis, uma *carta de direitos*. As várias cartas de direitos da Grã-Bretanha compõem sua Constituição, e inversamente a constituição de cada Estado é sua carta de direitos. Assim também, a Constituição proposta, se aceita, será a carta de direitos da União. É objetivo de uma carta de direitos declarar e especificar os privilégios políticos dos cidadãos na estrutura e administração do governo? Isso é feito da maneira mais precisa e ampla no plano da convenção, incluindo várias precauções para a segurança pública que não serão encontradas em nenhuma das constituições estaduais. Outro objetivo de uma carta de direitos não é definir certas imunidades e modos de procedimento relativos a interesses pessoais e privados? Vimos que isso também foi atendido numa variedade de casos no mesmo plano. Portanto, se considerarmos o significado essencial de uma carta de direitos, é absurdo alegar que ela não está presente no trabalho da convenção. Pode-se dizer que ela vai longe o bastante, embora não seja fácil demonstrá-lo; mas não se pode afirmar com razão que ela inexiste. A ordem em que os direitos dos cidadãos são declarados deve certamente ser irrelevante para quem considera que eles não estão presentes em parte alguma do instrumento que estabelece o governo. Deve ser evidente, portanto, que grande parte do que foi dito a esse respeito repousa meramente em distinções verbais e nominais, inteiramente alheias à substância da coisa.

Outra objeção feita, e que, dada a frequência de sua repetição, parece encontrar muita adesão, é a seguinte:

> É incorreto [dizem os opositores] conferir ao governo nacional poderes tão grandes como os propostos, porque a sede desse governo será necessariamente demasiado distante de muitos Estados para permitir que o eleitor tenha um conhecimento adequado da conduta do corpo representativo.

Esse argumento, se é que prova alguma coisa, prova que não deveria haver absolutamente nenhum governo geral. Pois os poderes que, segundo todos parecem admitir, devem ser conferidos à União não podem ser conferidos com segurança a um corpo que não esteja submetido a todo o controle necessário. Razões suficientes, porém, mostram que a objeção não tem realmente bons fundamentos. Na maioria dos argumentos que se relacionam com a distância há uma clara ilusão da imaginação. Por meio de que fontes de informação os cidadãos do condado de Montgomery deverão regular seu julgamento sobre a conduta de seus representantes no legislativo estadual? Não poderão se valer da observação pessoal, que está restrita aos cidadãos que estiverem no local. Dependerão, portanto, da informação de homens inteligentes em quem confiam; e como estes obterão sua informação? Evidentemente a partir do caráter das medidas públicas, de publicações, de correspondências com seus representantes e com outras pessoas que residem no local de suas deliberações. Isso não se aplica apenas a Montgomery, mas a todos os condados situados a qualquer distância considerável da sede do governo.

É igualmente evidente que as mesmas fontes de informação estariam abertas ao povo em relação à conduta de seus representantes no governo geral, e os empecilhos a uma rápida comunicação que se pode atribuir a distância serão superados pelos efeitos da vigilância a ser exercida pelos governos estaduais. Todos os corpos executivos e legislativos de cada Estado serão outras tantas sentinelas sobre as pessoas empregadas em cada ministério da administração nacional; e como estará em seu poder adotar e desenvolver um sistema regular e eficaz de informação, nunca poderão desconhecer o comportamento daqueles que representam seus eleitores nos conselhos nacionais, podendo rapidamente transmitir o mesmo conhecimento ao povo. Podemos confiar em sua disposição para notificar a comunidade de todos os fatores externos que possam comprometer seus interesses, ainda que apenas por razões de disputa do poder. Podemos concluir, com a mais plena segurança, que o povo será mais bem informado sobre a conduta de seus representantes por intermédio desse canal do que o poderia ser por qualquer outro meio que agora possua.

É preciso lembrar também que os cidadãos que habitam a sede do governo ou suas proximidades terão, em todas as questões que afetam a liberdade e o bem-estar geral, o mesmo interesse que os que estão distantes, e que, quando necessário, estarão prontos a soar o alarme e a apontar os partícipes de qualquer projeto pernicioso. Os jornais serão mensageiros velozes, a levar informação aos habitantes dos mais remotos confins da União.

Entre as muitas objeções espantosas que se manifestaram contra a Constituição, a mais surpreendente e menos plausível funda-se na falta de algum dispositivo relacionado às dívidas de que os Estados Unidos são credores. Apresentou-se isso como uma desistência tácita desses créditos, e como um expediente iníquo para acobertar devedores do erário público. Os jornais se encheram dos mais furibundos vitupérios a esse respeito; no entanto, nada é mais evidente do que a total carência de fundamento dessa sugestão, que é produto ou de extrema ignorância ou de extrema desonestidade. Além das observações que fiz sobre o assunto em outro artigo, observarei apenas que é um ditame banal do senso comum, assim como é também uma doutrina estabelecida de direito político, que "*Estados não podem perder nenhum de seus direitos, nem são isentos de qualquer de suas obrigações por uma mudança na forma de seu governo civil*".[1]

A última objeção de alguma relevância de que me recordo no momento gira em torno da questão do custo. Se fosse verdade que a adoção do governo proposto ocasionaria considerável aumento de gastos, essa objeção não teria nenhum peso contra o plano.

Os cidadãos americanos, em sua grande maioria, estão convencidos, com razão, de que a União é a base de sua felicidade política. Atualmente, homens sensatos de todos os partidos, com poucas exceções, admitem que ela não pode ser preservada sob o sistema atual, nem sem alterações radicais; que poderes novos e amplos devem ser conferidos à cúpula nacional, e que estes exigem uma organização diferente do governo federal — pois que um único corpo é um depositário inseguro de tão amplas autoridades. Quando se admite tudo isso, a questão do custo deve ser deixada de lado; pois é impossível, resguardada qualquer margem de segurança, estreitar a base sobre a qual esse sistema deve se assentar. As duas câmaras do legislativo deverão, de início, compor-se de apenas 65 pessoas, o mesmo número de membros que o Congresso pode abrigar sob a atual Confederação. É verdade que se pretende aumentar esse número, mas isso se dará no mesmo ritmo do aumento da população e dos recursos do país. É evidente que um número menor seria inseguro, mesmo num primeiro momento, e que a conservação do número atual seria, num outro patamar populacional, uma representação muito inadequada do povo.

De onde virá o temido aumento de gastos? Uma fonte apontada é a multiplicação de cargos sob o novo governo. Examinemos isso um pouco.

É evidente que os principais ministérios da administração do atual governo são os mesmos que serão necessários no novo. Há atualmente um Ministério da Guerra, um Ministério das Relações Exteriores, um Ministério de Assuntos Internos, um Conselho do Tesouro, composto por três pessoas, um tesoureiro, assistentes, escreventes etc. Esses cargos são indispensáveis em qualquer sistema e serão suficientes tanto no novo quanto no antigo. Com

---

1. Ver *Institutes*, de Rutherford, v. 2, livro II, cap, X, seções XIV e XV. Ver também Grotius, livro II, cap. IX, seções VIII e IX.

relação a embaixadores e outros diplomatas e agentes em países estrangeiros, a Constituição proposta não pode fazer nenhuma diferença além de tornar suas figuras mais respeitáveis e seus serviços mais úteis onde eles servem. Com relação às pessoas a serem empregadas na arrecadação de tributos, é inquestionavelmente verdade que elas representarão um acréscimo considerável ao número de funcionários federais; disso não se segue, porém, que isso ocasionará um aumento dos gastos públicos. Em muitos casos, não haverá mais do que uma troca de funcionários estaduais por funcionários federais. A totalidade das pessoas empregadas na cobrança de todas as taxas de importação e exportação, por exemplo, pertencerá a essa categoria. Os Estados, individualmente, não terão necessidade de nenhuma para esse fim. Que diferença pode fazer do ponto de vista dos gastos pagar funcionários alfandegários designados pelos Estados ou aqueles designados pela União? Não há nenhuma boa razão para supor que o número ou os salários dos últimos serão maiores que os dos primeiros.

Onde então devemos procurar esses itens adicionais de despesa que deverão inchar o montante, elevando-o ao enorme tamanho que nos é apresentado? O principal item que me ocorre está ligado à remuneração dos juízes dos Estados Unidos. Não acrescento o presidente, porque há atualmente um presidente do Congresso, que representa um custo que não pode estar muito abaixo, se é que está abaixo, do que seria representado pelo presidente dos Estados Unidos. A remuneração dos juízes será evidentemente um gasto extra, mas seu volume dependerá do plano particular que possa ser adotado na prática com relação ao assunto. Segundo qualquer plano sensato, porém, não poderia corresponder a uma soma que pudesse ter consequências significativas.

Vejamos agora o que há para contrabalançar qualquer despesa extra que possa acompanhar a implantação do governo proposto. A primeira coisa que se apresenta é que grande parte das atividades que mantêm atualmente o Congresso reunido durante o ano inteiro passará a ser exercida pelo presidente. Até mesmo a condução de negociações externas competirá naturalmente a ele, segundo os princípios ajustados com o Senado e sujeitos à aprovação final deste. É evidente, portanto, que uma parte do ano será suficiente para sessão tanto do Senado como da Câmara dos Representantes: podemos supor que cerca de um quarto para esta última e um terço, ou talvez metade do ano, para o primeiro. As atividades extras ligadas aos tratados e às designações podem dar essa ocupação extra ao Senado. A partir de tais circunstâncias, podemos inferir que, até que a Câmara dos Representantes atinja um número de membros consideravelmente maior que o atual, haverá significativa economia de gastos em decorrência da diferença entre a sessão constante do Congresso atual e a sessão temporária do futuro Congresso.

Há, porém, uma outra circunstância de grande importância do ponto de vista da economia. Até o momento, os negócios dos Estados Unidos ocuparam os legislativos estaduais tanto quanto o Congresso. Este último fazia requisições a que os primeiros tinham de atender. Por isso ocorreu que as sessões dos legislativos estaduais foram prolongadas muito além do que seria necessário para o atendimento dos assuntos meramente locais dos Estados. Mais da metade de seu tempo foi frequentemente dedicado a matérias relacionadas aos Estados Unidos. Atualmente, os membros dos legislativos dos vários Estados somam dois mil ou mais, número que até o momento desempenhou o que, sob o novo sistema, será feito de início por 65 pessoas, e provavelmente nunca, no futuro, por mais de um quarto ou um quinto do número atual. Sob o governo proposto, o Congresso se encarregará ele próprio de todos os assuntos dos Estados Unidos, sem a intervenção dos legislativos estaduais, que por isso terão de cuidar apenas dos assuntos de seus Estados particulares, só tendo de se manter reunidos por um tempo incomparavelmente menor do que o até hoje exigido. Essa diferença na duração das sessões dos legislativos estaduais representará toda ela um ganho líquido, e constituirá por si só um item de economia que pode ser considerado equivalente a quaisquer itens adicionais de despesa que possam ser ocasionados pela adoção do novo sistema.

O resultado dessas observações é que as fontes de despesa adicional geradas pela implantação da Constituição proposta são muito menos numerosas do que se possa ter imaginado; que elas são contrabalançadas por consideráveis itens de economia; e que é indefinido que lado pesará mais na balança, ao passo que é certo que um governo menos dispendioso seria incompetente para assegurar a finalidade da União.

PUBLIUS [HAMILTON]

ARTIGO 85

Conclusão

Segundo a divisão formal do assunto destes artigos anunciado no primeiro número, dois pontos pareceriam estar ainda por discutir: "a analogia do governo proposto com nossa própria constituição estadual", e "a segurança adicional que sua adoção fornecerá ao governo republicano, à liberdade e à propriedade". Esses tópicos, porém, foram tão plenamente antecipados e esgotados ao longo do trabalho que dificilmente se poderia fazer alguma coisa além de repetir, sob forma mais dilatada, o que foi dito até agora, coisa que o estágio adiantado da questão e o tempo já dedicado a ela conspiram para impossibilitar.

É notável que a semelhança do plano da convenção com o ato que organiza o governo do Estado de Nova York se mantenha não só no tocante às reais excelências do primeiro como igualmente no tocante a muitos de seus supostos defeitos. Entre os pretensos defeitos estão a reelegibilidade do executivo, a falta de um conselho, a omissão de uma carta de direitos formal e a omissão de uma cláusula relativa à liberdade da imprensa. Essas supostas falhas e muitas outras que foram assinaladas no curso de nossas investigações podem ser atribuídas tanto à atual constituição deste Estado como à que se propõe para a União, e um homem precisa ter pretensões muito reduzidas à coerência para atacar esta última por imperfeições que não encontra dificuldade em desculpar na primeira. Tampouco pode haver melhor prova da falta de sinceridade e da simulação de alguns dos ardorosos adversários do plano da convenção em nosso meio, que se declaram admiradores devotados do governo sob o qual estão, do que a fúria com que investiram contra o plano, por matérias a cujo respeito nossa própria constituição é igualmente vulnerável, ou talvez mais.

As seguranças adicionais ao governo republicano, à liberdade e à propriedade, que decorrerão da adoção do plano sob exame, consistem sobretudo nas restrições que a preservação da União imporá a facções locais e insurreições, e à ambição de indivíduos poderosos apenas em seus Estados, que poderiam adquirir crédito e influência suficientes de líderes e favoritos a ponto de se tornarem déspotas do povo; na redução das oportunidades para a intriga estrangeira, que a dissolução do Congresso estimularia e facilitaria; na prevenção de instituições militares muito amplas, que inevitavelmente decorreriam de guerras entre os Estados numa situação de desunião; na garantia expressa de uma forma republicana de governo para cada Estado; na exclusão absoluta e universal de títulos de nobreza; e nas precauções contra a repetição, por parte dos governos estaduais, dessas práticas que solaparam os fundamentos da propriedade e do crédito, lançaram a desconfiança mútua no seio de todas as classes de cidadãos e geraram uma prostração quase universal da moral.

Considero, pois, realizada, meus concidadãos, a tarefa a que me atribuí; com que grau de sucesso, caberá a sua conduta determinar. Acredito que pelo menos admitirão que não falhei na promessa que lhes fiz no tocante ao espírito com que meus esforços seriam conduzidos. Enderecei-me puramente a seus julgamentos, e evitei diligentemente aquelas asperezas demasiado tendentes a desonrar adversários políticos de todos os partidos, e que a linguagem e a conduta dos opositores da Constituição muito provocaram. A acusação de conspiração contra as liberdades do povo que foi indiscriminadamente lançada sobre os defensores do plano tem em si algo de leviano demais e malévolo demais para não despertar a indignação de todo homem que sente no próprio peito uma refutação da calúnia. Os diferentes usos perpetuamente feitos dos ricos, dos bem-nascidos e dos poderosos foram de molde a despertar o nojo de todo homem sensível. E as dissimulações e deturpações injustificáveis que foram praticadas de vários modos para ocultar a verdade aos olhos do público foram de natureza a exigir a condenação de todo homem honesto. Não é impossível que tais circunstâncias possam me ter induzido, ocasionalmente, a intemperanças de expressão que eu não pretendia; é certo que, muitas vezes, enfrentei uma luta entre a sensibilidade e a moderação; e se a primeira prevaleceu em alguns casos, minha desculpa será que não o fez com frequência nem intensidade.

Façamos agora uma pausa e nos perguntemos se, no curso destes artigos, a Constituição proposta foi ou não satisfatoriamente defendida das calúnias que se lhe lançaram; e se foi ou não demonstrado que ela é digna da aprovação pública e necessária à segurança e ao bem-estar públicos. Todo homem tem o dever de responder a essas questões para si mesmo, segundo o melhor de sua consciência e de seu entendimento, e de agir de acordo com os ditames genuínos e prudentes de seu julgamento. Este é um dever de que nada o pode dispensar. É um dever que todas as obrigações que formam os vínculos da sociedade o exortam, ou mais, o compelem a cumprir sincera e honestamente. Nenhum motivo parcial, nenhum interesse particular, nenhum orgulho de opinião, nenhuma paixão ou preconceitos passageiros justificarão para ele mesmo, para seu país, para sua posteridade uma escolha imprópria do papel que deve desempenhar. Que ele se acautele ante uma adesão obstinada a um partido; que reflita que o objeto sobre o qual deve decidir não é um interesse particular da comunidade, mas a própria existência da nação; e que se lembre de que a maioria da América já deu seu endosso ao plano que ele deve aprovar ou rejeitar.

Não ocultarei que sinto plena confiança nos argumentos que recomendam o sistema proposto a sua adoção, e que sou incapaz de discernir qualquer força real naqueles que a ele se contrapuseram. Estou convencido de que ele é o melhor que nossa situação política, hábitos e opiniões admitirão, e superior a qualquer outro que a Revolução produziu.

As admissões, por parte de adeptos do plano, de que ele não aspira à perfeição absoluta forneceram pretexto de considerável regozijo a seus inimigos. "Por que", dizem, "deveríamos adotar uma coisa imperfeita? Por que não a corrigir e torná-la perfeita antes que seja irrevogavelmente instituída?" Isso pode ser bastante plausível, mas nada mais que plausível. Em primeiro lugar, assinalo que a extensão dessas admissões foi enormemente exagerada. Afirmou-se que elas equivaliam a uma confissão de que o plano é radicalmente falho e que, sem que se façam alterações substanciais, os direitos e os interesses da comunidade não podem ser a ele confiados em segurança. Isso, pelo que pude entender da intenção dos que fazem as concessões, é uma completa deturpação. Não seria possível encontrar nenhum defensor da medida que não declarasse sentir que o sistema, embora possa não ser perfeito em todas as partes, é no todo bom; é o melhor que as atuais concepções e circunstâncias do país permitiriam; e é tal que promete toda espécie de segurança que um povo sensato pode desejar.

Respondo em segundo lugar que eu consideraria o máximo da imprudência prolongar o precário estado de nossas questões nacionais e expor a União ao risco de sucessivos experimentos na busca quimérica de um plano perfeito. Nunca espero ver resultar um trabalho perfeito do homem imperfeito. O resultado da deliberação de todos os corpos coletivos é necessariamente um composto tanto dos erros e preconceitos como do bom senso e da sabedoria dos indivíduos que os compõem. Os pactos que devem unir 13 Estados num vínculo comum de amizade e união serão, também necessariamente, uma conciliação de outros tantos interesses e inclinações dessemelhantes. Como pode a perfeição brotar desses materiais?

Um excelente panfletozinho recentemente publicado nesta cidade[1] apontou razões irrefutáveis para mostrar a improbabilidade da realização de uma nova convenção sob circunstâncias em algum grau tão favoráveis a um desfecho feliz como aquelas em que a última convenção se reuniu, deliberou e concluiu. Não repetirei os argumentos ali usados, pois presumo que a produção teve ela própria ampla circulação. Sem dúvida ela merece o exame de todo amigo deste país. Há, no entanto, um ponto de vista em que a questão das emendas ainda está por ser considerada e que até agora não foi exposto ao público. Não posso me decidir a concluir sem examiná-lo sob esse aspecto.

Parece-me perfeitamente demonstrável que será muito mais fácil obter emendas subsequentes que prévias ao estabelecimento da Constituição. A partir do momento em que se fizer uma alteração no atual plano, ele se tornará, para fins de adoção, um novo plano, que deverá ser submetido a uma nova decisão de cada Estado. Para que ele seja estabelecido em toda a União será necessária, portanto, a aprovação de 13 Estados. Se, ao contrário, a Constituição proposta for ratificada uma vez por todos os Estados em sua forma atual, poderá ser alterada em qualquer ocasião por nove Estados. As probabilidades em favor da emenda subsequente sobre a adoção original de todo um novo sistema são, portanto, de 13 para nove.[2]

Isso não é tudo. Toda Constituição para os Estados Unidos deve compreender inevitavelmente grande variedade de particularidades em que 13 Estados independentes devem ser acomodados em seus interesses ou opiniões de interesse. Podemos evidentemente esperar ver, em qualquer corpo de homens encarregados de sua formulação original, combinações muito diversas das partes no tocante a diferentes pontos. Muitos dos que comporão uma maioria em uma questão podem tornar-se minoria numa segunda, e uma associação diferente destas duas pode constituir a maioria no tocante a um terceiro tópico. Daí a necessidade de moldar e calibrar todas as particularidades que deverão compor o todo, de maneira tal a satisfazer todas as partes do pacto; daí, também, uma imensa multiplicação de dificuldades e imprevistos na obtenção da anuência coletiva ao ato final. O grau dessa multiplicação será, obviamente, proporcional ao número de particularidades e ao número de partidos.

---

1. "An Address to the People of the State of New York", de John Jay.
2. Poderíamos dizer antes dez, pois embora dois terços possam propor a medida, são necessários três quartos para ratificá-la.

Toda emenda à Constituição após sua implantação seria, porém, uma proposta única, e poderia ser apresentada isoladamente. Nesse caso, não haveria nenhuma necessidade de arranjo ou composição em torno de qualquer outro ponto — nenhum toma lá, dá cá. A vontade do número exigido daria à matéria uma decisão imediata. Consequentemente, sempre que nove Estados, ou antes dez, estivessem unidos em prol de determinada emenda, esta seria feita infalivelmente. Não há, portanto, comparação possível entre a facilidade de efetuar uma emenda prévia e a de estabelecer, em primeiro lugar, uma Constituição definitiva.

Para questionar a probabilidade de emendas subsequentes, argumentou-se que as pessoas delegadas para a administração do governo nacional relutariam sempre em abrir mão de qualquer parcela da autoridade de que já tivessem sido investidas. De minha parte, confesso a plena convicção de que todas as emendas que poderão ser consideradas úteis à luz de uma reflexão madura dizem respeito à organização do governo, não ao volume de seus poderes; esta razão basta para me fazer crer que a restrição que acabo de citar não procede. Penso também que ela tem pouco peso por um outro motivo. Em minha opinião, a dificuldade intrínseca de governar *13 Estados,* sejam quais forem as circunstâncias e independentemente de maquinações, com base num grau comum de espírito público e integridade, *imporá* constantemente aos governantes nacionais a *necessidade* de um espírito de acomodação às expectativas razoáveis de seus eleitores. Mas há ainda uma terceira consideração, que prova, indubitavelmente, que a restrição é vã. É a seguinte: os governantes nacionais, sempre que nove Estados estejam de acordo, não terão opção a este respeito. Pelo artigo quinto do plano, o Congresso será *obrigado*

> (...) por requerimento dos legislativos de dois terços dos Estados [que atualmente correspondem a nove] a convocar uma convenção para propor emendas que *serão válidas*, para todas as intenções e propósitos, como parte da Constituição, quando ratificadas pelos legislativos de três quartos dos Estados, ou por convenções em três quartos destes.

Os termos deste artigo são peremptórios. O Congresso "*convocará* uma convenção". Nada neste particular é deixado ao arbítrio desse corpo. Consequentemente, toda a arenga sobre a relutância em aceitar mudanças se desfaz no ar. Por mais que se suponha difícil a união de dois terços ou três quartos dos legislativos estaduais em torno de emendas que podem afetar seus interesses locais, não há tampouco nenhuma razão para temer qualquer dificuldade para a união em torno de pontos relacionados meramente com a liberdade ou a segurança gerais do povo. Podemos confiar com certeza na disposição dos legislativos estaduais para erguer barreiras contra os abusos da autoridade federal.

Se a argumentação que acabo de apresentar for uma falácia, não há dúvida de que eu mesmo me deixei enganar por ela, pois este é, na minha concepção, um daqueles raros casos em que uma verdade política pode ser submetida à prova da demonstração matemática. Os que veem a questão sob a mesma luz que eu, por mais ansiosos que estejam por emendas, devem concordar com a justeza da adoção prévia do plano como a via mais direta para seu próprio objetivo.

O entusiasmo por tentativas de emenda prévias ao estabelecimento da Constituição deverá arrefecer em todo homem que se disponha a reconhecer a verdade destas observações, feitas por um autor confiável e inventivo:

> Equilibrar um grande Estado ou sociedade, seja monárquico ou republicano, sobre leis gerais é um trabalho de tão grande dificuldade que nenhum talento humano, por abrangente que seja, é capaz de executá-lo pela mera força da razão. Os julgamentos de muitos devem se unir no trabalho; a *experiência* deve guiar seu esforço; *o tempo* deve conduzi-lo à perfeição; e a *sensibilidade* aos inconvenientes deve corrigir os erros em que *inevitavelmente* incidirão em suas primeiras tentativas e experimentos.[1]

Estas reflexões contêm uma lição de moderação para todos os amantes sinceros da União, e devem pô-los em guarda contra o risco da anarquia, da guerra civil, de uma perpétua alienação dos Estados entre si, e talvez do despotismo militar de um demagogo vitorioso implicado na busca do que, neste momento, não têm possibilidade de obter senão do *tempo* e da *experiência*. Talvez isso seja uma falta de coragem política de minha parte, mas reconheço que não posso partilhar da tranquilidade dos que afetam considerar imaginários os perigos do prolongamento de nossa situação atual. Uma *nação* sem um *governo nacional* é, a meu ver, um espetáculo apavorante. O estabelecimento de uma Constituição, em época de profunda paz, pela anuência voluntária de todo um povo, é um *prodígio* cuja realização aguardo com ansiedade. É para mim incompatível com qualquer norma de prudência a ideia de perder o

1. Hume, *Essays*, v. I, p. 128: "The Rise of Arts and Sciences".

controle que hoje temos, num empreendimento tão árduo, sobre sete dos 13 Estados, e após ter trilhado parte tão considerável do caminho, recomeçar a caminhada. Temo ainda mais as consequências de novas tentativas porque sei que *indivíduos poderosos*, neste e em outros Estados, são adversários de um governo nacional sob qualquer forma possível.

PUBLIUS [HAMILTON]

ESTE LIVRO FOI IMPRESSO
EM SETEMBRO DE 2021